Ich habe es erlebt • Das späte 20. Jahrhundert in Zeitzeugenberichten

Ich habe es erlebt

DAS SPÄTE 20. JAHRHUNDERT
IN ZEITZEUGENBERICHTEN

HERAUSGEGEBEN VON SANDRA SCHNEIDER

ERSCHIENEN IM CORNELIA GOETHE
AKADEMIEVERLAG FRANKFURT/MAIN

Das Programm des Verlages widmet sich aus seiner historischen Verpflichtung heraus der Literatur neuer Autoren. Das Lektorat nimmt daher Manuskripte an, um deren Einsendung das gebildete Publikum gebeten wird.

©2005 CORNELIA GOETHE AKADEMIEVERLAG FRANKFURT AM MAIN
Ein Imprintverlag des Frankfurter Literaturverlags GmbH
Ein Unternehmen der Holding
FRANKFURTER VERLAGSGRUPPE
AKTIENGESELLSCHAFT AUGUST VON GOETHE
In der Straße des Goethehauses/Großer Hirschgraben 15
D-60311 Frankfurt a/M
Tel. 069-40-894-0 ✱ Fax 069-40-894-194

www.cornelia-goethe-verlag.de
www.haensel-hohenhausen.de
www.fouque-verlag.de
www.ixlibris.de

Die Deutsche Bibliothek – CIP-Einheitsaufnahme
Ein Titeldatensatz für diese Publikation ist bei
der Deutschen Bibliothek erhältlich.

Satz und Lektorat: Heike Margarete Worm
Einbandillustration: Professor Walfried Posse, *Arkadien*, Öl auf Leinwand, 2001
ISBN 3-86548-070-5

Die Autoren des Verlags unterstützen das Albert-Schweitzer-Kinderdorf in Hessen e.V.,
das verlassenen Kindern ein Zuhause gibt.
Wenn Sie sich als Leser an dieser Förderung beteiligen möchten, überweisen Sie bitte
einen – auch gern geringen – Beitrag an die Sparkasse Hanau, Kto. 19380, BLZ 506 500 23,
mit dem Stichwort „Literatur verbindet". Die Autoren und der Verlag danken Ihnen dafür!

Dieses Werk und alle seine Teile sind urheberrechtlich geschützt.
Nachdruck, Vervielfältigung in jeder Form, Speicherung,
Sendung und Übertragung des Werks ganz oder
teilweise auf Papier, Film, Daten- oder Ton-
träger usw. sind ohne Zustimmung
des Verlags unzulässig und
strafbar.

Printed in Germany

Omar Aziz

Frontstadtgeschichten

Der Gemeinschaftsraum im unteren Stockwerk des Henry-Ford-Baues der Freien Universität in Westberlin war immer sehr voll und, vom lebhaften Treiben einer bunten Gesellschaft von Studenten, Universitätsangestellten und auswärtigen Besuchern, sehr lärmerfüllt. Dank einem bemerkenswerten Konzentrationsvermögen setzte ich mich oft mit meinen Kollegheften und Lehrbüchern mitten hinein in diesen Trubel. Dann und wann tauchten einige hoch aufgeschossene, hochmütig umherblickende Jünglinge auf, die schwadronierend ihren Weg durch das Gewirr von Tischen und Stühlen bahnten, und eine Zeit lang herrschte gespannte Aufmerksamkeit im Saal. Mit jedem Schritt klirrte der Schlüsselbund, der an ihren Hosengürteln hing, als hätten sie Sporen an ihren Stiefeln. Sie schienen ständig Händel zu suchen, und wenn sie niemanden fanden, den sie am Kragen packen konnten, weil er sie angeblich auf eine Satisfaktion verlangende Weise angestarrt hätte, staksten sie hinaus ins Freie. Gelegentlich folgte ich ihnen dicht auf den Fersen, neugierig auf ihr weiteres Tun. Über mich, den augenscheinlichen Fremden, sahen sie geflissentlich hinweg.

Auf dem gepflasterten Hof zwischen dem Harnackhaus und der Mensa war jederzeit mit Ereignissen zu rechnen, in derem Verlauf die hoffärtigen Gesellen hoffen konnten, ihre Rauflust ausgiebig zu befriedigen. Am hitzigsten ging es zu, wenn Studenten aus dem Ostteil der Stadt, umringt von einem verbal auf sie eindreschenden Publikum, mit missionarischem Eifer die Vorzüge des Sozialismus priesen. Die Auseinandersetzungen erreichten ihren Höhepunkt, sobald die rhetorisch ungemein geschult wirkenden Agitatoren anfingen, den nach ihrer Auffassung bürgerlich-elitären Freiheitsbegriff ihrer Zuhörer zu zerpflücken. Gewöhnlich wurden im daraufhin losbrechenden Handgemenge, unter reger Beteiligung der streitbaren Burschen, die Provokateure blutend in die Flucht geschlagen. Hin- und hergerissen stand ich dazwischen und ließ mir das, was ich dem lautstarken Gezänk hatte entnehmen können, hinterher durch den Kopf gehen. Das Ergebnis meiner Überlegungen teilte ich bei Gelegenheit meinem Freund Arno mit. „In der Tat", sagte ich, „die allerwenigsten meiner Landsleute daheim hätten Zeit, über so etwas wie ‚Freiheit' nachzugrübeln, und über zehn Sorten Zahnpasta würden die allermeisten sich nur lustig machen." Er aber war nicht gut zu sprechen auf die „roten Brüder von drüben".

Ich wohnte zur Untermiete in einem Einfamilienhaus in Marienfelde, dem Bezirk im äußersten Süden der Stadt. Meinen Umzug hierher verdankte ich einem „Eigenbedarfs"-Anspruch, demzufolge ich sowohl wie meine Wirtin, Kriegerwitwe aus Schlesien und jahrelang Hüterin von Haus und Garten der Besitzer, unsere bisherige Wohnstätte verlassen mußten. Das Besondere an meinem neuen Domizil war die Nähe der Grenze zur östlichen der deutschen Republiken. Ein ununterbrochener, penetrant meine Ohren volldröhnender Austausch von Unfreundlichkeiten über den Äther zwischen Ost und West sorgte dafür, daß dieser Umstand mir stets gegenwärtig blieb. Das Grenzgebiet übte auf mich infolgedessen eine magische Anziehung aus.

Eines stimmungsvollen Morgens machte ich mich auf, nahm eine alte Plattenkamera, die ich in einem Pfandleihhaus erstanden hatte, und streifte durch die jenseits der Häuserreihen gelegenen Felder. Kaum hatte ich ein lohnendes Objekt entdeckt und mich breitbeinig hingestellt, um es abzulichten, sprangen wie aus dem Nichts zwei uniformierte Männer auf mich zu und forderten mich auf, ihnen zu folgen.

„Weshalb?", fragte ich sie.
„Sie sind über die Grenze getreten", antwortete der eine.
„Ich sehe hier keine Grenze. Bitte, wo ist sie?"
„Da, sehen Sie nicht die Markierung?", antwortete der andere. Er deutete auf etwas Seilartiges, das sich zwischen meinen Füßen dahinschlängelte.

Die Grenzer machten keinen sehr martialischen Eindruck. Vermutlich hätte ich ihnen leicht davonrennen können, ehe sie nach ihren Pistolen griffen. Indessen blieb ich bei dem einen, während der andere zu einem Pfosten hinlief, an welchem ein Apparat hing, den er wie im Zorn anbrüllte, nachdem er an ihm wild herumgekurbelt hatte. Zu dritt marschierten wir dann feldein auf einen Moränenhügel zu, hinter dem sich eine Barracke verbarg.

Dort angekommen, wurde ich von etlichen jungen Soldaten umringt, die mich neugierig beäugten, meinen indischen Paß untereinander herumreichten und meinen Fotoapparat begutachteten. Letzterer gab Anlaß zur allgemeinen Verwunderung und zu der Bemerkung: „So einen alten Schinken gibt es bei uns nicht mehr." Eine sinnvolle Entgegnung hierzu fiel mir augenblicklich nicht ein. Nach einem kurzen Verhör durch einen älteren Vorgesetzten verlor sich das Interesse an mir, und man bat mich auf einen Stuhl neben einem rotdrapierten Tisch, dessen Mitte die Büste Stalins beherrschte – der Diktator war zwar schon tot, sein Geist aber noch lebendig. Um der Langeweile nicht gänzlich zu erliegen, richtete ich in einer Anwandlung von Verwegenheit die Kamera aus der Hüfte heimlich auf den Devotionalientisch und betätigte den Auslöser. Doch niemand nahm Notiz von mir.

Endlich fiel die Entscheidung, mich gut bewacht nach Ostberlin zu fahren, wo ich in einem altersgrauen Amtsgebäude irgendeiner Zivilbehörde übergeben wurde. Bemerkenswerterweise fühlte ich mich in dieser Umgebung irgendwie unbehaglicher als in der rohen Militärbaracke, und man ließ mich weiterhin im völligen Ungewissen über mein weiteres Schicksal. In dürrem Befehlsvokabular wurde mir lediglich eine gesäßzermürbende Holzbank in einem Durchgangsraum zugewiesen, in dessen Zugluft ich zwei geschlagene Stunden verbrachte, ohne daß sich eine einzige Seele in ihn verirrte. Mein Verdruß drohte bereits in helle Empörung umzuschlagen, da tat sich eine der Korridortüren auf und entließ zwei Herren, die, sobald sie mich entdeckten, auf mich zueilten. Sie stellten sich umständlich als Jurastudenten der ostberliner Humboldt Universität vor und nahmen mich auf der hölzernen Bank in ihre Mitte. Ich beantwortete die Fragen, die sie mir über meine Herkunft und derzeitigen Lebensumstände stellten, in ruhigem Ton. Allmählich gingen sie dazu über, mich mit politischen Manifesten zu traktieren.

„Ich kann jetzt nicht mit Ihnen diskutieren", sagte ich etwas unwirsch, eine Stockung im Gang ihrer Gedanken nutzend. „Ich warte hier schon seit über zwei Stunden und bin schlecht gelaunt. Außerdem verstehe ich nicht viel von Politik."

„Das ist auch gar nicht nötig", erwiderte der zu meiner Rechten und warf einen abschätzigen Blick auf meinen freilich einen schäbigen Eindruck machenden Sakko. „Es würde Ihnen einfach besser gehen bei uns. Sie würden sofort Quartier und ein Stipendium von unserem Staat bekommen."

Trotzig und verstockt wie ich war, blieb ich bei meiner ablehnenden Haltung, ohne im Geringsten auf das Angebot einzugehen. Leicht gekränkt, ließen die eifrigen Herren mich ziehen. Nach zwanzig Minuten zu Fuß – im Jahre 1957 stand weder die Mauer, noch wurden strenge Personenkontrollen durchgeführt – hatte Westberlin mich wieder.

Ursula Bach-Puyplat

17. Juni 1953

Im Jahre 1953 war ich ein Mädchen von zehn Jahren, das wenig von Politik verstand und doch schon für politische Vorgänge sensibilisiert war – durch eine intensive gesellschaftspolitische Bildung in der Schule einerseits und eine dieser Bildung konträren Erziehung in der Familie andererseits. So ahnte ich am Vorabend des 17. Juni 1953 zumindest, daß sich ein gewaltiges politisches Ereignis anbahnte. Ein Gemisch aus Unruhe, Spannung und freudiger Erwartung auf Veränderung lag in der Luft.
Auch hatten wir in dieser Zeit beim Spielen oft Flugblätter mit deutschen und russischen Aufrufen gefunden. Es waren Appelle an die Bevölkerung, sich von dem aufgedrängten sowjetisch-kommunistischen Regime zu befreien. Ein solches Flugblatt brachte ich stolz heim in der Überzeugung, zu Hause allen eine Freude zu bereiten, indem sie nun lesen konnten, worüber sie sonst nur hinter vorgehaltener Hand im Flüsterton sprachen. Zwar zeigten zu Hause alle Interesse an „meinem" Flugblatt, doch überflogen sie den Text so schnell, als befürchteten sie, beim Lesen bespitzelt zu werden. Nach der flüchtigen Lektüre verbrannten sie das Blatt unverzüglich im Ofen, und mir wurde verboten, je wieder ein Flugblatt auch nur aufzuheben, geschweige denn nach Hause zu bringen.

Und dann war er da, der 17. Juni des Jahres 1953. Über den Sender RIAS – stärker gestört als sonst – erfuhren wir vom Beginn des Arbeiteraufstands in Berlin. Gespannt verfolgten wir die Berichte über die Ausweitung des Aufstands auf das gesamte DDR-Gebiet. Unsere Kreisstadt Eisleben mit dem Mansfelder Kupferbergbauland wurde im RIAS genannt, was mich in volle Aufregung und vor allem in Angst um meine Mutter versetzte, die sich zu Besorgungen in Eisleben aufhielt. Großvater sagte: „Mit dem roten Mansfeld ist die letzte Feste der Regierung Ulbricht gefallen." Als meine Mutter am Abend endlich heimkam – acht Kilometer zu Fuß, weil der gesamte Busverkehr zusammengebrochen war –, erzählte sie recht aufgeregt von den Ereignissen. Die Bergleute waren von ihren Schächten aus zum Eisleber Marktplatz marschiert. In Sprechchören forderten sie „Spitzbart muß raus!" Meine Mutter bewunderte den Mut „dieser Leute" und war erstaunt, daß niemand eingriff, selbst die russischen Panzer, die sofort angerollt kamen, hielten sich zurück. Das Nichteingreifen deutete mein Großvater als ein gutes Zeichen. Er meinte „Die wagen es nicht, zu schießen, weil sie befürchten, daß dann die West-Alliierten intervenieren würden. Das ist unsere große Chance." Meine Mutter berichtete weiter von Oberschülern, die ebenfalls durch die Stadt marschierten und ihre FDJ-Hemden ausgezogen und zerrissen hatten.

Am nächsten Morgen fragte ich gleich nach dem Erwachen, ob wir inzwischen schon zum Westen gehörten, denn das war die Hoffnung, die ich aus den Gesprächen der Erwachsenen heraushörte – eine Annäherung an den Westen, ja sogar eine Wiedervereinigung. Meine Mutter erklärte mir, daß weiter gestreikt und gekämpft würde. Tatsächlich war der Aufstand der Massen in einen spontanen unorganisierten Kampf übergegangen.

Auch wir Kinder waren außer Rand und Band. In unserem Klassenzimmer rissen die Jungen die Fotos von Stalin, Pieck und Ulbricht von den Wänden. Einer hielt das Konterfei von Walter Ulbricht hoch und schrie: „Das ist Spitzbarts Ende!" Dann warf er es in den Papierkorb samt Glas und Rahmen und zertrat es mit seinen Füßen. Ab und zu schaute eine Lehrkraft ins Klassenzimmer – ein Unterricht war an diesem Tag nicht möglich. Auch die Lehrer griffen nicht ein, verhielten sich abwartend. Ich konnte mitanhören, wie zwei Lehrerinnen beratschlagten, ob sie das Treiben ihrer Schüler unterbinden sollten oder nicht. Sie beschlossen, es laufen zu lassen, weil man ja nicht wüßte, wie es ausginge.

An der Zerstörung der Friedensecke in unserer Klasse beteiligten sich auch wir Mädchen. So eine Friedensecke durfte in keinem Klassenzimmer fehlen. Sie bestand aus einem Tisch mit rotem Fahnentuch, auf dem Zeitungsartikel über die „großen Taten des Sozialismus" und schriftliche Verpflichtungen der Arbeiter zur Planerfüllung sowie die Verpflichtungen der „Jungen Pioniere" dekorativ ausgelegt waren.
Richtig stark fühlten wir Kinder uns bei unseren gemeinsamen Zerstörungsaktionen.

Doch der Nachmittag des 18. Juni zerstörte jede Illusion auf eine Wende. Der Ausnahmezustand wurde verhängt. Die Besatzungen der russischen Panzer hatten Befehl erhalten zu schießen, sobald mehr als drei Personen versammelt waren. Lastwagen brachten sowjetische Soldaten, die ausschwärmten, um sich in den Straßen und Gärten zu verteilen.

Angst und Unsicherheit machten sich wieder breit – schlimmer denn je. Auch die Soldaten wirkten zum Teil unsicher – freilich nicht deshalb, weil wir sie vom Dachboden des Hauses meiner Freundin durch Pusterohre mit Holunderbeeren bombardierten. (Viel später erfuhr ich, daß sich auch sowjetische Soldaten auf der Seite der Aufständischen befanden.) In unserer Familie, unter den Verwandten und guten Bekannten wurden die Gespräche wieder im Flüsterton geführt, und ich erlauschte, daß der eine und andere Bekannte nachts abgeholt und – wie sich nach einiger Zeit herausstellte – nach Bautzen gebracht wurde. Bautzen prägte sich ein als ein Wort des Schreckens. Hoffnung gab es keine mehr.

„Eva und Georg mit ihrem Sohn, ihrem ersten Kind"

Eva
eine sudetendeutsche Biographie
aufgeschrieben im Herbst 1998
von der Tochter

Das Heute wird aus dem Gestern geboren
und auch im Morgen wird das Gestern
von heute noch sein.

Eva wird mit dem ersten Hahnenschrei des 20.September 1921 als tschechische Staatsbürgerin deutscher Nationalität in Reichenberg im Sudetenland geboren. Der Vater ist Feintäschnermeister mit eigenem Geschäft und viel Freude am Fabulieren, besonders über seine in Brasilien verbrachten Jahre von 1893-1903. Die Mutter ist eine warmherzige Frau, aus Lobositz an der Elbe stammend, Kriegerwitwe aus dem ersten Weltkrieg und nun wiederverheiratet. Sie kümmert sich kompetent um den Verkaufsbereich im Geschäft, denn als alleinstehende Frau hatte sie es gelernt, sich zu behaupten, hatte sie doch bereits in Lobositz ein eigenes Geschäft, eine kleine Buchhandlung, betrieben. Evas Mutter entstammt einer Mischehe – deutsch von Seiten der Mutter, tschechisch von Seiten des Vaters. Sie, die Mutter, fühlt sich als Deutsche, einer ihrer Brüder fühlt sich als Tscheche – trotzdem verstehen und mögen sie sich. Die anderen Geschwister von Evas Mutter liegen irgendwo dazwischen und schwanken auch schon mal von einem Nationalgefühl zum anderen. Ein Onkel von Evas Mutter sitzt sogar als Minister in der jungen tschechoslowakischen Regierung.

Jünger als der neugegründete Staat Tschechoslowakei sind die Ehe und das Geschäft von Evas Eltern. Die Ehe läuft gut, das Geschäft schleppend. Und als die Inflation droht, alles gerade mühsam Aufgebaute zu zerstören, da beschließt Evas Vater im Jahre 1923, das gesamte angesparte Bargeld über die Grenze zu seiner in Zittau lebenden Schwester zu bringen, denn dort in Deutschland wähnt er das kleine Vermögen sicher – Deutschland vertraut er mehr als der tschechoslowakischen Republik. Doch dann kommt es gerade umgekehrt – die Tschechoslowakei bleibt von der großen Geldentwertung verschont, während in Deutschland die Inflation die gesamte Wirtschaft von heute auf morgen ins Nichts stürzt und Evas Eltern mit. Nun ist es unvergleichlich schwerer, das Geschäft zu halten, aber es gelingt ihnen. Eva wächst heran. Sie besucht das Lyzeum als eine gute Schülerin. In den Ferien reist sie ins „Innere", wie die Sudetendeutschen die tschechischen Gebiete im Inneren des Landes nennen. Im „Inneren" besucht sie auch den Onkel mit der tschechischen Seele und einer tschechischen Ehefrau, Mutters Bruder. Eva hält sich gern dort auf. Engeren Kontakt aber pflegt sie zu den Geschwistern des Vaters, von denen einige in Brasilien geboren wurden während des dortigen zehnjährigen Aufenthalts der väterlichen Familie. Diese Verwandten sind Brasilianer durch ihre Geburt, und natürlich sind sie Sudetendeutsche. Man könnte sie als tschechisch-deutsche Brasilianer bezeichnen – ganz schön aufregend für die kleine Eva. Aufregend findet Eva auch ihren Cousin in Zittau, der nach dem Abitur zu den Fliegern geht und Offizier wird. In ihm und durch ihn bewundert Eva alles Deutsche. Beeinflußt durch die politische Arbeit der Eltern in der SdP, vor 1933 in politischen Vereinigungen im Untergrund, denn es herrschte Versammlungsverbot für die Sudetendeutschen, entwickelt Eva ihr politisches Bewußtsein, eine Sehnsucht nach Befreiung von der tschechischen Unterdrückung, die überall zu spüren ist: auf den Ämtern, in denen nur tschechisch gesprochen wird, in der Kleidervorschrift, die das Tragen von Dirndln und Kniestrümpfen als Zeichen des Deutschtums verbietet. Oft hört Eva aus Gesprächen im Familien- und Verwandtenkreis Klagen über die Ignoranz der Westmächte, die sich trotz vieler Petitionen der Sudetendeutschen an den Völkerbund nicht um eine Verbesserung der sudetendeutschen Lage kümmern. Trotzdem engagieren sich die Eltern unbeirrbar für die Durchsetzung der ihnen im Vertrag von St. Germain zugesicherten Rechte zur Selbstbestimmung. Dann tritt ein, was Eva und alle gleichgesinnten Sudetendeutschen hoffen läßt: im deutschen Reich kommt ein „starker Mann" an die Macht – Adolf

Hitler. Auf ihn setzen viele Sudetendeutsche ihre Hoffnung. Optimismus breitet sich in Evas Familie, in der Verwandtschaft und im Bekanntenkreis aus. Eva wird angesteckt vom deutschen Fieber Olympiade. Gemeinsam mit einer Tante reist sie nach Berlin und läßt sich mitreißen vom deutschen Siegertaumel. Begeistert kehrt sie nach Reichenberg zu ihren Eltern zurück. Eva träumt davon, daß das Sudetenland bald zu diesem starken deutschen Reich gehören möge. Nun keimt auch in ihren Eltern eine realistische Hoffnung auf, daß ihnen, den Sudetendeutschen, nicht nur die Unabhängigkeit garantiert wird, jetzt kämpfen sie in der Sudetendeutschen Partei darüber hinaus um den Anschluß an das deutsche Reich. Dann beim Deutschen Turn- und Sportfest in Breslau im Juli 1938, an dem Eva 17jährig als Aktive der sudetendeutschen Mannschaft teilnimmt, brechen die so lang aufgestauten Gefühle, Sehnsüchte und Wünsche wie ein Vulkan aus. Beim Vorbeimarsch an der Tribüne der deutschen Führung löst sich die Marschordnung auf, Frauen geraten in Schreikrämpfe und fallen in Ohnmacht. Den Arm zum Hitlergruß ausgestreckt stürmen die sudetendeutschen Sportler Richtung Tribüne mit der immer wieder skandierenden Forderung „Wir wollen heim ins Reich!" Laut schreien sie den Ruf hinaus in die Welt, die endlich ihren Befreiungsruf hören soll. Mit dem Münchener Abkommen von 1938 geht ihr heiß ersehnter Wunsch in Erfüllung. Eva ist stolz, endlich die ungeliebte tschechische Staatsangehörigkeit zu verlieren, endlich eine echte Deutsche zu sein. Als im Herbst 1938 deutsche Truppen ins Sudetenland einmarschieren und durch Reichenbergs Straßen ziehen, jubelt Eva. Das Sudetenland ist befreit. So hatten also die Eltern in den langen Abenden der Parteiversammlungen ihre Kräfte nicht verschwendet, sie hatten nicht vergeblich gekämpft. Das Ziel ist erreicht, ein Grund für Evas Vater, sich aus der Politik zurückzuziehen.

Für Eva beginnen viele Reisen durch Deutschland zusammen mit ihren Tanten, die nun Deutsch-Brasilianerinnen sind – ohne den tschechischen Staatsangehörigkeitszusatz. Sie lernt Bayern kennen, wo es ihr in Regensburg und Garmisch-Partenkirchen besonders gut gefällt. In den letzten Augusttagen des Jahres 1939 will Eva den schönsten Urlaub ihres jungen Lebens erleben: mit einer Tante reist sie nach Swinemünde – für drei Wochen, bis zu ihrem 18. Geburtstag. Doch schon am dritten Tag ihres Aufenthalts, mitten im Tanz mit einem hübschen blonden Jungen von der Kriegsmarine in einem Tanzcafé, begleitet von ihrer Garde, der Tante, platzt die Nachricht wie eine Bombe ein: „Mobilmachung!" Es ist Krieg, der zweite Weltkrieg hat begonnen. Hals über Kopf packen Eva und die Tante ihre Koffer und reisen mit dem nächsten Zug zurück nach Reichenberg. Vorbei die Hoffnung auf ein glückliches Leben! Verunsichert und verstört kehren sie heim. Ihre Stimmung erholt sich aber wieder. Hier in Reichenberg ist zunächst nichts vom Krieg zu spüren. Freilich melden sich ein paar übereifrige junge Männer freiwillig zu den Waffen, aber „die werden bald wieder zu Hause sein", meint man allerorten.

Unruhe breitet sich mehr und mehr aus unter den jüdischen Mitbürgern, die zunehmend Reichenberg verlassen. Doch dabei denkt sich kaum jemand etwas Besonderes. Sie ziehen eben weiter nach Westen, um sich dort neu zu etablieren, so wie sie sich einige Jahre zuvor von Polen kommend hier niedergelassen hatten. Evas Vater erhält in dieser Zeit zahlreiche Aufträge von jüdischen Männern, die vor ihrer Ausreise Bruchbänder anfertigen lassen. „Die sollten mehr Sport treiben wie der deutsche Mann", bemerkt einer der Gesellen in Vaters Werkstatt, der sich über die in solch großer Anzahl doch außergewöhnlichen Aufträge wundert. Eva aber ist im Bilde. Die Endarbeiten an den Bruchbändern erledigt ihr Vater höchstpersönlich, manchmal bis in die späte Nacht hinein. Er näht nämlich Schmuck, Edelsteine und Geld in die Bruchbänder ein. „Das ist halt so eine Vorsichtsmaßnahme, wahrscheinlich etwas übertrieben", denkt Eva nur. Von Verschleppungen, Konzentrationslagern, Ghettos und gar Vergasungen weiß sie nichts. Sie weiß aber auch nicht, dass zu diesem Zeitpunkt ihre Vertreibung bereits beschlossene Sache ist – zwischen der englischen Regierung und der tschechischen Exilregierung. Eva erlebt dann trotz Kriegs ihr größtes Glück – Amor hat sie getroffen – auf einem Ball im „Goldenen Löwen". Ihre Liebe entbrennt zu einem Reichsdeutschen, einem der deutschen Befreier, einem Soldaten. Das gefällt dem Vater zunächst ganz und gar nicht. Doch der offene Blick und das jungenhafte Lächeln, der Anstand und der erkennbar feine Charakter überzeugen schließlich auch den Schwiegervater in spe. Auf gemeinsamen Ausflügen im Familien- und Freundeskreis läßt Eva ihren Georg die Reize ihrer Heimat entdecken: die dichten Wälder ringsum, den Jeschken, ihren geliebten Hausberg, und die Talsperre. Im Winter durchwandern sie gemeinsam mit Freunden auf Skiern das Riesengebirge, machen Rast in den Bauden. Sie frönen dem Eisvergnügen am Reichenberger Gondelteich und schmieden Pläne für eine gemeinsame Zukunft in Reichenberg. 1941 feiern Eva und ihr Georg Hochzeit – aufwendig und elegant. Ein Sohn wird geboren, bald danach eine Tochter – Kinder für Deutschland. Schon aber reißt der Krieg tiefe Wunden. Immer mehr Reichenberger Familien trauern um ihren Sohn, Mann, Vater, Bruder, Verlobten. Auch Evas Cousin, der Fliegeroffizier, wird in Rußland vermißt. Noch ist Evas Mann zu Hause, er wird hier gebraucht – muß verwalten und organisieren. Als aber die sechste Armee in Stalingrad zerschlagen wird, zwei Tage vor der Geburt der Tochter, meldet er sich freiwillig an die Ostfront. Das, so meint er, sei er seinem Vaterland schuldig. Der Freudenschrei über die Geburt ihrer Tochter wird erstickt vom lauten Klagelied der Nachbarinnen, die ihre Söhne im Kessel von Stalingrad verloren haben.

Im März 1943 verabschiedet sich Pionier B... am Bahnhof von Riesa von seiner kleinen Frau, von seiner Eva, um mit der neuaufgestellten sechsten Armee nach Stalino transportiert zu werden. Es ist ein schmerzensreicher Abschied. Qualvolle Wochen, Monate folgen, geprägt von Hoffen und Bangen und dem Warten auf Feldpost. Briefe von dem geliebten Mann treffen ein mit Fotos von riesigen Sonnenblumenfeldern, von zerlumpten kleinen Jungen, die Zigarette im Mund, von Kameraden mit einem kleinen Hund, den

sie aufgelesen haben, um den sie sich kümmern mit ihrer Fürsorge und Liebe. Die Pioniere hoch zu Roß oder beim Pontonbau. Und auf jedem Bild sieht ihr Georg elender, magerer, erbärmlicher aus. „In diesem Zustand wird er den russischen Winter nicht überleben", sagt gedankenverloren der Vater beim Betrachten der Fotos. Eva vernimmt es und erschrickt. „Bis zum Winter ist er doch wieder zu Hause." Der Vater legt sanft seinen Arm um ihre Schultern. Dann ist Schluß – kein Brief mehr, keine Karte, kein Lebenszeichen. „Er wird schreiben, zu meinem Geburtstag wird er schreiben", suggeriert sich Eva immer wieder. An einem strahlenden Septembertag, kurz vor ihrem Geburtstag, klingelt es Sturm an Evas Haustür. In freudiger Erwartung öffnet sie. Draußen steht ein kleiner Pimpf aus der Nachbarschaft. „Heil Hitler! Frau B..., Frau B..., wissen Sie schon, daß Ihr Mann gefallen ist – für Führer, Volk und Vaterland. Heil Hitler!" Und weg ist er. Eva erstarrt. Alles Leben ist aus ihr gewichen. Ihre Erstarrung hält lange an. Eva will es nicht glauben, auch nicht, als sie den amtlichen Bescheid und das offizielle Beileidsschreiben vom Major ihres Mannes erhält: „... und hat nicht gelitten, der Granatsplitter hat ihn sofort tödlich getroffen ..., fiel langsam zur Seite ..., wurde begraben an der Strasse nach Makejevka zusammen mit seinem Hauptmann ..., vorbildlicher Kämpfer und Kamerad ..., Heldentod ..., heil Hitler!"
Auch Eva wird getötet – innerlich. Aber sie muß für ihre Kinder weiterleben. Da ist außerdem der zehnjährige Neffe aus Köln angekündigt, der vor den Bombenangriffen auf seine Stadt in Sicherheit gebracht werden muß. Also muß auch sie – Eva, die Mutter, Eva, die Tante, Eva, die Tochter – sie muß, muß, muß! Hilfe erfährt Eva von ihren Eltern und den Verwandten. Sie schafft es. Das Leid ringsum wächst. Als am 8. Mai die Kapitulation Deutschlands im Radio gemeldet wird, bricht ihre Kölner Schwägerin vor dem Volksempfänger zusammen. Die Schwägerin wollte nicht an den Zusammenbruch glauben, hatte bis zuletzt auf den Endsieg gehofft, auf ein Wunder, vielleicht die Wunderwaffe, von der alle sprachen. Eva machte sich seit langem ihr Bild – seit den täglich vorüberziehenden endlosen Flüchtlingstrecks aus dem Ost-

en auf der Flucht vor den Russen. Dann brannte Dresden – bis Reichenberg war der Himmel rot erleuchtet. Da hatte sie die Hoffnung verloren.

Nach der Kapitulation muß Eva so wie alle Sudetendeutschen zum Zeichen ihrer Deutschzugehörigkeit eine Armbinde tragen. Damit werden die Sudetendeutschen zum Freiwild für die Sieger. Das Leben findet eigentlich nicht mehr statt. Es gilt nur noch, sich zu schützen, zu schützen vor den Repressalien der Tschechen und den Überfällen durch die Russen. Immer wieder läuten Russen an der Tür, fordern zum Hitlergruß auf und nehmen dann die Armbanduhren ab, die unter den Ärmeln getragen und durch das Vorstrecken des Arms sichtbar werden. Übermütig schießen die Russen in die Glühbirnen, plündern wahllos. Sie nehmen sich die Frauen, die ständig in Angst leben. Dennoch hat Eva Glück: ein sowjetischer Offizier wird beim Anblick ihrer beiden kleinen Kinder freundlich gestimmt und verbietet seinen Soldaten einen Überfall. Offizier und Soldaten entfernen sich. Am Abend kommt jedoch der Offizier zurück und vergewaltigt in seiner Volltrunkenheit eine junge Frau im Nachbarhaus.

Im Mai 1945 läuten Tschechen an Evas Tür und überbringen die Aufforderung, die Stadt und das Land innerhalb von 24 Stunden mit nicht mehr als 30 kg Gepäck verlassen zu haben. „Nun könnt Ihr heim ins Reich", fügt der eine höhnisch grinsend hinzu. Da ist Eva am Ende. Jetzt will und kann sie nicht mehr. Mit ihren Kindern will sie ihrem gefallenen Mann folgen. Doch ihren Eltern gelingt es, sie davon abzuhalten. Sie werden Reichenberg, ihre geliebte Heimat verlassen. Bei den Vorbereitungen unterstützen sie die Brasilianer-Verwandten, die sich als Amerikaner bei den tschechischen Behörden ausgeben. Sie erreichen einen Aufschub von Evas Ausweisung, so daß ein späterer Ausreisetermin, zusammen mit den Eltern, angesetzt wird. Die Brasilianer-Verwandten dürfen für immer in Reichenberg bleiben. In den folgenden Nächten helfen alle zusammen, das Silber, Kristall und Porzellan zu vergraben.

Alle sind sie überzeugt, bald wieder zurückzukehren und ihre Habe wieder ausgraben zu können. Nach den Grabungsarbeiten stellen die Verwandten eine ganze Pferdefuhre zusammen mit den Habseligkeiten des Alltags. Und Evas Vater, dessen Geschäft inzwischen beschlagnahmt ist, arbeitet nun in sein eigenes Bruchband Schmuck und Geld ein. Und für seine Enkelkinder fertigt er Umhängetafeln aus Leder mit einem Fenster, in dem unter einem Klarsichtschutz Name, Geburtsort, Geburtsdatum und Zielanschrift angegeben sind. Eva will zu den Verwandten ihres gefallenen Mannes in Mitteldeutschland. Mitteilen kann sie ihre Absicht den Verwandten nicht, weil die Post nicht funktioniert, ein Brief nicht ankommen würde.

Im September 1945 verläßt Eva mit ihren Kindern und ihren Eltern Reichenberg auf einem Pferdefuhrwerk. In Rosenthal winkt ihnen die beste Freundin nach. Die Beine des kleinen Jungen baumeln vom Wagenrand herab. Fröhlich ruft er der Freundin-Tante zu: „Wir verreisen!" Die Brasilianer-Verwandten begleiten die Fuhre bis nach Zittau. An der Grenze erklären sie den Sowjetsoldaten, die mit vorgehaltenem Maschinengewehr den Propusk (Passierschein) verlangen, daß sie Amerikanski seien, was keiner der Soldaten versteht. „Amerika!" beteuern die Verwandten, sich wiederholend, und zeigen ihre Pässe. Einer der Sowjetsoldaten hat wohl schon einmal etwas von Amerika gehört, er zieht sein Gewehr zurück und befiehlt: „Dawaj!" In Zittau nehmen Eva und die Ihren Abschied voneinander. Eva und ihr kleiner Trupp verweilen noch einige Tage bei ihrer Tante in Zittau. Die Brasilianer ziehen mit dem leeren Fuhrwerk wieder zurück nach Reichenberg, von wo aus sie 1947 nach Brasilien auswandern werden. Sie sind überzeugt, „Deutschland ist für immer zerstört". Am 20. September 1945, genau an ihrem 24. Geburtstag erhält Eva von der Stadtverwaltung Zittau die Erlaubnis zur Weiterreise, ausgestellt auf einem formlosen, schmalen Streifen Papier in deutscher und russischer Sprache:

„Frau Eva B... und ihre Kinder wurden aus dem Sudetenland ausgewiesen und reisen nach H., der Heimat ihres Mannes und Vaters, wo sie bei Verwandten Unterkommen finden.
Bitte passieren lassen!"
Stempel
Unterschrift

Also ziehen sie weiter. Dresden liegt in Schutt und Asche. Am Dresdener Bahnhof warten sie stundenlang auf den wohl einzigen Zug des Tages. Als er endlich einfährt, stürzen sich die Wartenden darauf, drängen in die Abteile, auf die Dächer, klammern sich von außen an Fenster und Türen, ohne zu wissen, wohin der Zug fährt. Im heillos überfüllten Abteil werden Kinderwagen aufeinander gestapelt. Eine Frau schreit verzweifelt: „Mein Kind ist im untersten Wagen, mein Kind!" In Leipzig angekommen, erkennt Eva den einst schönsten europäischen Sackbahnhof nicht wieder. Vorbei ist es mit dem alten Glanz. Aufgeregte Menschen irren ziellos umher, warten auf Züge, die sie weiterbringen sollen – doch wohin? Soldaten, ausgemergelt, zerlumpt, verlaust, lungern in den Ecken der Wartesäle herum. Neben Eva mit ihrem vollbepackten Kinderwagen, obenauf die beiden Kinder, betritt ein zum Skelett abgemagerter Soldat auf Krücken, den Kopf verbunden, die Uniform zerrissen, die Bahnhofshalle. Er bleibt stehen, murmelt „Armes Deutschland ...", sagt es, taumelt und fällt zu Boden. An ihm vorbei und über ihn hinweg schieben sich die Massen. Eva versucht, ihm zu helfen, aber sie wird mit ihrem Kinderwagen weitergeschoben und kann auch nicht riskieren, die Eltern aus den Augen zu verlieren. 1961, kurz vor dem Bau der Berliner Mauer, verläßt Eva mit ihren Angehörigen Mitteldeutschland und wählt Bayern als ihre neue Heimat. In Bayern trifft Eva ihre inzwischen aus Brasilien zurückgekehrten Verwandten wieder, die sich für ihren Lebensabend in Garmisch-Partenkirchen niedergelassen haben. Den deutsch-tschechischen Onkel hat Eva nie wiedergesehen.

Zweimal weilt Eva noch in Reichenberg, jetzt Liberec. Die Begegnungen mit der Heimat wühlen sie auf. Doch mit einem Fragezeichen in der Stimme sagt sie: „Man muß doch verzeihen ...", und sie fügt hinzu, „sonst geht es ja nie weiter." In einer Winternacht des Jahres 1992 steht Eva vor ihrem Bett und kann es doch nicht finden. An die Tochter gewandt, klagt sie: „Die Russen haben mir mein Bett weggenommen." Seitdem ist Eva für immer vertrieben, vertrieben aus sich selbst, verfolgt von den Schreckensbildern der Vergangenheit.

Klaus Berger

Abwickeln ! ?

Bad Kollberg im November 1989 gegen 21.00 Uhr

Die Mauer in Berlin fiel einfach um und ich war zur Kur. Genau einen Tag, nach dem ich Berlin verlassen hatte. Man konnte sie einfach nicht alleine lassen. Schon ging alles darunter und drüber. Rudi und ich prüften den eingestellten Sender im Radio. Es war Radio DDR, der die Nachricht verbreitete. Ich konnte mir gar nicht vorstellen, wie es Löwenthal geschafft haben sollte, in unserem Sender sprechen zu können. Vielleicht hatte er mit Karl-Eduard die Friedenspfeife geraucht. Beide übernehmen eine Eigenverpflichtung zu Ehren des vierzigsten Jahrestages der DDR. Sie verpflichten sich, ihre Hetze gegen den jeweilig anderen Staat zukünftig zu unterlassen.

Wie auch immer. Die Grenze war offen. Es war keine Spinnerei, sondern Schabowski, der das sagte. Aber auch da hätte ich meine Bedenken. Seit den Ereignissen zum Jahrestag der DDR in der Schönhauser Allee bin ich mir nicht mehr sicher. Unsere Führung erklärte, daß am Brandenburger Tor und in der Bornholmer Straße ein gewaltsamer Grenzdurchbruch geplant ist. Nichts war geplant. Demonstrieren wollten sie. Und wir wären fast darauf hereingefallen und hätten richtig Ernst gemacht.

Ich hatte von meiner Dienststelle eine Kur erhalten. Mit meinem Wartburg fuhr ich nach Bad Kollberg. Dieser kleine Kurort befindet sich unmittelbar an der Staatsgrenze zu Bayern. Hier traf ich Rudi. Rudi war Oberstleutnant der VP. Wir hatten gemeinsam im Bauwesen der bewaffneten Organe, so nannte man das damals, zu tun. Rudi und ich arbeiteten gerne zusammen, so daß die Wochen der Kur und besonders der Ereignisse in Berlin, gemeinsam überstanden wurden.

Der November war noch sehr angenehm warm. Die Wochenenden im Kurhaus ziemlich langweilig. Unser Entschluß reifte, unserer Verpflichtung zu keinem Westkontakt untreu zu werden. Am zweiten Wochenende startete unsere Exkursion nach Coburg.

Das erste Mal in Westdeutschland. Es war schon ein komisches Gefühl, als wir die noch bestehende Staatsgrenze durchfuhren. Der Warteschlange, zum Erhalt des Begrüßungsgeldes, schlossen wir uns nicht an. Vom Klassengegner ausgehalten zu werden, war für uns undenkbar. Zum Umsehen war kein Geld erforderlich.

In Coburg nahm ein unbewachter Parkplatz mein stolzes Gefährt auf. Der Anblick der Burg, die schon von weit her zu erkennen war, war viel versprechend. Auch die Pflege und Instandhaltung der Gebäude, weckten unser Interesse. Wußten wir doch, mit welchen Mitteln und Methoden es nur möglich war, die geforderten Baureparaturen oder Bauinstandhaltungen in unserem Land zu organisieren.

In einer Nebenstraße kamen wir an einem Beate Uhse-Geschäft vorbei. Das heißt, die Beine blieben davor stehen. Gehört hatten wir schon von diesen Geschäften, aber noch nicht gesehen. Der Entschluß ergab sich sogleich, wir müssen sehen. Nach allen Seiten vergewissernd, daß uns kein Mensch beobachtete, öffnete Rudi die Tür. Dahinter verbarg sich ein längerer Gang. Rechts und links zeugten Vitrinen, die an der Wand angebracht waren, vom Angebot des Hauses.

Pfui Teufel, was da alles ausgestellt war. Vibratoren, neben Reizwäsche und Pornos. Wenn uns hier einer sieht, ging es durch unsere nicht ganz verklemmten Köpfe. „Rudi, wir haben genug gesehen, denke ich."

Für heute reichen die neu erworbenen Kenntnisse vom anderen Staat. Obwohl wir mit Neid gestehen mußten, daß Coburg eine schöne Stadt und besonders sehr gepflegt ist. Aber der Westen hat ja das, was wir nicht hatten. Devisen. Dafür bekamen wir gelegentlich Ölsardinen und Ananas in Büchsen. Sie verhalfen dem Kenner zum Materialeinkauf. Auch bei den bewaffneten Organen. Da kannten wir uns aus.

Der Weg zurück zum Kurhaus stimmte uns nachdenklich. Es biß sich unser Wissen mit dem, was wir gesehen hatten. Es waren ja nicht nur Beate Uhse-Geschäfte.

Der Abend verlief wie immer. Keiner wurde zum Verräter und erklärte, daß er im Westen war. Verschwiegenheit hatten wir gelernt. Auch, wenn es manchmal zum persönlichen Nachteil gereichte.

Der in Berlin durchgeführte „Runde Tisch" füllte den Fernsehraum. Im Kurhaus kurz vor Bayern. Keiner wußte recht, wo es hingehen sollte. Was da diskutiert wurde, war teilweise absurd und unsachlich. Sicherlich lag es daran, daß man in der Unsicherheit nur Dinge aufnimmt und verarbeitet, die diese Unsicherheit noch fördern. Wie auch immer. Auch heute vertrete ich die Meinung, daß Haß oder Wut keine guten Ratgeber sind. Und hier spielten beide Faktoren eine Rolle. Dabei wurden viele der Menschen vergessen die einen Denkprozeß durchlebten. Es kam im Raum zu überlauten Diskussionen. Eine einheitliche Auffassung zum Gehörten bestand nicht.

Mich selbst ärgerte das Selbstbewußtsein der so genannten Bürgerrechtler. Als ob es für uns ein Problem gewesen wäre, die Demonstranten der Montagsdemonstration gleichmäßig in Leipzig zu verteilen und ihre Auftritte zu verhindern. Ohne chinesisches Vorbild.

Aber auch wir wollten das nicht. Ich denke, wir hatten aus den Fehlauftritten und falschen Informationen in der Schönhauser Allee in Berlin, zum Jahrestag der Republik gelernt und Lehrgeld bezahlt.

Es kam der Zweifel über die Richtigkeit des eingeschlagenen Weges unserer Führung. Zu jener Zeit vollzog sich in unseren Reihen eine Wende. Kein Sinneswandel. Aber wir, die wir täglich das Leben aus dem neuen Deutschland kannten, waren uns der Fehler bewußt, die unsere Führung machte. Ihre Unentschlossenheit, Fehler zu korrigieren, durfte man nicht so einfach hinnehmen. Das begann mit den Zugdurchfahrten der Flüchtlinge aus Ungarn in Dresden. Es wurden die Auseinandersetzungen mit den Ausreisewilligen provoziert. Keiner von meinen Genossen wunderte sich darüber, daß die Auseinandersetzungen eskalierten. Stimmen wurden auch bei uns laut, die diese Einschätzung der Lage und daraus resultierender Befehle nicht mehr tolerierten. Wir konnten es nur noch nicht richtig definieren und artikulieren, was in jener Zeit mit uns geschah. So etwas braucht seine Zeit. Und die gab man uns nicht. Schade. Man verurteilte.

In den eilig einberufenen Parteiversammlungen waren wir fast einstimmig der Meinung, daß das Problem Leipzig nicht mit Gewalt zu lösen ist. Ich bin mir heute sicher, daß kein von uns ausgelöster oder befohlener Schuß gefallen wäre. Ich bin mir auch sicher, daß ein solch widersinniger Befehl, keine Resonanz in unseren Reihen gefunden hätte. Nicht gegen unser eigenes Volk.

Inzwischen war allen klar, daß wir den „Krieg" verloren hatten. Den, den auch wir nicht wollten. Es war eine Frage der Zeit. Für uns, den Offizieren, bestand nur noch eine Frage. Wie wird unser Abgang sein und was erwartet uns zu Hause?

Viele unserer Genossen verließen vorzeitig die Kur. Rudi und ich waren uns einig. Es könnte die letzte Kur gewesen sein. Wir bleiben hier. An der gegenwärtigen Situation konnten wir weder etwas ändern noch den Lauf der Dinge beeinflussen.

Meine Kur war beendet. In der Dienststelle bekam ich vom Diensthabenden die Meldung: „Herr Hauptmann, während meines Dienstes keine Vorkommnisse." „Sie haben nicht getrunken?" Meine Frage. „Wieso?" Der Gehilfe des Diensthabenden sprang in die Bresche. „Herr Hauptmann, seit Dezember gibt es die Anrede „Genosse" nicht mehr." „Guten Morgen" und ging in mein Zimmer.

Elke, meine Vorzimmerdame, hatte schon den Kaffee gebrüht. Mit dem Terminkalender und Kaffee kam sie an den Besprechungstisch. „Setze dich hin, Elke. Erzähle bitte. Spinnt hier alles?"

Nach einigen Tagen erhielt ich den Befehl, die Dienststelle zu übernehmen. Mein Chef wurde nach Berlin aus dem Verkehr gezogen.

Die zurückgebliebenen Mitarbeiter bauten alle Anlagen ab, die einen Truppenübungsplatz charakterisieren. An der äußersten Grenze des Übungsplatzes wurde mit dem Abbau des Handgranatenwurfstandes begonnen.

Hier gab es im Herbst viele Steinpilze und Maronen. Den Ort hatte ich keinem Menschen verraten. Jetzt gab es keine Pilze, sondern nur Betonteile, die entfernt werden mußten. Diese wurden auf den Lagerplatz gebracht, um schließlich die gesamte Fläche einzuebnen. Karl-Heinz, der zuständige Oberförster, half mir, die Fläche wieder zur Nutzung an den Staatlichen Forstwirtschaftsbetrieb zu übergeben.

Systematisch wurde vorgegangen. Kein Bauelement blieb zurück. Mit unserem Straßenhobel wurden, wie in den vergangenen zehn Jahren, die Waldwege begradigt. Die Hamburger Poststraße war schon fast autobahnreif, ohne sie mit Hilfsmitteln befestigt zu haben. Nach jeder Übung wurde dieser Vorgang wiederholt.

Die Pflege der Wege kam uns beim einzigen Waldbrand in zehn Jahren zugute. Durch einen Blitzschlag entzündete sich eine vertrocknete Kiefer. Zu dieser Zeit waren die Türme der Brandwachen nicht besetzt. Der Brand konnte erst festgestellt werden, als eine Fläche von etwa einhundert Quadratmeter betroffen war. Schnell war die Feuerwehr zur Stelle und die nachfolgenden Versorgungsfahrzeuge brauchten, durch den guten Pflegezustand der Waldwege, keine Umwege fahren. Innerhalb weniger Stunden wurde der Brand gemeinsam mit der Feuerwehr gelöscht.

In Berlin wollte die neue Führung inzwischen dokumentieren, daß eine Zusammenarbeit der Volkspolizei und der Westberliner Polizei gut möglich ist. Für mich eine reine Heuchelei. Es wäre das Gleiche, wenn Feuer und Wasser sich zusammenschließen und gemeinsam eine grüne Flamme bilden. Die Zukunft der Volkspolizei stand schon lange fest und war später für uns keine Überraschung mehr. Symbolisch fand diese Kooperation zur Maueröffnung an der Charlotten-Straße statt. Mein Vorgesetzter erinnerte sich an meine Personalakte. In dieser stand geschrieben, daß ich einmal Betriebsschlosser gelernt hatte und mit einem Schweißgerät umgehen konnte. Er beorderte mich im Drillich, ohne Schulterstücke, zum Einsatzort. Ich wurde zum Schweißer befohlen.

Die Fernsehkameras und die Einsatzkräfte standen bereit, um den Fall der Mauer in diesem Bereich durchzuführen und zu filmen. Hauptpersonen, Polizei Ost und Polizei West die sich diesseits und jenseits der Mauer sammelten.

Mein Schweißgerät war schon vor Ort, und ich nahm Westkontakt auf. „Welches Teil der Mauer wird als Erstes fallen?", meine Frage an den Einsatzleiter West, der sich in die DDR gemogelt hatte. Dieser mußte nun seinerseits Ostkontakt aufnehmen. Er tippte mit dem Finger auf ein bunt bemaltes Betonelement. „Das nehmen wir heraus." So konnte ich mein Gerät an den richtigen Standort bringen. Ich wartete auf meinen Einsatz und kämmte mir die Haare, um auch richtig ins Bild zu kommen. Die Kameras begannen zu surren. Von Westberliner Seite wurde vom Kran das erste Mauerelement so bewegt, daß ich die Bewährung des Betons mit dem Brenner trennen konnte. Ich achtete bei der Arbeit streng auf meine Körperhaltung. Man mußte ja nicht gleich sehen, daß ich schon zwanzig Jahre keinen Brenner in der Hand hatte. Und das im Fernsehen. In ganz Deutschland wurde der Akt ausgestrahlt. Mein ehemaliger Lehrausbilder bekäme Komplexe, wenn er das sieht.

Der Kran hob das Element an und stellte es beiseite. Der Westberliner und Ostberliner Chef der Polizei gingen sich entgegen. In der

Maueröffnung angekommen, reichten sie sich die Hand. Sie redeten einige Worte miteinander. Beide wußten, daß sie lügen.

Ich kannte meinen Chef schon lange genug, um am Gesicht seine Gedanken zu erraten. Sie könnten in etwa so formuliert sein: „Für wie doof mußt du uns halten. Sicher wissen wir, was hier geschieht. Wir sägen uns den eigenen Ast ab, auf dem wir sitzen. Das auch noch vor laufender Kamera."

Den Westberliner Chef kannte ich natürlich nicht. Seine Gedankengänge konnte ich nur vermuten oder erahnen. „Warte ab, bis wir das Sagen haben. Ich bin unkündbar, aber du wirst um deine Zukunft noch bangen."

Wie es sich gehört, mit einem Lächeln in die Kamera. Natürlich symbolisch.

Mein Chef zitterte nicht, sondern er ging später in Rente und ich sägte weiter am Ast. Da half auch das von den Westberlinern bereitgestellte Mittagessen nichts. Man merkte die Begeisterung für den Abriß der Mauer. Die Leidenschaft der Beteiligten war geteilt. Die Westberliner waren mit Elan bei der Sache. Sie mußten auch nicht um ihre Zukunft bangen. Zukünftig würden sie uns beibringen, wie man den Verkehr regelt, Verbrecher ermittelt, Hausbesetzer vertreibt und Rauschgiftsüchtige von den öffentlichen Plätzen in den Untergrund jagt. Die gab es bei uns kaum.

In unseren Reihen wurde jede Krume Sägespäne des Astes mit Wehmut betrachtet. Alle ahnten, was uns erwartet. Aber wir sägten weiter. So wie es zurzeit bei uns in der Politik zuging, konnte es auch nicht bleiben.

Als ich genug gesägt hatte, fuhr ich in meine Dienststelle zurück. Alle Mitarbeiter waren in heller Aufregung. Keiner wollte von mir ein Autogramm, obwohl ich im Fernsehen eine tragende oder besser, eine schneidende Rolle hatte und in die Kamera lächelte. Man übergab mir die neuste Nachwendezeitung aus der Region.

Der Bürgermeister der Nachbarortschaft hatte sich in diesem Blatt zu Wort gemeldet. Ich kannte ihn sehr gut.

Zum „Tag der Volkspolizei" trafen sich alle Bürgermeister der umliegenden Orte in unserer Dienststelle. Auch er war immer anwesend. Eine gute Gelegenheit, sich im direkten Gespräch über die Situation in den Gemeinden auszutauschen. Neben Trinksprüchen wurden auch Probleme geklärt, die durch den Aufbau des Übungsplatzes in den umliegenden Orten entstanden. Es gab genügend Anlaß, den Gemeinden mit unseren Möglichkeiten bei der Erfüllung ihrer Aufgaben zu helfen. Besonders in der Erntezeit und im Verlauf der Baumaßnahmen in ihren Orten. Kurz gesagt, es gab ein sehr gutes Einvernehmen und es war immer eine fröhliche Runde, in der vorab die Blumengärten der Beteiligten geplündert wurde.

Auch unser Zeitungsberichterstatter – Bürgermeister kam in der Vergangenheit häufig zu mir, um sich Technik auszuleihen. Wie es sich für Nachbarn gehört, bekam er sie auch. Sogar mit Personal. Mal war es ein Bagger, mal brauchte er Kippfahrzeuge.

Nachdem seine Augenkrankheit plötzlich geheilt war, erkannte er in unserem Übungsplatz ein SED-KZ. Er fand eine geheime Unterlage in seinem Schreibtisch. Schnell noch ein Foto von der Sanitär-Baracke, von einem Stromverteiler und vom Beobachtungsturm des Schießplatzes gemacht, und schon war der Beweis angetreten. Unser Waldi, ein von uns auf der Autobahn gefundener Pudelmischling, war leider als Zähne fletschender Wachhund nicht mit auf dem Bild. Andererseits kann es auch möglich sein, daß der Bürgermeister noch vom letzten „Tag der Volkspolizei" besoffen war. Ich möchte das nicht unbedingt ausschließen. Ich konnte es nicht mehr prüfen. Er war nur noch eine kurze Zeit Bürgermeister. Das Heilverfahren für seine Augenkrankheit war auch dem Landrat zu dick aufgetragen.

Und es überschlugen sich die Ereignisse. Mein neuer Arbeitgeber aus Westberlin, wir hatten uns inzwischen den Ast abgesägt, beorderte mich nach Ostberlin. Er erkannte das SED-KZ nicht und hatte auch keine geheime Unterlage im Schreibtisch. Augenkrank schien er auch nicht zu sein. Ich meinte jedoch, daß jetzt die Stunde kommt, in der ich mich von meiner Uniform verabschieden muß. „Sie gehen sofort nach Brandenburg, übernehmen dort die Dienststelle B und wikkeln diese ab. Regierungsrat J. wird Sie im Finanzbereich unterstützen. Sie übergeben Ihre Dienststelle an Major V.", so seine Weisung. Damit war für Harald das Urteil gesprochen. Er wird unsere gemeinsame Aufgabe beenden, die Dienststelle an den Landrat übergeben und sich auf dem Arbeitsamt melden. Es war bitter. Ich konnte für ihn nichts mehr tun.

Unsere Übergabe vollzog sich recht schnell. Harald fand sich mit seinem Schicksal ab. Unsere letzte gemeinsame Aktion war es, die umliegenden Betriebe und Gemeinden aufzusuchen, um als Bittsteller für unsere Mitarbeiter aufzutreten. Natürlich schlossen wir unseren von der Augenkrankheit geheilten Bürgermeister aus. Er hatte mit seiner Meldung so viel Schaden angerichtet, daß es lange Zeit bedurfte, den Abbau des Übungsplatzes ruhig und geordnet durchzuführen. Bestimmte Reisebüros hatten Hochkonjunktur und es wurde gelogen, daß sich die noch nicht zu Balken verarbeiteten Bäume bogen.

Es gelang uns, ohne ihn unseren Beschäftigten nach Abschluß der Arbeiten auf dem Übungsplatz ein neues Arbeitsverhältnis in der Wirtschaft anzubieten. Sicherlich auch als Dank für die gute Kooperation mit den Gemeinden in der Vergangenheit. Zufrieden konnte ich mich von meinen Kolleginnen und Kollegen verabschieden und in die neue Dienststelle gehen, um zu wickeln.

Die Formulierung „Abwickeln" war mir in diesem Zusammenhang nicht geläufig. So manche Rolle Sprengkabel wickelte ich ab, wenn ich zur Sprengausbildung fuhr. Ich hatte meine Kinder gewickelt, wenn Bedarf an einer neuen Windel bestand. Eine Polizeidienststelle mit etwa 2000 Männlein und Weiblein wickelte ich jedoch noch nie. Ich glaube, sie hätten sich das auch verbeten. In ihrem Alter.

Mein Stellvertreter wurde Major R.. Ein Mann, den ich nie vergessen werde. Norbert war kompetent, kameradschaftlich und immer gut gelaunt. Auch wenn uns manches Mal die Tränen in dem gewissen Körperteil standen. Wir waren ein gutes Gespann.

Wohin und auf was wir wickeln sollten, war uns noch nicht klar. Zur Verfügung hatten wir ein Stammpersonal von 120 Mitarbeiterinnen und Mitarbeitern.

Der erste Arbeitstag begann damit, Grundsatzfragen zu klären.

Zunächst wurde der Ort unserer Beratungen gründlich ausgewählt. Wir entschlossen uns für den Sportplatz. Der Anstoßpunkt beim Fußball war bestens geeignet. Mit an Sicherheit grenzender Gewißheit konnten wir sagen, daß uns niemand abhörte, wenn wir die nächste Variante der Zukunft unserer Mitarbeiter erfanden. Obwohl unsere eigene Zukunft in den Sternen stand, versuchten wir mit unseren Erfindungen das Personal aufzubauen. Es gelang uns, bis zur Übernahme durch das Land Brandenburg. Sicherlich haben uns das die Kollegen schon verziehen.

Das zweite Grundsatzproblem war, wer wickelt was. Besonders gut wickeln konnte unser Garnisonsarzt. Ich ernannte ihn zum Oberquartiermeister. Sein ganzes medizinisches Personal schaffte es in kürzester

Zeit, dem Grundbuchamt des Landes Brandenburg eine vorbildliche Bleibe einzurichten. Sogar der Minister für Justiz war begeistert.

Mit ihrer weißen Bekleidung hatten es die Mitarbeiter gut getroffen. Sie ersetzte die Maler-Arbeitsschutzbekleidung. Gemischt mit dem Weiß der Farbe und dem Dreck vom Transport der Möbel wußte der Gast genau, daß es sich um medizinisches Personal handelte.

Das weibliche Personal, vorwiegend ehemalige Sekretärinnen, wickelte die Bekleidungskammern. Hier und da sah man sie, mit Stahlhelmen auf dem Kopf, zum Schutz vor herabfallenden Regentropfen, durch das Objekt eilen. Ihre roten Trainingsanzüge, natürlich mit Dynamoemblem, wirkten wie Blumen in der Einöde der inzwischen vereinsamten Kaserne. Es gab auch Zeiten, da erschienen sie im Minirock und Figur betonendem T-Shirt. Das war immer dann, wenn sich ein Interessent an der Liegenschaft ankündigte. Vom Hochstapler bis zum Industriellen reichte die umfangreiche Palette. Um ehrlich zu sein, ich war selbst erstaunt, was sich unter den Trainingsanzügen und Stahlhelmen an weiblichen Reizen verbarg.

Sie bereiteten aber auch Quartiere für unsere Gäste vor. Bedingt durch die Ereignisse der Hausbesetzungen der Mainzer Straße in Berlin, wurden die Einsatzkräfte des Bundesgrenzschutzes und der Bereitschaftspolizei in unseren Häusern untergebracht. Die Vorbereitungen dazu leisteten unsere Damen. Es wurden zusätzlich Betten aufgestellt, Wäsche angeliefert, die aus den alten Beständen stammte, die Betten sogar bezogen und die Reinigung der Räume vollzogen.

Manchmal mußte ich lächeln, wenn ich daran dachte, daß der Klassengegner in sozialistischen Betten schläft, wo noch vor wenigen Tagen sozialistische Soldatenpersönlichkeiten ruhten. Was wäre gewesen, wenn wir ihnen das „Neue Deutschland" unter das Kopfkissen gemogelt hätten? Vielleicht hätten sie am Morgen den Antrag gestellt, in die Partei einzutreten?

Die erfahrenen Beamten waren für unsere Fürsorge dankbar. Die jüngeren Beamten der Bereitschaftspolizei sind in ihrer heimatlichen Dienststelle Daunen und Frühstück an ihre Betten gewöhnt. Da wir ihnen das nicht bieten konnten, führten sie sich in unserem Objekt als Sieger der Wende auf. Es ging soweit, daß Ministerpräsident Rau sich persönlich für deren Verhalten bei uns entschuldigte.

Wir selbst lösten das Problem damit, daß ich meinen Stab beauftragte, in der Küche und in anderen Räumlichkeiten mit den Beamten das Gespräch zu suchen und den Kontakt zu halten. Gegenseitiges Verständnis kann der Einheit im Großen wie im Kleinen nur dienlich sein. Es ging nicht darum, politische Auffassungen zu erläutern, sondern die gemeinsamen Aufgaben in den Vordergrund zu stellen. Ich glaube, daß wir auch diese Situation gut in den Griff bekamen. Durch den ständigen Kontakt spürten die Beteiligten, daß wir ihre harte Arbeit im Einsatz anerkennen und natürlich auch wissen, worüber wir redeten. Unser Bemühen, ihren Aufenthalt in unserer Liegenschaft so angenehm wie unter den gegenwärtigen Umständen und mit den vorhandenen Mitteln zu ermöglichen, wurde anerkannt.

Meine zwei Sekretärinnen blieben, was sie waren. Sie hatten besonders die Aufgabe, mir die Fernsehsender und viele mehr vom Halse zu halten. Ich mußte mich auf das Wickeln konzentrieren und bestimmte Gruppen als lästig abweisen, die meinen gesamten Bestand an Truppenschutzmasken kaufen wollten. Die wurden zur Hausbesetzung in der Mainzer Straße in Berlin benötigt. Nur von der falschen Seite.

Konnte ich mich einem Interview nicht verschließen, hatten sich Norbert und ich eine hilfreiche Variante der Organisation ausgedacht. Sie entstand aus inzwischen gemachten Erfahrungen. Vor jedem Interview gab es zum Ziel und Zweck ein Vorgespräch. Dabei nahm man die Formulierungen nicht ganz so ernst, ohne daran zu denken, daß sie heimlich mitgeschnitten wurden. Statt des eigentlichen Interviews wurde der Mitschnitt gesendet.

Norbert achtete streng darauf, daß das nicht geschah. Ein Sender hielt sich nicht an die Reglement. Sie konnten gar nicht fassen, daß sie das Tonband löschen und flugs die Dienststelle verlassen mußten. Freundlich aber bestimmt. Mein Vorgesetzter in Berlin (West) gab mir Recht.

Unsere Küche wickelte sich etwas beschwerlich. Die Gegenstände waren ja aus Metall. Aber sie funktionierte. Der Kindergarten und die Kinderkrippe unseres Ortes konnten weiter von der Küche versorgt werden. Für unsere Mitarbeiter hatten wir leider kein Geld zur Verfügung, so daß nur Nahrungsmittel verwendet wurden, die sich nicht wickeln ließen.

Es reichte auch noch für die Gäste, die sich in irgendwelcher Weise um die Liegenschaft bemühten. Wie immer, in guter Qualität.

Nur bei einer Verhandlung zwischen Berlin und Brandenburg gingen die Klöße in die Hose. Das Festessen wurde nicht Sauerbraten mit Klößen, sondern konzentrierter Kloßbrei mit Braten. Die Gesichter der anwesenden Minister und Senatoren waren ergreifend. Aber auch dafür hatten wir Möglichkeiten, die Laune unserer Gäste der Situation anzupassen und zum Erfolg der Gespräche beizutragen. Ich ließ ein ganz neues Motorrad MZ-TS kommen, und ein Minister wurde für den Rest des Tages nicht mehr gesehen. Er war Motorradfan, wußte ich. Wenn er nicht andere Aufgaben bekommen hat, fährt er noch heute seine Runden. Aber ich glaube, er hat.

Ich selbst wurde mit den anstehenden Aufgaben in eine Rolle gedrängt, die mir nicht sonderlich behagte. Als Praktiker lag mir viel daran, gute Arbeit zu leisten. Ob es „sozialistische" oder „kapitalistische" Arbeit ist.

Ich hatte gelernt, übernommene Aufgaben erledigt man ordentlich. Aus welchem Grund gerade mir die Aufgabe der Abwicklung übertragen wurde, ist mir bis heute noch nicht bewußt und bleibt mir ein Rätsel. Sicherlich war es meine tragende Fernsehrolle bei der Maueröffnung. Ich hatte sie aber sehr ernst genommen. Sicherlich war ich kein Widerstandskämpfer in der DDR, aber ehrlich allemal.

Es ist nicht mein Ding, im öffentlichen Interesse zu stehen. Minister am Hubschrauber zu empfangen und die Beratungsteilnehmer vorzustellen. Später am Kopfende des Beratungstisches zu sitzen und Gespräche zu leiten.

Interviews mit Fernsehstationen, Rundfunksendern und Zeitungen zu geben. Verhandlungen, im Interesse einer Großstadt zu führen. Und immer wieder an die Verantwortung zu denken, die ich für meine Mitarbeiterinnen und Mitarbeiter und deren Zukunft trug. Aber auch für die eingelagerten materiellen Werte.

In dieser Verantwortung war mir Regierungsrat J. vom Polizeipräsidium (West) eine wertvolle Unterstützung. Ein erfahrener, kluger Mann und kein pedantischer Beamter. Er verstand es, mit seinen weit reichenden Verbindungen und seinem Wissen die Aufmerksamkeit kompetenter Stellen auf unsere Probleme zu lenken.

Unabhängig von unseren politischen Auffassungen fanden wir am Anstoßpunkt des Fußballfeldes die richtigen Lösungen. Einig waren wir uns darin, daß mit politischen Phrasen die Probleme der Zeit, in denen es, wie ich schon sagte, um Menschen ging, nicht zu lösen sind.

Gleichwohl tauschten wir unsere teilweise unterschiedlichen politischen Auffassungen weder bevormundend noch belehrend aus. Es ging um Verständnis, gegenseitige Achtung und die Lösung zukunftsorientierter Aufgaben. Das war in dieser Zeit schwer genug.

Jammern, über unser ach so schweres Los, brachte uns keinen Schritt weiter. Genauso wenig wie die Ereignisse, abgeschlossen von der Welt, zu analysieren. Was soll analysiert werden? Unser Versagen!

Regierungsrat J. lehrte mich aber auch Umgangsformen, die in der DDR auf meiner Befehlsebene eine untergeordnete Rolle spielten. Sie waren in meiner neuen Dienststellung von außerordentlicher Bedeutung. Nur mit der entsprechenden Form und dem erforderlichen Wissen, konnte ich etwas in unserem Interesse bewegen. Mit seiner Hilfe gelang es mir, auch gegenüber Skeptikern, selbstbewußt aufzutreten und unsere Ziele sowie die erforderlichen Maßnahmen durchzusetzen. Unabhängig von der Ranghöhe der Gesprächspartner.

In DDR-Zeiten, hätte ich ihn mit dem Titel „Verdienter Aktivist der sozialistischen Arbeit" auszeichnen lassen.

Neben der Dienststelle wurden von uns über 200 Wohneinheiten, ein Naherholungsobjekt mit Bungalows, ein Übungs- und Schießplatz verwaltet. Dazu kam noch eine Baustelle, auf der eine große Kaufhalle und nochmals 120 Wohneinheiten entstehen sollten. Der Rohbau war bereits fertig und barg die Gefahr von Vandalismus und möglichen Unfällen. Besonders mit Kindern. Tage beschäftigten wir uns damit, diese Baustellen zu sichern.

Investoren mußten gefunden werden, die kurzfristig die Anlagen übernehmen und den Bau fortsetzten. Da noch nicht abzusehen war, was aus der Liegenschaft des ehemals größten Arbeitgebers der Region wird, gestaltete sich eine Lösung schwierig.

In den Wohnungen lebten meine ehemaligen Mitkämpfer, die entweder entlassen waren und um ihre Existenz kämpften, oder mit niederen Dienstgraden in der Berliner Polizei eingestellt wurden. Erfreulich war, daß unser Verhältnis, durch meine neue Stellung, nicht in Mitleidenschaft gezogen wurde. Wir halfen, wo es nur ging.

Auch der Gemeinde. Es begann die Umstrukturierung der Schule nach Vorbild der Bundesrepublik. Dafür konnten wir aus den frei gewordenen Kasernen ein Gebäude zur Verfügung stellen. Fast wie in alten Zeiten wurde das Gebäude mit Hilfe der Eltern und der heimischen Handwerker umgebaut. „Schöner unsere Städte und Gemeinden".

Ob es gut war, das gesamte neue Schulsystem voll inhaltlich zu übernehmen, stelle ich noch heute in Frage.

Mit den vorhandenen Möbeln der ehemaligen Schulungsräume, statteten wir die Klassenräume aus. Nur das Honecker-Bild fehlte. Es fiel mir nicht einmal auf. Auf solche Art Bilder hatte ich noch nie Wert gelegt. Auch heute nicht. Die konnten mir auch nicht helfen, wenn ich eine Fünf in Mathe schrieb. Und weil sie das nicht konnten, brauchen sie auch nicht sinnlos im Raum hängen.

Bald begann auch schon der Unterricht, der über viele Jahre unverändert in diesem Gebäude durchgeführt wurde. Aber auch die Gewerbetreibenden erhielten Möglichkeiten, ihre Technik und Warenbestände trocken unterzustellen und zu lagern. Es war ja alles noch in Aufbruchstimmung. Das Polizeipräsidium Berlin-West war gewillt, zu dieser Aufbruchstimmung beizutragen. Es wurden Vertragsbedingungen geschaffen, die ein jeder Partner akzeptieren konnte. Unbürokratisch und kooperativ, auf dem Territorium des Landes Brandenburg. Aber immer noch eine Enklave von Berlin.

Bemerkenswert war schließlich nach einem reichlichen halben Jahr, das nicht mehr abgewickelt, sondern aufgewickelt wurde. Die Gesamtheit der Kfz-Technik der Berliner Polizei-Ost wurde in unserer Dienststelle abgestellt und sollte versilbert werden. Wenn ich mich recht erinnere, waren es um die 750 Fahrzeuge. Vom PKW Wartburg, über den W 50 bis zu unseren Straßenhobel vom Übungsplatz. Als Hobbymineraloge waren mir bestimmte Vorgänge in der Erde bekannt, wie sich Mineralien in vielen Jahren bildeten. Daß man aus Blech Silber machen kann, leuchtete mir zunächst nicht ein. Zwar hatte Rumpelstilzchen auch aus Stroh Gold gefertigt, aber Silber war immerhin etwas anderes. Trotzdem war nach wenigen Tagen von dieser Technik, im unversilberten Zustand, nichts mehr zu sehen. Das brachte Berlin viele Deutsche Mark in Papier ein und mir die Beförderung.

Die Übergabe des gesamten Objektes an das Land Brandenburg stand bevor. Der Chef der Polizei Brandenburg ließ mich eine Liste fertigen, auf der alle Mitarbeiterinnen und Mitarbeiter aufgeführt waren. Es war die Vorbereitung der Übernahme des Personals. Mit Norbert fuhr ich nach Potsdam, um mit dem Chef der Polizei diese Liste durchzusprechen.

Das Gespräch verlief zu meiner Zufriedenheit. Es war abzusehen, daß auch mein Stab, jedoch ohne militärische Dienstgrade, im Angestelltenverhältnis übernommen wird. Die neue Eingruppierung der Gehälter entsprach denen der Zivilbeschäftigten der Polizei.

Als Norbert und ich das Ministerium verließen, blieb er plötzlich stehen. „Ich habe etwas vergessen", sprach er bedrückt. „Es ist doch alles ganz gut verlaufen", meine Antwort. „Ich habe unsere beiden Namen auf der Liste vergessen." „Prost Mahlzeit", bemerkte ich kurz. „Und was nun? Ich kann nicht noch mal nach oben gehen und unsere Vergeßlichkeit entschuldigen. Das muß anders geklärt werden", sagte ich ziemlich sauer.

Wir fuhren zurück in unsere Dienststelle. „Ich war ja selbst mit daran schuld", mußte ich mir eingestehen. Ein Blick auf die Namensliste und mir wäre der Fehler aufgefallen. Also hüllte ich mich auf der Rückfahrt in schuldiges Schweigen.

Beim Betreten des Stabsgebäudes kam mir schon eine Sekretärin ganz aufgeregt entgegen. „Sie möchten dringend den Chef der Polizei Brandenburg anrufen", platzte sie heraus. „Na, dann verbinden Sie mich bitte", und ging in mein Arbeitszimmer. Norbert kam wie ein geprügelter Hund hinterher. Bald meldete sich die Sekretärin des Chefs und stellte mich lachend durch. „Sagen Sie, wollen Sie und Herr R. nicht mehr weitermachen?" Ich erklärte ihm, was geschehen war. „Ich hatte mir schon so etwas gedacht und habe Sie auf der Liste aufgeführt. Ich wollte mich nur noch vergewissern." Erleichtert bedankte ich mich. So hob sich unsere kleine Verstimmung wieder auf.

Es nahte der Tag der Übergabe meiner Dienstgeschäfte. Das gesamte Personal nahm im Speiseraum die Plätze ein und sah mich erwartungsvoll, aber doch etwas unruhig an. Ohne sie zu informieren, hatten wir die Gespräche zur Übernahme abgeschlossen. Norbert und ich wollten nicht wieder schwindeln oder falsche Hoffnungen wecken.

Ich faßte mich in meinen Ausführungen kurz und bedankte mich für die geleistete Arbeit. Norbert und ich konnten berichten, daß der gesamte Personalbestand, ausschließlich unseres Arztes, vom Land Brandenburg übernommen wird und zu welchen Bedingungen. Unser

Oberquartiermeister wurde Arzt bei der Bundeswehr. Auch hier hat das Innenministerium von Brandenburg Wort gehalten.

Was unsere Mitarbeiterinnen und Mitarbeiter aus ihrer Übernahme machen werden, liegt allein in ihren Händen. Darauf hatte ich keinen Einfluß mehr. Nur noch beste Wünsche.

Ich stellte den neuen Hausherren vor und überließ ihm das Personal. Der sympathische Herr aus Nordrhein Westfalen übernahm, mit aufrichtigen Worten an die Mitarbeiter gerichtet, die Liegenschaft und die Verantwortung. Ich trat ab.

Mein Weg führte sofort in mein Arbeitszimmer. Die Sekretärinnen ließen keinen Menschen zu mir. Auch mein neuer Direktor ließ mich allein. Er wußte, wie es mir ging. Die nervliche Anspannung der letzten Wochen und Monate machte sich bemerkbar und löste sich langsam. Ich heulte wie ein Kettenhund. Ich war aus der Verantwortung entlassen.

Ich hatte getan, was ich konnte und hoffte, daß es ausreichend war.

Dann wurden wir richtiges Brandenburg, mit Unterstützung von Nordrhein Westfalen, in der Bundesrepublik Deutschland. Die neuen Partner waren angenehm und kompetent. Es wurde ein Aufbaustab gebildet. Ziel dieses Stabes war es, das Landeskriminalamt und die Landespolizeischule aufzubauen. Mit meinem Direktor, der Norbert und mich behalten wollte, Kriminalisten und Lehrern aus Düsseldorf und unseren eigenen Leuten.

Später, als ich Dezernent für Wirtschaft an der Landespolizeischule wurde, haben wir noch oft über dieses Thema gesprochen. Mein Direktor aus Düsseldorf und ich, aus einem Dorf in Brandenburg. Wir verstanden uns gut und ich habe viel von ihm gelernt, wie auch ich glaube, daß er unsere Gefühle, aber auch unsere Handlungsweise verstand. Der, der jetzt im Osten zu Hause war, und im Osten zu Recht, das Bundesverdienstkreuz verliehen bekam. Unweit von Wandlitz.

Unter diesem Verständnis haben wir das Landeskriminalamt und die Polizeischule aufgebaut. Ich glaube, mit großem Erfolg. So sagte es Bundespräsident Richard von Weizsäcker, als er uns als erste Polizeidienststelle im Osten besuchte. Nicht nur die „Westler" waren darauf stolz.

Peter Bostelmann

Zeitenwende, Wendezeit

Was war, ist und wird sein?
Diese Fragen bewegen wohl jeden Menschen. Sie drängten sich mir mit der Öffnung der Grenzen der DDR im November 1989 wieder und wieder auf, ging von dem Ereignis doch ein grundlegender Umbruch des gesellschaftlichen Lebens aus. Sozialistische Verhältnisse in mehreren Jahrzehnten haben nicht unwesentlich Ziele, Vorstellungen und Erwartungen an das Leben und seine Gestaltung bei mir und vielen anderen in diesem Teil Deutschlands beeinflußt.
Die gewaltigen Veränderungen mit der Wiedervereinigung Deutschlands in den ideologischen, wirtschaftlichen und sozialen Lebensbereichen stellten das bisherige Leben in Frage.
Jubel, Hoffnungen, Erwartungen einerseits, aber auch Bedenken und Trauer bestimmten das Leben der Menschen in diesem Zeitraum und fanden in vielfältigen Emotionen Ausdruck.

Im Versuch, das Geschehen in den Tagen, Monaten und ersten Jahren nach der Wiedervereinigung festzuhalten und die auflaufenden Fragen und Probleme zu verdeutlichen, entstanden die nachfolgenden Texte.

Sie halfen mir, Ereignisse, Abläufe und Hintergründe der Zeit zu analysieren und Erkenntnisse zu gewinnen, die immer wieder mit bitteren Einsichten einhergingen. Diese schließen überkommene Illusionen genauso ein wie unübersehbare Fehlentwicklungen.

Der Umbau der gesellschaftlichen Grundlagen in Ostdeutschland stellte erhebliche Anforderungen an alle, verlangte die Aufarbeitung bisheriger Lebensgrundlagen genauso wie die Auseinandersetzung mit dem sich vollziehenden Wandel.

Dieser Prozeß, mit teilweise schmerzlichen Einschnitten, unterstützte aber die Bemühungen, das Leben in der *Zeitenwende*, *Wendezeit* positiv zu bewältigen.

Zerbrochen

Als es zusammenstürzte, stieg eine Staubwolke auf,
die in den Augen brannte und die Sicht nahm.
Ungewißheit das Weitere, denn was war geblieben
vom hoch gelobten Gebäude, seinen Werten?

In den letzten Jahren hörte man den Putz bröckeln,
aber nur wenige erkannten die großen Risse.
Tünche, täglich neu aufgetragen, wahrte den Schein.
Man konnte glauben ..., oder wollten viele glauben?

Und doch. War denkbar, daß menschliches Tun so verkam,
die Pfeiler des Hauses zu verheizen?
Dieses Haus, unser Gebäude,
nicht gerade ein Palast aber eben unser.

Der Staub steht in der Luft,
noch ist nichts zu erkennen.
Die Frage quält: Kann es gerettet werden,
oder bleibt nur, um Obdach zu bitten?

Unter fremdem Dach, nach den Regeln der anderen,
Mitgefühl zunächst, später dann ...
Oder ein Neuanfang,
in anderer Art, als Alternative.

12/89

Bedenken

Grübeln über 40 Jahre,
Einordnen von Fakten und Bildern,
erste Erkenntnisse steigen auf,
festigen schwankenden Boden.

Der Schutt von gestern türmt sich hoch,
und doch gibt es edles Gestein.
Eifer und Dummheit, weidlich gepaart,
warfen es weg, auf den Müll.

Das Leben von einst, beengt und bescheiden,
verfiel in hektisches Fieber.
Angst um die Arbeit, Gesichtsverlust
wirbelten Neid und Mißgunst auf,
Denunziation im Gefolge.

Die neuen Waren, Luxusgüter,
ersehnt aus den Tagen der DDR,
verführten zum Kauf trotz magerer Börsen,
Ergebnis, ein Rucksack voll Schulden.

Die neue Welt, das Paradies,
verpaßte fast allen Beulen.
Schlinger und Würger in allen Bereichen
betrogen arglose Bürger.
Viel war zu lernen, wer das verschlief,
landete schnell ganz unten.

Es wächst ein Gebäude, Stock für Stock,
der Baustil zeigt Konturen.
Wie es bewohnt werden kann,
steht aber noch in Frage.

11/90

Die neue Zeit

Das Jahr 1990,
ins Leben gestoßen, nach friedlichem Umsturz,
heckte es Wünsche, Hoffnungen und Träume.

Kein Wunder, daß Freude Purzelbaum schlug.
Die Luft noch kalt,
trug Aufbruch und Neubeginn,

Tage, Monate flogen dahin,
große Reden, Versprechungen, Wahlen.
Der Hoffnung verschuldet,
Einstieg in das Paradies.
Andere Wege, chancenlos.

Nach dem Jubel, Sturz in den Alltag,
grau, mit letztem Wiederschein.
Jedoch sein Schatten traf die Wirtschaft,
zu teuer die Arbeit, Betriebe schlossen.

Nicht mehr gebraucht, auf die Straße gesetzt,
überlassen dem Stigma: asozial.
Was Wunder, daß Hauen und Stechen aufkam,
Ellbogenkick und Wendekunst.
So trieb früh der Sauerampfer aus,
gedüngt durch Übereifer und Profilierungssucht.
Junge Pflanzen benötigen Licht
um zu gedeihen, Blüten zu treiben.

01/91

Schlußverkauf

Der Sommer, kalt und naß,
trieb den Herbst vor sich her.
Die Wirtschaft verlor mit neuer Währung
jegliche Haftung zum Boden.
Die Arbeit zu teuer, nicht produktiv,
ein Abstieg auf Raten als Folge.

Dazu die Güter aus westlichen Landen,
neu, bunt und besser verpackt.
Sie blendeten und verführten zum Kauf,
heimische Arbeitsplätze ade.

In dieser Sache stellt sich die Frage,
wozu Produktion in Mitteldeutschland?
Der Westen vermag alles zu liefern,
Betriebe im Osten am Bettelstab.

So begann der große Schlußverkauf,
alles geriet unter den Hammer.
Die Treuhand verschleuderte Eigentum,
schlug Konkurrenz in den Bann.

Doch was soll werden in späteren Jahren,
im entindustrialisierten Land.
Blühende Landschaften, keine Arbeit,
herrlich für Pflanzen und Tiere!

09/91

Frei

Frei wie ein Vogel, wer möchte nicht
aufsteigen, alle Fesseln sprengen.
Doch wer der Sonne nahe kommt,
verbrennt sich leicht die Flügel.

Leben hat gute und schlechte Seiten,
gute brachte der Abriß der Mauer.
Geöffnete Räume, wer will, geht hinein,
der Rede Echo kann wiederhallen.
Keiner schränkt Meinungen ein,
vorbei Spitzel und Stacheldraht.

In grausiger Deutlichkeit treten
Schicksale von Menschen hervor.
Zum Teil gewußt, zum Teil geahnt,
liefen so manche Schulden auf.
Die Montagsdemonstrationen
tragen vielleicht einiges ab.

Licht, sagt man, bringt auch Schatten,
so frei das Leben auch lacht,
doch wo es von Arbeit „befreit",
legt es dem Menschen Fesseln an.

11/91

Es geht vorwärts!

Meldungen über Erfolge,
Zahlen zum Beweis,
der Weg ist richtig
auf glatter Asphaltspur.

Einst im Osten ähnliche Worte,
sozialistische Fahrt ins Glück.
Ideale auf schwebenden Brücken,
der Absturz ins Wasser, Realität.

Wege, als Zukunft gepriesen,
führen nicht immer ins Ziel,
versanden im Endlos-Mäander,
im steinigen Straßenbett.

Und doch, unübersehbar
wächst das Wegenetz.
Brücken bauen, Vertrauen schaffen,
ist eine Frage der Zeit.

04/92

Die Waage

Beim Einkauf bestimmt sie
Gewicht und Wert von Dingen,
ist Maßstab, sich in der Welt zu orientieren.

Im Sinne einer Wichtung war auch das neue Deutschland
auf seinen Sinn zu prüfen,
ob in den „blühend Landschaften" es lohnt, zu leben.

Auffallend sehr der äußere Glanz, das Riesenangebot der Waren.
Das Kaufhaus als Tempel,
im Gegensatz zur Mangelwirtschaft, verführt, bezaubert ungemein.

Jedoch das Leben ist nicht nur ein Marktplatz.
Erst Arbeit sichert Möglichkeiten, die Fülle zu genießen.
Wohl dem, der sie besitzt.

Einstmals gesichert, die Arbeit, die Wohnung,
mit wenig Leistung und Miete.
Das konnte nicht überdauern, ein Ende auf Raten.

Die Unsicherheit heute ist schwer zu ertragen.
Jedoch sie fordert, zwingt zu Taten.
Sehr unbequem, aber entwickelnd.

Des Menschen Leben verläuft in freien Bahnen,
Reden erwünscht, Mauern grenzen nicht mehr ein.
Das ist ein Glück.

Dagegen steht die Macht des Geldes.
Als Götze allen Seins wandelt es Menschen
im Denken wie im Wirken auf den Weg zu Kain.

So neigt die Waage sich nach unten wie nach oben,
doch eines hebt sich ab:
Die alte Welt, sie ist vorbei,
die neue gilt es menschlich zu gestalten.

11/92

Wolf-Dieter Dehus

Das „personengebundene" Klavier

Über die „sozialistische Wirtschaftsführung in der DDR ist schon so manches berichtet worden, vom Kuriosen bis zum Unverständlichen, vom ehrlichen Bemühen bis zur geradezu schmerzhaften Kundenmißachtung, von der Bückware (*unter* dem Ladentisch aufbewahrte Verkaufsgegenstände; daher der Name) über die Vetternwirtschaft bis zum breit gefächerten Schwarzhandel.

Nicht zu Unrecht wurde aus dem Sprichwort: „Eine Hand wäscht die andere" das Sprichwort: „Eine Hand beschmutzt die andere". (Allerdings soll es das auch in anderen Volkswirtschaften gegeben haben und noch geben.)

Immer wieder hat es der Volksmund verstanden, solche Mängel, Ungerechtigkeiten zum Seelentrost des Volkes in spöttelnden Humor einzubetten. So erzählt man, daß eine Frau in einen mit Blumen ausgestatteten Laden ging und sich eine Blume aussuchte. Die Verkäuferin erklärte ihr jedoch, daß sie diese nicht kaufen könne und auch die danach ausgesuchten Blumen nicht verkäuflich seien. Auf die Frage der Kundin: „Warum nicht?", lautete die Antwort, daß sie sich in einer Fleisch- und Wurstwarenladen, nicht aber in einem Blumenladen befindet. Und tatsächlich waren an so manchen Abenden diverse Läden nahezu leer gekauft.

Hierzu bietet es sich auch noch an, wenn schon von der Versorgung der Bevölkerung und dem Humor gesprochen wird, die sieben Weltwunder der DDR in Erinnerung zu rufen. Zu ihnen gehören die Folgenden:

Es gab in der DDR keine Arbeitslosen.

Obwohl es in der DDR keine Arbeitslosen gab, wurde viel geplant und diskutiert; aber kaum gearbeitet. (Sicher ist noch so manchem der Slogan von Walter Ulbricht (Staatsratsvorsitzender und SED-Parteichef der DDR) „Wir werden (wirtschaftlich) die BRD überholen, ohne sie einzuholen", in Erinnerung:

Obwohl kaum gearbeitet wurde, sind die Wirtschaftspläne stets erfüllt und übererfüllt worden.

Obwohl die Wirtschaftspläne stets erfüllt oder sogar übererfüllt wurden, gab es ständig Warenknappheiten.

Obwohl es überall Warenknappheiten gab, hatten die DDR-Bürger so gut wie alles, was sie brauchten.

Obwohl die DDR-Bürger alles hatten, was sie brauchten, waren sie ständig unzufrieden.

Obwohl sie ständig unzufrieden waren, wählten sie zu jeder neuen Wahl die selbe (regierende) Partei mit 99 und noch mehr Prozent.

Die Warenversorgung in der DDR war durch zunehmende Engpässe vor allem in den letzten zehn Jahren gekennzeichnet. Dazu ein Beispiel: In den sechziger Jahren mußte man sich, um einen PKW zu kaufen, sechs Monate vorher anmelden bzw. auf die Lieferung warten. Der zeitliche Abstand zwischen Anmeldung und Bereitstellung der gewünschten Ware nahm nahezu kontinuierlich zu und betrug kurz vor dem Zusammenschluß der beiden deutschen Teilstaaten etwa 16 bis 17 Jahre; für einen Kauf eine nahezu unmögliche Zeit (man bestellte sich z.B. als 53-Jähriger einen PKW und erhält diesen als 70-Jähriger).

Das führte bei einigen Bürgern dazu, daß sie sich daraus ein Schwarzmarkt-Geschäft machten, indem sie sich (oft die ganze Familie) zum Kauf eines PKWs anmeldeten, auch wenn sie keinen Wagen haben wollten. Die Anmeldung wurde dann bei gegebener Gelegenheit verkauft oder richtiger der Bestellschein verschoben. Hierzu folgende Zahlen: Ein PKW Wartburg kostete offiziell 30.000 DDR-Mark, ein schwarz gekaufter 80.000 DDR-Mark. Nicht in dem Maße, aber auch bei anderen Dingen gab es diesen Mißstand. Hierzu das folgende kuriose Beispiel, das als Anlaß für die Geschichte diente.

Bei meinem Klavier war der Resonanzboden gerissen, und es hatte noch weitere Mängel, die einem fast jede Freude am Spielen nahmen. Aus diesem Grunde ging ich in einen Laden für Musikinstrumente, um mir ein neues Instrument zu kaufen. Im Herbst 1977 suchte das Musikgeschäft „Takt & Ton" in Berlin, Nähe Alexanderplatz, auf. Vom Verkäufer erfuhr ich, daß beim Angebot von Klavieren Engpässe bestehen und ich mich folglich bis zur Auslieferung eines Instrumentes noch gedulden müsse. Auf meine Frage, wie lange es dauern würde, nannte er die Zeit von etwa zwei Jahren, wenn ich mich jetzt eintragen lasse. Das tat ich natürlich, indem ich meinen Familiennamen und meine Adresse mitteilte. Alles Nötige wurde in ein Bestellbuch eingetragen. Dabei erkannte ich, daß schon diverse Besteller vor mir eingetragen waren.

Zwei Jahre auf ein Instrument zu warten, erfordert zwar eine ganze Menge Geduld, aber die Sicherheit, es dann zu erhalten, befriedigte mich trotzdem.

Kurz vor dem Ablauf der mitgeteilten zwei Jahre suchte ich das Geschäft auf, um mein gebliebenes Interesse zu bekunden, ohne sehr aufdringlich zu sein. Knapp zwei Jahre hatte ich also Geduld. Ich erfuhr, daß die Wartezeit sich zu meinen Ungunsten verschoben hat.

Enttäuscht, aber nicht hoffnungslos verließ ich den Laden, enttäuscht, weil mir der Verkäufer mitteilte, daß ich bis zur Lieferung noch etwas mehr Geduld haben müsse, hoffnungsvoll, weil mir die Möglichkeit, ein Instrument zu erhalten, nach den Worten des Verkäufers blieb. Danach suchte ich das Geschäft mehrmals regelmäßig auf, um mein gebliebenes Interesse zu bekunden.

Nun wiederholte ich alle Monate meine Nachfrage. Dazu nahm ich mir die Zeit, hinzugehen, und nicht aus Bequemlichkeit das Telefon zu benutzen.

In der Zwischenzeit hatte ich mich auch nach Angeboten alter Instrumente durch Inserate, wenn auch erfolglos, umgesehen. Meine Geduld reichte bis 1982; wahrscheinlich auch, weil mir der Verkäufer mitteilte, daß eine Lieferung fraglich sei. Vertraulich sagte er mir, daß zurzeit viele Instrumente, alte wie auch neue, nach Westdeutschland geliefert werden.

Daraufhin schrieb ich einen Beschwerdebrief an das Ministerium für Kultur und erwähnte in diesem Brief, daß in der DDR eine Mafia herrschen müsse, da jedes Mal, wenn eine Annonce zum Verkauf eines Klaviers in der Zeitung erschien, das Instrument bereits verkauft war, also jemand bereits vor dem Erscheinen der Zeitung informiert worden sein mußte (Damals hatten wir noch nicht etwas von dem „Unternehmen Schalck-Golodkowski" gehört).

Zum besseren Verständnis muß noch mitgeteilt werden, daß der Schwarzhandel in der DDR offiziell verboten war, in Wirklichkeit aber vom Staat selbst realisiert wurde. So gab es schon bald zwei Arten von „Engpaßwaren", solche, die man frei vom Laden erhalten konnte und solche, die einem zugeteilt wurden. Zu den letzten gehörten auch Musikinstrumente. Ein zugeteiltes Instrument hatte als Zusatzbezeichnung den Hinweis: „personengebundenes Instrument". Es gab folglich nach 1980 in der DDR personengebundene und freie Klaviere. Der Unterschied lag aber nicht in der Qualität, sondern im Preis.

Ein personengebundenes Instrument kostete 2.300 bis 2.700; ein freies 7.000 bis 12.000 DDR-Mark. Unter 10.000 DDR-Mark war jedoch auch ein freies Instrument kaum zu erlangen.

Mit der angedeuteten Absage des Verkäufers sollte er wahrscheinlich erreichen, daß ich ein freies Klavier kaufe.

Um der Vollständigkeit genüge zu tun, muß noch auf eine dritte Art der Erwerbsmöglichkeit eines Mangelgegenstandes hingewiesen werden. Der DDR-Bürger durfte eigentlich kein Westgeld besitzen; konnte aber einen „Mangelgegenstand" über speziell dafür errichtete Geschäfte („Intershop") erwerben, wenn ein Bürger der BRD (auch Scheinbürger) den Kauf übernahm.

Schon bald erhielt ich vom Kulturministerium eine Antwort, mit der ich informiert wurde, daß es in der DDR keine Mafia gäbe, es sehr schwer sei, Instrumente zu beschaffen, ich aber nun ein Klavier von der Klavierfabrik Klingental Thüringen geliefert bekäme.

Verständlicherweise wandte ich mich sofort an die Firma, die mir mitteilte, daß ich das Klavier von „Takt & Ton" geliefert bekomme. Natürlich nutzte ich alle Möglichkeiten, das Instrument so schnell wie möglich zu erhalten. Das klappte schon bald, und ich war nun der glückliche Besitzer eines neuen Instrumentes.

Eine Woche nach der Lieferung fand ich in meinem Briefkasten eine Postkarte von der Firma „Takt & Ton" mit dem Hinweis, sie hätten vom Ministerium für Kultur den Auftrag erhalten, mir ein „personengebundenes Klavier" auszuliefern.

Nun fragte ich meinen in der Zwischenzeit aus unserer Wohnung ausgezogenen Sohn, ob er Interesse hätte, ein neues Klavier zu kaufen. Sein noch geradsaitiges Instrument stammte aus dem mittleren 19. Jahrhundert; hatte also fast nur noch Museumswert. Er erklärte mir sofort, daß er natürlich gern eines hätte, aber nicht bereit sei, 7.000 oder noch mehr Mark auf den Tisch zu legen.

Ich gab ihm daraufhin die Karte und schlug vor, in dem Musikgeschäft nach dem Instrument zu fragen, ohne auf mich Bezug zu nehmen. Das tat er dann auch. Die Verkäuferin suchte zunächst das Bestell-Buch, in das ich 1977 zum Kauf des Klaviers eingetragen worden war. Im Gespräch teilte sie ihm mit, daß hinter dem Namen ein Vermerk zur Freigabe eines personengebundenen Klaviers eingetragen sei, der vor wenigen Tagen im Auftrag des Ministeriums für Kultur erfolgte.

Nun wurde der Vertrag zum Verkauf des Instrumentes angefertigt. Mein Sohn wies auf die neue Adresse hin und bekam das Instrument noch innerhalb der selben Woche für einen Preis von 2.400 DDR-M geliefert. Zum Glück nahm die Verkäuferin keinen Bezug auf den Vornamen!

Zwar hatten wir ein schlechtes Gewissen, weil unsere Handlung gewissermaßen einen Betrug darstellte, die Freude aber über zwei „personengebundene" Klaviere überwog, zumal wir uns nun fühlten wie zwei Jungen über einen gelungenen Streich, obwohl es eigentlich normal wäre, daß man für sein meist ehrlich verdientes Geld dem entsprechenden Gegenwert erhält. Normales ist folglich nicht immer selbstverständlich?!

Yvonne Dollinger

Berliner Gören in der DDR

Ich liebte schon immer meine Stadt Berlin. Ob geteilt oder ungeteilt. Mit der Mauer und ohne Mauer. Die Stadt war mir und Tausenden anderen Kindern mit ihren Häuserfronten, Ampeln an den Kreuzungen, Verkehrspolizisten auf den Straßen, quietschenden Straßenbahnen und besonders in der Nacht mit den weit aus der Ferne nahenden und signalgebenden D-Zügen und Dampf zischenden Lokomotiven vertraut.

In den sechziger Jahren fuhren fast täglich russische Lastkraftwagen in kolonnenartigem Schritttempo durch die Straßen. Das war für uns Kinder oft unheimlich. Vor allem, wenn die Panzer unter ohrenbetäubendem Lärm dicht an den Wohnhäusern entlang ratterten. Wenn sie nachts gefahren waren, sahen wir am nächsten Morgen auf dem Weg zur Schule das Dilemma. Straßendecken waren übersät mit Panzerspuren und an vielen Stellen war sie aufgerissen. Steine und Straßenschotter lagen am Rand des Bürgersteiges. Der Anblick erschreckte uns. An so manch einem Tag mußten wir ewig lange am Zebrastreifen eines Überweges warten, bis die Lastkraftwagen, die sich unter der Last von Geschützen und Waffen bogen, vorüber gefahren waren, denen oft noch mehrere Panzer folgten. Es war Furcht einflößend. Die Soldaten standen unbeweglich in der offenen Luke der Panzer und schauten unbeweglich von oben über die Gegend hinweg. Ich hatte dann immer den Eindruck, sie sähen uns Menschen nur als kleine Zinnfiguren, die wir auch zu Hause hatten, um mit ihnen ein bißchen zu spielen.

Der Bürgersteig und das Straßenpflaster waren die Spielstraße der Berliner Kinder, ob mit Verkehrsschild oder ohne. Da wurde Fangen gespielt, Versteck, Fußball, Murmeln oder Ballspiele an der Hauswand. Mit Springseilen und Hula-Hopp-Reifen bevölkerten wir die Bürgersteige. Wenn es geregnet hatte, wateten viele Kinder, auch ich, gern barfüßig durch die Pfützen, was allen großes Vergnügen bereitete. Damals funktionierte das Abflußsystem noch nicht ausreichend, weshalb sich das Regenwasser mehrere Zentimeter hoch auf der Straße, an unebenen Stellen, ansammelte.

Je nach Größe der einzelnen Stadtteile gab es zentral gelegene Spielplätze mit stählernen, bunt angestrichenen Spielgerüsten, an denen wir als Kinder gern herumkletterten und viel Zeit verbrachten, vor allem an den Wochenenden. Drehkarussell, Wippe, Schaukel, Sandkasten gab es auf beinahe jedem Spielplatz.

In den 60er Jahren gab es noch die so genannten „Sperrgebiete", in denen wir einfache DDR-Deutsche nicht hinein durften. Weit sichtbar befand sich mitten auf der Straße eine Straßenschranke, an deren Seite ein Holzhäuschen stand. Ein schmales Häuschen, indem sich ein sowjetischer Wachhabender aufhielt. Wenn sich ihm Leute näherten, kam er aus diesem mit umgehängtem Gewehr heraus und verlangte den Passierschein. Wenn das erledigt war, betätigte der Soldat die Kurbel an der Schranke und ließ den Fußgänger oder Kraftfahrer hindurch.

Im Sperrgebiet wohnten vorwiegend russische Familien. Sie hatten dort ihre eigenen russischen Geschäfte, in denen zumeist Lebensmittel und Waren aus der Sowjetunion verkauft wurden, sowie Spielplätze und so genannte Russenschulen, in denen nur sowjetische Kinder unterrichtet wurden.

Die Garnisonen der Sowjetsoldaten lagen in der Regel in der Nähe der Grenze zum Westberliner Sektor und gleichzeitig am Rande eines großen Stadtteils.

Ich gehörte zu den Kindern, die bereits ab der dritten Klasse Russischunterricht hatten, da ich in einer R-Klasse war. Ansonsten begann der Fremdsprachenunterricht in üblicher Weise ab der fünften Klasse. Mir bereitete die russische Sprache viel Freude und ich wollte wie verschiedene andere Kinder auch meine Russischkenntnisse praktisch anwenden. Es war uns schon lange aufgefallen, daß ständig Soldaten mit ihren LKWs auf einem Parkplatz in der Nähe des Berliner Tierparks, am Bärenschaufenster, anzutreffen waren. Sie machten dort Pause oder hantierten an ihren Fahrzeugen herum.

Wir Berliner Gören suchten den Kontakt zu ihnen. Die jungen Sowjetsoldaten freuten sich immer, wenn wir sie ansprachen und russische Wörter und kleine Sätze sprachen. Sie befanden sich im Alter zwischen achtzehn und zwanzig Jahre. Gern gingen die Soldaten auf unsere Fragen ein, nannten ihre Vornamen, erzählten von Eltern und Geschwistern und erklärten uns, wo sich ihre Heimatländer innerhalb der riesengroßen Sowjetunion befänden. Manche von ihnen hatten ihre Familie zwei Jahre zuvor letztmalig gesehen. Uns DDR-Kindern gefielen besonders die angebotenen Anstecknadeln und Abzeichen mit sowjetischen Symbolen, die sie uns ohne irgendeine Gegenleistung schenkten. Manchmal tauschten wir diese Anstecker gegen DDR-Abzeichen.

Wir Berliner Kinder hatten mit den Jahren über Mund-zu-Mund-Propaganda gehört, wie sich das Leben eines einfachen Sowjetsoldaten in der DDR abspielen würde und deshalb taten sie uns Leid. Sie sollen innerhalb der Garnison bis zum Umfallen vor Erschöpfung gedrillt worden sein. Dazu hätte es täglich zugeteilte Essenportionen gegeben, die überwiegend aus Speck oder Wurst und einem Stück trockenen Brotes dazu bestanden. Zigaretten seien rationiert worden.

Ich gehörte zu den Schülern, denen die russische Sprache weder in Schrift noch im Wort schwer fielen. Bei Russisch-Olympiaden schnitt ich leistungsmäßig so gut ab, daß ich als Auszeichnung im Pionierpalast mit anderen ausgezeichneten Kindern der Berliner Schulen zu Festveranstaltungen eingeladen wurde, wo sowjetische Soldaten russische Volkslieder sangen und Tänze vorführten.

So kam auch mein erster Kontakt mit sowjetischen Pionieren zustande, die im Gegensatz zu unseren blauen Halstüchern rote trugen. Die Pionierhemden leuchteten genauso schneeweiß.

Meine Russisch-Lehrerin und zwei Jahre später mein Russisch-Lehrer, ein Ehepaar, waren gebürtige Russen. Sie sorgten beide während des Unterrichts dafür, daß uns deutschen Kindern von der dritten bis zur zehnten Klasse nicht nur die russische Sprache nahe gebracht wurde, sondern auch die Kultur und der heldenhafte Kampf der Sowjetunion während des Zweiten Weltkrieges. Beide Lehrer setzten während des Unterrichts immer wieder originalgetreue Tonbandaufnahmen mit Szenen und Geräuschen am Bahnhof oder auf einer Baustelle von einer russischen Stadt ein, wie Moskau oder Leningrad. Die russisch gesprochenen Sätze waren schwer zu verstehen. Aber irgendwie bekamen wir das hin.

Meine Russisch-Lehrer verteilten jahrelang Briefe und Adressen von sowjetischen Kindern und Jugendlichen, die sich mit Kindern aus der Deutschen Demokratischen Republik schreiben wollten, um das Land etwas näher kennenzulernen.

Ich hatte dadurch zwischen der dritten und zehnten Klasse einen beständigen Briefaustausch. Briefe, Karten und Fotos flogen mit Flugzeugen über die Ländergrenzen hinweg.

Meine Eltern mischten sich niemals in die DDR-Staats-Treue-Erziehung gegenteilig ein und versuchten auch nicht, mich und meine Geschwister gegen unseren DDR-Staat in irgendeiner Form einzunehmen. Als das Fernsehen zu Hause für uns aufkam, sahen wir begeistert solche Kindersendungen wie „Flax und Krümel", „Meister Nadelöhr", „Sandmännchen" sowie am Wochenende wunderschöne DEFA-Spielfilme und Märchen der Gebrüder Grimm und von anderen herausragenden Autoren. Die Fernsehsendungen entsprachen unseren Einstellungen und Träumen. Die damaligen schwarz-weißen Fernsehausstrahlungen waren für uns Kinder normal, denn sie entsprachen dem technischen Entwicklungsstand unseres Landes.

Jedes Kind wurde in der ersten Klasse als Jungpionier feierlich in die Pionierorganisation aufgenommen und in der vierten Klasse hieß es dann Thälmann-Pionier. Wir lebten nach den Pioniergeboten, die besagten, wie wichtig es sei, in der Schule zu lernen, seinen Körper gesund zu erhalten, hilfsbereit im eigenen Land zu sein und sich auch für den Frieden solcher Völker einzusetzen, die um ihre Freiheit und Unabhängigkeit kämpften.

Ich fand unsere monatlichen Pionierveranstaltungen und Aktionen hervorragend. Wir zogen jahrelang mit Leiterwagen durch die Straßen und sammelten fortlaufend bei den Leuten Altpapier ein, Flaschen und Gläser und brachten das Sammelgut zum Altstoffhändler. Die Zeitungsstapel wurden gewogen und nach Gewicht bezahlt. Für Flaschen und Gläser gab es je nach Größe und Beschaffenheit einige Pfennige. Das eingenommene Geld gaben wir nach dem Pioniereinsatz dem Pionierleiter, der es auf ein Konto für notleidende Menschen überwies.

Manchmal liefen wir Pioniere auch mit Sammelbüchsen von Haus zu Haus, um Spendenmarken für die internationale Solidarität in unterschiedlich hohen Werten zu verkaufen. Diese Aufgabe fiel uns schwerer als die Altstoffsammlungen, weil viele Menschen nicht bereit waren, uns wenigstens eine 10- oder 20-Pfennig-Marke abzukaufen. Oft standen wir vor verschlossenen Türen.

Während unserer Pionierveranstaltungen bastelten wir, feierten den jährlichen Pioniergeburtstag, packten Pakete mit Kleidung, Spielzeug, und Bücher, die wir von zu Hause für die um ihre Freiheit kämpfenden Völker mitgebracht hatten, hörten Lebensgeschichten von Partisanen und Arbeiterveteranen, die den Krieg als Widerstandskämpfer erlebt hatten und im Konzentrationslager des Nazi-Regimes gewesen waren.

Wir sangen unsere Pionierlieder und besonders gern solche Lieder, wie „Kleine, weiße Friedenstaube", und „Stolz das blaue Halstuch tragen".

Unsere Pionierlektüre waren die „Pionierzeitung" und die „ABC-Zeitung". Wir lasen und lebten auch nach den Inhalten der Zeitschriften und gebundenen Hefte, wie „Bummi", „Fröhlich sein und singen" (in späteren Jahren nur noch als „Frösi" betitelt), sowie „Atze".

Das „Heft der guten Taten" führte ich mit oft ungutem Gefühl, da ich immer gern bereit war, alten Leuten beim Einkauf zu helfen oder die Kohlen aus dem Keller hochzuholen, doch sah der Alltag zumeist anders aus. Kaum ein Erwachsener wollte sich helfen lassen. Da blieb meistens nur noch die eigene Familie, um die guten Taten zu gegebener Zeit während einer Pionierversammlung abrechnen zu können.

Jährlich hatten die Pioniere in den Sommerferien die Möglichkeit, in internationale Pionierlager zu fahren, die in waldreichen Gegenden am Rande Berlins lagen. Ich liebte diese riesigen Zeltlager, in denen Kinder aus der Sowjetunion, aus Frankreich, Kuba, der Tschechoslowakei, Ungarn oder aus anderen Ländern herkamen, um für zwei Wochen in der DDR ihre Ferien zu verbringen. Morgens erfolgte der Weckruf per Trompete nach dem Lied vom „Kleinen Trompeter". Dann versammelten sich alle Kinder auf einem freien Platz und führten gymnastische Übungen durch. Nach der Morgenwäsche gab es vor dem Frühstück einen Fahnenappell, den jede nationale Kindergruppe getrennt voneinander durchführte. Pionierlieder wurden gesungen, die Fahne mit der zum Pioniergruß gehaltenen Hand gehisst und das Tagesprogramm zur Kenntnis genommen. Jeder Tag brachte neue Eindrücke und Erlebnisse. Während der freien Zeit suchten wir Kontakt zu ausländischen Kindern, indem wir in die Nähe ihrer Zelte gingen oder zusammen Ball und Tischtennis spielten.

In der DDR konnten sich die Kinder in den Sommerferien auch in einem Betriebsferienlager erholen, die sich nach den Berufsgruppen der Eltern richteten.

Günter Domaszke

Reinen Tisch

Sie stand auf dem Bahnsteig.
Zwischen ihren Beinen den großen Koffer. Die Leute hatten ihr geraten, daß sie auf ihn besonders achten müsse. So ein Koffer würde schnell abhanden kommen.
Nach Hause sollte ihre Reise gehen. Nach Hause? Ihr Zuhause? Wo war dieses? Bei ihrem Mann und den Kindern? Oder meinte sie das Haus ihrer Eltern? Drüben, in der „Zone". In das diese Reise nun gehen sollte.
Eine Reise hinter den langen Zaun. Von wo sie vor mehr als zehn Jahren geflüchtet war.
Hatten sich die Menschen dort in dieser Zeit verändert?
Sie dachte an ihr eigenes Leben:
Zuerst die „Nazi-Zeit" mit ihren braunen Uniformen und blanken Knöpfen an den Jacken.
Ja, sie hatte damals ihren Spaß an diesem Glanz.
Doch dann kam das Ende und der Umsturz. Die braunen Uniformen durfte nun keiner mehr sehen.
Aus „BDM-Mädchen" wurden „Junge Pioniere" gemacht. Statt Braun war nun Rot die Farbe und blaue statt schwarzer Halstücher trug man dazu.
Wer etwas gegen die Regierenden hatte, mußte sich hüten, das zu sagen.
Damals hatte sie heimlich ihren Koffer gepackt. Den, der heute zwischen ihren Beinen steht.
Sie war bei Nacht und Nebel über die grüne Grenze in die „große Freiheit" geflohen.
Freiheit? Das bedeutete „Nylons, Parfüm und Zigaretten"!, dachte sie!
Aber nach zehn langen Jahren sah ihre „Freiheit" anders aus.

Es gab einen Mann mit Ansprüchen, zwei Kinder, die nach ihrer Mutter schrien, die selber noch fast ein Kind war und nichts als „Freiheit" haben wollte.

Er konnte die Welt nicht mehr verstehen. Als er wach wurde, war ihr Bett leer!

Sie war mal wieder geflüchtet! Hatte ihn mit den beiden Kindern allein gelassen!

Sehnsucht – nach Zuhause, hatte sie geschrieben – auf die Rückseite eines Kalenderblattes – Sehnsucht trieb sie in ihre Heimat zurück!

Ob sie wohl schon über die Grenze ist?, waren seine Gedanken.

War die Zeit in ihrer Heimat stehen geblieben? Sie wollte sicher wieder das kleine Mädchen sein, das vor zehn Jahren bei Nacht und Nebel floh.

Damals hatte er sie bei sich aufgenommen, als sie sich auf der Straße herumtrieb und nicht wußte, wohin sie gehen sollte.

Sicher, er hatte sie nicht immer gut behandelt. Zu viel stand zwischen ihnen, über das sie nicht reden konnten. Aber da waren die Kinder! Kinder, die sie geboren hatte, als sie selbst noch fast ein Kind war. Damals!

Kinder, die ihre Mutter vermißten. Kinder, die kein Verlangen in die „Zone" trieb!

Kinder, mit denen sie gespielt hatte. Tag für Tag!

Sie konnte den Grenzübergang aus dem Fenster ihres Zuges sehen. Sie sah den langen, hohen Zaun, der sich wie ein Ungeheuer weit an der Grenze entlang zog!

Auf dem Gang ihres Eisenbahnwaggons hörte sie die Volkspolizisten sprechen.

Deren Sprache war ihr vertraut und klang wie Heimat. Doch sie wollten ihren Paß sehen und in ihren Koffer schauen. Ihr Herz schlug rasend schnell, als wenn es zum Halse heraus wollte.

Sie wolle bloß wieder nach Haus, zu ihren Eltern, sagte sie dem Polizisten. Doch dieser sah nur den „falschen" Paß, der auf der anderen Seite ausgestellt wurde.

Wer den „falschen" Paß hatte, der war verdächtig. Vielleicht sogar ein Spion?

Spione gehören ins Gefängnis! Und dahin haben sie das „kleine Mädchen" gebracht.

Nichts war es mit Mutter und Vater besuchen. Aus ihr war ein Spion geworden!

Die „Vopos" haben sie in die Mangel genommen, ausgefragt, bis sie nicht mehr wußte, was hinten und vorne war.

Drei Wochen waren vergangen, als man sie mit neuem Ausweis in ihr Elternhaus ziehen ließ. Zweimal in der Woche mußte sie sich bei der Polizei melden, so hatten ihre Peiniger bei dem letzten Verhör befohlen.

Endlich war sie wieder „Zuhause"!?

Er stand vor dem Trümmerberg, den sie hinterlassen hatte, als sie wieder „nach Hause" gefahren ist.

Urlaub hatte er sich geben lassen, daß die Kinder nicht allein sein mußten.

„In drei Wochen ist Mama wieder zurück", hatte er ihnen erzählt.

Doch drei Wochen lang hörte er nichts von ihr. Keine Karte, kein Brief, gar nichts!

Wollte sie überhaupt zurückkommen?

Er konnte ja nichts von ihrem Erleben an der Grenze wissen. Nichts von Spionage, Gefängnis und Volkspolizei.

Nichts von ihrer Not, in die sie sich selbst gebracht hatte.

Er hatte das Hoffen schon aufgegeben, als ein Brief ankam.

Ein Brief aus der „Zone"! Von fremden Händen geschrieben! Er mußte von ihrer Not lesen und, daß sie nicht schreiben dürfe und, daß sie Heimweh hätte und Verlangen nach ihm und den Kindern.

In dem Brief stand auch, daß er ihr helfen müsse!

Helfen? Wieder mal? – Helfen gern! Aber wie? Man nannte sie dort „Republikflüchtling" und sie mußte sich bei der Polizei melden!, zweimal die Woche!

Sie hatte sich ihren Besuch in der Heimat anders vorgestellt! Gewiß, Mutter und Vater hatten sich gefreut, als sie bei ihnen ankam. Sie waren auch in Sorge, als sie von ihren Erlebnissen an der Grenze hörten. Sie wußten, was Republikflucht zu bedeuten hatte.
   Nur drei Wochen im Gefängnis?, das war ein großes Glück! Ihr Vater hatte von Leuten gehört, die man sechs Monate und länger eingesperrt hatte.
   Aber da war noch etwas! Wer sollte ihnen nun all die schönen Pakete schicken?, die, mit Nylons, Parfüm und Zigaretten?
   So weit hatte sie noch nicht gedacht! Sie hatte das Heimweh nach Hause getrieben!
   Aber nun war alles anders!
   Sie hatte kleine gegen große Sorgen getauscht.
   Sie dachte an ihren Mann, um den sie sich plötzlich Sorgen machte und an ihre Kinder!
   Sie waren auf einmal keine Last mehr für sie. In den Arm nehmen möchte sie die beiden und nie wieder loslassen!
   Wenn sie doch nur wieder bei ihnen sein könnte!
   Aber die „Zone" ließ sie nicht gehen.
   Zweimal in der Woche mußte sie sich im Amt melden und ihr Dorf durfte sie nicht verlassen!

Er hatte inzwischen in allen Amtsstuben herumgefragt, ob ihm dort jemand helfen könne. Aber keiner wußte Rat für ihn.
   Die „roten Herren" auf der anderen Seite des eisernen Vorhangs hatten ihre eigene Meinung über Spione! Sie ließen sie nicht frei!
   In seiner Not hatte er Hilfe bei anderen Leuten gesucht. So lernte er einen Lastwagenfahrer kennen, der mit seinem „Brummi" schon einige „Spione" über die Grenze geholt hatte.
   Er hatte sie unter seiner Ladung versteckt und dabei gut verdient.

Für fünftausend Mark wollte er auch sie „rüber"-holen.
Fünftausend Mark!
Für sie, die ihn mit den Kindern allein gelassen hatte? Die ihm so viel Ärger bereitete? Die Kinder ihrem Schicksal überließ? Als wären sie „Muster ohne Wert"?
Aber da waren diese Kinder!, mit ihren nassen Augen! Die den Brief noch nicht lesen konnten, aber doch wußten, was in ihm stand.
Kinderaugen können nicht lügen! Sie sagen unter Tränen: „Ja, ja und noch mal ja!"
Fünftausend Mark! Er konnte sie nicht auftreiben. Keiner seiner „Freunde" wollte Geld in dies „Geschäft" stecken: „Das rechnet sich nicht!", mußte er sich anhören.
Fünftausend Mark! – sind mehr als ein Mensch!

Sie hatte inzwischen begriffen, daß sie für ihre Leute in der Zone nur nützlich war, wenn sie im „Westen" wäre.
Wert hatte nicht sie – Wert hatten nur ihre Pakete, die mit Nylons, Parfüm und Zigaretten!
Zuerst hat sie den Vopo gefragt, bei dem sie sich immer melden mußte.
Der hat sie an die Stasi weitergeleitet. Dort lernte sie einen „Verbindungsoffizier" kennen; und der wußte einen „Weg" für sie! Einen Weg, zurück nach Haus!
Er wußte auch, daß ihr Mann als Ingenieur tätig war; und daß man sein Wissen über Technik im „Arbeiter- und Bauernstaat" gut gebrauchen könne.
So hat er aus unserem „kleinen Mädchen" wirklich einen Spion gemacht.
In ihrer Not hatte sie zu allem „Ja und Amen!" gesagt.
Ja, daß sie ihm Unterlagen ihres Mannes kopieren und diese in einem „Briefkasten" deponieren wollte, den er ihr im „Westen" einrichten würde.
Alle vierzehn Tage sollte sie ihn so versorgen.

Geld sollte sie für ihre Arbeit nicht bekommen. Die Ausreise in den Westen sollte ihr „Lohn" sein.

So hatte sie sich an die „Stasi" verkauft und stand eines Tages wieder an ihrer Haustür im Westen.

Er ist vor Freude fast an die Decke gesprungen! Die Kinder wollten sie nicht wieder loslassen, als sie plötzlich in ihrem Garten stand.

Keiner hatte mehr mit ihr gerechnet. Die fünftausend Mark hatten sie ja nicht bekommen.

Aber nun war sie zurück; und sie durfte nie wieder fortlaufen!

Aufs Sofa mußte sie sich setzen, ein Kind rechts und eines links von ihr.

Erzählen mußte sie ihre Geschichte von Spionage, Gefängnis und Heimat! Immer wieder!

Auch von dem Vopo im Amt hat sie noch berichtet, aber über den Verbindungsoffizier kam kein Wort über ihre Lippen.

Er hat sich so seine eigenen Gedanken gemacht. Er wußte doch, daß die „Roten" der anderen Seite nur Leute frei ließen, die sie als Spion geworben hatten.

Hatten sie seine Frau zum Spion gemacht? Er wollte sie fragen.

Die Kinder lagen in ihren Betten, als sie und er sich in Liebe fanden.

Es gab noch so viel zu erzählen. Dinge, über die sie so lang geschwiegen hatten.

Bis zu diesem Abend hatten sie eine „Vernunftehe" geführt, die aus ihrer Notlage entstanden war.

Das wollten sie nun ändern!

Sie sprach von ihrem Verlangen, das sie fühlte, als sie im Gefängnis sitzen mußte.

Davon, daß die Leute in ihrer Heimat sie nicht mehr verstehen könnten – nicht nur, weil sie kein „Sächsisch" mehr sprach.

Sie sagte auch, daß ihre Leute sie wie einen Fisch ansahen, der nach drei Tagen anfing zu stinken. Daß sie ihnen mehr nützen konnte, als sie auf der anderen Seite war.

Mit ihren Paketen, die sie regelmäßig geschickt hatte.
Die, mit Nylons, Parfüm und Zigaretten.
Sie schwieg, wenn er mehr über den Vopo und die Umstände ihres Zurückkommens wissen wollte.
Sie meinte, daß die Zeit für dieses Gespräch noch nicht reif sei.
So hatten die beiden wieder etwas, das zwischen ihnen stand.
Nach zwei Wochen mußte sie ihren Verbindungsoffizier „bedienen". Aber sie hatte nichts, was sie in dessen „Briefkasten" werfen konnte.
Sie hatte nicht spioniert!

Er wußte bereits nach drei Tagen, daß sie etwas bedrückte.
Sie hatte sich verändert! Sie war nicht mehr das kleine Mädchen, welches vergnügt mit den Kindern spielte. Einmal hatte er sie mit Tränen auf den Wangen in ihrer Stube gefunden.
Sie hatte geweint! Er wollte sie in die Arme nehmen, doch sie drehte sich ab!
Was hatte er ihr getan, daß sie ihn wegstieß?
„Du? Nichts!", meinte sie: „Mea culpa!"
Mea culpa?, sie fühlte sich schuldig? Schuldig an was? An Krieg, Not und Elend?
An ihr Verlangen nach zu Haus? Wieder diese Tränen!

Sie schüttelte sich bei dem Gedanken an ihren „Führungsoffizier" und an das, was sie von ihm hören mußte, als sie nichts für ihn brachte.
Einmal nur wolle er das durchgehen lassen. Noch einmal nichts; und er könne ihr nicht helfen! Nicht sie würden seine Leute dann greifen! Sie hätte doch Kinder ...!
Die Kinder? Noch spielten sie im Garten. Doch wie lange noch? Gab es denn keine Hilfe?
Ja, einer war da, zu dem sie Vertrauen hatte.
Ihr Mann! Ihm mußte sie alles erzählen! Auf einmal war der Damm gebrochen:
Was sie bedrückte, sprudelte wie ein Wasserfall aus ihr heraus.

Die Zeit war gekommen!

Er wußte einen Weg, ihr zu helfen!
Die beiden haben ihre Geschichte über Spione, Gefängnis und Heimat beim Verfassungsschutz gebeichtet.
Dort wurde sie wieder ausgefragt, bis sie nichts von hinten und vorn mehr wußte.
Höchste Zeit sei es gewesen, haben die Verfassungsschützer ihr beim Verhör gesagt!
Höchste Zeit, ihren Kindern Schutz zu geben!
Höchste Zeit auch, reinen Tisch zu machen!
Reinen Tisch! Für ihren „Briefkasten" haben sie Material zusammengestellt, an dem ihr Führungsoffizier seine helle Freude haben mußte.
Einmal noch, und dann war „reiner Tisch"! Sie hatten ihn gegriffen und ein paar Helfer auch.
Ihre Kinder und sie sind in „Kur" gekommen, auf einer kleinen Nordseeinsel. Die drei wurden dort versteckt, damit die „Greifer" sie nicht finden konnten.
Keiner durfte erfahren, wo sie sich aufhielten, auch nicht ihr Mann und Vater.
Drei Monate sollte das dauern. Drei Monate schlechte Zeiten.
Lange Zeiten, die alles heilten!
Reinen Tisch!

Günter Domaszke

Hans-Joachim Ecker

Das unausrottbare Virus namens Dummheit

Es war wohl vor allem der Gesinnung des sogenannten „Gulaschkommunismus" der Ungarn zu verdanken, daß in diesem Land im Zug der Perestroika erstmals der Eiserne Vorhang durchlässig wurde, was vor allem von vielen DDR-Bürgern in überstürzter Hast genutzt wurde, als sei es die einzige, nur kurzfristig mögliche Chance, die Ausreise aus dem umgrenzten Arbeiter- und Bauernparadies unter anderem eines Genossen Grenz endlich in die eigenen Hände nehmen zu können. Die vielen abschlägig beschiedenen Ausreiseanträge waren nunmehr nur noch Makulatur im Papierkorb der deutschen Geschichte. Für viele Deutsche war dies ihre erste freie Wahl durch Abstimmung mit den Füßen.

So stimmte auch in jenen Tagen ein Gynäkologenehepaar mit beiden Kindern aus Thüringen an der ungarisch-österreichischen Grenze mit ihren Füßen ab.

Auf der Suche nach einem Neuanfang führte sie der Weg in den Südschwarzwald, der sie von der Landschaft her an ihre thüringische Heimat erinnerte und diesen Verlust ihrer Heimat auch leichter verschmerzen half.

So klopfte eines Tages die Kollegin aus Thüringen an meine Praxistür, um die Chancen auszuloten, die halbjährige Praxistätigkeit als Voraussetzung für die eigene Niederlassung in meiner Praxis ableisten zu können. Die Gegebenheiten der Praxis mit zwei Untersuchungszimmern kamen den Wünschen der Kollegin entgegen, mir ihre offene und freundliche Wesensart. Zudem stand ich vor über 30 Jahren nach meiner Flucht aus der DDR damals in der ähnlichen Situation eines völligen Neuanfangs. Da außerdem die leistungsstrangulierende Jobsharing-Regelung der Kassenärztlichen Vereinigung für diese besondere, zeitlich limitierte Situation keine Geltung hatte, gab ich nach einigen Tagen Bedenkzeit meine Zustimmung für dieses „Experiment" eines halbjährigen Teamworks nach über 10 Jahren Einzelkämpferdaseins. Nach Komplettierung des zweiten Untersuchungszimmers mit einigen Gerätschaften konnte nun die thüringische Kollegin in einem bisher von ausschließlich männlichen Fachkollegen dominierten Ort ihre Arbeit aufnehmen. Die Kunde von der neuen „netten Frauenärztin" hatte sich in der 20 000-Einwohnergemeinde offenbar rasch herumgesprochen, entsprechend vermehrte und veränderte sich die Praxisklientel doch deutlich. So kamen in dieser „Tandemzeit" unter anderem vermehrt Kopftuch tragende türkische Patientinnen und ältere Schwarzwaldbäuerinnen, erkennbar an ihren Trachtenkleidern und ihren mit schwarzen Bändern durchflochtenen, aufgesteckten Zopffrisuren in die Praxis. Auf Grund dieser Beobachtung stellte sich mir als männlichem Frauenarzt natürlich die Frage, wie verbreitet in unserer Zeit wohl noch die ecclesiogenen neurotischen Fehlhaltungen sind. Bei Fortbildungsveranstaltungen habe ich die Kollegin den anderen Fachkollegen unter vorsorglichem Hinweis auf das zeitlich begrenzte Teamwork vorgestellt. Die aktuelle Biographie der Kollegin und ihrer Familie kam dabei zwangsläufig auch zu Wort.

Eines Morgens fand ich das Praxisschild an der Hauseingangstür wie folgt verunziert: Mehrfache Gravuren mit dem Wort *Stasi*. An der Etagen-Praxistür fand sich dann eine weitere Variante als Graffiti-Beschmierung: *DDR-Arzt*. Ein Fall von endemischer politischer Dummheit oder/und von Mißgunst, das ist hier die Frage!?

PS: Der Bruder der Kollegin aus Thüringen wurde anläßlich eines Privatbesuches der Ehefrau vom damaligen Bundeskanzler Kohl, Hannelore Kohl in ihrer Geburtsstadt Saalfeld in Thüringen zu DDR-Zeiten von der *Stasi* hinter Gitter gebracht, weil er bei dem Versuch, der Kanzlergattin in einem vermeintlich unbeobachteten Moment eine Bittschrift zuzuschieben, in der er nach mehreren abgelehnten Ausreiseanträgen um ihre Fürsprache für seine Ausreise bat, von der „Firma Horch und Guck" beobachtet worden war.

An die Nachgeborenen
Wirklich, ich lebe in finsteren Zeiten ...
... Ihr, die ihr auftauchen werdet aus der Flut
In der wir untergegangen sind,
Gedenkt,
Wenn ihr von unseren Schwächen sprecht
Auch der finsteren Zeit,
Der ihr entronnen seid ...

Bertolt Brecht

Hexenjagd 1940/1990

Die weiße Lilie

Es war Ende der achtziger Jahre, als eine gut siebzig Jahre alte, scheu, fast schüchtern wirkende Frau, mit einer kaum gebeugten Haltung und mit ihrem schneeweißen Haar in Bubikopfmanier geschnitten, eine gewisse Alterswürde ausstrahlend, sich nach mehreren abgesagten Terminvereinbarungen offensichtlich doch ein Herz gefaßt hatte und erstmals in der Sprechstunde erschien.

Wie es bei einer neuen Patientin üblich war, hatte die Arzthelferin auch ihr im Vorfeld der Konsultation ein Anamneseblatt zum Ausfüllen gegeben, damit ich bereits vor der ersten Begegnung mit der Patientin einige medizinische Grunddaten kannte. Meine Patientin hatte bei Fehlgeburten und Geburten jeweils „keine" angegeben, auch bei ernsten Erkrankungen und Operationen fand ich keine Angaben.

Mein erster Eindruck ihrer interessant wirkenden Erscheinung war mit einiger Sicherheit, daß mir eine Künstlerin gegenüber saß. Bevor sie auf den Grund ihres Arztbesuches kam oder ich danach fragen konnte, drückte sie mir gegenüber ihre Skepsis darüber aus, ob sie überhaupt angesichts ihres fortgeschrittenen Alters noch mit einer guten Behandlung rechnen könne.

Mit dieser für den Aufbau einer tragfähigen Beziehung zwischen Patient und Arzt wenig konstruktiven Äußerung wurde ich wie gesagt Ende der achtziger Jahre des 20. Jahrhunderts konfrontiert, als noch längst nicht wie zehn Jahre später an die drastischen Kostendämpfungsmaßnahmen im deutschen Gesundheitswesen zu denken war. So aber ließ es in mir ein unwohles Gefühl aufkeimen, daß solch ein fataler Zweifel am Ethos meines Berufsstandes oder am Zustand unserer Gesellschaft eigentlich nur von einem Menschen kommen könne, dessen Leben bisher nicht von Übergängen, sondern eher von Abschieden und Brüchen geprägt wurde. Dieses recht befremdliche Mißtrauen wurde weder klagend oder gar provokant, eher traurig, resignativ ausgesprochen. Diese für mich in der ersten Begegnung mit Patienten völlig neue Erfahrung machte mich doch einigermaßen neugierig, was die eigentliche Ursache für solch eine Klage sein könnte.

Eine leichte narzißtische Kränkung schwang wohl bei meiner Neugierde mit, obwohl ich von der Patientin eigentlich nicht den Eindruck vermittelt bekam, daß die sogenannte „Chemie" zwischen Patientin und Arzt gestört sein könne, was nach dem ersten, kurzen Kennenlernen auch recht ungewöhnlich gewesen wäre.

Diese meine zunehmend geweckte Neugierde wurde von der Patientin anfänglich stockend, lapidar, fast im Stenogrammstil und etwas unwillig befriedigt, so daß sich langsam das Puzzle einer deutschen Biografie der dreißiger und vierziger Jahre des 20. Jahrhunderts zusammenfügte: Als wissenschaftliche Zeichnerin am botanischen und anatomischen Institut einer altehrwürdigen süddeutschen Universität habe sie durch ihre Arbeit einen jüdischen Medizinstudenten kennen und lieben gelernt. Der Vater ihres Freundes sei Landarzt im südbadischen Markgräfler Land gewesen, der nach dem Entzug seiner Kassenzulassung „nicht einmal mehr bei den Bauern das Vieh behandeln durfte". Wohl in Folge der Pogromstimmung durch die vorausgegangene, zynischerweise als Reichskristallnacht verharmloste Pogromnacht im November 1938 suggerierend, als sei nur das Schaufensterglas jüdischer Geschäfte und das Fensterglas der Synagogen zu Bruch gegangen, sei ihr

Freund aus dem Fenster eines mehrstöckigen Institutsgebäudes von den „lieben Kommilitonen und angehenden Ärzten" geworfen worden. Diesen Fenstersturz habe er nicht überlebt. Sie selbst sei als Judenhure beschimpft worden und da ihre Liebe nicht ohne Folgen geblieben sei, habe man ihre Schwangerschaft zwangsweise unterbrochen.

Meine anfängliche Einschätzung, daß ich einem Menschen mit einer von Brüchen und Abschieden stigmatisierten Biografie gegenüber saß, wurde durch diese ihre Schilderung einer infernalischen modernen Hexenjagd weit übertroffen. Die ihr geschlagenen seelischen Wunden ließen sich offensichtlich datieren. Die ersten Kratzer ihrer Wunde entstanden wohl 1934 durch die Nürnberger Rassengesetze, der Fenstersturz ihres Freundes war dann wohl die Vorwegnahme der berüchtigten, geheimen Wannseekonferenz vom Januar 1942 mit den planerischen Vorbereitungen der so genannten „Endlösung" für die deutschen und europäischen Mitbürger mosaischen Glaubens.

Einen Monat vor diesem Treffen der Himmler und Heydrichs in der Wannseevilla wurde ich geboren. Der tiefe Sinn des oft bekrittelten Wortes von der „Gnade der späten Geburt" wurde mir jetzt, da ich erstmals in meinem Leben leibhaftig einem Opfer dieser totalitären Vergewaltigung der Menschenwürde vis-a-vis gegenüber saß, in elementarer Weise bewußt.

Nach der Schilderung dieses Horrorszenarios tauchte vor meinem inneren Auge ein exemplarisches Foto aus früheren historischen Dokumentationen über den Nazi-Rassenwahn auf: Eingerahmt und bewacht von gut einem halben Dutzend strammer SA-Männer steht eine junge Frau mit ihrem jüdischen Freund am Straßenrand der Hamburger Innenstadt mit einem überdimensionalen Schild um den Hals mit folgender Beschriftung: Ich bin am Ort das größte Schwein und lasse mich nur mit Juden ein.

Eine weitere Facette in das Kaleidoskop des deutschen Absurdistans dieser finsteren Zeiten fügte mein Gedächtnis in Erinnerung an die Erfahrung meiner Mutter hinzu, als sie 1943, zwei Jahre nach meiner Geburt, wieder schwanger war, Anfang des vierten

Monats. Am sogenannten Waschtag hatte sie sich beim Tragen eines Korbes frisch gewaschener, nasser Wäsche überhoben, wodurch eine Fehlgeburt ausgelöst wurde. Der herbeigerufene Hausarzt konnte offenbar den kompletten Abgang der Frucht feststellen – ich hätte als Geschwister einen Bruder gehabt – und er informierte noch am selbigen Tag – vermutlich gezwungenermaßen – die Kriminalpolizei, woraufhin zwei unauffällig auffällig gekleidete Herren in der üblichen Ledermanteldienstuniform zu Hause erschienen, um die genaueren Umstände der Fehlgeburt zu ergründen. Sie konnten sich offensichtlich davon überzeugen, daß dem Führer nicht mit Absicht potentielles Kanonenfutter entzogen worden war. Für den Wiederholungsfall drohten sie meinen Eltern jedoch eine strafrechtliche Verfolgung an!

Einerseits überkam mich eine gewisse Scham wegen meines neugierigen Nachfragens. Vielleicht hatte ich dadurch eine kaum verheilte oder schlecht vernarbte Wunde der Seele wieder aufgerissen. Andererseits wäre mir ohne dieses Hinterfragen vieles über die Befindlichkeit meiner Patientin verborgen und unerklärlich geblieben.

Schließlich kam der eigentliche Anlaß ihres zögerlichen Besuches in der Praxis zur Sprache. Sie berichtete mir, einen bisher nie beobachteten geröteten Hautausschlag an der linken Brust seit einigen Wochen beobachtet zu haben.

Schon bei der Betrachtung dieses großflächigen, entzündlich erscheinenden Hautausschlages war die Ähnlichkeit mit der Oberfläche einer Orangenschale bedrückend deutlich zu erkennen. Ich war mir ziemlich sicher, daß meine Patientin eine recht seltene besondere Form von Brustkrebs hatte, das so genannte inflammatorische Mamma-Carcinom. Meinen Verdacht habe ich vorsichtig angedeutet, zur genaueren Abklärung aber unbedingt zur Mammografie als wenig belastende und sichere Methode geraten. Es brauchte einige Überzeugungskunst, um sie zu dieser Untersuchung zu bewegen. Diese Untersuchung bestätigte leider den ersten Verdacht. Der freie Fall ins Bodenlose oder in ein schwarzes Loch bei der Konfrontation mit der allzu oft als Todesurteil empfundenen Diagnose: Krebs, wie es der Arzt oft genug erlebt, war bei meiner Patientin wundersamer Weise nicht zu beobachten. Vielleicht wurde dieser freie Fall bei ihr durch lang genug „eingeübte" Verdrängungsmechanismen aufgefangen, wie es Lebensbrüche, in ihrem Fall sogar Zivilisationsbrüche wohl meistens zwangsläufig mit sich bringen.

Wenn das Leiden fern ist, ist der mündige und aufgeklärte Patient ein schönes Ideal. In der Begegnung mit dem eigenen Leiden darf dem Patienten neben dem Recht auf Wissen über seine Krankheit mit ihren Behandlungsmöglichkeiten und Heilungsaussichten auch das Recht auf Nichtwissen zugestanden werden. Diesen Anspruch auf das Recht auf Nichtwissen glaubte ich bei meiner Patientin erkennen zu können, weil sie das „Urteil" Krebs offensichtlich stoisch und schicksalsergeben ohne jegliche Nachfragen annahm.

Die von ihr anfangs in Frage gestellte gute Behandlungsmöglichkeit angesichts ihres fortgeschrittenen Alters glaubte ich als Metapher für ihre als junge Frau gemachten schlimmen Erfahrungen mit Ärzten als Vertretern des Heilberufes zu verstehen.

Das weitere Vorgehen zur guten Behandlung ihres Brustkrebses war ihr nur sehr schwer zu vermitteln. Schließlich konnte ich ihr wenigstens die Zustimmung zur Operation abringen. Die Kollegen im Krankenhaus bereitete ich unter Hinweis auf den alles andere als normalen Lebenslauf der Patientin auf den zu erwartenden, nicht leichten Umgang mit ihr vor. Die Brust mußte ihr amputiert werden, weil der Tumor kein Frühstadium mehr war. Auch die Achselhöhle der linken Seite wurde zur Entfernung der entsprechenden Lymphknoten eröffnet. Leider waren einige dieser Lymphknoten von den Brusttumorzellen befallen.

Daraus sich ergebende weitere Behandlungsmaßnahmen lehnte sie kategorisch ab. Auch die sich nach der Entlassung aus dem Krankenhaus entwickelnde Schwellung des linken Armes als Hinweis für die sich stauende Lymphflüssigkeit wollte sie nicht behandeln lassen. Offenbar war diesen Verweigerungen zu entnehmen, daß sie für sich einen Schlußstrich unter ihre Krankheit gesetzt hatte. Lediglich anfängliche regelmäßige Verbandswechsel wegen einer schlecht heilenden Wunde in der Achselhöhle wurden von ihr akzeptiert.

Eines Tages rief sie in der Praxis an und bat um einen Hausbesuch, da sie sich wegen einer Grippe zu geschwächt fühlte, um zum Verbandswechsel in die Praxis zu kommen. So besuchte ich also ihre kleine, bohemienhafte Wohnung. Die Wände des Wohnzimmers waren reichlich mit Bildern behangen. Ich vermutete, daß es ihre eigenen Bilder waren, da diese neben einigen Aquarellen von Landschaften und Stilleben vor allem aus zum Teil auch handkolorierten Zeichnungen von Pflanzen bestanden.

Nach dem Verbandswechsel bot sie mir zum Abschied als Geschenk eines ihrer Pflanzenbilder an. Sie überließ mir die Auswahl. Ich entschied mich spontan für für eine schlichte, schön handkolorierte Zeichnung einer blühenden weißen Lilie, ohne mir in jenem Moment über den Symbolwert dieser Blume im Klaren gewesen zu sein.

Durchs wilde Absurdistan

Wer hätte schon ahnen können, daß ich etwa 40 Jahre nach der Kindheitsphase, in der neben Abenteuergeschichten von Autoren wie Stevenson, Twain, Defoe, Cooper auch die von Karl May selbst nachts heimlich unter der Bettdecke mittels Taschenlampe verschlungen wurden, Ende des 20. Jahrhunderts mit der grausamen Realität des wilden Kurdistans berufsbedingt konfrontiert würde!

Eines Tages nahm ich das Telefonat einer Frau entgegen, die sich als Mitglied der örtlichen katholischen Kirchengemeinde zu erkennen gab und sich dort im Kirchenasyl engagierte. Sie bat mich um einen Gesprächstermin für eine schwangere Kurdin, deren Asylantrag abgewiesen worden war und die nun vor der Abschiebung stand. Auf meine Nachfrage, was der Grund dafür sei, daß sie gerade auf meine Person gekommen sei, gab sie an, daß sie erfahren habe, daß ich bei amnesty international engagiert sei.

Da die Abschiebung trotz des Kirchenasyls jederzeit geschehen könnte, drängte sie höflich auf einen baldigen Termin. So vereinbarte ich mit ihr ein Treffen am gleichen Tag nach der Sprechstunde.

Sie erschien wie besprochen mit einer Frau schwer bestimmbaren Alters, vermutlich Mitte zwanzig, in der charakteristischen Bekleidung einer Muslimin, mit Pluderhosen, fast knöchellangem Kleid und einem außer dem Gesicht den übrigen Kopf verhüllendem Kopftuch. Das Gesicht wirkte mit seiner versteinerten Mimik und dem starrem Blick aus leblos erscheinenden Augen zutiefst traurig. Die Begrüßung mit Händedruck wurde von ihr zögerlich und stumm erwidert.

Von ihrer Begleiterin erfuhr ich den erschreckenden Hintergrund für die akute Abschiebungsgefahr der Kurdin und ihrer Familie zurück in ihre Heimat.

Asyl wurde für die Kurdin, ihre drei Kinder und den Ehemann beantragt, weil der Bruder der Kurdin als Mitglied der PKK, der militärischen Widerstandsorganisation der Kurden gegen die türkische Staatsmacht, im heimatlichen Dorf von der türkischen Armee festgenommen werden sollte. Da sich ihr Bruder diesem Zugriff entziehen konnte, wurde die in totalitären Machtstrukturen sehr gern und oft erfolgreich angewandte Methode der Sippenhaft praktiziert. Im Fall der vor mir sitzenden Kurdin wurde eine besonders perfide, auf das Selbstwertgefühl einer Muslimin zielende sexistische Psychofolter angewendet. Die Macho-Soldateska zog sie komplett nackt aus, band sie auf einen Esel fest, um sie dann derart bloßgestellt und entehrt durch das heimatliche Dorf zu treiben. Die grausame Rache an der Schwester des geflüchteten Bruders und PKK-Mitglieds hatte offenbar genau den Nerv einer muslimisch-archaischen Gesellschaft getroffen. Seine Schwester war zur Unperson abgestempelt worden, die sich mit ihrer Familie nie wieder in ihrem Dorf sehen lassen konnte.

Diese Ächtung und angedrohte weitere Repressalien führten

schließlich zur Flucht aus der Heimat. Die Nichtanerkennung als Asylbewerber und die drohende Abschiebung von ihr und der Familie in die Türkei hatten bei der Kurdin zu Verzweiflungsreaktionen geführt. Sie hatte mehrfach versucht, sich das Leben zu nehmen. In Unkenntnis der anatomischen Verhältnisse im Bereich oberhalb der Handgelenke waren diese Selbsttötungsabsichten Versuche geblieben.

Die Begleiterin der Kurdin mit ihrem Engagement im Kirchenasyl erhoffte sich nun von einem Ärztlichen Attest eine letzte Chance, die drohende Abschiebung abzuwenden und die unwürdige Situation des Kirchenasyls zu beenden. Nach Einsicht in den mitgebrachten Mutterpaß – sie war bei einer Frauenärztin in ärztlicher Betreuung – attestierte ich ihr zur Vorlage bei der Ausländerbehörde für die gesamte Dauer der Schwangerschaft (immerhin noch sieben Monate) die Reiseunfähigkeit zurück in die Türkei wegen der Gefahr einer Fehlgeburt bzw. Frühgeburt. Die psychische Ausnahmesituation der Kurdin unter Hinweis auf die mehrfachen Selbsttötungsversuche wurde dabei besonders betont in der Hoffnung, daß behördlicherseits humanes Empfinden und unbürokratische Einsichtsfähigkeit geweckt werden könnte.

Das Wort vom „kranken Mann am Bosperus" im Zusammenhang mit dem Niedergang des Osmanischen Reiches und seinem entgültigen Zusammenbruch in den Wirren des Ersten Weltkrieges war mir aus dem Geschichtsunterricht der Schule noch geläufig. Bei allem gebotenen Respekt vor den Leistungen des großen, aber leider einzigen Reformators im islamischen Kulturkreis des vorderen und mittleren Orients, Kemal Atatürk, habe ich für mich persönlich aus der gemachten Erfahrung mit dem bedrückenden Schicksal der Kurdin am Ende des 20. Jahrhunderts den Schluss gezogen, daß der „kranke Mann am Bosperus" noch immer existiert und im Umgang mit seiner ethnischen Minderheit noch längst nicht gesundet ist.

Frederike Friedrich

Einfach so!

Heute

Stahlblau erhebt sich der Himmel über den Häusern. Die Sonne blendet mich. Ich schließe die Augen, Sie wissen schon, so weit, dass alles anfängt, zu verschwimmen. Das gibt mir noch mehr das Gefühl, dass dies alles nicht echt sein kann.

Ich stehe auf dem weiten Platz vor dem Bahnhof, ha – einfach so! Den Kopf weit in den Nacken, schaue ich auf den spitzen Winkel des ockerfarbenen Hauses.
Ich versuche, das, was ich da sehe, beim Namen zu nennen. Ich kann es nicht fassen, Wortfetzen jagen mir durch den Kopf.
Hoch, sachlich, gläsernes Kunstwerk, unecht?
Kinopaläste hinter Glasfassaden. Illusion hinter Illusion.
Die Deutsche Bahn. Stahl, Glas, Höhe.
Das Sony-Center wirkt fast durchsichtig, Glas über Glas. Zu Weihnachten wird der Hof dieses Giganten von einem riesigen Weihnachtsbaum mit Hunderten von Lichtern gefüllt.
Flirrendes Licht, schillerndes, wehmütiges Licht zwischen sachlichem Licht.
Künstliche Kunst, kunstvolle Künstlichkeit.
Unechte Wahrheit, wahre Unechtheit.
Seelenlose Architektur, architektonische Seele.
Phantasievolles Bild, bildliche Phantasie.

Damals

So kenne ich ihn auch, den Potsdamer Platz. Damals war es noch nicht *unser* Potsdamer Platz. Damals war es noch „drüben". Da stieg man auf ein Treppchen und konnte einen Blick auf ihn erhaschen. Eine öde, weite Fläche. Nichts, außer Polizei, Armee und Tod. Todesanlagen, Hunde an gespannten Seilen, an denen sie auf und ab marschierten, um bei jeder Bewegung Alarm zu schlagen. Grenzbefestigungen hinter der grauen Mauer. Armeesoldaten marschierten, ihre Gewehre schussbereit geschultert. Böse sahen sie aus, wütend, hasserfüllt. Worauf? Auf uns, die wir auf der anderen Seite lebten? Waren sie wütend, weil sie nicht auch auf der anderen Seite leben konnten, oder waren sie wütend, weil wir auf der anderen Seite lebten und nicht bei ihnen? Weil wir nicht genauso böse schauten, nicht genauso gerne töten wollten? Oder wollten sie gar nicht töten? War es für sie ein Job, wie für uns Brötchen zu verkaufen oder an der Börse zu spekulieren?

Abends war der Grenzstreifen fast das einzige Licht, das die Osthälfte unserer Stadt kennzeichnete. Der Rest dieser östlichen Stadt lag im Dunkeln. Dunkel, schlafend, wartend. Nur die heilige Grenze war in gleißendes, aus großer Höhe, aus weiter Ferne zu sehendes Licht getaucht. Scheinbar wach, scheinbar niemals schlafend.

Die Grenzabfertigung war böse und misstrauisch. Das feindliche Ausland wollte dem Staat der DDR nur Schlechtes, ihn ausrauben, ihn leerräumen. Was hätten wir denn mitnehmen sollen? Die Menschen? Nur zu gerne. So wie ich dachten fast alle. Wut in der Seele, Gedanken im Kopf. Angst vor dem anderen. Deshalb die Kontrollen?

Abgesehen davon, dass ich mich, wenn ich in den Ostteil unserer Stadt fahre, immer noch vor den Straßenbahnen fürchte, ich mich immer noch frage, wie ich hier – einfach so – rüber kann, wundere ich mich, wie in Berlin Manhattan entstehen konnte. Auch wenn es nicht Manhattan ist, weil Manhattan wenigstens langsam gewachsen ist. Jedes der Häuser hat eine Geschichte. Bei uns wurde die Geschichte gepresst. Auf ein paar Jahre gepresst. Auf eine Großbaustelle, die im Wasser versank.

Es musste erschaffen werden, was all die Jahre verkommen war. Es musste verdeckt werden, was vielleicht besser nicht hätte verdeckt werden sollen. Hätte nicht ein bisschen was erhalten bleiben sollen? Ein bisschen was für die Erinnerung, ein bisschen was für die Geschichte?
Dann wäre der Potsdamer Platz vielleicht ein bisschen mehr *unser* Potsdamer Platz geworden. Mit ein bisschen mehr lebensnahem Leben erfüllt, nicht nur mit Prunk und Pracht und Business. Ein bisschen langsamer erbaut, ein bisschen mehr Zeit, sich an alles zu gewöhnen. Hätte den Menschen die Chance gegeben, sich hineinzufinden, vielleicht wäre die Mauer dann auch aus den Köpfen verschwunden.
Vielleicht würde es ihn dann nicht geben, den „Ossi", den „Wessi". Vielleicht wären wir dann einfach die Berliner, die Deutschen. Wer weiß, vielleicht!

Es war komisch, damals, als die Mauer aufging – einfach so.
Ich lag schon im Bett. Mein Freund hatte Dienst im Krankenhaus. Um halb elf rief er mich an und meinte, ich soll das Fernsehen anmachen, die Mauer sei offen und die Menschen aus dem Osten würden Berlin stürmen und die Mauer einreißen. Ich meinte ja, ja, vergrub mein Gesicht in den Kissen und dachte so bei mir, der übertreibt ja wohl maßlos, machte das Licht aus und schlief ein.

Also, ich Maus ich, ich verpennte einen historischen Augenblick!
Am nächsten Morgen kam er aufgeregt nach Hause und fragte mich, ob ich das denn nun gesehen hätte. Nö, immer noch nicht. Weil, ich konnte es ja auch nicht glauben. Das konnte ja gar nicht sein. So was konnte es nicht geben. Montagsrevolutionen hin oder her, so was ging nicht einfach so!

Aber es ging doch.
Schnell bekam ich mit, dass es ging. Als ich mich nämlich in mein Auto setzte und die Straßen entlangfuhr.

Überall Trabbis! Einfach so! Trabbis, wo man hinsah. Einfach so! Es stank erbärmlich, aber es war toll. Überall Lachen und Hupen! Einfach so! Ich hätte am liebsten geheult, mich aus dem Fenster meines Wagens gehängt und alle willkommen geheißen. Überall Trabbis – ich konnte es nicht glauben. Lachende Gesichter in den Trabbis. Wie Kinder vor dem Weihnachtsbaum. Sie bekamen die Münder nicht mehr zu vor Staunen. Ich war gerührt. Einfach so! Ich fuhr in die Stadt, Trabbis, Trabbis. Ich hätte sie küssen können – einfach so!

Zum letzten Weihnachtsfest hatte ich das Versprechen und den Antrag auf einen Transitschein bekommen. Schon immer wollte ich in den Spreewald. Das ging natürlich nicht einfach so. Jetzt sollte das nicht mehr nötig sein? Jetzt sollte man „rüber" dürfen, einfach so? Jetzt sollte dieser Transitantrag – einfach so – nicht mehr nötig sein? Jetzt sollte ich endlich in den Spreewald *dürfen*?

Am nächsten Wochenende versuchten wir es. Wir setzten uns in das Auto und wollten rüber – einfach so! Wir fuhren rüber. Einfach so. Einfach durch die Grenze, ohne dass jemand was von uns wollte. Einfach so. Die Ausweise hielt ich in den Händen festumklammert. Aber es wollte sie keiner sehen. Es ging wirklich, einfach so! Mancher der Grenzposten schaute uns böse an, einer lächelte uns freundlich zu. Ich lächelte zurück. Ich hatte Tränen in den Augen.

Der Klumpen in meinem Hals, war kaum zu ertragen.
Wir fuhren nach Falkensee. Einfach so! Es war kalt und grau. War es hier drüben ein bisschen kälter und ein bisschen grauer als bei uns? Es stank. Es stank wie bei uns im Wedding oder im Kreuzberg, wo es noch viele Kohleöfen gibt. Aber wir waren drüben. Einfach so!

Ich schlug die Hände vor den Mund, als wir durch die Straßen fuhren. Es war alles so grau, so trist und so verfallen. Sicher, ich kannte es von den Transitfahrten über Nauen. Da saßen die Russen in ihren Kasernen, da fuhr man durch Dörfer, in die man nie durfte. Da sahen wir, wie kaputt alles war. Aber jetzt, wo wir mittendrin waren, wirkte alles noch viel schlimmer.

Wir stiegen aus dem Auto. Ich hatte Angst, wir könnten verhaftet werden. Schließlich waren wir nicht auf der Transitautobahn, nicht auf den Parkplätzen, auf denen wir raus durften. Wir waren in Falkensee. Im Osten. Da wo wir nie hindurften. Jetzt waren wir da, jetzt durften wir! Einfach so! Niemand hielt uns auf, niemand beschimpfte uns. Ich konnte es nicht fassen.

Ich hatte mir immer gewünscht, wenn wir über die Autobahn in den Westen fuhren, hier möchte ich mal aussteigen, mal langlaufen. Es ist Deutschland, direkt vor meiner Stadt. Einfach so, mal langlaufen. Ohne Angst, ohne Transitschein. Eben, einfach so!
Und jetzt war es soweit.

Die Läden durften auch am Sonntag aufhaben. Schließlich mussten unsere neuen Mitbürger einkaufen können. Ihr Willkommensgeld ausgeben. Bananen kaufen. Meine Güte, Bananen. Das einfachste für uns, was es gab. Sie standen Schlange vor den Läden, um Bananen kaufen zu können. Kistenweise Bananen. Wir bekamen keine mehr. War ja nicht weiter schlimm, schließlich hatten wir all die Jahre Bananen gehabt, fand ich – aber die ersten Stimmen des Unmuts wurden laut. Wo sind unsere Bananen? Wir wollen auch Bananen!

Ich bekam wochenlang eine Gänsehaut, wenn ich die Schlangen vor den Läden sah – einfach so!
Ich bekam wochenlang eine Gänsehaut, wenn ich Trabbis sah – einfach so!
Ich wollte dauernd in den Ost-Teil unserer Stadt. Wollte mir alles anschauen, wollte sehen wie es da war.

Wir schauten uns den Potsdamer Platz an – wie er damals war. Grau, öde, leer. Die Stadtplaner begannen mit ihrer Arbeit. Es musste schnell gehen mit dem Wiederaufbau des Potsdamer Platzes. Natürlich nicht nur mit dem Wiederaufbau des Potsdamer Platzes, auch Mitte, die Friedrichstraße – ach, am besten sollte die gesamte DDR durchgeputzt, erneuert, ausgelöscht werden – einfach so!

Aber er – der Potsdamer Platz – wurde zur Baustelle des Größenwahns. Von weitem konnte man denken, es war ein See. Ein großer See, umringt von Kränen. Vielen Kränen. Voll mit fleißigen Menschen, die bereit waren, auch mal nasse Füße bei ihren Arbeiten zu bekommen. Fleißige Menschen, die alle bemüht waren, die Wunden, die die DDR zurückgelassen hatte, zu überdecken. Zu verdecken – einfach so.

Noch heute, Jahre später, frage ich mich, wie es geht – den neu entstandenen Potsdamer Platz zu befahren, einfach so?
Diese Häuser, die sich in ihren Pastellfarben vor dem stahlblauen Himmel erheben, diese Mengen von Fenstern, in denen sich die Sonne spiegelt, zu sehen, einfach so?
In den Läden unter dem Potsdamer Platz einkaufen zu können, einfach so?
Berlin zu durchfahren, ohne von einer Mauer gebremst zu werden, einfach so!
Wo verlief sie eigentlich, unsere Mauer? Es ist mir ein bisschen peinlich, aber ich weiß es nicht mehr.
Aber mein Gefühl weiß es, es schlägt an, und ich bekomme immer noch eine Gänsehaut, einfach so. Wie damals, als es das erste Mal war – einfach so!
Im Spreewald war ich auch. Es hat noch einige Jahre gedauert, bis ich mir diesen Wunsch erfüllt habe. Es ist schön da, wirklich schön und wir konnten dahin – einfach so!

Peter R. Gerke

Mitteilung aus den 80er Jahren:
Abschiedsveranstaltung

Janek hatte das bereits zwanzig Jahre zuvor geplant, obgleich er stets fürchtete, daß doch alles anders kommen würde: Es könnte regnen, oder es könnte kalt sein. Vielleicht würde er auch gar nicht mehr leben. Doch nun zeigte sich eine überraschende Übereinstimmung mit der Planung; bis auf Kleinigkeiten. So etwa, daß es die rumpelige Straßenbahn nicht mehr gab. Janek fuhr mit der U-Bahn in die Stadt – noch war der Wagen leer – und er streckte behaglich die Beine aus.

„Mein lieber Herr Janek", hatte der Chef gesagt. Mein lieber Herr Janek – und es folgte eine kleine Ansprache, bei der sich Janek fühlte, als würde er zu Grabe getragen. Die Runde am Tisch hörte ehrerbietig zu, und Janek spürte, wie sie ihn alle ansahen. Er spürte, wie sein Lächeln zur Grimasse wurde. Gelassen, gelassen! Warum beendete er nicht mit einem Scherz diese Peinlichkeit? Gelassen über den Dingen stehen – ja, sein alter Kollege Werner hatte das gekonnt, er konnte das – und er war ja auch in die oberen Etagen aufgestiegen.

Janek erkannte in der Ansprache die dürftigen Einzelheiten seiner Personalakte wieder, die der Chef verschönend ausmalte. Natürlich konnte der nichts wissen von den wenigen Siegen und von den vielen Niederlagen, denn er hatte die Abteilung erst vor zwei Jahren übernommen. Janek ertappte sich bei Nebengedanken, als er überschlägig auszurechnen versuchte, wie viel Geld er die Firma gekostet hatte. Die Kollegen klatschten. Nun war Janek an der Reihe. Die Bedienung schaute ins Zimmer, ob es nicht Zeit für den Hauptgang sei. Janek fühlte sich gehetzt und fand seinen Notizzettel nicht. Also improvisieren. „Lieber Herr Hausner", sagte er. Tatsächlich, lieber Herr! Und was sonst? Hatte er sich blamiert? Einmal hatten die Kollegen gelacht.

Janek suchte die Erinnerung, als wäre es der Morgen nach einem Gelage. Natürlich hatte er von „unverdientem Lob" gesprochen, und „nach vierzig Jahren der Mitarbeit im Hause Böttcher". Doch, er hatte von den alten Zeiten erzählt, als man noch Betriebsausflüge machte mit allerlei Kunterbuntem. Da wurde zum Beispiel der beste Zweizeiler für die Personalanwerbung gesucht, und sein Oberchef wurde prämiert für: „ist dein Hirn auch etwas kleiner, geh' zu Böttcher, dort merkt's keiner!" So etwas hatte er erzählt, es sollte launig sein.

Der U-Bahn-Wagen war nun gefüllt, und Janek bemerkte, daß ihm eine junge Frau gegenüber saß. Sie stieg an der Haltestelle „Universität" aus. Es tat ihm Leid, daß er sie nicht mehr ansehen konnte, so hin und wieder einmal. Sie hatte blaue Augen und schwarzes Haar, war kaum geschminkt. Schade.

Jetzt aber war er selbst an der Reihe. Janek stieg aus, seiner Strategie folgend. Er hatte sich genau überlegt, von welcher Station aus er den Stadtpark am schnellsten erreichen konnte.

Er stand am Rande des Boulevards und schaute auf die Verkehrsströme. Einst fuhr dort die Straßenbahn. Janek fiel ein Sommermorgen ein, als er hier in aller Frühe auf die Straßenbahn wartete. Er spürte den Schmerz einer längst geschlossenen Wunde. Damals war er glücklich. Und auf der Straße neben den Schienen lag ein Schuh, und in dem Schuh steckte noch ein Fuß. Wie nahe beieinander doch Glück und Unglück sind, hatte Janek damals gedacht.

Er schlug den Weg zum Stadtpark ein und ließ sich dann von der Ruhe der alten Bäume einfangen. Auf den sonnigen Wiesen lagen die Nackedeis – das hatte es seinerzeit nicht gegeben! Janek steuerte zielstrebig die Pagode an, dort war ein Restaurant mit Tischen im Freien. Er fand einen Tisch für sich allein und streckte sich bequem in den weiß gestrichenen Rohrsessel. Zum Abschiedsessen am Mittag hatte er etwas Wein getrunken – einen „Weißherbst" hatte er sich gewünscht, weil er nicht genau wußte, ob man zum „Wildschwein" weiß oder rot trinken muß. Nun freute er sich auf ein frisches Bier. Die Kellnerin, üppig im schwarzen Dirndl und mit weißer Schürze, brachte es im üblichen Maßkrug.

Vor vierzig Jahren also hatte Janek das erste Mal das Haus Böttcher betreten und war den langen Korridor entlang gegangen, in dem damals noch die Holzspinde standen. Es war ein heißer Sommertag – ein Wetter, bei dem Janek vorher an den See hinausfahren konnte, mit dem Fahrrad. Die Türen zu den Büros standen offen, um die Luft zu bewegen, drinnen waren Schreibtisch-Viererblöcke, sonnendurchglühte weiße Fenstervorhänge, Männer in Hemdsärmeln und mit Schweiß glänzenden Gesichtern. Der Firmenbote, der Janek begleitete, lieferte ihn in einem der Büros ab: Raum 532.

Kürzlich, nach vielen hausinternen Umzügen, war Janek wieder am Raum 532 vorbeigekommen. Auf dem Gang standen keine Spinde mehr, Wände und Türen waren frisch gestrichen, aber den Raum 532 gab es immer noch. Janek wunderte sich über diese Beständigkeit. So vieles hatte sich geändert, aber 532 gab es immer noch. Er getraute sich nicht, die Tür zu öffnen. Stattdessen ging er zur nächsten Toilette, die er seinerzeit zu frequentieren pflegte. Dort war freilich alles anders: chromglänzende Armaturen, weiße Brillen, Seifenspender, Papierhandtücher. Das war nicht so vor dreißig oder vierzig Jahren. Der alte Kollege Wilhelm hatte damals – ja, die Hausverwaltung bestand auf schriftlichen Anträgen – an die zuständige Stelle geschrieben: „In der Toilette 530 wurde ein Kleiderhaken geklaut und eine Brille beschissen. Ich bitte, das eine wieder anbringen und das andere entfernen zu lassen." Kollege Wilhelm war erst vor zwei Jahren gestorben, 85 Jahre alt.

Janeks Gedanken suchten erneut Anschluss an jenen Tag, als er vor vierzig Jahren in das Büro 532 kam. Es war ein großer Raum mit drei Schreibtisch-Viererblöcken, die jeweils mit einer Schmalseite an die Fenster anschlossen. An der gegenüberliegenden Wand standen unbelegt zwei Reserve-Schreibtische. Janek fühlte sich von zwölf Augenpaaren angestarrt - so war es früher immer, wenn er wieder einmal als „Neuer" vom Rektor in eine Schulklasse geführt wurde (die Eltern waren siebenmal umgezogen). Er unterdrückte den Impuls, sich umzudrehen und hinauszurennen. Er stellte sich vor, „Janek", und ging von Schreibtisch zu Schreibtisch, spürte kräftige und weniger kräftige Händedrücke, murmelte immer wieder „Janek", verstand die vielen Namen nicht, nur „Hermann". Herr Hermann war es auch, der Janek dann zu seinem künftigen Schreibtisch an der Wand führte. Herr Hermann schien in dem Büro eine leitende Position inne zu haben, sein Schreibtisch stand am Fenster mit „Licht von links", und sein Holzstuhl war mit Armlehnen ausgezeichnet.

Janek fühlte sich so etwas wie geborgen, denn Herr Hermann kümmerte sich weiter um den Neuen, wies ihn in seine Aufgaben ein, legte ihm dicke Broschüren auf den Tisch, die wichtige Regeln für seine Arbeit enthielten. Aber Hermann war nicht der Chef, wie Janek bald feststellte. Der Chef hatte seinen Platz in einem kleinen Raum nebenan, wo er in Ruhe die Schriftsätze seiner Mitarbeiter kontrollieren konnte. Nun aber war er in einer „Besprechung", hieß es.

Janek in seinem Rohrsessel schmunzelte und nahm einen kräftigen Schluck aus dem Maßkrug. Ärgerlich – wie gewöhnlich hatte die Blume den unzureichenden Bierpegel verborgen. Aber für eine Reklamation war es nun zu spät. Janek überlegte weiter.

Besprechung – das war damals ein Fremdwort für Janek. Der Chef in einer Besprechung. Wie das wohl vor sich ging? Lauter Chefs in feierlicher Runde, in besonnener Rede, vor schweren Entscheidungen? Oder beschwörende Zauberformeln? – In seinen ersten Arbeitstagen bereits wurde Janek durch die Häufigkeit der Besprechungen ernüchtert. So oft konnte es keine feierlichen Entscheidungen geben! Und dennoch war Janek voller Spannung, als er nach etwa Jahresfrist seinen Chef als Experte auf eine Besprechung begleiten durfte. Seine erst Besprechung! Janek erinnerte sich nicht, um welche Probleme es damals ging. Aber er wußte noch, daß er damals kein Wort gesagt hatte. Nicht nur er, sondern zehn oder zwölf andere Experten auch, die um den Tisch herum saßen. Drei oder vier Chefs waren da, die redeten und sich gegenseitig die Rede abschnitten.

Später wurden dann Formulare eingeführt als „Einladungen" zu Besprechungen. Einladungen – nicht zu einer Geburtstagsfeier mit Geschenken und Frohsinn oder zu einer festlichen Abendveranstaltung mit Damen. Einladung schlicht zu einer Besprechung, allerdings nun mit Kaffeekannen auf dem Besprechungstisch. In dem Formular mußte stehen, um welches Thema es eigentlich ging, und wer den anderen die Rede abschneiden durfte – der Moderator.

Janek überlegte, wie lange er an seinem Wandschreibtisch in Raum 532 gesessen hatte. Etwa ein Jahr nach seinem Beginn kam wieder ein Neuer. Das war Dr. Hammer. Janek kannte ihn von einer Prüfung an der Hochschule her. Da assistierte er seinem Professor und schrieb alle dummen Prüfungsantworten auf, und nun saß er Janek gegenüber an der Wand ohne Licht von links. Noch weniger Licht als Janek. – Ja, kurz darauf war Janek in ein anderes Büro versetzt worden. Er konnte sich auf einen Schreibtisch-Mittelplatz verbessern. Dann kam sein Umzug ins Hochhaus, nein, zuerst noch in das Langhaus. Dann der Ostbau, der Südwestbau, vom zweiten in den vierten Stock und dann wieder zurück in den zweiten. Warum eigentlich die vielen Umzüge?

Das hatte wohl mit der Organisation zu tun. Büros wurden anderen Abteilungsleitern zugeordnet, andere Hauptabteilungsleiter wurden zuständig, Bereichsleiter wechselten ihre Bereiche und nahmen dieses oder jenes Büro mit. Ja, vermutlich war das der Grund für die Umzüge. Und jedes Jahr im Januar kam ein neuer Organisationsplan heraus, mit Spannung erwartet und von Umzügen gefolgt. Nichts ist spannender im Hause Böttcher als der neue Organisationsplan.

Janek blickte auf den Grund seines Maßkrugs und orderte ein nächstes Bier. Dann schickte er sich zu einem Vortrag über Organisationspläne an. Er fixierte sein nicht vorhandenes Gegenüber: „Dies also ist ein Organisationsplan, ein schweres, ein gewichtiges Papier, etwa 30 cm hoch, 50 cm breit – oder auch breiter, wenn viele Menschen einzusortieren sind. Was Sie sehen, sind geometrische Figuren, Rechtecke, die durch Linien verbunden werden. Aber das ist nicht nur Geometrie, das ist Leben, Ausweis der Macht, Anlaß zu Triumph, Zufriedenheit, zu Ärger, zu Wut, zu Resignation. Denken Sie an die Wasserspiele barocker Schloßgärten, in denen das Leben spendende Naß sich über zahlreiche Kaskaden abwärts verteilt, vom Strom zum Rinnsal verkümmert, in dem Humus versickert, aus dem die Natur ihre Erzeugnisse sprießen läßt. Das hier ist der abstrakte Plan eines solchen Wasserspiels. Da oben das große Rechteck, der dicke Kasten, das ist ein gewaltiges Bassin von Ansehen, Autorität und Auftragsmacht. Über die kräftigen Linienstränge verteilt sich dieses Volumen auf etwas kleinere Bassins in der Etage darunter, von denen jedes wiederum seine noch kleineren Pools im Stockwerk tiefer versorgt. Und so geht es weiter, Etage für Etage, bis vom Gipfel herab der flache Boden erreicht ist, auf dem Ansehen, Autorität und Macht völlig verteilt und verbraucht sind. Aber sehen Sie, dort gibt es dünne Nebenstränge, die weit unten direkt vom Gipfel gespeist werden, oder andere in mittlerer Lage, die aber den empfangenen Auftragsfluss nicht weiter nach unten abgeben können, die keine Unteretage haben, um sich der Speisung zu entledigen. Das sind barocke Schnörkel, welche die strenge Systematik auflockern und Aufregendes in das Gefälle bringen. Das Spannendste aber sind die Namen. Ja, Namen stehen in den Kästen, Menschen stehen in den Bassins. Wenn diese Menschen zur Etage über sich aufschauen, so „reporten" sie, wie man das heute nennt. Wenn sie sich umdrehen, können sie außer Würde auch Arbeit nach unten weitergeben. Wohl denen, die nach unten auf Köpfe schauen. Bei den Irregularitäten in der Mitte ist das nicht der Fall, und auf dem flachen Boden ganz unten ist ohnehin Schluß. Dort ist der warme Strom von oben abgekühlt, und die Menschen bekommen kalte Füße. Aber nur dort ist Fruchtbarkeit, dort sprießen die Erzeugnisse.

 Die Kästen und Kästchen im Plan sind wie große und kleine Türschilder. Dort zum Beispiel ist ein großes Schild. „Werner" steht darauf. Wenn man die Tür aufmacht, steht man in einem Sekretariat der Top-Etage. Da unten ein ganz kleines Schild, Namen kaum noch lesbar. Tür auf – und Sie schauen in ein Büro mit drei Viererschreibtischblöcken. Manchmal drängen sich auch zwei Namen auf einem Türschild, durch Querstrich oder Schrägstrich aneinander gebunden. Querstrich bedeutet etwa von gleich zu gleich, Schrägstrich heißt Bruchstrich, also von oben nach unten. Meist verschwindet einer der beiden Namen mit dem nächsten Organisationsplan."

Janek nickte seinem imaginären Gegenüber zu, Ende der Vorstellung. Die Namen natürlich das Aufregendste jedes Jahr. Diejenigen, die zu größeren Rechtecken aufgestiegen waren: Warum gerade der? Und – in Klammern – warum nicht ich? Die neuen Namen – und die Namen, die verschwunden waren! In den Korridoren wurde ausgiebig diskutiert. Aber immerhin, der Alkohol floß in Strömen, man gratulierte und versammelte sich dann mit Gleichgesinnten in einer Büroecke zu weiteren Diskussionen. Besonders scheußlich jedoch, wenn die Unbeliebten plötzlich zu einer speisenden Kraftquelle wurden, der man zu reporten hatte. Wie einst dem gefürchteten Mathe-Pauker! – „Ich breche Ihnen das Kreuz", hatte so ein Chef zu Janek gesagt.

Ich breche Ihnen das Kreuz. Janek schämte sich noch immer, wenn er daran dachte. Warum hatte er dem nicht den Bettel vor die Füße geworfen? – Er war zu feige gewesen. Er hatte die Ungewißheit der Veränderung gescheut und das teuer bezahlt – mit seiner Selbstachtung.

Janek suchte positive Gedanken.

Das Projekt „Sattlersteg". Eine Anlage, die erste ihrer Art in Europa, vielleicht in der Welt. Janek hatte bescheidenen Anteil daran. Zehn oder zwanzig Mann hatten das in zwei Jahren durchgezogen, im Wettlauf mit der Konkurrenz. Es war gelungen. Janek rekonstruierte die Beteiligung. Namen, Namen, die meisten pensioniert, einige tot. Die wenigen noch Aktiven aus der Runde hatte Janek zu einem Abschiedsempfang in der Firma eingeladen. Die alten Geschichten machten die Runde. Wie der Chef ihnen den Zutritt zur feierlichen Einweihung – mit Minister und so – verwehrte. Wie sie dann die Reste des kalten Büfett sich teilten.

Wie sie dann in der Kneipe am Reichenbacher Tor sich voll laufen ließen. Wie sie dann später bei der offiziellen Feier des Böttcher-Erfolges zweihundert Menschen trafen, die alle mitgeholfen hatten. Nie vorher gesehen! Der Erfolg hat viele Väter. Lohnt es sich, dafür gelebt zu haben? Die Anlage ist längst veraltet, abgewrackt. Aber die Menschen, die das mitmachten, die noch leben, die sagen, es war toll. Kameradschaft war das.

Nein, das alles wäre zu wenig für vierzig Jahre. Eine Zeit lang war Janek selbst ein kleiner Chef mit „Licht von links" und Armlehnen. Einige von seinen ehemaligen Mitarbeitern kamen zum Abschiedsempfang und meinten, es wäre damals eine schöne Zeit gewesen.

Sie hatten an einem Projekt gearbeitet, das schließlich im Papierkorb landete Die Anerkennung blieb aus, dennoch war es eine schöne Zeit. Sie waren ein Team, die Aufgabe überschaubar. Jeder arbeitete an einem Teil und wußte um das Ganze, wußte um seinen Einfluß darauf und um seine Verantwortung. Dann wurde das Projekt überholt von einem viel größeren, in dem der einzelne nicht mehr Rad war, sondern nur noch Rädchen.

Sie waren damals eine Gemeinschaft, arbeiteten nicht nur zusammen, sondern saßen auch nach Feierabend beieinander beim „Vitus" und tranken ein Bierchen. Machten am Wochenende gemeinsame Wanderungen mit ihren Familien. Und doch hatte Janek nicht gemerkt, wie es um Schuhmacher stand. Keiner hatte es bemerkt, bis er an einem Montag nicht zur Arbeit erschien. Mittags rief Janek Frau Schuhmacher an. Sie war beunruhigt, ihr Mann hatte morgens wie gewohnt die Wohnung verlassen. Später fand man ihn in dem kleinen Wäldchen, das es damals noch vor dem Firmengelände gab. Er hatte sich die Pulsadern aufgeschnitten. Schuhmacher war mit seiner Aufgabe nicht mehr fertig geworden. Janek hatte zwar gesehen, daß er sich schwer tat damit, hatte vielleicht auch Unwillen geäußert. Nein, er *hatte* Unwillen geäußert.

Bei der Beerdigung versäumte der Pfarrer nicht, auf den Selbstmordfrevel hinzuweisen. Die beiden kleinen Söhne knieten am

Grab, im Sonntagsanzug, die Füße mit den schwarzen Halbschuhen ragten stakselig rückwärts. Frau Schuhmacher lud anschließend zum Leichenschmaus, wie es üblich war.

Janek nahm nicht teil. Er verzichtete dann darauf, Chef zu sein. Weder kleiner Chef noch großer Chef. Chef wollte er nicht mehr sein.

Vierzig Jahre mit einem schlechten Nachgeschmack. Aber er konnte sich doch nicht beklagen. Er fand im Hause Böttcher dann hier Beschäftigung, dort Beschäftigung, galt als Träger von Erfahrung, man fragte ihn um Rat, ohne den zu befolgen.

Janek fröstelte. Wolken hatten sich vor die Sonne geschoben. Die Nackedeis mochten sich wohl wieder bedeckt haben. Böttcher ade! Der Bierkrug war leer. Janek fühlte Beklemmung. Morgen würde er nicht mehr in die Firma gehen. Morgen würde er allein sein.

Carla-Maria Groß

Gehetzt im Kampf um die Wahrheit
Erlebnisbericht über die Hilfe für die Waisenkinder
der Prostituierten von der Europastrasse 55
zwischen Deutschland und Tschechien

Eine Frau aus Ostdeutschland wird im Jahr 1978 von einem Heiratsschwindler mit der „Hochzeitsreise nach Istanbul" nach Ungarn gelockt; durch ihre Verhaftung an der deutsch-tschechischen Grenze fliegt der Frauenhandel auf.

Für ihre Rettung erhält die Frau Jahre später den moralischen Auftrag, sich für die Waisenkinder der Prostituierten an der deutsch-tschechischen Grenze einzusetzen.

***

Teil I: Nu, nu*s-Akte oder Frauenhandel nach Istanbul

Die Observierte erhält im Jahr 1998 ihre Stasiakte und wird ins Jahr 1987 zurückversetzt. Sie erfährt unter Hinzufügen von eigenen Erlebnissen und Briefen an unterschiedliche Personen die schreckliche Wahrheit. Sie erkennt Zusammenhänge, die Gefahr, in der sie und ihre Tochter sich befunden haben, die grenzüberschreitende Hilfsbereitschaft und ihre wahren Brieffreunde in Ost- und Westdeutschland.

Carlas Lebensgeschichte wird in der Stasiakte zum Teil verfälscht wiedergegeben. Die Vermerke in der Akte weisen auf, warum die Observierte für eine Zusammenarbeit mit dem Staatssicherheitsorgan der DDR nicht geeignet war.

***

Ein schriller Klingelton durchriß die morgendliche Stille. Der Wartende vor der Tür fühlte sich beobachtet. Ein Riegel schnappte zurück, leise öffnete sich die Tür einen Spalt. Eine ältere Frau in einem legeren Hausanzug betrachtete den Postboten mißtrauisch.
„Ich habe nichts bestellt!"
Der Postbote, ein junger Mann mit munteren dunklen Augen antwortete verschmitzt: „Das haben Sie bestellt!" Die Frau nahm das Päckchen entgegen. Der Blick auf den Absender ließ sie erkennen, daß der Postbote die Wahrheit gesprochen hatte. Sie wurde blaß, als sie den Absender entzifferte. Vor sechs Jahren hatte sie diese Schriftstücke beantragt, ohne zu ahnen, welchen Umfang sie zu erwartet hatte.

Nachdem sich die Wohnungstür geschlossen hatte, verließ der Postbote grübelnd das Haus. Seit einiger Zeit überbrachte er viele Briefe von diesem Absender, doch noch nie waren die Briefe so umfangreich. „Was mußte diese Frau Schlimmes erlebt haben?" ging es dem jungen Mann durch den Kopf. Warum war die Frau so ablehnend, ängstlich und kontrollierte durch den Spion der Tür die Besucher.

Carla legte das Päckchen auf den Tisch, setzte ihre Brille auf und öffnete umständlich die Schnüre: Sie hielt ihre Akte des Bundesbeauftragten für die Unterlagen des Staatssicherheitsdienstes der ehemaligen Deutschen Demokratischen Republik in ihrer Hand.

Textauszug

***

Teil II: Gehetzt im Kampf um die Wahrheit

Beschreibt den weiteren Entwicklungsweg von „Nu, nu", die aufgrund der in der Akte geschilderten Erlebnisse keine Arbeit findet und doppelt bestraft wird.
Carla, eine couragierte Frau, Mitte fünfzig, die Landesvorsitzende eines gemeinnützigen Vereins ist und sich vor allem mit der Unterstützung von tschechischen Waisenkindern befaßt, deren Mütter ge-

zwungen sind, an der Europastraße 55 als Prostituierte zu arbeiten, kommt durch ihr soziales Engagement in das Fadenkreuz deutscher Ermittlungsbehörden, die wegen illegaler Adoptionsvermittlung nach ihr fahnden. Trotz aller Widrigkeiten und Anfeindungen setzt sie ihre Arbeit fort und fährt mit Hilfsgütern und Spenden nach Nordböhmen in Kinderheime, in denen Kinder von Prostituierten untergebracht sind. Auf der Suche nach Beweisen für ihre Unschuld kommt sie verbrecherischen Machenschaften auf die Spur. Diese Spur führt sie zu einem Kloster, hinter deren Mauern furchtbare Dinge geschehen. Als sie einen Ring aus Kinderprostitution und Menschenhandel aufdeckt, wird sie zur Zielscheibe dieser Verbrecher, die scheinbar weitreichende Verbindungen zu einflußreichen Leuten zu haben scheinen und vor nichts zurückschrecken.

***

Nach mehrmaligem Läuten öffnete sich die Tür des geschützten Kinderheimes in Teplice. Carla und ihre Begleitung mußten sich über die Schuhe Stofflappen ziehen und warten. Eine kleine resolute Frau Mitte fünfzig, Chefärztin des Waisenhauses, begrüßte die Besucher in gebrochenem Deutsch. Sie erklärte: „Wir haben immer wieder um Hilfe aus Deutschland gebeten, denn die Väter der meisten Kinder sind die unbekannten Kunden der Frauen, die auf der Europastraße stehen. Keiner will davon hören." Sie führte die Gäste durch die zwei Gebäude, der Putz bröckelte von den Wänden, die Wege waren zerstört und die Waschküche eine Ruine. Die Räume hingegen waren angenehm warm und sauber. Liebevoll betreuten die Schwestern die Kinder. Frau Docktor seufzte: „Hier leben 70 Kinder im Alter von zwei Wochen bis drei Jahren. Ihre Müttern, die als Prostituierte arbeiten müssen, ließen ihre Babys in den Geburtkliniken zurück oder setzten sie aus. Der tschechische Staat stellte den Kindern nur Geld für Ernährung, Unterkunft und zweckmäßige Kleidung zur Verfügung. Wir brauchen dringend Hilfe für Anschaffungen, Kinderwagen, Reparaturarbeiten und Spielzeug." Die Mitglieder des Vereinsvorstandes fragten Frau Docktor: „Wie ist es mit Krankheiten, die an der „Roten

Meile" gang und gäbe sind?" Frau Doktor antwortete auf diese Frage: „Die Kinder kommen nach der Klinik in ein Zentralheim nach Liberec. Dort werden sie registriert, erhalten ihre Geburtsurkunde und werden untersucht. Stellt der medizinische Dienst unheilbare Erkrankungen fest, kommen diese Kinder in ein besonderes Pflegeheim. Sie haben keine Chancen, jemals in die Gesellschaft integriert zu werden oder Eltern zu finden. Ich kenne nur wenige Ausnahmen. Die Kinder, die in dem Heim „Johanka" leben, sind gesund. Täglich mache ich Visite. Diese Kinder sind für Deutsche nicht zur Adoption freigegeben, dafür fehlen in Deutschland noch die Gesetze."

Textauszug

***

Der Moderator hält einen Brief von Pani Carla in der Hand und sagte: „Dieser Brief hat die Redaktion sehr bewegt!" Er spricht weiter, seinen Standartsatz: „Ein Bericht, sehr persönlich aus dem Leben, Reporter decken auf!"

Dann folgt ein Filmbericht: In den Schaufenstern stehen halbnackte junge Frauen und warten auf Kundschaft. Auf der Europastraße laufen viele leicht bekleidete Mädchen auf und ab, sie winken und bitten, die Männer anzuhalten. Was das Drehteam zu sehen bekommt, läßt die Männer frösteln:

Eine junge Frau, mit einem aufdringlich bemaltem Gesicht, kaum bekleidet, steht am Straßenrand. Es schneit. Sie wiegt ihren schwammigen Körper aufreizend, die prallen Brüste hält nur ein kleines Schälchen, eine viel zu enge durchbrochene dünne Bluse bedeckt den Oberkörper, sie trägt knappe Tangas und dünne hohe Absatzschuhe. Zwei dunkelhäutige sehr junge Mädchen werden von den Reportern befragt, wie sie sich vor Krankheiten schützen. Die Mädchen antworten kichernd: „Da ist nichts mit Kondomen, die Männer wollen alles, vor allem ohne Kondome, dafür erhalten wir 10 DM, ansonsten nur 5 DM!"

Teil III: Neuer Anfang

Der Geistliche eines Gebirgsklosters bietet ihr eine Zusammenarbeit an. Carla übergibt ihm dazu persönlich ihren Lebenslauf. Nach zwei Wochen ist sie im Kloster und in Tschechien nicht mehr erwünscht. Einen Monat später veröffentlicht der neue Kooperationspartner des Klosters, ein Swingerclubbetreiber und Freigänger, in seiner Homepage und Korrespondenz, daß Carla als Stasispitzel für die DDR gearbeitet hat. Er veranlaßt mehrere Ermittlungsverfahren wegen Spendenbetrugs und Kinderhandels und gibt die Information an die Öffentlichkeit in der Tagespresse. Es beginnt eine Hetzjagd gegen die vermeintlich „skrupellose Stasi-IM, den Engel der E55 Waisenkinder, Pani Carla!"

***

Einen Hilferuf aus dem Gebirgsdorf erhielt Carla Anfang Februar. Was sie da zu lesen bekam, war bedrückend: Ihr wurde über einen Obdachlosen und seine Familie berichtet, die unter dem Druck des Administrators Plötz viel Leid erleben mußten. Plötz herrschte als Despot im Kloster. Er forderte unverwandt von einem jungen russischen Asylanten den Aufbau eines Transportsystems. Dieser sollte junge Frauen aus seinem Heimatland gegen einen Obolus, ohne Papiere, nach Deutschland geleiteten. Als dieser ablehnte, denunzierte Plötz ihn bei dem Geistlichen, bis dieser ihn aus dem Kloster wies. Eine dreifache Mutter, die mit ihren drei kleinen Kindern, obdachlos im Kloster lebte, sollte im Auftrag von Plötz die Unterkunft der Familie im Kloster bezahlen. Da sie dazu nicht in der Lage war, entschied Plötz, daß sie als Hure das Geld an der Europastraße anschaffen mußte. Weil die Mutter nicht einwilligte, wurde sie hinter den Klostermauern geschändet.

Textauszug

*) nu, nu ist das Erkennungszeichen für einen Sachsen

Dagmar Hänisch-Gemballa

Mach es wie die Sonnenuhr ...

Eigentlich ist es schon lange her, aber wenn ich zurückdenke, kommt es mir wie gestern vor. Ich war damals eine junge, alleinerziehende und berufstätige Mutter, geboren im Sternzeichen Widder, das heißt immer schön mit dem Kopf durch die Wand, nur nicht aufgeben oder Schwäche zeigen. Genauso war ich. Eine junge Frau mit vielen Wünschen, Träumen, Mut und Kraft.

Meine ganze Wohnung bestand damals aus anderthalb Zimmern und einer Küche. Im Schlafzimmer, das nicht geheizt wurde, hob sich die Tapete vor Feuchtigkeit von den Wänden. Die Matratze aus dem Kinderbett stellte ich morgens in die Wohnstube, damit sie warm und trocken blieb. Meine kleine Tochter litt an Bronchitis. Insgesamt war die Wohnung vierundzwanzig Quadratmeter groß, kein Bad, kein Korridor. Zur Toilette mußten wir über den Hof. Wasser war im Eimer mitzunehmen. Im Winter mußte es heiß sein, weil der Abfluß meistens zugefroren war. Die Miete betrug Achtmarkzwanzig. Ich lebte in einer Kleinstadt in der ehemaligen DDR im Jahr Neunzehnhundertsiebenundsiebzig. Wohnungen waren sehr gefragt, und mir war es trotz intensiver, jahrelanger Bemühungen nicht gelungen, für mich und mein Kind eine andere Wohnung zu bekommen. Die Wohnungen wurden von staatlicher Seite vergeben. Vielleicht hätte ich mehr Glück bei der Wohnraumvergabe gehabt, wenn ich in der richtigen Partei gewesen wäre, aber ich war parteilos.

Neunzehnhundertachtzig erbte ich ein winzig kleines Reihenhäuschen mit etwa vierzig Quadratmetern Wohnfläche plus einem großen Dachboden. Mit so viel Glück hatte ich nicht gerechnet. Endlich bekam ich eine schöne trockene Wohnung mit Innentoilette und fließend Wasser aus der Leitung und nicht von der

Wand. Jetzt wird alles besser, dachte ich. Mein Häuschen gefiel mir außerordentlich gut. Es war wunderschön und gepflegt, mit gemütlichen Zimmerchen und einem kleinen Garten – und man konnte noch etwas daraus machen. Zum Beispiel den Boden als Kinderzimmer ausbauen. Mein Vater half mir beim Tapezieren, und am Tag vor der Einschulung meiner Tochter konnten wir endlich einziehen.

Ausgerechnet an diesem Tag ließ mich mein Kreislauf im Stich. Es war alles zu viel für mich gewesen. Ein ganzes Haus macht eben Arbeit, und außerdem war ich noch ganztags berufstätig. Um sechs Uhr ging ich mit meinem Kind aus dem Haus und war gegen siebzehn Uhr wieder zurück. Danach forderten Kind und Haushalt ihr Recht. Genauso wie bei tausenden alleinerziehenden Müttern auch. Mit meiner Tochter mußte ich noch täglich üben. Das Lesen und Rechnen klappte nicht so gut. Sie war es nicht gewohnt, daß ich so wenig Zeit für sie hatte. Bevor wir das Haus hatten, haben wir viel gemeinsam unternommen. Wir waren im Kino, im Zoo, sind spazieren gegangen, haben im Herbst Drachen steigen lassen, gebastelt ...

Es wurde immer schwieriger, mehr Zeit für mein Kind abzuzwakken. Ich hatte inzwischen mit dem Um- und Ausbau des Hauses begonnen. Zuerst wurden die Dachdecker bestellt. Sie und auch alle anderen Handwerker, die am Haus arbeiteten, waren Leute, die in den jeweiligen Berufen tätig waren und sich am Wochenende Geld dazu verdienen wollten. Für die Materialbereitstellung war ich, der Bauherr, zuständig. Aber meistens fragte ich mich: WOHER nur?

Und das ging so: Die Dachziegel z. B. mußte ich mir selbst aus der Ziegelei holen. Das heißt einen LKW nebst Fahrer mieten und zur Ziegelei fahren, die Ziegel selbst aufladen und zuhause wieder abladen. Ich staune heute immer noch, wie ich das damals geschafft habe. Meine Hände bluteten beim Aufladen, mein Rücken schmerzte. Tränen der Verzweiflung liefen über mein Gesicht. Zuhause half mir ein Nachbar beim Abladen. Das hätte ich allein auch nicht mehr geschafft. Die Rechnung für die Ziegel kam – aber

Geld hatte ich nicht. Um sie bezahlen zu können, mußte ich meine Schrankwand verkaufen. Diese war so gut gepflegt, daß ich einen stattlichen Preis erzielte und die Ziegelrechnung begleichen konnte. Wenn ich später gefragt wurde, wo meine Schrankwand war, zeigte ich nur nach oben und antwortete: „Auf dem Dach!"
Für den Schornstein brauchten die Dachdecker zwei Abschlußringe. Ich klapperte alle Dachdeckereien ab und bettelte, mir zwei solcher Ringe zu verkaufen. Aber es war unmöglich, sie käuflich zu erwerben. Was nun? Es blieb nur eine Möglichkeit: Bevor die Dachdecker kamen, schlich ich in der Nacht mit einem geborgten luftbereiften Handwagen durch die halbdunklen Straßen der Stadt. Die Tips, wo im Auftrag der Wohnungsverwaltung Dächer gedeckt wurden und die heiß begehrten Ringe lagen, bekam ich von einem Kollegen, der auch gerade baute. Mit Angst im Nacken und weichen Knien lud ich zwei Ringe auf den Wagen. Die Dinger waren voll aus Beton und wahnsinnig schwer. Doch ich wußte: wenn ich die nicht bekäme, würde ich gar keine bekommen. Wie ich nach Hause kam, weiß ich allerdings bis heute nicht, solche Angst hatte ich. Die Dachdecker staunten am nächsten Tag nicht schlecht, als sie die Ringe für den Schornstein sahen. Sie fragten nur, aus welcher Straße die waren. Diese Frage überhörte ich aus Scham. Als das Dach fertig war, und der Schornstein in voller Pracht seine neue betongraue Umrandung zeigte, hätte ich ihn am liebsten mit einem Tuch verhüllt. Ich hatte das Gefühl, jeder wußte, woher die Ringe stammten. Jedenfalls war der Schornstein höher und hatte einen besseren Zug, so sagt man in der Fachsprache. Oder lag es vielleicht an dem vielen Holz der alten Dachlatten, die ich jetzt verbrennen konnte?
Inzwischen war der nächste Handwerker bestellt. Der Elektriker sollte die Lichtleitungen unter Putz verlegen. Er kam, maß alles aus und bot mir das Kabel billig an. Woher es war, konnte ich mir denken, aber ich sagte nichts. Der Mann arbeitete in einem grossen volkseigenen Betrieb als Elektriker. Ich wußte aber auch, wenn ich ihm das Kabel nicht abkaufte, konnte ich meinen Wunsch von einer unter Putz gelegten Lichtleitung vergessen, denn an einen

ehrlichen Kauf war nicht zu denken. Es gab einfach zu wenig Baumaterial.
Im Anschluß daran sollte eine Etagenheizung im Haus eingebaut werden. Der Heizungsmonteur brachte auch fast das ganze Material mit. Er arbeitete ebenfalls in diesem Beruf und wußte, wie man an Rohre, Fittings, Winkel, Verschraubungen und Heizkörper kam. Er hatte Bekannte, die in diesem Zulieferbetrieb arbeiteten, und bekam diese Dinge preisgünstiger. Am Ende staunte ich aber doch über die Höhe der Rechnung. Auch hier schwieg ich wieder, denn ich mußte das Material kaufen, sonst bekam ich überhaupt nichts. Nur den Ofen für die Etagenheizung konnte ich normal ab Werk erwerben. Die Öfen gab es damals gerade ohne Anmeldung.
Die Malerarbeiten hinterher machte ich selbst. Meine Tochter mußte als Handlanger mithelfen. Das sparte bares Geld. Und ich mußte sparen.
Ich freute mich über jede Etappe der abgeschlossenen Arbeiten. Ein Ende war noch lange nicht in Sicht. Ich fragte mich immer häufiger, ob es jemals ein Ende geben würde, denn in der Regel dauerte ein Hausbau bzw. -umbau unter diesen Umständen um die zehn Jahre.
In den vielen Jahren meiner „Bautätigkeit" wurde ich zum Profi als Architekt, Manager, Maler, Handlanger und Küchenchef für die Handwerker, die auch manchmal aus Zeitgründen mit dem Drei-Sterne-Menü: Brot, Bockwurst, Senf zufrieden waren. Ich konnte Beton mischen, Steine schleppen und auf der Müllkippe Abbruchsteine klopfen. Ich kam auch dahinter, WAS man WO für WAS eintauschen konnte, und WER, WO, WAS anzubieten hatte. Ich wußte bald, wo der Handel und Wandel blühte. Sogar mein Vater staunte, wieweit ich es allein geschafft hatte. Ich war stolz auf meine Erfolge im Alleingang. Wenn nicht gerade eine „Naturkatastrophe" wie Schneeschmelze oder übermäßige Regenfälle an der Tagesordnung war und den Keller unter Wasser setzte, denn dann mußte der Keller mit Eimern ausgeschöpft werden, wurden auch „Baupausen" eingelegt. Diese Pausen nutzte ich zur Regeneration meiner Kräfte und für Unternehmungen mit meiner Tochter.

Im Sommer war sie von einem Picknick am Wochenende begeistert. Wir packten Federballspiel, Decken, Kartoffelsalat mit Würstchen und Limonade ein, fuhren mit unseren Fahrrädern in ein nahegelegenes Waldstück und ließen es uns gut gehen. Das Abendessen zu Hause konnte auch noch abgesichert werden, wenn wir Pilze fanden. Das war Erholung pur, und die Akkus wurden wieder aufgeladen. Trotzdem war es nicht die Erfüllung!

Sieben Jahre quälte ich mich mit dem Haus herum. Sieben Jahre war kaum Zeit für persönliche Bedürfnisse und mein Kind. Sieben Jahre waren einfach weg. Zwei Operationen hatte ich in dieser Zeit hinter mich gebracht, und meine Gesundheit war angeschlagen. Es gab Tage, da lagen meine Nerven blank, und meine Seele war verwundet wie nie zuvor. Ich fühlte, die Probleme wuchsen mir allmählich über den Kopf. Mein kleines Einkommen reichte vorn und hinten nicht mehr aus. Die Wünsche meiner Tochter nach modischer Kleidung konnten nicht erfüllt werden. Ich kaufte ausschließlich in der Kinderabteilung. Auch für mich. Ich hatte das gleiche Gewicht wie meine vierzehnjährige Tochter – und die war ein schlankes, junges Mädchen, deren Kinderzeit nun so gut wie vorbei war. Sie wurde eine junge Dame. Im letzten Moment versuchte ich den Absprung und entschloß mich, das Haus zu verkaufen. Es fand sich auch ein Käufer. Der Umzug ging verhältnismäßig schnell vonstatten. Viele Möbel hatte ich nicht mehr, und von den wenigen nahm ich auch nicht alle mit. Der neue Eigentümer übernahm diese gleich samt dem Haus. Rein äußerlich machte die Familie nicht den besten Eindruck. Mir tat es leid, wenn ich daran dachte, was wohl aus meinem Häuschen unter ihrer Regie werden würde. Es kämpften immer noch zwei Seelen in meiner Brust. Die viele Arbeit, Kraft und Mühe, die ich da hineingesteckt hatte. Aber der Verstand siegte. Wehmütig verließ ich mit den letzten Kartons das Haus.
Ich wollte alles zurücklassen und noch einmal von vorn beginnen. Es kostete wieder Kraft, aber im Nachhinein hatte sich der Wechsel für uns gelohnt. Wir lebten wieder ruhiger und hatten Zeit für-

einander. Unsere Dreiraumneubauwohnung war gemütlich eingerichtet, und ich konnte sogar einen Urlaub buchen. Die Reise ging an die Ostsee. Meine Tochter und ich liebten das Meer, die Sonne und den Sand – bloß keinen Bausand mehr!

Eveline Heimsoeth

Von Babies, Bomben und Behaviour

„Mama?" Schrill drang dieser Ruf aus dem Telefonhörer und traf mich in der Trägheit meines frühen Morgens. Das Läuten hatte mich hinter der Kloschüssel erreicht, wo ich gerade den braunen Sumpf der Nacht beseitigen wollte. Mein Morgenzustand verzichtete auf Rachegelüste, die meinem Zwei-Meter-Sohn doch noch Zielgenauigkeit bei Schlaftrunkenheit beibringen könnten. Lieber schmunzelte ich mich mit verträumten Erinnerungen durch die Arbeit, Erinnerungen wie die, als gerade dieser Sohn noch ein goldig tollpatschiger Dreikäsehoch war. Damals verließ er zwischen zwei Träumen sein Bett und trat im Mondschein den Weg hinab zur Toilette im Erdgeschoß an. Doch schon beim ersten Widerstand vor seinen nackten Minizehen blieb er stehen, ließ die Hose fallen, entleerte freihändig in hohem Bogen seine gut gefüllte Blase, zog die Hose hoch, kletterte zurück in sein Stockbett über der kleinen Schwester und schlief erinnerungslos weiter. Nicht einmal die Augen hatte er geöffnet, obwohl ich von meinem vor der Treppe aufgeklappten Schlafsessel hochfuhr und gegen die Mansardendecke donnerte, weil mich dieses warme Naß mitten ins Gesicht getroffen hatte. Damals erfand ich noch in frühesten Morgenstunden die erste von vielen sehr pädagogischen und kindgerechten Maßnahmen, bis ich lernte, daß wünschenswert und machbar auch unvereinbar sein können. Die automatisierte Hartnäckigkeit des Telefons hatte mein Erinnerungsgespinst zerfetzt, der Hörer das mich rekrutierende Wort „Mama?" in mein Ohr gebohrt. „Ja, Kind, ja!"

Wer rief mich da an mit einem Meer von plötzlichen Tränen in der sich überschlagenden Stimme? Das war bestimmt nicht der mir gerade so nahe Zwei-Meter-Sohn. Er war wie immer auf die letzte Sekunde, die eigentlich schon 10 Minuten vorbei war, zur Zivi-Stelle gefahren. Das Hornissengebrumm der alten Vespa war noch kaum verklungen. Außerdem war die Stimme zu hoch, auch für meinen nachdenklichen Studenten im fernen Afrika. Es blieben nur die Töchter. Was konnte meine Jüngste so überwältigt haben, sie, die ihren Körper im Schmerz verleugnenden Kampfsport peinigte, ihr Denken mit dem Machtgefühl der Magersucht verdrehte und sich gegen die tabulose Aggressivität der letzten Gymnasiumsjahre hinter einem Schild aus aufgesetzter Unverletzbarkeit versteckte? Oder war es meine Größte, die sich bei der Wahl zwischen greifbarer Universitätskarriere und vager Familiengründung aus der Schmerzzone zu denken bemühte? War dieser herrische Blaustrumpf in derart emotionale Nöte geraten, daß sie sogar Mamas nervtötende und zu dieser Uhrzeit bestimmt unakademische Art zu Rate ziehen wollte? Mit einem Schlag standen alle vier vor mir, erwarteten, daß ich sie erkannt hatte, sofort und ohne nach dem Namen zu fragen. „Rufst du mich hier an?", flehte es aus dem Hörer. Das war meine sonst so souveräne Tochter, nur sie hatte in der derzeitigen WG eine feste Telefonnummer. Schnell wusch ich das Scheuermittel von den Händen und holte den Hund ins Haus, damit ich später nicht den Postboten vor ihm retten mußte. Jetzt brauchte ich Zeit. „Mama, ich war gerade bei der Gynäkologin. Ich dachte, ich hätte einen Pilz", berichtete weinend ein plötzlich ganz kleines Wesen. Ich holte tief Luft und redete für mein erwachsenes Baby gegen die Prüderie der ganzen Welt an, daß ein Pilz durchaus normal wäre und ohne verschämtes Getuschel behandelt werden müßte.

„Ich weiß, Mama, mit der Salbe war er ja schon weg." In dem folgenden Schluchzen wappnete ich mich gegen die schlimmsten Alpträume, damit kein Diagnosewort mich erschrecken könnte, und tastete mich langsam an das Unheil heran. „Und was ist es jetzt?" Der schon rissige Deich aus Verstand und Sachlichkeit brach nun endgültig. Welle für Welle stürzten Wörter herüber, gingen unter, bildeten sich wieder neu und brachten die Botschaft. „Sie sagt, der Pilz ist wegen der Veränderung. Kann Salbe schädigen? Ich muß doch arbeiten. Blutungen sind auch da. Das kann doch gar nicht sein. Ich merke doch nichts. Was soll ich denn nur machen? Mama, sie sagt, ich bin schwanger!" Sie hatte schwanger gesagt, nicht Krebs oder Aids, nur schwanger, ein einfaches Wort, das jeder benutzt, und das doch keiner in sich begreift, bis es so weit ist. Da war der Moment, den ich mir oft vorgestellt hatte, seitdem meine Sprößlinge in die Pubertät gekommen waren. Alles wollte ich besser machen, als ich es selbst erlebt hatte, und schon wußte ich, wie hilflos ich war. Auf keinen Fall wollte ich Besitz ergreifen, Schrittmacher sein, jetzt, wo sie sich nicht wehren konnte, aber Raum geben, alle Not auszusprechen. Ich schickte kleine Fragen wie Bojen gegen das Ertrinken über die 250 Kilometer zwischen ihr und mir. Als Stille sie nicht mehr quälte, begann ihre Suche nach dem, was ihrer Seele möglich war. „Was wird er sagen? Ich will doch keinen binden, nur weil ich schwanger bin. Er ist gerade zu seiner ersten Arbeitsstelle weggezogen. Und wenn es nicht gesund ist? Wer weiß, ob die Pilzcreme schon geschadet hat. Und die Blutungen! Sie weiß nicht, warum sie gekommen sind. Ich soll mich schonen. Bei dem Streß hier! Mir ist nie schlecht. Das ist doch nicht normal. Du hast doch eine Fehlgeburt gehabt. Vielleicht wird es ja auch eine, vielleicht schon morgen. Dann muß ich eben hier ins Krankenhaus. Kannst du mich hier besuchen? Kriegt man nach einer Fehlgeburt auch bestimmt noch Kinder? Hast du ja auch! Und wenn der Fötus doch leben kann? Vielleicht kann ich ihm helfen, wenn ich mich schone? Mama, ich glaube, ich will jetzt zu ihm. Der sitzt irgendwo in seinem neuen Büro und weiß von nichts. Ich könnte mit dem nächsten Zug zu seiner Wohnung fahren. Das kann ich bis Büroschluß schaffen und vor seiner Tür auf ihn warten. Mama, meinst du, das geht?" Da war sie wieder, meine klar fragende, große Tochter. Mitleid mit einem hilflosen Wesen hatte ihr tiefes Erschrecken, Neugier die Furcht vor so vielem besiegt. „Ich glaube schon, daß du die Zugfahrt wagen darfst. Oder möchtest du dich erst noch einen Tag an die große Neuigkeit gewöhnen. Du weißt nicht, ob er sich genauso erschreckt wie du und ob dein junger Mut seine Bedenken übersteht?"

„Nein, Mama, das wäre nicht fair. Wenn er sich nach dem Schreck nicht freut, weiß ich es eben, und wenn doch, darf ich ihn

nicht warten lassen! Ich will ihn sehen, wenn er es erfährt." Plötzlich hatte sie es unendlich eilig, noch den nächsten Bus zum Bahnhof, Bus statt Dauerlauf wegen des Schonens, und am liebsten einen fliegenden Mittagszug zu erreichen. „Mama, ich fahre! Verrat keinem was! Wer weiß, ob es gut geht."
„Klar, mein Schatz! Gute Fahrt! Paß auf dich auf und melde dich, wann und von wo auch immer!" Sie hatte längst aufgelegt, als ich noch immer dem Rauschen in der Leitung hinterher lauschte. Der Hund sah mein Schweigen als Chance, sich und seinen Morgenspaziergang in Erinnerung zu rufen. Während er schnurstracks seinen gewohnten Parcours abschnüffelte, hing ich an seiner Leine und kehrte in Gedanken in die Zeit zurück, in der der Beginn meiner großen Tochter für mich Wirklichkeit wurde, war unterwegs zu meinem Arzttermin in der Stadt, gerade so alt wie sie jetzt.

Ich habe den Stadtrand erreicht und biege ein in den Ring. Die nächsten drei Kilometer sind mir vertraut. Ich kenne die sanften Wiesen gleich hinter den Bäumen und fühle mich längst verlorener Geborgenheit näher. Da waren die Spazierwege zwischen Weiher und Rehpark, mal von den alten Baumkronen überschattet, mal mit buntem Raschellaub zugeweht. Opa balancierte mit übermütiger Freude auf den niedrigen Eisenstangen, die heute noch die Wiese am Kanal begrenzen, und hob mit Besitzerstolz seine kleinen Enkelinnen auf die rissigen Schaukelbretter eines vom Krieg übersehenen Spielplatzes. Erst wenn der letzte Brotkrumen an die immer hungrigen Enten und Rehe verfüttert war, damals vor gut 25 Jahren, drängte er weiter auf seinem sonntäglichen Rundgang durch den Stadtwald. Die Häuser der angrenzenden Straße lagen in Schutt und Asche und hielten den Schrecken der Bomben wach. Nur ein Haus mit sanft geschwungenen Auffahrten zu beiden Seiten war stehen geblieben und schaute aus blinden Fenstern auf die Stadtwaldwiesen. Es eignete sich vorzüglich zum Spiel vom strahlenden König Opa, der seine kleinen Prinzessinnen aus dem Schutz seines alle behütenden Hauses mit hinaus in die Welt nahm. *Mal hüpften seine Püppchen die breite Steintreppe von den zerborstenen Eingangstüren zum Bürgersteig hinab, wo Löwenzahn sich die Teerschäden zu nutze gemacht hatte. Mal standen ihre Füße auf den dreirädrigen Holzrollern, mit denen sie den sanften Wegbogen der Auffahrten hinab rollten. Gleich daneben fuhren Güterwaggons mit Braunkohle über die Straße. 20, 30, 40 kamen aus dem Stadtwald. Opa zählte sie. Er wußte immer noch die nächste Zahl, bevor der Zug ruckend zwischen den verwilderten Hekken der Ruinen verschwand. Heftiges Pfeifen schickte der feurige Bandwurm vor sich her, damit niemand auf die unbeschrankten Gleise lief. Das lockte frierende Menschen, die auf herunterfallende Briketts hofften, aus den als Behausung dienenden Kellerlöchern. Von der Ringstraße kann ich jetzt in diese Straße einsehen, nicht bis zu dem Haus neben der Bahn, das wenig später einem mutigen fremden Land als erstes Konsulat im besetzten Deutschland diente und jetzt nur noch ein kleines altes Wohnhaus ist. Aber ich sehe bis zu Opas Übergang in den Stadtwald, dort am Eckhaus der Häuserzeile aus roten Klinkersteinen. Damals war sie das einzig heile Stück in Opas Straße. Sie hatte Schußlöcher, Detonationsrisse, irgendwas als Fensterscheiben, zusammengewürfelte Dachpfannen und Türen wie Holzverschläge, doch sie war stehen geblieben. Opa hatte eben nicht zugelassen, daß eine Bombe genau auf unser Dach oder das seiner Nachbarn fiel. Sogar der Granate im Vorgarten hatte er irgendwie verbieten können zu explodieren. Sie wurde später als Blindgänger abtransportiert. Die Welt war noch einfach für mich. Da gab es die Menschen, die nie kamen. Bei ihren Namen wurden die Gesichter kantiger. Sie waren weggefahren und wohnten in einem anderen, letzten Haus. Opa kannte den König dort, er hieß Gott und regierte in seinem Haus wie Opa bei uns – mit zornig machtvollem Willen, aber auch voll alles gönnender Liebe. Für die Erwachsenen war Opa sicher ein Potentat, der mit seiner Macht von jedem Gehorsam erzwang. Dafür entlohnte er mit dem Reichtum eines nie angezweifelten Lebensrechts. Für uns Kinder bedeutete seine Welt Zugehörigkeit, Klarheit und Schutz.*

Die nächste Ampel schleust mich aus diesem Paradies. Der Großstadtverkehr bringt mich zur Praxis der Ärztin. Vor zwei Jahren war ich unter der Schirmherrschaft meiner pflichtbewußten Mutter dort. Sie kannte diese Frau aus Kriegstagen. Im Durcheinander sich suchender Menschen, Bündel letzter Habe, überfüllter, vielleicht endgültig letzter Züge, Flüchtlinge von irgendwo, Evakuierung nach anderswo, anrückender Besatzungstruppen, Luftangriffe und Lazarettkonvois hatte meine Mutter, hochschwanger und mit einem Säugling auf dem Arm, aus dem anfahrenden Zug einer fremden Frau die flüchtige Beschreibung meines von TBC ausgemergelten Vaters zugerufen mit der Bitte, ihm zu sagen, daß sie in dem Zug wäre, den er wohl nicht mehr erreicht hätte. Die Frau hatte meinen Vater tatsächlich wenig später erkannt, die Botschaft überbracht und ein Treffen am Dom oder seinen Trümmern ein Jahr nach dem Krieg verabredet. Das Wiedersehen hatte wirklich stattgefunden. Meine Mutter schwor seit damals auf diese Frau, die noch in den Trümmern eine Arztpraxis begonnen hatte.

Als meine Heirat bevorstand, hatte ich die Berechtigung, über die damit in Zusammenhang stehenden Körperteile zu sprechen. So wurde ich bei ihr im Beisein meiner Mutter verbal auf Ehetauglichkeit geprüft. Das war peinlich, aber üblich. Absolut ungehörig dagegen war die Frage, für die ich neben Argumenten tagelang Mut gesammelt hatte. Gegen alle Tradition würde ich nach der Heirat noch lange Alleinverdiener sein, der jeder Eheschließung zwangsweise folgende Kindersegen zu einer Existenz bedrohenden Situation führen. Das legalisierte die Bitte um das neue Verhütungsmedikament. Seine Entwicklung wurde zwar eine medizinische Errungenschaft genannt, seine Einnahme aber als Lasterhaftigkeit diskriminiert. Frau Doktor fragte, was sie für nötig hielt und verschrieb die neue Antibabypille, doch wegen noch unbekannter möglicher Langzeitgefahren höchstens für ein Jahr. Dazu gab es die Ermahnung, mein Leben nach der Pille auf dem Wort ODER aufzubauen, also Haushalt ODER Beruf ODER Einzelkind, zu mehr wäre meine Konstitution nicht geeignet.

Das Pillenjahr ist vorbei und mir immer übel. Ist das schwache Konstitution? Oder bin ich nur nicht so, wie sich kriegserprobte Mütter ihre Nachfolgerinnen vorstellen? Was wird die Ärztin heute feststellen? Bin ich schwanger? Ich bin immer noch Alleinverdienerin, der Vater des Kindes immer noch mittelloser Student weit weg, nicht Partner. Wie ist Schwangersein, wie Geburt? Werde ich das können? Und wenn ich mich irre? Wird die Kennerin aller Ursachen mich dann für die vorlaute Vermutung auslachen? Die Diagnose „guter Hoffnung" wäre mir lieber als eine Krankheit. Außerdem bin ich verheiratet und verdiene mein eigenes Geld. Diesmal bin ich der Situation nicht so hilflos ausgeliefert wie zu Schulzeiten, als ich schon einmal den Verdacht hegte und ihn alleine aushalten mußte. Wem hätte ich dieses entsetzlich anstößige Geheimnis anvertrauen können?

Oma hatte während ihrer Backfischjahre im Ersten Weltkrieg mit dem Tod ihres Vaters und ihrer großen Brüder Hunger und Armut kennen gelernt. Zu Beginn der schnellebigen Zwanziger, die Leid und Entbehrungen vergessen machen wollten, hatte sie Opa geheiratet. Er hatte ihr im Frostwinter davor eigene Handschuhe besorgt, so daß sie ohne jüngere Brüder neben sich, in deren Hosentaschen sie auch ihre Hände vor Frostbeulen schützte, zur Arbeit gehen konnte. Ihre übergewichtige Schwangerschaft erlebte sie als wieder isolierendes und häßlich machendes Leiden. Die schwere Hausgeburt brachte zu aller Überraschung zwei Töchter zur Welt, von denen eine bald am Pförtnerkrampf elend zugrunde ging. Für Oma wurde diese Lebensphase zu einem besser nie zu wiederholenden Alptraum, eheliche Sexualität eine für Frauen bedrohliche Krankheit der bedauernswerten Männer. Ihre schöne Tochter, vergöttert von Opa und umworben von den jungen „Herren der Luftwaffe", von denen kaum einer den nächsten Urlaub noch erleben würde, wurde ohne Ehe schwanger. Oma tat das Geständnis schlichtweg als nicht möglich ab. Erst der sichtbar werdende Bauch erweckte ihr Realitätsbewußtsein, und sie richtete alles zur Verschönerung der hastigen und amtlich zu genehmigenden Kriegsheirat. Die Schwangerschaft fand keine weitere Beach-

tung. Zu viele werdende Mütter wurden täglich Witwen, und der Krieg in der Stadt ließ keine Zeit für Fragen. Die Geburt fand in einem überfüllten Entbindungssaal auf dem Lande statt, ohne Medikamente, die in den Lazaretts dringender gebraucht wurden, und unter Aufsicht weniger, für die Front zu alter Krankenschwestern, die Hitlers Heldenmütter vom nächsten Soldaten entbinden sollten. Irgend jemand hatte meine Mutter dort abgeliefert, nachdem sie kurz vor dem Geburtstermin in einem nahe gelegenen Bahnhof eine in letzter Minute fliehende Verwandte verabschieden wollte und sich mit dem Gewicht eines als Hamsterbezahlung gedachten, schweren Holzschemels übernommen hatte. Opa fand sie nach drei Tagen dort. Um dem Anstand genüge zu tun, wurde die Geburt so lange verheimlicht, bis die Zeit den leider nur weiblichen Säugling zu einem Siebenmonatskind gemacht hatte. Meine Mutter vergaß den Schock der ausgefallenen Aufklärung nie. Getrieben von der beginnenden Enttabuisierung durch Oswald Kolle, fiel sie für ihre Töchter voll guter Absichten, doch ohne jedes Taktgefühl ins andere Extrem. Hinter Romantik witterte sie sexuelle Ausschweifung und erschreckte mich mit ihrer Direktheit. Ich fürchtete beide Frauen. Mit ihren konträren Vorbeugemaßnahmen verstärkten sie die elementare Erinnerung an Willkür und Zerstörung in meiner Seele. Als ich meine Not dem einzig möglichen Vater verriet, stellte er sich tot. Als einziges Kind und Junge in dieser Männer ermordende Zeit wurde sein unbeschwertes Wohlbefinden den verbliebenen Frauen der Familie zum obersten Gebot. Nie hatte er eigene Verantwortlichkeiten übernehmen müssen und war doch ständig überfordert von den Rollen, die die allein stehenden Frauen von dem Heranwachsenden erwarteten. Ein Mädchen seiner Generation konnte er sich nur als ihm ergeben denken, was einer Verliebten nicht seltsam vorkommt, aber nicht als Problem, dessen Lösung nicht gleich mitgeliefert wurde. Die Meldung „falscher Alarm" nach zehn Tagen erweckte ihn wieder zum erinnerungslosen Alltagsleben. Mich stürzte sie aus Verlassenheit in tiefste Scham, denn ich geriet in den Verdacht, seine Aufmerksamkeit mit einer Sachlage auf mich ziehen zu wollen, die dank seines jederzeit beherrschten Wollens sowieso nicht sein konnte. Nie wieder wollte ich mich so schämen, nie mehr Verdacht anvertrauen, nur Bewiesenes mitteilen.

Deshalb fahre ich heute heimlich zu der Ärztin. Im Wartezimmer denke ich an Opa. Er wird das Wunder, das da vielleicht auf mich zukommt, aus tiefster Seele anlachen. Er wird nicht dulden, daß jemand logische Kaltschnäuzigkeit über mir ausschüttet. Er wird mir die Chance einräumen, das zu tun, was mein Leben sein wird, denn Opa kämpft für das Leben, Opa liebt das Leben, Opa ist das Leben. Ich weiß nicht, ob Opa diese Kraft schon in die Wiege gelegt wurde. Oder wuchs sie in dem ärmlichen Alltag mit sechzehn Kindern, deren Leben und Tod seine einfachen Eltern Gott ergeben annahmen. Opa trug als 12. wieder den Namen des ersten, der gerade an Diphtherie gestorben war. Vielleicht hat ihn auch das Massaker Mann gegen Mann in den Schützengräben von Verdun so geprägt, wo er als Kundschafter, auf dem Fahrrad oder mit aufgepflanztem Bajonette robbend, die Lage der Gegenseite überprüfen mußte. Noch heute gibt es die nichts verratenden Postkarten aus dem Feld, die sich wie fortlaufende Wetterberichte mit Zensurstempel lesen. Und doch waren sie die wichtigsten Lebenszeichen für die Familie. Mit gerade mal 20 Jahren war Opa schon Veteran des Ersten Weltkrieges, hatte drei Brüder verloren und war in seiner jungen Ehe froh, daß sein einziges Kind eine Tochter war. Wenigstens sie würde nicht schneller zustechen müssen als der andere, um zu überleben. Die nahende Eskalation des Zweiten Krieges ahnend, holte er sie sogar eigenhändig aus einem Arbeitseinsatz in Polen zurück, wo sie nach ihrem Abitur polnische Kinder in Deutsch unterrichten mußte. Opa, eigentlich weiß ich nicht viel von ihm, dem jungen Mann, Ehemann und Vater. Er erzählt nicht viel von sich, hört lieber unsere Geschichten. Aber in meinen Erinnerungen an ihn ist es immer warm. Schon lange erfinde ich ihn für mich neu, um nicht im Eis der Einsamkeit zu erfrieren. Vielleicht werde ich auf dem Rückweg im Klinkerhaus einkehren, aus Gewohnheit, aus Fürsorge für die Altgewordenen? Von allem etwas, und wegen der Heimatlosigkeit in mir. Früh herausgerissen *aus Opas Welt, habe ich selber Plätze für andere geschaffen und in mir gepflegt und bin doch nie mehr angekommen an einem Ort, an dem ich wieder Zu Hause sein durfte.*

Lehmige Grasbüschel flogen mir ins Gesicht. Der Hund warf sie gemäß einer Urverpflichtung hoch. Schnell verfrachtete ich seinen stinkenden Erfolg in die Tüte und rannte zurück zur wartenden Kloschüssel, den Lehmwürmern aus den Profilsohlen, den offenen Zahncremetuben, dem von langen Haaren bedrohten Abfluß, den ungemachten Betten, den Wäscheeimern, dem Geschirr, der Einkaufsliste und der Uhr, die unbeirrbar an Essenszeiten für Heimkehrer erinnerte. Ich streichelte die vor langer Zeit als Babies zugelaufenen Katzen zum verspäteten Frühstück und brachte das Gnadenbrot zu den aus den Jahren der Kleintierliebe meiner Kinder übrig gebliebenen Mümmeltieren. Die Postbotin begrüßte ich am frühen Nachmittag mit einem strahlenden Guten Morgen und steckte das neue schnurlose Telefon in die Schürzentasche, damit meinen Ohren treppauf und treppab kein Ton entginge, prüfte immer wieder, ob es nicht aus Versehen ein die Leitung blockierendes Freizeichen von sich gab. Mein Zivi-Sohn war durchgebraust zwischen Dienstende und Freizeitprogramm, und ich hatte seine zwar bestellten, aber dann verschmähten Spaghetti in Knoblauchöl gemäß Nachkriegsmentalität und entgegen modernem Figurbewußtsein Reste verwertend in meinen Magen geschaufelt, als das Telefon wieder schellte. „Ich bin es, Mama! Ich bin da. Er hat sich ganz schnell richtig gefreut. Wenn alles gut geht, kommt der – es in den Semesterferien. Dann stellen wir das Bett erst mal bei ihm auf. Hier ist mehr Platz, als in der WG. Haben wir noch ein Bett auf dem Speicher? Schöner wäre ein Korb! Das erzähle ich dir, wenn ich zurück bin. Ruf mich morgen an! Du mußt mich dann beraten. Wie schont man sich, wenn man sich das Kind nur wie einen Wurm vorstellen kann? Mehr ist es doch noch nicht! Meinst du, es weiß, daß wir uns freuen? So was soll wichtig sein für die Entwicklung."

„Du kannst dein Baby nicht fragen, mein Schatz, aber du kannst ihm alles erzählen. Probier es einfach, auch wenn es dir anfangs albern erscheint. So wird es einfacher, zu zweit zu leben, und du verlierst die Angst vor diesem Wurm in deinem Bauch."

„Na ja, bis zur Geburt!"

„Bis es so weit ist, bist du neugierig genug, deinen turnenden Begleiter endlich zu sehen. Außerdem bist du es dann Leid, sein Gewicht zu schleppen. Zerbrich dir nicht darüber den Kopf! Lauft lieber durch die Wohnung und malt die Zukunft zu dritt aus! Bis morgen!" Ich war froh, daß ich nicht genauer befragt wurde. In ihrem ersten Zimmerchen fand ich eine altmodische Rosentapete vor, als ich mit ihr im Bauch dort einzog. Damals wußte ich noch nicht, wie streng meine Tochter diesen Wohnstil als abscheuliche Geschmacksverirrung verurteilen würde, hatte keine Ahnung von der ständig lauernden Gefahr, für jede unbedachte Äußerung verbal gelyncht zu werden, eine der demoralisierenden Pubertätsauswirkung auf Mütter. Sonst hätte ich dieses Detail in den Tagen nach dem Umzug verschwiegen, als ihr werdender Papa schon mit Junggesellenfreunden zu seiner nächsten Reise oder Flucht aufgebrochen und ich in ihrem Tagebuch für sie Bilanz zog.

Tapete mit rosa Röschen, ein Spielplatz ohne Kinder, du wirst das Erste sein in diesem Hochhaus außerhalb der Stadt. Ein weißgrünes Babybett samt Wickelkommode auf Chippendale-Beinen, Möbel, denen mein unbekannter Halbbruder gerade entwachsen ist, hat der Umzugswagen schon in diese Wohnung gebracht. Jetzt sind wir auch hier und weit weg von zu Hause. Dort mußte ich erst noch Opa beerdigen. Der Krebs hat ihm keine Zeit mehr gelassen zu erfahren, daß er wieder Urgroßvater werden soll. Zu Hause mußte ich auch den Traum zurücklassen, daß mein Platz im Herzen deines Vaters größer ist als der für eine halb vergessene und nun aufzuräumende Speicherkiste. Zu Hause habe ich auch angefangen, mit dir zu sprechen. Anfangs war das nicht einfach. Nicht einmal ü b e r dich konnte ich so reden, daß Menschen an dich glaubten. Bei der ersten medizinischen Inquisition konnte ich nicht sagen, ob ich Leben spürte oder etwas wie das Krabbeln eines Käfers in der Dose. Der Professor sechs Wochen später konnte sich nicht zwischen schwanger oder Tumor entscheiden. Er erschreckte mich so sehr, daß sich mein Gehirn weigerte, die Variante Tumor zwecks Entwicklung von Handlungsstrategien durchzuspielen. Lieber wollte ich mit dir reden, als gäbe es dich wirklich in mir. Ich beschwor dich, statt zu einem Tumor zu einem Baby heranzuwachsen. Ich versprach, mein Bestes dazu zu tun und dich auf dem Weg ins und durch das Leben nie im Stich zu lassen. Ab sofort lieh ich dir meine Augen und Ohren, erzählte dir von allem, was mir an Verlockendem begegnete. Von meiner kleinen Wohnung kurz vor den Wolken und mit Blick weit hinaus über die Getreide- und Rosenfelder bis zu den Kasernen habe ich dir erzählt. Manchmal trug der Wind belgische Kommandos herüber. Dann wurden die Leute immer noch still, obwohl die Soldaten seit einiger Zeit befreundete Mächte und nicht mehr Besatzungstruppen hießen. Von meiner Arbeit in der Schule habe ich dir erzählt, von meinem Auto, das uns tagtäglich dort hinbrachte, von meinem Hund aus Jugendtagen, der auf mein Wiederkommen wartete und nun bei meiner Schwester lebt, von den Mitgliedern meiner verstreuten Familie und auch von deinem Vater, der am Wochenende mit Wäschekoffer, Universitätsärger und Zugüberdruß kam, und davon, wie er vielleicht werden wird, wenn er dich erst sehen kann. Erinnerst du dich an all das, was wir jetzt hinter uns gelassen haben? Oder weißt du mehr von den Zeiten, wo ich die Luft anhielt, um mich aus deiner Aufmerksamkeit zu stehlen? Ich möchte, daß du all meine Freude mitbekommst, aber von meinem Schmerz verschont bleibst. In dieser neuen Stadt werden wir einfach noch einmal anfangen. Vieles ist ganz ähnlich. Die Menschen in den Kasernen am Ende dieser Straße haben auch Panzer, bloß mit einem weißen Stern. Du wirst auch ihre Kinder lange nicht verstehen, bloß heißt ihre Sprache englisch. Zur Arbeit muß ich auch mit dem Auto fahren, wenn ich für dich einen guten Warteplatz gefunden habe. Als Familie habe ich hier nur dich – und deinen Papa, wenn er daran denkt. Ein paar Freunde kenne ich noch von früher, als wir zu-

sammen unseren Beruf lernten. Viel Neues muß mir gelingen, weil ich es dir versprochen habe, und weil ich nun weiß, daß du seit sechs Monaten versuchst, ein richtiges Baby zu werden. Der Arzt hier hat endlich dein Herz in seinem Horchrohr gehört, und ich spüre deine Bewegungen in meinem dicken Bauch. Sie sind nicht wie das Krabbeln eines Käfers in der Dose. Sie rühren eher von einem sich genüßlich im Wasser räkelnden Elefantenkind her. Was ist, wenn du geboren werden willst? Dann wissen wir beide nicht, was uns geschieht. Die Lernkurse für deine Pflege werde ich noch besuchen. Bis dahin häkle ich eins dieser winzigen Jäckchen mit Mütze aus dem Babyheft und stelle mir Masche für Masche vor, wie groß du jetzt wohl bist. Welche Farbe magst du? Babyblau oder Rosa? Oder willst du nicht vermarktet werden beim Angeberspiel der Männer? „Junge? Na klar! Mädchen nehme ich auch, modern wie ich bin!" Weißt du was, ich nehme Weiß, dann hast du die Freiheit des ganzen Regenbogens vor dir.

Damals glaubte ich, meinem Kind für die neue Generation diese Freiheit mitgeben zu können, und freute mich beim Häkeln nahezu diebisch, als könnte ich der so viel Leben amputierenden Gesellschaftsnorm wirklich ein Schnippchen schlagen. Morgen wollte meine Tochter etwas vom realen Kinderkriegen wissen, nichts von vergangenen Träumen. Was sollte ich antworten? Es gab keine Einsamkeit im Kreißsaal mehr, keine so genannten natürlichen Schmerzen ohne Ende, keine Komplikationen, die nur das Kind überleben mußte. Sexuelle Enttabuisierung und eine lange Friedenszeit machte die Infragestellung überkommener Rollenbilder möglich. Die Errungenschaften der modernen Medizin kamen jetzt auch den Gebärenden zugute, selbst die Notwendigkeit zwischenmenschlicher Unterstützung wurde nicht mehr in Zweifel gezogen. Trotzdem bleibt jede Schwangerschaft, jede Geburt immer wieder etwas Einzelnes, das das Leben irreversibel verändert, auf seine Weise ebenso einschlägt wie eine Bombe. Nichts kann meine Tochter wirklich darauf vorbereiten. Noch lebt sie aus der Kraft ihres Verstandes, ist ungeübt im stummen Erzählen, das nur da ist, um die verwirrende Wirklichkeit auszuhalten. In ihrem Tagebuch steht:

Baby, du fehlst mir. Es ist still geworden. Die Schwestern haben Gute Nacht gesagt und sich in den Klostertrakt zurückgezogen. Nachtruhe ist auf der Station eingekehrt. Ich soll jetzt schlafen, aber ich bin so alleine und zum ersten Mal ohne dich. Ich darf dich erst morgen wieder sehen in deinen verschiedenen Windeltüchern, die geübte Hände fest um dich geschlagen haben. Nichts davon verrutscht, wenn du in mein Zimmer kommst und wir lernen müssen, wie man den Flaschensauger am besten überlistet, die vorgewärmte Milch erst in deinem winzigen Mund herzugeben, anstatt sie in deine Augen zu spritzen oder mit trägen Tropfen dein weißes Hemdchen da gelb einzuweichen, wo der Kragen deinen Hals ersetzt. Du magst die Milch, sie ist ganz neu erfunden. Es heißt, sie ernährt dich sicherer als die Milch der Bakterien übertragenden und entzündungsgefährdeten Mütter. Schläfst du wie zurückgekehrt in Welten, aus denen du gekommen bist? Oder träumst du dir gerade den Alptraum des Geborenwerdens von der Seele? Dafür wirst du sicher noch viele Stunden brauchen, denn uns blühte bei der Aktion wirklich nichts Leichtes. Hast du gehört, wie die alte Hebamme mit rügendem Kasernenton das Ziel der endlosen Prozedur immer noch einmal um zwei Stunden vor uns herschob, wenn sie beim Weggehen sagte: „In zwei Stunden komme ich wieder. Der Muttermund ist nicht genug auf." „Was wird dann sein?" „Dann kommt das Kind." Im Halbdunkel des leeren Kreißsaales hielt ich uns an den Zeigern der großen Wanduhr fest. Aus ihrem Ticken machte ich viele Stunden den Takt für Kinderlieder. Dann wirst du dich über dumpfe Zahlenkolonnen gewundert haben, in denen ich Halt für den schwindenden Mut und gegen die Schmerzen finden wollte. Dazwischen habe ich dir immer wieder erzählt, wie lange du bitte das Reißen, Zerren und Quetschen noch aushalten mußt, und dich gefragt, ob du nicht mithelfen kannst, endlich in die richtige Lage zu rutschen. Aber du konntest nicht, denn schon seit dem Vortag gab es kein Wasser mehr, das dir den Weg bereitet hätte. *Etwas hatte deine Zeit zum Ausrichten in mir zu früh beendet, so daß du trotz Anlauf immer wieder nur auf deiner kleinen Nase landetest und den Tunnel nicht passieren konntest. Irgendwann, es war schon längst Tag und wieder Abenddämmerung geworden, habe ich selbst mit den Zahlen aufgehört. In das Meer meiner Stummheit fiel dann der Befehl: „Atmen, ihr Kind braucht Sauerstoff!" Ich mühte mich zu gehorchen. Aber die Müdigkeit siegte, und ich wußte auch nicht mehr, wie atmen ging. Ganz allein mußtest du aushalten, bis der Arzt sein langes Feiertagswochenende unterbrach und dich mit der Zange an die frische Luft zog, die du dringend brauchtest. „Sie haben ein gesundes Mädchen. Wie soll es heißen?", sagte ein gekrümmter Kittelrükken, der schon lange auf mein Aufwachen gewartet hatte, um endlich die Papiere fertig auszufüllen. Da wußte ich, daß du es geschafft hattest. Ich war froh, weil du den Weg gesund antreten konntest, traurig, weil ich plötzlich wieder alleine war, erschreckt, weil du ab jetzt immer mein gnadenloser Richter sein würdest, und unendlich müde. „Ihr Vater sagt, eine Tochter soll Dagmar heißen, wegen seiner Familie", hörte ich mich sagen. „Die Spritze, damit sie Geschwister kriegen kann, ich muß die neue Spritze kriegen, wegen Rhesusfaktor, gleich nach der Geburt!" Auch dieser gelernte Satz hatte meine Stimme, aber er hielt mich nicht wach. „Ich werde es dem Doktor sagen", kam schon von sehr weit weg, und ich wußte keinen zweiten Namen für mein Baby mehr, einen, der unbeschwert klingt und voller Wärme ist. Ohne mich abgenabelt, gewaschen, gemessen, gewogen, irgendwohin weggelegt und nun mit knallenden Klinikstempel für den Standesamtseintrag aktenkundig gemacht, warst du nun ein eigenes Wesen, eingetragen im Besitzregister deines Vaters und am Beginn deiner eigenen Zukunft. Viele Stunden später brachte dich eine Schwester in das Zimmer, in das sie mich geschoben hatten, und ich durfte dich endlich bestaunen. Aus einem winzigen Wäschepaket schaute dein Köpfchen heraus, langgezogen und etwas blau. „Von der Zange", sagte die Schwester. Du warst so zerbrechlich und klein, und doch so viel stärker im Durchhalten gewesen als ich, ein Wunderding, zum Leben fertig. Ein Schildchen ist an deiner winzigen Faust. Auf dem steht nicht, daß du mir gehörst. Darauf steht, wer du bist. Sie bringen dich bloß zu mir, damit mein Vorsprung im Leben dir helfen soll. Hoffentlich ist er groß genug, daß er dich beschützen kann. Wie macht man aus den vielen Seiten dieser Welt ein Bilderbuch, das vor allem von Freude und Hoffnung erzählt, damit in dir genug Mut zum Leben wachsen kann?*

„Hoffentlich stellst du diese Frage morgen nicht, meine große Tochter, denn eigentlich weiß ich die Antwort bis heute nicht. Ich mußte mich so oft auf der Stelle entscheiden. Zum gründlichen Abwägen war meist erst hinterher Zeit. Es gab sicher bessere Wege, und ich bedauere die Fehler, die geschehen sind. Aber damals wie heute wußte ich zwischen allen Fronten und Gedanken nie eine andere Reaktion, um deinem Wachsen nahe zu bleiben. Ist vielleicht genau das die Antwort auf die Frage? Heute hast du den größten Mut gehabt, den du in einem Frauenleben brauchst. Ich bewundere dich, mein Kind, – und fühle mich ganz nebenbei zum ersten Mal aus der vordersten Reihe der immer auch überforderten Kämpfer an der Erziehungsfront entlassen."

„Redest du jetzt schon mit deiner Waschmaschine?" Meine Jüngste war nach Hause gekommen und hatte mich nach ihrem langen Tag im Keller aufgestöbert. Wie so oft, wenn meine Gedanken mich weit weggeführt hatten, erntete sie erst einmal einen meiner Schreckanfälle. Aber diesmal war mir auch danach ihre Gegenwart nicht geheuer, denn ich fühlte mich neben der top secret-Neuigkeit bei noch etwas ertappt. Visionen von mir als Ruheständlerin auf einer weißen Parkbank an sanften Wiesen hatten mich in Besitz genommen. Ein Hinweis auf einen einladend gedeckten Tisch neben von mildem Wind bewegten Voile-Gardinen, wie beim frühen Konsulat, dessen Arbeit Angst und Lähmung in Mut und Hoffnung wandelte, hätte besser zu meiner Stimmung gepaßt als diese rüde Anrede. Immerhin, der Inhalt meines Selbstgesprächs war geheim geblieben. Unentdeckt schlüpfte ich aus meiner Träumerei zurück in die Haut einer zunehmend auch einmal funktionsgestörten Vielzweck-Mama, für die das mahnende Regulativ ODER zeitlebens gar nicht erst in Reichweite gekommen war. „Nein, ich habe nur nachgedacht. Wie war dein Tag? Dein Essen ist gleich fertig." Bei jedem Wort warf ich noch ein paar dunkle Stinkesocken in die Trommel, verließ mich auf mein zu den verschiedenen Arbeiten passendes Zeitgefühl, demzufolge das vorhin aufgesetzte Wasser für die nächsten Spaghetti jetzt kochen müßte. Von der familiären Sensation verriet ich kein Wort, denn Mütter können anvertraute Geheimnisse auch bewahren, besonders, wenn sie vielleicht Oma werden sollen. Wie sieht eigentlich so ein Oma-Job aus? Meine Großmütter lebten noch als Angebinde ihrer Gatten und residierten hinter Dienstboten. Auch meine Kinder kannten keine mitlebenden Omas. Immer lagen viele hundert Kilometer und Berufstätigkeiten der in verschiedenen Beziehungen Gescheiterten zwischen ihnen und uns.

Welch ein Glück, daß auch im Zeitalter der unbegrenzten Möglichkeiten eine Schwangerschaft immer noch neun Monate dauert. Ich habe kein Problem damit, in die ältere Generation zu rutschen. Aber ich würde vorher gerne noch den Trick finden, wie ich zwischen Noch-Mutter und Schon-Oma irgendwie ein wenig von dem mir von Anfang an abhanden gekommenen ODER-Leben erwischen kann. Ab morgen werde ich nach fast 20 Jahren wieder neugierig in Kinderwagen schielen und heimlich moderne Vätermütter und **Omas** belauschen. Vielleicht bekomme ich dann eine Ahnung davon, was man als Oma von heute so tut. Oder auch besser läßt? Irgendwie schwant mir plötzlich, daß es die in müden Tagen schon oft herbeigesehnte, mein Leben rundende Bankversion für Omas des bevorstehenden nächsten Jahrhunderts nicht mehr geben könnte.

Anni Hermann

Abschied von den Eltern

Es war einige Jahre nach dem Krieg, als ich vom Allgäu mit dem Zug nach Norddeutschland fuhr. Damals war alles noch sehr knapp, sowohl gute Kleidung wie auch das Essen.

Mit der guten Bildung und Schulung wurden zuerst die Söhne versorgt. Wenn die Töchter nicht bei Nonnen im Kloster geschult wurden, steckte man sie einfach in Koch- oder Handelsschulen. Beinahe hätten mich meine Eltern auch zu Nonnen geschickt, doch ich bekam Panik vor der Klosterschule und fürchtete die strengen Nonnen.

Weil ich aber absolut von daheim fort wollte und wäre es bis nach Amerika gewesen, durfte ich wenigstens bis Detmold fahren. Ein riesiger Koffer wurde für mich vollgepackt. Eigentlich waren es „lauter" altmodische Dinge. Nur der wunderschöne Schal, den mein Vater aus Frankreich mitgebracht hatte, bereitete mir Freude. Unser Klavier und die Bücher konnte ich leider nicht einpakken.

Mama und Papa verstanden sich nicht gut und daher wollte ich einfach weit fort. Sie gaben mir jeder auf seine Art gute Ratschläge und belehrbare Worte mit auf die Reise.

Papa, ein Denker und Weltreisender, meinte, der Teutoburgerwald mit dem Hermanns-Denkmal würde mir bestimmt besonders gut gefallen. Nochmals durfte ich die Geschichte der heimtückischen Schlacht gegen die Römer hören. Der Cherusker hatte die Römer in den Sumpf gelockt und somit war es möglich geworden, ihre Legionen umzubringen. Für seinen Sieg setzte man ihm ein großes Denkmal in Detmold. Die Westfalen und auch ihr Land hatten ihre Besonderheiten.

Ach, der Papa war ganz besorgt um meine Bildung. Beinahe jeden Tag waren Zusatzstunden in Erdkunde, Geschichte, Kunstgeschichte, Literatur und Politik angesagt. Einige Wochen vor der

Abreise hatte ich meinen Vater etwas geschockt, als ich ihm nahe legte, daß ich unbedingt Schauspielerin werden wollte. Mit allen seinen Redekünsten versuchte er meine Lebensvorstellungen zu ändern. Aber ich gab nicht auf und er nannte mich „eine dumme Kuh". Jetzt war es klar, nur weit weg von hier!

Da war aber noch meine Mama, die mit praktischen Ratschlägen und ernsten Ermahnungen hinzusetzte. Sie war eine sehr strenge und fromme Mutter. Da ich den Traum hegte, schönes „glänzendes" Haar zu haben, setzte ich diese tolle Idee mit Hilfe eines guten Tips in meiner Unerfahrenheit sofort in die Tat um. Ich nahm also ein Ei, zerdrückte es auf meinem Kopf, rieb es in das Haar und wartete nun auf den Glanz. – Er kam nicht! – Das war wohl zu viel. Plötzlich hörte ich einen Schrei und meine Mama zeigte auf meinen Kopf: „Wie ekelig sieht das denn aus?! Was hast du denn da angestellt?" Daraufhin wurde mir mit einer groben Seife der Kopf gewaschen. Seitdem war ich bei meiner Mama die „spinnige Dinge".

Als es nun Richtung Bahnhof ging und mir der Abschied bevorstand, kam auf einmal unser kleiner Dackel angesprungen. Ihn mochte ich sehr gerne und streichelte meinen „kleinen Freund". Jetzt tat es mir fast Leid wegzufahren.

Es war Februar und eisig kalt. Im Wartezimmer des Bahnhofs stand ein kleiner Koksofen. Der Wärter schüttete immer wieder Koks nach. Mehrere Leute saßen auf Bänken in dunkle Mäntel und Mützen eingehüllt. Manche hatten Kartons bei sich, die mit Schnüren zugebunden waren. Sicher hatten sie keine Koffer. Damals herrschte noch eine Art Hamsterzeit. Wir im Allgäu waren unter französischer Besatzung.

Nun kam der Augenblick, es wurde ernst. Eine Dampflok schnaubte heran. „Alles einsteigen bitte." Der Abschied – ein Händedruck. Bei Papa eine Träne. Mama nochmals mit ernsten Worten und „auch recht viele Grüße an meine Schwester", meine Tante Sofie, solle ich ausrichten. Papa rief noch Grüße an den Teutoburgerwald nach.

Jetzt mußte ich meinen großen schweren Koffer selbst in den Waggon heben. Die Lok dampfte und pfiff ganz hell und laut. Der Wind blies eisig und langsam pustete der Zug an. Die Wagen waren so einfach und unbequem und kalt. Ich stand am Fenster und zitterte vor Kälte, innerer Aufregung und großer Spannung vor dem, was mich nun alles erwarten würde. In den Dampfwolken konnte man den Bahnhof kaum mehr erkennen. Keine Eltern mehr! – Alles war im Dunst verschwunden. Allmählich schlich mir eine große Angst über den Rücken. – Allein mit unbestimmter Zukunft! – Ich nahm mir fest vor, ein guter brauchbarer Mensch zu werden.

Oftmals mußte ich umsteigen und dabei immer den schweren Koffer schleppen. Nachts um 2.00 Uhr war in Kassel Aufenthalt. In diesem Wartezimmer saßen auch dunkel eingehüllte Menschen an einem kleinen Koksofen. Alles war ähnlich wie im Heimatbahnhof bis auf die Sprache. Der Klang der Worte war nicht Schwäbisch, sondern Hochdeutsch. Es war eine neue Welt und ich wollte sie kennen lernen.

Die Mutter der Autorin Anni Hermann:
Paula Kiechle, geb. 01.11.1904, gest. 10.10.1986

Kostbares Brot

Nach Kriegsende wurde mein Heimatdorf Seibranz im Südwesten Deutschlands in die französische Besatzungszone eingeteilt. Ich war gerade zehn Jahre alt. Der Schulbetrieb unserer Gemeinde war am Boden. Die Besatzer warfen alle Papiere aus Rathaus und Schule in den Hinterhof. Im Winter vor Kriegsende gab es wochenlang „Kohleferien". Viel Angst und Schrecken verbreiteten die Tiefflieger, die wie schnelle Pfeile daherstoben. Das Dröhnen der Bomber hallte in den Nächten. Alles mußte verdunkelt werden. Kein Licht durfte nach außen dringen. Kerzen und Petroleumlampen gaben kaum Licht. Wenn Schulunterricht stattfand, so hatte damals ein Lehrer fünf Klassen zu bewältigen. Unser Lehrer war sehr fanatisch. Er horchte die Kinder nach fremden Radiosendern aus und bat sie, ihm immer die Namen der „Verräter-Hörer" zu nennen. Ansonsten weiß ich von täglichem Hunger, der mich alle möglichen Gräser und unreifes Obst essen ließ. Eine Scheibe Brot mußte den ganzen Tag reichen.

Jetzt waren ja die Besatzer da. Außer den Franzosen sahen wir viele Marokkaner und Berber. Der Hunger ließ uns Kinder nicht ruhig schlafen. Der Bäcker Hans war ein guter Mensch. Für seine Gemeinde scharrte er aus allen Ecken und Säcken seiner Backstube das Mehl zusammen. So konnte er doch noch ein wenig Brot backen. Mit Freude kaufte ich Brot ein. Um meinen Heißhunger zu stillen, schnitt ich sofort eine Scheibe ab. Der fürchterliche Anblick von vielen dicken Maden, die aus diesem frischen Brot krochen, erschreckte mich sehr. Ich warf blitzschnell das ganze Brot durchs Küchenfenster in den kleinen Hühnerhof hinunter. Erst jetzt bemerkte ich, daß ich mir die linke Daumenkuppe abgeschnitten hatte. Die Haut hing blutend herab. So schnell ich konnte, klatschte ich sie wieder auf den Daumen zurück und verband die Wunde ganz fest. Noch heute ist diese Narbe gut sichtbar.

Eines Tages bekam ich von meiner Mutter den Auftrag, ganz feine frisch gebackene Brötchen zu meiner sehr kranken Patin Anna zu bringen. Der Feld- und Waldweg dorthin zog sich nördlich einer Hochmoräne ungefähr zwölf Kilometer bis nach Aichstetten im Allgäu. Diese Strecke kannte ich gut, denn meine Mutter ist mit meinen Geschwistern und mir den Weg schon oft gegangen. Das Maiwetter war sehr schön. Mutter gab mir eine größere Backschüssel mit zwei Henkeln und füllte sie mit den besonders zarten und duftenden Brötchen. Darüber legte sie ein weißes Tuch, das alles bedeckte. Oh, wie sahen diese Wecken lecker aus. Ihr Duft strömte mir in die Nase, als wäre es Weihnachten. Leider durfte ich von diesen keines essen. Woher Mama das feine Weißmehl bekommen hatte, oder was sie dafür eintauschte, wusste ich nicht. Nun machte ich mich also auf den Weg. Eigentlich war ich ganz stolz, diesen Auftrag auszuführen, denn ich liebte meine Patin sehr. Sie war sehr gütig und schimpfte mich nie. Außerdem bekamen wir Kinder immer wieder verschiedene Kleidungsstücke zu den Feiertagen.

Nach ungefähr zwei Kilometern begann der Weg durch einen nie enden wollenden Wald, der sich durch ein schmales Tal zog. Mal links, mal rechts schlängelte sich ein Flüßchen. Etwa auf halben Weg stand auf einer Lichtung ein kleines, altes Bauernhaus. Ich wußte, daß der Bauer von dort vor kurzem von einer Truppe Marokkaner und Berber getötet wurde. Diesen Soldatentroß habe ich einige Wochen davor gesehen. Beladene Maultiere und Männer mit Turban und Pluderhosen zogen durchs Ort. Das schien wie ein Märchenbild aus dem Atlasgebirge. Furchtsam betrachtete ich das unheimliche Haus. Nun lief ich um so schneller weiter. Alles war still und niemand begegnete mir. Die Vögel jedoch sangen, denn hier waren viele Laubbäume und eine größere Wiese. In der Sonne glitzerte das Wasser und wenn es über große Steine schnellte, leuchteten tausend Wasserperlen. Hier wollte ich Rast machen. So stellte ich die Brötchenschüssel auf einen großen Stein, schaute unter das Tuch, ob auch alles in Ordnung sei und war einfach zufrieden. Mit meinen staubigen Füßen machte ich im

Wasser einige Schritte hin und her. Dies war eine Wohltat, weil der Weg so steinig war und die Kühlung im Wasser so gut tat. Ich hatte Durst und schlürfte das Wasser mit vollen Händen. Schmetterlinge gaukelten am Ufer über den Wiesenblumen. Weiter ging es und nach der letzten Wegbiegung hörte der Wald auf. Am Talende sah man einen großen Bauernhof. Auch dort hatten die Soldaten an einer Frau ein Verbrechen verübt. Unheimliche Stille lag in der Luft.

Weiter führte mein Pfad in Richtung Bundesstraße. Hier fuhren unentwegt Jeeps, Militärfahrzeuge und Panzer. Die Bäume am Straßenrand waren von unzähligen Maikäfern befallen. Ein dicker brauner Matsch von überfahrenen Käfern säumte die Straße. Schritt für Schritt stapfte ich barfuß in diesen Brei hinein. Trotz meiner großen Backschüssel mit dem weißen Tuch wurde ich nie angehalten. Es ist mir auch aufgefallen, daß die Franzosen überwiegend freundlich waren. In unserem Haus waren einige Zimmer von Soldaten belegt. Ein Arzt mit einem marokkanischen Diener wohnte auch bei uns.

Mein Vater, der die französische Sprache sehr gut beherrschte, war schon einige Monate aus dem Lazarett entlassen. Er liebte Frankreich und es war für ihn eine sehr große Freude, sich mit ihnen an den Abenden stundenlang zu unterhalten. Papa hatte endlich wieder genug zu rauchen und sie qualmten alle zusammen, so das die Rauchschwaden an den Bücherregalen hingen.

Endlich war ich am Ziel. Freudig gab ich die feinen Brötchen ab. Weil keines fehlte, war ich sehr stolz. Von meiner Patin Anna, die krank im Bett lag, bekam ich den Segen und Dank für meine Mühe. Einige Frauen waren gerade anwesend. Als sie hörten, welchen Weg ich gegangen war, schlugen sie die Hände über den Kopf. Dieser gefährliche, abgelegene Waldweg wurde von allen gefürchtet. Ich habe dort etwas zu trinken und ein Stück Brot bekommen. An diesem Brot entdeckte ich Schimmel. Eine Frau sagte mir einfach, daß man mit schimmeligem Brot gut singen könne.

Jetzt war es Zeit, mit der leeren Schüssel den Heimweg anzutreten. Meine Gedanken waren bei dem Brot mit Schimmel. So erinnerte ich mich an meine große Schwester, die in München bei den Schulschwestern ins Gymnasium ging. Immer, wenn ich gesungen habe, schrie diese: „Falsch! Falsch!" Einmal haben wir sie in München besucht. Die ganze große Stadt war ein Trümmerfeld. Zerstörung, wohin man schaute. An den Straßenrändern waren Baracken als Notlösung. Von dem großen Kloster im Zentrum der Stadt war ein Teil nicht zerstört. Hier war das Gymnasium. Unten im Keller gab es eine große Küche mit vielen hungrigen Leuten.

In diesen Rückblick versunken, hatte ich meinen Waldweg mit dem Bächlein wieder erreicht. Es war noch eine weite Strecke zu gehen und leider fing es an zu dunkeln. Sobald es hinter den Bäumen knisterte, erschrak ich und lief noch schneller. Wo war mein Mut geblieben? Meinen Schutzengel bat ich dringend, mich gut heimzubringen. Immer wieder kam Angst in mir auf. Endlich bin ich daheim angekommen. Bei schwachem Petroleumlicht erzählte ich meiner Familie von der großen „Reise".

Späte Zwillinge

Im Jahre 1976 wurde ich mit 42 Jahren schwanger. Weil ich sehr auf meine Figur achtete, wunderte ich mich, daß ich ohne viel zu essen einen großen Bauchumfang bekam.

Es war nicht der übliche Schwangerschaftsbauch, sondern ich füllte mich ringsum. Schon im 5. Monat konnte ich nur noch Übergrößen anziehen. So stand meine Eitelkeit vor dem Spiegel und wünschte von Herzen, daß alles vorüber wäre.

Der Sommer, der die duftigen Kleider mit sich brachte, war für 1976 wie verloren. Meine Gedanken kreisten um die schönen Badeplätze an Seen und Weihern. Die Fahrten in den Süden Europas wurden Träume. Auch gute Wanderwege in die Berge konnte ich nicht schaffen. Jeder Tag war hart und mühselig. Gerade im Garten konnte ich an Blumen und Vögeln Freude tanken. Um mich zu bücken und Unkraut zu ziehen, mußte ich einige Schwierigkeitsgrade meistern. Nun bekam ich langsam Mitleid mit den „Dicken". Oh, dachte ich mein Zustand geht vorbei und ich will es so gut wie möglich durchstehen. Eine Mantelschürze, so groß wie ein Zelt, war das Kleidungsstück für die letzten Wochen.

Zu all diesen Strapazen kam die seelische Verfassung dazu. Überall in den Medien kamen Beiträge gegen die Übervölkerung und die so genannten „Schäden", die dieses Übel verursacht. Bilder in Zeitschriften, die Strandbäder mit Körper an Körper ohne einen Freiplatz zeigten, sollten den Menschen das große Grauen nahe bringen.

Schritt für Schritt wurde die Bevölkerung vor Nachwuchs gewarnt. So kamen böse Reaktionen auf. Sprüche, die weh taten, z.B.: „Die mit Kindern gehören aufgehängt! – Sie machen unseren Planeten kaputt! – Sie sind asozial und essen uns arm ...!"

Dazu kamen Seminare mit der Warnung vor Geburten für Frauen über 35 Jahre. Die Angst vor einem behinderten Kind stand plötzlich wie ein eindringliches Gespenst vor Augen. Sogar die lieben Verwandten machten mir Vorwürfe. So stand ich da, so rund wie ein Faß, daß ich bald glaubte, ein Verbrecher zu sein. Jetzt konnte nur noch GOTT helfen.

Es kam der Tag der Geburt. Nicht einmal der Arzt wußte damals vorher, daß ich Zwillinge hatte. Die Geburt war zwar sehr schwer, aber ich bekam kerngesunde Zwillinge. Meine Kinder machten mir so viel Freude, daß ich vergessen wollte, was dagegen war.

Heide Marie Herstad

Die Schandmauer
Kein Fall für die Kriminalpolizei
Ein deutsch-deutsches Märchen

Alles müssen die Deutschen besser können. Darum haben sie zwei Staaten erfunden, zwei Regierungen, zwei Verfassungen, zwei Ideologien, zwei Wahlsysteme, zwei Währungen, zwei Armeen, zwei Gewissen, zwei Freiheiten, zwei Hauptstädte. Deutschland ist tot! Es lebe Deutschland!

Doch wurde es immer schwieriger, von einem deutschen Reich in das andere zu kommen: Transit Erschwerungen. Ostdeutschland wurde Experte im Füßchen stellen. Man mußte notgedrungen stolpern, meinte die Regierung von Westdeutschland. Verhaftete die DDR einen Bundestagabgeordneten, verhaftete die BRD gleich acht DDR-Agenten, die im Dienste der DDR Spionage getrieben haben sollen. Provokation. Proteste hin, Proteste her. Alarmbereitschaft. Atombewaffnung der NATO und Bundeswehr absolut notwendig.

Zu Weihnachten wünschte sich Westdeutschland bessere Beziehungen zur Sowjetunion. Der Ostblock wünschte sich vom Weihnachtsmann einen 10-Jahres-Friedensvertrag zwischen BRD – DDR und einen Nichtangriffspakt NATO-Warschauer-Pakt.

Die Bundesregierung registrierte, daß in dem Zeitraum von 1949 bis 1960 2.531.540 Flüchtlinge aus der DDR in die Bundesrepublik kamen. Die überwiegende Mehrzahl hiervon waren Jugendliche, Studenten, Ärzte, Hochschullehrer, sonstige Lehrer, Ingenieure und Techniker, Angehörige der Volkspolizei und politischer Verbände. Von Januar bis April 1961 flüchteten 66 000 Menschen in die BRD. Die Bundesregierung bezeichnete die Tatsache als eine Verletzung der Menschenrechte. Diese Menschen seien gezwungen, fluchtartig ihr Hab und Gut zu verlassen. Die Tendenz war steigend.

Die Arbeitslosenzahl der BRD erreichte im Juli 1961 einen Rekordtiefstand. Die DDR-Flüchtlinge waren ein willkommener Wirtschaftszuwachs für die Bundesrepublik. Im August 1961 bildete der Westberliner Senat eine ständige Kommission für Flüchtlings- und Grenzübergängerprobleme. Das Notaufnahmeverfahren sollte erleichtert werden. In Westberlin arbeiteten jetzt 53 000 Grenzgänger aus Ostberlin.

Die Bundesrepublik florierte, die DDR verblutete. Hier Wirtschaftswachstum, da wurschtelte man sich von einem Desaster zum nächsten.

Manfred Massow kam aus Lübben im Spreewald. Er gehörte zur Nachkriegsjugend, die Zukunft der DDR, Stalins Kinder. Selbst der kleine Mann vom Lande konnte groß werden, solange er den Zeitgeist verstand, Achtung vor dem Sozialismus hatte, Ehrerbietung gegenüber der Partei und Loyalität für die Genossen demonstrierte. Manfred hatte es geschafft, sich bis zur Universität durchzuboxen. Er studierte Staatswissenschaft.

Die zukünftigen Politiker und Staatsfunktionäre mußten einen praktischen Einblick in den kommunistischen Alltag gewinnen und produktive Erfahrung in dem Funktionieren des Staates erlangen. Das bedeutete: Jeder freie Tag, an allen Wochenenden und in den Ferien mußten die Studenten auf den Kolchosen freiwillig arbeiten, ohne Bezahlung. Dafür durften sie gratis studieren, hatten das Privilegium einer Karriere, die Aussicht auf Beförderung.

Die Arbeitseinsätze in der Landwirtschaft wurden immer umfassender, zum Studium blieb immer weniger Zeit. Es gärte im Hochschulbetrieb und an den Universitäten, bei den Lehrern und bei den Studenten. Die Partei wehrte sich. Die Hochschulen und Universitäten waren mit Spitzeln und Angebern durchsetzt. Jeder konnte im Dienst der Partei stehen, jeder konnte ein Verräter sein. Jeder hütete sich, offen zu zeigen, was er dachte und meinte.

Nicht alle waren gleich klug. Manche waren gutgläubig naiv, dummdreist oder auch gleichgültig, depressiv, angeekelt. Manfred war ein bißchen von allem. Er machte Fehler auf Fehler. Zunächst war er unzufrieden. Mit Begeisterung war er zum Studium nach Leipzig gefahren, heiße Erwartung, dann kam die kalte Dusche. Die Studenten mußten bei der Ernte helfen, Heu staken, Kuhställe ausmisten, Getreide einfahren, Rüben hacken, Kartoffeln auflesen: „Jungens, anfassen, wir haben den ganzen Winter zum Studium Zit."

Manfred konnte die Klappe nicht halten. Dies hier war keine Planwirtschaft, dies war eine jämmerliche Fehlplanung, vorsintflutlich, steinzeitlicher Verbrauch von Menschenleben. Man lebte in den sechziger Jahren im zwanzigsten Jahrhundert und noch immer mußten die Menschen Schlange stehen, um ein paar Kilo Kartoffeln zu ergattern, noch immer wurden Lebensmittel auf Karten rationiert, waren Butter und Kaffee eine kostbare Mangelware.

Absicherung gegen die kapitalistische Ausbeutung? Der Westen schwelgte in einem Überfluß an Lebensmitteln.

Die Westdeutschen wurden dicker und dicker. Erste Warnungen: Zuviel macht krank! Keiner glaubte daran. Man konnte nie zuviel haben. Im Osten aber wurden Kartoffeln rationiert.

Der Kapitalismus ging bald pleite? Der Westen wurde immer reicher, die Armut im Osten wurde immer mehr sichtbar. Wiedergutmachung? Entschädigung der Vertriebenen? Entwicklungshilfe? Unterstützung von Flüchtlingen? Der Westen strotzte. Das Bruttoeinkommen stieg. Die Zahl der Arbeitslosen ging auf Null.

Wie sah der DDR-Alltag aus? Müde, vertrottelt, grau, langweilig, armselig. Keiner hatte richtig Lust, ausgenommen Parteimitglieder, Stasifunktionäre, Politiker und solche, die dies werden wollten.

Manfred konnte den Mund nicht halten. Das gab ihm einige offizielle Anmerkungen. Wäre es dabei geblieben, hätte das alles noch einmal unter den Teppich gekehrt werden können. Es blieb nicht dabei, es kam noch schlimmer. Manfred knüpfte Westkontakte an.

Auf einem Besuch in der Hauptstadt der DDR hatte er Lilly kennen gelernt. Lilly befand sich nach dem Krankenhausaufenthalt in einer schweren depressiven Phase. Sie war lange krank geschrieben, wohnte zumeist bei ihrem Großvater auf dem Lande, lief allein in den Wäldern der Mark Brandenburg herum, balancierte durch die Sümpfe, ging um Seen herum, ruderte auf Seen, schwamm in Seen. Sprechen war ihr unmöglich. Die Vergangenheit lebte in der Verdrängung. Auf diesen Hin- und Herreisen zwischen Briesen und Berlin hatte sie Manfred getroffen. Er half ihr, den Koffer ins Gepäcknetz zu schieben, er holte ihn wieder heraus. Er war witzig, offen und von einer erfrischenden politischen Naivität. Lilly lernte wieder zu lachen.

Manfred hatte eine Tasche mit Pflaumen vom Ernteeinsatz bei sich. Er teilte brüderlich mit Lilly. Nachts um zehn Uhr kamen sie in Ostberlin an. Manfred hatte kein bestimmtes Ziel. Er hatte Verwandte in Ostberlin, die wollte er besuchen. Das eilte aber nicht.

Lilly hatte keine Lust, nach Westberlin zu reisen. Am Bahnhof Friedrichstraße aßen sie. Dann gingen sie wahllos durch die Straßen, von Unter Den Linden zum Alexander Platz, zur Stalin Allee, immer weiter. Ostberlin war dunkel, menschenleer, nur wenig Verkehr. Stalins Statue ragte eisern und drohend in den Himmel. Manfred und Lilly waren sich einig: Der stand hier im Schlafanzug und schaute auf eine todmüde, verlassene Stadt.

Nach dieser Nacht gingen Briefe hin und her. Lilly zog nach Essen um. Manfred überlegte, auch in den Westen zu gehen. Wie aber sollte er in Westdeutschland sein Studium finanzieren? War es nicht besser, er würde erst das Staatsexamen machen?

Staatsexamen in Staatswissenschaft aus der DDR? Das würde in der Bundesrepublik gar nicht anerkannt. Er würde wieder vor dem Nichts stehen.

Einer dieser Briefe wurde vom Staatssicherheitsdienst abgefangen.

„Herr Massow, auf wessen Kosten studieren Sie hier?"
„Die Partei hat mein Studium befürwortet."

„Sie studieren auf Kosten der arbeitenden Bevölkerung. Welche Verpflichtungen ergeben sich damit für Sie?"

„Ich habe die Pflicht, für die arbeitende Klasse der Deutschen Demokratischen Republik zu arbeiten."

„Ach? Wollen Sie das im Westen tun?" Man legte ihm die Briefe vor, die er an Lilly geschrieben hatte.

„Die Handschrift kennen Sie?" Manfred schwieg. Was sollte er auch sagen. Wenn die Staatspolizei seine Briefe hatte, wußte sie ohnehin alles. Manfred wurde von der Universität relegiert. Alle bürgerlichen Rechte wurden ihm aberkannt. Offiziell stand er damit ohne Ausbildung, ohne Arbeit, ohne Lohn, ohne Unterstützung. Aber er hatte immer noch seine Familie, seine Mutter, seinen Vater, Onkel, Tanten. An Lilly wagte er vorläufig nicht zu schreiben.

„Zwei Schrippen, drei Knüppel." Der Bursche hinter der Theke gähnte und starrte das Mädchen gedankenverloren an.

„Schlafen Sie noch?"

„So ungefähr. Wir fangen um drei Uhr morgens an zu arbeiten. Ich kann mich nicht daran gewöhnen."

„Ach? Sie sind wohl was Besseres?"

„Zwei Schrippen und drei Knüppel? Das war es?"

„Kann ich die heute noch bekommen?"

„Hätten Sie heute Abend Zeit? Vielleicht ins Kino oder so?" Ulrike war verblüfft. Diese verpennte Type und jetzt machte er sie an.

„Sie schlafen hier im Stehen. Was wollen Sie dann im Kino machen?"

„Man kann nie wissen."

Manfred war mit Mehl verschmiert, unrasiert, übermüdet, aber so etwas Hübsches wie diese Kleine konnte er nicht einfach davonlaufen lassen. Ulrike konnte nicht nein sagen.

Sie trafen sich abends im Treptower Park, gingen im Plänterwald spazieren, hielten sich an den Händen, saßen auf Bänken, sprachen, sprachen, sprachen. Manfred erzählte von Leipzig, der Universität, der Feldarbeit. Als er von der Universität runtergeflogen war, hatte er auf der Straße gelegen, arbeitslos, ohne Geld, ohne Zukunft.

„Was sollte ich tun? In den Westen gehen? Ich habe nichts gelernt, ich habe keinen Beruf, keine spezielle Begabung. Wovon sollte ich leben? Hilfsarbeiter? Ärzte, Ingenieure, Hochschullehrer werden mit Kußhand genommen. Aber Hilfsarbeiter? Da könnte ich auch weiter auf der Kolchose arbeiten."

„Was ist mit deiner Freundin in Westdeutschland?"

„Da habe ich lange nichts mehr von gehört. Mein Onkel in Berlin hat noch einen dieser letzten privaten Bäckerläden. Der hatte mich als Lehrling angestellt. Das war zumindest etwas Konkretes, ein Beruf. Aber jede Nacht um zwei, drei Uhr aufstehen, in der Backstube arbeiten, tagsüber im Laden, das hat mich total erschöpft. Meiner Freundin habe ich monatelang nicht geschrieben. War das überhaupt meine Freundin? Ich hatte sie auf einer Reise getroffen, eine zufällige Bekanntschaft."

„Westkontakt?"

„Ja, das auch. Jeder hat wohl den Wunsch, einmal raus, auch die andere Seite kennen lernen."

„Ich nicht."

„Ach?"

„Mein Vater sitzt in der Regierung. Der Westen ist tabu zu Hause, das ist kein Gesprächsthema. Raus, die Welt kennen lernen, das ist für uns die Sowjetunion, Polen, Ungarn, die Tschechoslowakei, vielleicht noch China oder Kuba. Ich will zum Studium nach Leningrad. Das ist die große weite Welt, der Kommunismus ist unsere Zukunft."

Manfred war oft mit Ulrike unterwegs. Seine Eltern waren entzückt. Sein Vater trat in die Partei ein. Seine Mutter wurde Hauswart und arbeitete für den Stasi. Man arrangierte sich, paßte sich an. Die Zukunft bekam wieder Farbe und konkrete Namen. Man gehörte dazu, wurde wer, war Teil eines Ganzen. All das hatte Manfred nicht an Lilly geschrieben. Der Eiserne Vorhang existierte auch psychisch.

Weichelt hatte in einer Druckerei Arbeit gefunden. Hier wurde alles gedruckt, von Parteierklärungen bis zu Zigarettenreklame, von Wahlkampfparolen bis zum „Strahlendsten Weiß meines Lebens", DDR Proteste, Pamphlete, Protokolle.

Im politischen Untergrund grollte es. Memorandum folgte auf Memorandum. Die Sowjetunion klagte an. Westdeutschland sei eine militaristische Giftschlange. Westdeutsche Soldaten kämpften in der Fremdenlegion und in Kolonialarmeen gegen die Freiheit der Völker in Algerien, Vietnam, Tunesien, Angola. Wie können sich die Westdeutschen anmaßen, die Alleinvertreter der menschlichen Freiheit zu sein? Tausende, Millionen von Menschen flüchteten in den „freien" Westen. Welche Freiheit war das? Das war organisierter Menschenhandel, Sklavenhandel. Die Menschen wurden manipuliert durch Gehirnwäsche.

Sowohl in den Behörden des Bonner Staates als auch in den Konzernen, Wirtschaftsverbindungen und Ostbüros investiert die Monopolherren große materielle Mittel, um durch Korruption, Kopfprämien und Drohbriefe, Eingriffe in die persönliche Freiheit der Bürger der Deutschen Demokratischen Republik den Menschenhandel zu fördern und Bürger des sozialistischen Staates in die Ausbeutung der westdeutschen Konzerne zu zwingen.

Nicht nur die Bundesrepublik sei an diesem barbarischen Handel beteiligt, sondern auch die Geheimdienste der USA, Englands und Frankreichs. Ihre Anwesenheit würden die imperialistischen Mächte dazu benutzen, um die Bürger der DDR einer Gehirnwäsche zu unterziehen, sie in den Westen zu locken und für Spionagezwecke gegen den Ostblock zu gewinnen.

Gehirnwäsche? Das war es, so fühlte sich Weichelt, wenn er einen über den Durst getrunken hatte. Sklave in westdeutschen Konzernen? Na ja, großes Interesse hatte man nicht an seiner Person erwiesen. Für Spionage hatte ihn bislang noch keiner haben wollen. Die Welt war ungerecht.

Auch Rußland knurrte. Die DDR war ein Freund und Verbündeter der Sowjetunion. Der Menschenhandel an der Grenze, die psychologische Kriegsführung, die Sabotage gegen die DDR waren

Waffen im Kalten Krieg. Trotzdem: Die Grenzen schließen? Die DDR war nicht an Provokationen und leeren Drohungen interessiert. Alles hing von den Westmächten ab.

Weichelt war beruhigt. Er hatte sein möbliertes Zimmer in der Reichenberger Straße wieder aufgegeben und sich eine Wohnung am Prenzlauer Berg verschafft. Mit der S-Bahn konnte er bequem und billig seine Arbeitsstelle erreichen. In der Druckerei verdiente er 250 Westmark. Davon hatte er 80 Mark alleine für das möblierte Zimmer ausgeben müssen. In Ostberlin bezahlte er für seine Wohnung 100 Ostmark. Seinen Westlohn tauschte er eins zu sechs in Ostmark um. Davon konnte er fürstlich leben. Er konnte sich wieder Möbel kaufen und gemütlich einrichten.

Die politische Situation war wichtig für ihn. Sicher, es gab Sanktionen der DDR gegen diese „Grenzgänger", wie man sie nannte. Auf dem Weg zu ihren Arbeitsplätzen sollten sie behindert worden sein, finanziell wurden sie schikaniert. Einige sollten sogar aus ihren Wohnungen rausgeschmissen worden sein. Einschüchterungspraktiken. Weichelt war wenig davon betroffen. Er hielt sich für sich, hatte kaum Kontakt mit den Nachbarn. Nicht mal der Hauswart wußte, wo er arbeitete. Der durfte das schon gar nicht wissen, dann war der Stasi auch informiert.

Überhaupt hatten die Westmächte den freien Verkehr in Berlin garantiert. Man hatte ein Abkommen vom 20. Juni 1949, wo das Leben in Berlin normalisiert werden sollte. Der freie Personenverkehr war zugesichert. Die Westmächte garantierten, daß auch die Tausenden von Westdeutschen, die täglich nach Ostberlin zur Arbeit fuhren, ungehindert passieren konnten. Na bitte! Was hatte er zu befürchten?

Zwar hatte der Ostberliner Magistrat gefordert, daß rückwirkend vom 1. August 1961 alle Grenzgänger, die in Ostberlin wohnten und in Westberlin arbeiteten, ihre Miete und die Abgaben für Strom, Gas, Wasser und die öffentlichen Gebühren in Westmark zahlen sollten. Alle Grenzgänger sollten sich neu registrieren lassen, auch wenn sie nur gelegentlich in Westberlin arbeiten würden.

Bloß nicht die Ruhe verlieren. Das war wieder ein Sturm im Wasserglas. Der Osten hatte protestiert, jetzt würde der Westen protestieren. Man würde mit Gegenmaßnahmen aufwarten und irgendwie kam alles wieder ins alte Gleis.

Lieselotte hatte wieder eine Waschmaschine voll gepackt. Schlafanzüge, Hemden, Unterwäsche von Ewald. Ewald war im Krankenhaus. Leberzirrhose. Jahrzehntelanger Alkoholmißbrauch, falsche Ernährung, zu viel Fett und keine Bewegung hatten seinen Körper ruiniert. Viel konnte nicht gemacht werden. Lange hatte er nicht mehr zu leben. Nach wochenlangem Siechtum starb er am 10. August 1961. Die Kinder und Verwandten wurden benachrichtigt. Wegen der Hitze sollte Ewald so schnell wie möglich beerdigt werden. Die Beerdigung sollte am Montag, den 14. August 1961 auf dem Lillienthal-Friedhof stattfinden.

Brigitte Hobi

Damals

Wahre Geschehnisse
meiner Mutter –
eine Biographie

Ein paar Wochen nach den Tode meiner geliebten Mutter, die am 13. Februar 1988 gestorben war, blätterte ich in ihren Unterlagen und stieß dabei auf ein Schulheft, auf welchem mein Name stand. Ich schlug es auf und begann zu lesen:

***

Es geschah an einem herrlichen Sommertag in Himmelpfort bei Fürstenberg in Mecklenburg, in der Nähe von Berlin. Ich verlebte dort einen Kurzaufenthalt mit Richard Hertel, meinem späteren Mann. Gedacht war, daß meine damals besten jüdischen Freunde Margot Kiwit mit ihrem Verlobten Herbert Studzinski nachkommen sollten. Stattdessen kam ein Telegramm:

„Verlassen Deutschland, möchten von Euch Abschied nehmen, bitte nach Berlin kommen."

Ich ahnte in diesem Moment, jetzt würde der Abstieg mit Deutschland und uns allen beginnen. Es war das Jahr 1933.

***

Ich ließ das Heft sinken und rechnete nach. Mutti war damals 24 Jahre alt gewesen. Es existierten Photos aus dieser Zeit, die eine junge, recht große und schlanke Frau zeigten. Ihr volles, kastanienbraunes Haar trug sie in Form eines kessen Bubikopfes mit einer tiefen Wasserwelle, welche ihr in ihre hohe Stirn fiel. Ihre Augen schauten unternehmungslustig und furchtlos drein. Sie lachte gern, war sehr offen und sofort mit jedermann im Gespräch. Äußerlich hatte sie nie zu unserem Vater gepaßt, der nur 1,68 m maß, leicht rundlich war mit gewellten hellblonden Haaren und wasserblauen Augen. Ich las weiter:

***

Wir fuhren sofort nach Berlin zurück und kamen gerade noch rechtzeitig, um von Margot und Herbert auf dem Anhalter Bahnhof Abschied zu nehmen, der für immer sein sollte. Die beiden fuhren nach Paris, um dort eine chemische Reinigung zu übernehmen. Nach einiger Zeit heirateten sie und bekamen einen Sohn, namens Manfred. Monate später verließen sie Paris und reisten mit der transsibirischen Bahn nach Charkow, etwa 400 km vom Kiew entfernt, wo man sie später in einem englischen Lager internierte. Herbert wurde dort Boxlehrer. Bis dahin standen wir immer noch im Briefwechsel. Leider blieben sie nicht in Rußland, sondern gingen sehr viel später nach Bug in Posen, wo sie sich mit Margots Familie trafen, die von dort stammte. Seit dieser Zeit habe ich nie mehr eine Nachricht von ihnen erhalten.

Mit der älteren Schwester meiner Freundin Margot, die in Berlin verheiratet war, hatte ich noch immer Kontakt. Ich befand mich auch am 9. November 1938, der Kristallnacht, bei ihr, als Hitler-Chargen ihre Wohnungstür einfach eintraten, da wir ihnen nicht schnell genug öffneten. Sie rissen ihren Jungen brutal aus der Wiege und wollten ihn mitnehmen. Ich konnte ihnen dann weismachen, daß das mein Junge sei, den sie gehütet hatte. Dieses Mal hatte ich ihn retten können, doch es sollte nichts nützen. Nach geraumer Zeit erfuhr ich, daß man ihren Mann aus seinem kleinen Juwelierladen abgeholt und verschleppt hatte. Margots Schwester, ihr Mann und der Sohn sollen liquidiert worden sein. Hätte jemand von der Familie überlebt, so hätte ich es bestimmt eines Tages erfahren, da ich Zeit meines Lebens in Berlin wohnte und leicht zu finden war. Ich ließ sie auch alle jahrelang durch das Rote Kreuz suchen, doch ohne Erfolg – es gab nicht den kleinsten Hinweis.

Nach und nach war der Großteil meiner Freunde nicht mehr da. Obwohl Christin, verkehrte ich fast ausschließlich mit Juden, vielleicht einfach, weil es damals so viele von ihnen in Berlin gab. Trotz allem ging das Leben für uns weiter.

In diesen Jahren wurde es in Berlin immer hektischer. Theater, Varieté, Musikveranstaltungen, Tanzvergnügen, alles boomte. An jeder Ecke schossen neue Tanzdielen in die Höhe. In diesen Jahren fand das alles mehr am Alexanderplatz und Unter den Linden statt – der Kurfürstendamm war noch nicht wichtig. Künstler, die damals berühmt werden wollten, traten in Berlin auf.

Da ich – wie die meisten – keine Arbeit hatte, steckte mein Vater mich ins Lettehaus, schon damals eine Wirtschafts- und Handelsschule für „gehobene Ansprüche". Mein Vater hielt das für angemessen, da er ja höherer Beamter war, sein Geld verdiente und somit für seine Tochter sorgen konnte. Nun, ich lernte dort zwar das Handwerk einer Putzmacherin, d.h. ich konnte Hüte herstellen, doch interessierte mich die Schule nicht sehr. Dafür ging ich lieber drei Mal die Woche tanzen. Bei diesen Gelegenheiten sah ich z.B. auch die damals noch völlig unbekannte Zarah Leander und viele andere spätere Berühmtheiten. Dazumal konnte man tanzen, dann wurde ein roter Läufer ausgelegt, es gab eine Darbietung, und anschließend war wiederum Tanz angesagt usw. Meinem Vater mißfiel das viele Ausgehen völlig – es paßte nicht zu seinem Beamtenstatus. Ich glaube auch, daß man sich in jener Zeit irgendwie betäuben wollte.

1934 heiratete ich Deinen Vater, und 1935 wurde Dein Bruder Manfred geboren.

1939 begann der Krieg. Ich sollte bei Lorenz Granaten drehen. Zum Glück hatte ich mich kurz zuvor dem Roten Kreuz verschrieben und machte bei der Truppenbetreuung auf dem Anhalter- und Güterbahnhof Tempelhof Dienst. Die Arbeit an sich war schön. Wir hatten absolute Ruhe vor Hitlers Mannen und unterstanden der Wehrmacht.

1943 wurde dann eine teilweise Evakuierung für Frauen und Kinder aus Berlin angeordnet. Meine Mutter und ich gingen mit meinem Sohn Manfred in die Heimat von Oma, nach Meyenburg (Ostprignitz). Was wir nicht wußten, Meyenburg war eine Hochburg der Nazis, für uns also ganz falsch. Wir hatten dort große Schwierigkeiten und wurden von den Einwohnern sehr schäbig behandelt. Anfangs wohnten wir bei einem Gärtner Barsch, welcher ein großer Nazi war und alles versuchte, mich in die Enge zu treiben. Schlußendlich konnte ich ein Turmzimmer im Schloß finden, welches vom BDM besetzt war, in welchem wir aber wenigstens soweit unsere Ruhe hatten. Da das Zimmer nicht heizbar war, zogen wir im Herbst in eine Ladenwohnung um. Der Laden war sehr groß und wurde unser Zimmer, wozu noch eine winzige Küche, eine Innentoilette und eine große Kammer gehörten. Die Wohnung war nicht schlecht, mit neuem Kachelofen, alles renoviert und mit Rolljalousien versehen. Auf Fliegerschein konnten wir uns neue Schlafzimmermöbel – in weißem Schleiflack – kaufen, komplett mit neuer Matratze, einem großen Kleiderschrank und zwei Nachtischen. Irgendwoher bekamen wir einen Eßtisch, Stühle, ein großes Sofa und einen Sessel aus dem Schloß (derselbe, der noch immer bei uns steht). Es war ganz gemütlich.

Inzwischen hatte die Meyenburger Stadtverwaltung festgestellt, daß ich in Berlin von der Gestapo gesucht wurde, die mich bereits zweimal vernommen hatte, da ich einer sogenannten Untergrundbewegung angehörte. Mein Vater war Demokrat, also nicht astrein, und mein Mann wurde gesucht, weil er in Posen untergetaucht war. Da er als Vertreter dort von den errichteten

Konzentrationslagern gehört hatte und darüber sprach, war man ihm auf den Fersen. Aber Dein Vater war weg und kam erst gar nicht wieder. Nun wollten sie also mir ans Leder.

Bei Nacht und Nebel – im Frühjahr des Jahres 1944 – setzte ich mich ab und fuhr Richtung Ostsee nach Rostock, Warnemünde, Kühlungsborn (früher Arentsee). Dies war ein richtiges Judenbad gewesen, wo ich elf Mal Urlaub verbracht hatte. Dort suchte ich das Strandhotel auf, in welchem ich meist abgestiegen war. Die Leute hier waren ganz anders als in Meyenburg – gegen Hitler. Sie nahmen mich erst einmal auf und vermittelten mich dann als Servivererin in ein Künstlererholungsheim, in dem es sehr elegant war. Besucht wurde es jetzt von Nazikünstlern, früher nur von Juden. Die Leitung hatte ein junges Ehepaar aus Berlin, die mit ihrer Kneipe in Neukölln ausgebombt waren. Dort hat es mir außerordentlich gefallen, zumal es reichliches und gutes Essen gab, während man sonst ja schon überall hungerte.

In dem Ort waren so gut wie keine Gäste, da fast alles von Rommelsoldaten belegt war, die sich hier ausruhen sollten. Am Strand hatte ich mit einigen von ihnen Kontakt aufgenommen. Sie kannten meine Lage und halfen mir, als ich auch hier – nach wenigen Monaten – türmen mußte. Mit einem ihrer Autos – unter einer Plane versteckt – brachten sie mich ohne Kontrolle bis nach Rostock.

Von dort – im August 1944 – fuhr ich dann wieder zurück nach Berlin. Dort konnte ich natürlich nicht nach Hause. Wir waren längst ausgebombt. Mein Vater hatte aber eine Wohnung in Tempelhof, an der Götzstraße, erhalten. Aber man mußte sich ja überall sofort anmelden. In jedem Haus war ein Obmann (Nazi), der für alles sorgte. Also, was nun?

Ich ging erst einmal in ein Café am Ku-Damm, peilte die Lage und hatte auf Anhieb Glück. An meinen Tisch setzte sich ein sehr eleganter Herr, damals ein höchst seltener Anblick, mit dem ich ins Gespräch kam. Wir wurden sofort vertraut, und ich erfuhr im Laufe des sehr langen Gesprächs, daß er als Spitzel gegen die Nazis eingesetzt war. Er war Grieche und von Beruf Arzt. Seine Wohnung und Praxis befanden sich in der Augsburgerstraße. Der größte Witz: Er war Schönheitsdoktor und behandelte die Frauen aller Nazigrößen wie Frau Göring, Frau Goebbel etc. Das war wirklich ein Gaudium. Der Mann war klein und häßlich, aber äußerst charmant, mit einer ungeheuren Ausstrahlung. Er bekam sozusagen alle Frauen rum – ein ganz toller Mann. Kurz und gut, er nahm mich mit in seine Wohnung, wo es mir bestens ging. Da die Nazifrauen alles heranschleppten, fehlte es uns in dieser Zeit an nichts. Die erlesensten Delikatessen waren vorhanden. Die Nazis lebten in Saus und Braus, während das Volk hungerte. Es spielte also keine Rolle, daß ich keine Lebensmittelkarten hatte.

Heimlich fuhr ich ab und zu nach Meyenburg zu Oma und Manfred, und zwar unter fürchterlichen Bombenangriffen. Einmal erlebte ich die Bombardierung des Stettiner Bahnhofs, der in einer Nacht völlig zerstört wurde. Es war entsetzlich. Durch die übergroße Hitze waren die Opfer total zusammengeschrumpft. Ein Anblick, den ich nie vergaß.

In Berlin suchte ich bei Angriffen zumeist den großen Zoobunker auf, in dem ich einmal verschüttet wurde. Zum Glück befand ich mich in der Nähe des Ausgangs. Neben mir saß ein Soldat, der gleich mit seinem Helm zu graben anfing. Auch das war ein schreckliches Erlebnis. Nicht alle Leute kamen lebend dort heraus. Und die Angstschreie der Tiere des Zoos höre ich noch heute.

Eines Tages ging auch die Zeit mit dem griechischen Arzt zu Ende. Er mußte zurück nach Athen. Er wollte mich sogar mitnehmen, nur konnte und wollte ich meine Mutter und Manfred nicht im Stich lassen. Ich ging also wieder nach Meyenburg zurück. Zwischenzeitlich waren nicht mehr alle Nazis vom Endsieg überzeugt und hatten die Hosen gestrichen voll. Jedenfalls ließen sie mich in Ruhe und fragten nichts mehr. Um guten Willen zu zeigen, meldete ich mich freiwillig beim Roten Kreuz. In Schulen und Kirchen hatte man Lazarette eingerichtet, in welchen neben Soldaten auch viel Zivilbevölkerung lag, die von russischen Tiefffliegern getroffen worden waren. Die beharkten uns täglich und griffen die Leute an.

An einem Morgen kam ich gegen vier Uhr früh todmüde vom Dienst und fand drei Männer in den gestreiften Sträflingsanzügen vom KZ vor meiner Tür liegen. Auf dem Heimweg hatte ich schon endlose Kolonnen ausgemergelter Gestalten in den gleichen Anzügen gesehen, bewacht von der SS. Ich hatte mitansehen müssen, wie die Häftlinge, die hinfielen, weil sie vor Schwäche nicht mehr weiterkonnten, vor meinen Augen erschossen wurden. Ich war entsetzt, erschüttert und völlig fassungslos. Solche Gestalten lagen nun also vor meiner Tür. Einer vor ihnen konnte gebrochen deutsch und flehte mich an: „Bitte Frau, uns lassen in Wohnung, sonst SS finden und erschießen."
Ich zog sie in unsere Wohnung und brachte sie in der Kammer unter. Vom Schloß hatte ich noch ein paar BDM-Decken, das war alles. Sie lagen auf dem nackten Fußboden. Da das Rote Kreuz Lebensmittel über den KZ-Kolonnen abgeworfen hatte – eine Luftabwehr gab es bei uns nicht mehr – verfügten sie vor allem über Brot und Tee. Sie waren so schwach, daß sie in der ersten Woche nur trockenes Brot vertrugen, das sie auf unserer Heizplatte rösteten, und dazu tranken sie literweise schwarzen Tee. Der eine, der etwas deutsch konnte, war Tscheche, ein ehemals höherer Diplomat mit seinem 16jährigen Sohn. Der dritte Mann, ein Rumäne, trug das Kriminellen-Abzeichen. Alexander, der Tscheche, erzählte mir: „Er Raubmörder, aber ohne ihn, wir niemals wären durchgekommen."

Der Zustand, daß diese Männer heimlich bei uns lebten, dauerte ca. drei Wochen, dann war es eines Tages soweit. Unsere liebe Nachbarin, Frau Baber, die erste Führerin der nationalsozialisti-

schen Frauenschaft in Meyenburg, stand vor unserer Tür und zeterte: „Ich weiß genau, daß Sie fremde Männer bei sich verbergen. Ich werde Sie anzeigen."
Ich erwiderte recht gelassen: „Das können Sie tun, nur seien Sie versichert, beim Einmarsch der Russen sind Sie die erste, die draußen an der Laterne baumelt."
Ihre halbwüchsige Tochter bestürmte sie: „Laß doch Frau Hertel in Ruhe, das hat doch alles keinen Zweck mehr."
Glücklicherweise nahm sie dann wirklich von einer Anzeige Abstand, denn darauf hätte sofortige Erschießung gestanden, und ich zitterte innerlich vor Angst.

In den letzten Wochen vor Kriegsende kamen viele desertierte Soldaten in unsere Wohnung, die dort kurz Station machten. Einer von ihnen ließ uns eine Pistole mit Munition da, die ich dann immer in der Schürzentasche trug. Die SS hatte Meyenburg besetzt, und ich hatte immer Angst, sie würden mich abholen, da ich ja mit Verrat rechnen mußte, sei es von unserer Nachbarin, sei es von anderen lieben Meyenburgern.
Kurz vor dem Russeneinmarsch mußten wir mit den Meyenburgern zusammen in einen Keller gehen, da wir keinen eigenen hatten und ja noch ständig geschossen wurde. Mit der Pistole hielt Alexander die Meyenburger in Schach, und ich wies sie an, nichts zu sagen, falls nochmals SS käme, die dann auch nicht auf sich warten ließ. Sie brüllten: „Sind hier KZler?"
Nun, die Meyenburger waren eingeschüchtert und zum Glück so blöd, daß sie gar nicht wußten, was KZler waren.

In der darauffolgenden Nacht war der Rumäne in meiner Wohnung geblieben, bei voller Beleuchtung und hochgezogener Jalousie, um auf die Russen zu warten. In dieser Nacht ging Alexander mit mir auf die Straße, wo wir noch vier Meyenburger mit weißer Fahne antrafen. So empfingen wir die Russen, unsere Befreier, die sie für uns zu diesem Zeitpunkt wirklich waren.

Als die Russen damals einrückten, fielen mir plötzlich auf der Straße wildfremde Menschen um den Hals, um die Befreiung zu feiern. Wie sich herausstellte, handelte es sich um Kommunisten, die sich in Erdlöchern verborgen gehalten hatten. Die wußten genau, wer für und wer gegen Hitler gewesen war. Dies stellte ich auch bei den Russen fest, die wirklich über die sogenannten „schwarzen Listen" verfügten. Es handelte sich um Fotokopien, die schwarz aussahen mit weißer Schrift.
Überhaupt staunte ich über die Informationen, welche die Russen hatten.

Von den beiden Tschechen habe ich leider nie wieder etwas gehört. Ein rotes Notizbuch ist mir bei einem meiner vielen Umzüge in Berlin abhanden gekommen. Er hatte mir dort eine lange Epistel als Dank hineingeschrieben und auch seine Adresse. Ich weiß also nicht einmal seinen Namen. Er war aus Bratislawa. Na ja, ich hoffe, er ist mit seinem Sohn wieder nach Hause gekommen und hat auch seine Frau vorgefunden, von der er seit Jahren nichts wußte.

Die ersten Amtshandlungen begannen die Russen in unserer Stube. Ins Rathaus gingen sie erst, nachdem es genau durchsucht worden war. Sie hatten schreckliche Angst vor Attentaten und Krankheiten. In Meyenburg herrschte Typhus. Viele starben.

Wir hatten nun endlich was zu essen. Die Sieger holten alles aus den Geschäften und Lagerhäusern. Ganze Läden wurden ausgeräumt. Die lieben Meyenburger hatten noch genug. Wir hatten dagegen wochenlang vor dem Ende nichts mehr erhalten. Ohne Familie Bohner (meiner Freundin Mary Fichte) wären wir glatt verhungert.

Unser Raubmörder, der Rumäne, war natürlich gleich plündern gegangen. Als er mir zu Hause einmal zu nahe treten wollte, kam gerade der russische Kommandant herein, der nicht lange fackelte

und ihn mit nach draußen nahm. Von dort hörte ich einen Schuß
– das war es dann.

So allmählich arrangierte sich alles. Die Vergewaltigungen hörten auf, da die Frauen sich freiwillig mit den Russen abgaben. Ich hatte Glück, meine Wohnung war tabu, hatte ein russisches Schild an der Tür. Bei uns wurden die Siegesfeiern veranstaltet. Sekt, Wein, Wodka flossen in Strömen.

Die Frauen unserer Straße mußten für die Russen wohl an die 20 Torten backen und ca. 40 große Braten zubereiten. Es war alles da.

Wie wir das alles überstanden haben, ist mir heute noch ein Rätsel. Manfred war mit Fritzi Bohner immer unterwegs. Was die gemacht haben, und wo sie sich umhertrieben, weiß ich heute noch nicht. Er hatte nie Hunger. Einmal sah ich die beiden auf einem russischen Panzer mit Soldaten sitzen, die durch die Straßen preschten. Er hatte die Taschen immer voller Sonnenblumenkerne.

Es kamen immer neue Kampftruppen, während die ersten abzogen. Danach hielt sich das Gerücht, daß Meyenburg zur Plünderung freigegeben sei. Der russische Kommandant selbst mußte auch weg und riet mir, mich aus Meyenburg abzusetzen. Meine Mutter ging zu Oldburgs, Bekannte aus Brügge. Mary Fichte und ich kehrten mit unseren Jungen nach Berlin zurück.

Es war Anfang Mai 1945, und es herrschte sehr heißes Wetter, nur Sonne. Wir zogen mit Lebensmitteln, zwei großen Napfkuchen, Brot, Schinken und Wurst los. Mary schleppte noch einen Eimer Bienenhonig mit. Wir hatten einen Handwagen organisiert; es war herrlich. Die erste Etappe ging nach Wittstock, ganz zu Fuß. Es sind ungefähr 29 Kilometer bis dahin. Dort haben wir irgendwo in einem Lager geschlafen. Es waren Tausende unterwegs. Dann ging es immer weiter zu Fuß, und zwar durch die Wittstocker Heide.

Mary kannte sich dort genau aus; ich hätte es alleine nicht wagen können. Unterwegs fanden wir geplünderte Lager und noch genügend zu essen. Die Lager waren von Hitler angelegt und nun aufgebrochen. Es lag alles verstreut umher, dazu tote Soldaten, tote Pferde. Hier hatten starke Kämpfe stattgefunden.

Außer versprengten deutschen Soldaten waren wir dort ganz allein. Keiner der Flüchtlinge und auch die Russen trauten sich nicht in die dichten Wälder.

Dann endlich ein Dorf, in dem wir auf dem Heuboden übernachten konnten. Hinter dem Dorf fanden wir eine verlassene Draisine, die sogar noch funktionierte und uns ein Stück weiterbrachte. Am Ende dieser Fahrt fingen plötzlich beide Schienen mitten im Wald an. Es standen Tausende von Flüchtlingen dort, die tagelang warten mußten, bis sie mit einer Kleinbahn mitkamen. Wir fuhren mit unserer Draisine direkt bis an die Schienen und standen nun ganz vorne. Nach Stunden kam ein Zug, den wir durch die Fenster erklimmen konnten. Er holperte dann bis Neuruppin. Dort hatte ich gute Bekannte, die uns eine Nacht aufnahmen. Von Neuruppin fuhr ein Zug nach Nauen. Da ging es für Deutsche nicht weiter, nur für Russen. Ich hatte Papiere mit russischen Stempeln bei mir, welche mir der erste russische Kommandant in Meyenburg gegeben hatte, die ich dem Lokomotivführer unter die Nase hielt. Ich wußte ja nicht, was diese bedeuteten, doch nahm er uns daraufhin mit. Wir kamen bis Albrechtshof, kurz vor Spandau. Es war mitten in der Nacht, keine Laterne brannte. Man konnte überhaupt nichts sehen, nur tasten. Im offenen Güterwagen ging es dann weiter, bei Regen und völliger Dunkelheit. Mary und ihren Sohn Günter hatten wir inzwischen verloren. Zum Glück waren die beiden aber auch gut durchgekommen. Ich traf sie sehr viel später wohlbehalten in Berlin an.

Kurz vor Spandau hielt der Zug auf offener Strecke – die Russen kochten Tee. Ein deutscher Bahnbeamter sagte mir, daß der Zug bis Rußland nicht mehr halten und uns so mitnehmen würde. Daraufhin stiegen Manfred und ich ab und liefen den ganzen Zug entlang, immer an den russischen Soldaten vorbei, die mit Maschinengewehren den Zug bewachten und uns fassungslos anstarrten, sich aber zum Glück nicht rührten. Endlich, endlich war der Zug zu Ende!

Neben dem Gleis war ein hoher Bahndamm, den wir hoch mußten. Meine Beine versagten den Dienst. Ich konnte keinen einzigen Schritt mehr tun.

Manfred schleppte unsere schweren Taschen hoch, dann holte er mich und zog mich hinauf. Wie er das geschafft hat, wird mir immer unerklärlich sein. Er war erst zehn Jahre alt. Dies geschah alles unter den Augen der Russen, und ich befürchtete die ganze Zeit, einen Schuß in den Rücken zu bekommen. Aber nichts geschah. Oben waren wir dann in Sicherheit. Die Russen konnten uns nicht mehr sehen. Da oben waren nur Felder. Völlig erschöpft schmissen wir uns erst einmal auf den Boden und fielen in einen ohnmachtsähnlichen Schlaf. Von dort ging es dann per pedes weiter nach Spandau. Ich war so am Ende, daß ich es bald nicht geschafft hätte. Das letzte Stück war sehr viel schwerer als die vorangegangenen Tage. In Spandau schliefen wir dann in richtigen Betten in einem richtigen Schlafzimmer. Die Frauen versteckten sich nachts, da die Russen immer wieder kamen und sie suchten. Mir war alles egal. Ich konnte nicht mehr, nichts war mir mehr möglich. Ich schlief wie ein Stein. In der Nacht hörte ich die Russen im Haus umhertrampeln, aber sie machten unsere Tür nicht auf. Morgens ging es dann weiter durch Spandau bis zum Bahnhof Ruhleben. Von dort fuhren bereits ganz normale Züge bis zum Bahnhof Zoo. Von da, wieder zu Fuß, nach Tempelhof. Die Odyssee hatte ein Ende.
Unsere Wohnung in der Götzstraße stand noch, aber sie war vollkommen leer – kein Möbelstück, nichts. Wir schliefen dann also auf dem Fußboden. Ich ging zu meinem Vater ins Rathaus, der übrigens der ersten Berliner Regierung angehörte, verantwortlich für

Wirtschaft und Ernährung (früher leitete er das Hoch- und Tiefbauamt). Im Rathaus stieß ich auf den russischen Kommandanten. Meine Papiere mit den vielen imposanten Stempeln brachten mich auch hier weiter. Der Kommandant half mir, sodaß ich erst einmal einen Handwagen voller Lebensmittel bekam. Aus dem Rathauskeller erhielt ich dann neue weiße Metallluftschutzbetten mit neuen Matratzen. Es war wie ein Wunder. Das Leben ging trotz aller Not weiter. Ich organisierte neue Emailleschüsseln, Eimer, Kochtöpfe usw. Es war zwar alles aus roter Emaille, aber es war alles brandneu. Auch das war alles von den Nazis eingelagert worden, über das nun die Russen verfügten. Und so ging es immer weiter.

Inzwischen war Dein Vater auch wieder in Berlin eingetrudelt. Während des Krieges war er ab und zu mal kurz in Meyenburg gewesen, dann wieder bei Opa in Berlin, doch jeweils immer nur für ein paar Tage. Nun, wir lebten ja schon lange mehr oder weniger getrennt, und ich war eine der ersten Frauen in Berlin, die sich scheiden ließen. Ich hätte das gerne schon früher getan, doch war das unter dem Hitler-Regime nicht so empfehlenswert.

Irgendwann dann eine Schreckensnachricht – irgendwer brachte sie. Post gab es noch nicht. Meine Mutter lag im Pritzwalker Krankenhaus; sie war am Unterleib operiert worden. Mein Vater und ich fuhren hin, bereits per Eisenbahn, doch noch sehr abenteuerlich. Die Schwestern, welche aus Kaiserslautern geflohen waren, nannten uns eine Privatadresse, wo wir wohnen konnten. Wir blieben dann in Meyenburg, bis meine Mutter außer Gefahr war. Ich konnte sie erst im Herbst wieder nach Berlin holen, dann fuhren die Bahnen halbwegs normal.

Meine weißen Möbel verkaufte ich für 3.000 Alliiertengeld an ein Russenliebchen, da ein Transport dazumal unmöglich war. Unsere anderen Bündel nahm tatsächlich die Bahn mit, was mir das Russenliebchen vermittelt hatte. Wir bekamen die Sachen bis Rosenthal. Von dort brachten wir sie dann irgendwie nach Hause. Ich hatte bei alledem also noch Glück gehabt.

Nun ging das Hungern wieder los, nur noch viel schlimmer als vorher. Über West-Berlin wurde die Blockade verhängt. Zur gleichen Zeit, nämlich 1947, erfolgte dann Deine Geburt, was uns als riesige Katastrophe erschien, da ich fast verhungert war und kein Gramm Kalk mehr im Körper hatte und wir alle hungerten. Heute bist du mein größtes Glück, woran man sieht, daß vermeintliches Unglück sich nachher durchaus als großes Glück herausstellen kann.

Nach der Hungerblockade begann sich das Leben ganz langsam zu normalisieren. Wir waren in Berlin von vier Alliierten besetzt. In unserem Bezirk – in Tempelhof – weigerten sich die Russen, auszuziehen und den Amerikanern Platz zu machen. Es war ein groteskes Schauspiel. Als es gar nicht mehr anders ging und sie endlich abziehen mußten, hinterließen sie in allen öffentlichen Gebäuden, wie z.B. auch im Flughafen Tempelhof, ihre Spuren in Form von „Haufen". Das war Reinkultur im wahrsten Sinne des Wortes.
Die Amerikaner griffen sich einfach ein paar deutsche Frauen, die das beseitigen mußten, und nach gründlichen Reinigungsarbeiten und Desinfektionen zogen die Amis ein.

Uns Deutschen wurden wieder Parteien erlaubt und das Wahlrecht eingeräumt. Einige wenige, darunter mein Vater, gründeten in Tempelhof die Bezirksgruppe der LPD (später FDP). Wir fingen dann ohne alles, ohne Geld, wieder an, uns politisch zu betätigen. Mein Vater und ich hatten die allererste Geschäftsstelle der FDP in unserer Wohnung. Dadurch gehörten wir auch zu den ersten, die wieder über einen Telefonanschluß verfügten.

Der Osten geriet erst ins Abseits. Sie wurden dort politisch anders regiert als bei uns im Westen. Im viergeteilten Berlin war man lange Zeit nicht sicher, was aus der Stadt politisch werden würde.

Viele setzten sich ab bzw. kamen gar nicht erst zurück. Aber endlich blieb es dabei, daß der Osten Berlin nicht ganz schluckte. Einige Frauen, darunter auch ich, gründeten eine Frauenorganisation unter dem Vorsitz von Nora Nelle. Dies war ein Staatsbürgerinnenbund, der sich Paritätischer Demokratischer Frauenbund nannte. Das Ziel war, mit anderen Ländern Kontakte aufzunehmen und die Beziehungen langsam wieder zu verbessern.

1950 lud Dänemark 50 Frauen aus aller Welt ein. Nora Nelle, unsere Vorsitzende, delegierte mich, um Berlin zu vertreten. Hauptsächlich fiel ihre Wahl wohl auf mich, weil ich immer noch vollkommen unterernährt war. Ich fuhr also nach Dänemark. Wir hatten bei dieser Reise alles frei, nur mußte ich DM 50,00 selbst aufbringen, was damals unendlich schwierig war.

Es war eine überaus interessante und schöne Zeit. Die Verantwortlichen – der Dänische Nationalrat – empfingen uns sehr nett in Kopenhagen. Die Bevölkerung hingegen war noch überwiegend deutschfeindlich eingestellt, aber alles in allem denke ich sehr gerne an die Zeit dort zurück. In den neun Monaten unseres Aufenthaltes wurden wir im ganzen Land herumgereicht, lernten sehr viele Leute kennen, hatten unzählige Zusammenkünfte mit Vorträgen und Diskussionen und besichtigten so viele Schlösser, daß ich nie wieder eines von innen sehen wollte. Und natürlich konnte man sich überall mehr als satt essen.

1948 schied mein Vater aus dem Berufsleben aus. 1953 starb meine Mutter, und 1955 heiratete ich ein zweites Mal. 1958 starb dann mein Vater.

Nun kommt nichts Neues mehr. Ich höre somit auf zu schreiben. Vielleicht ist es für Euch interessant zu wissen, wie es damals wirklich war. Dies ist keine Dichtung, nur die Wahrheit. Viele haben das so erlebt.

***

Hier endeten die Aufzeichnungen meiner Mutter. Ich hatte noch so viele Fragen, aber sie würden für immer unbeantwortet bleiben.

Keine Angst vor dem Tod
Wildhaus, im Jahre 2002

Ich starb als Stein und wurde Pflanze.
Ich starb als Pflanze und wurde Tier.
Ich starb als Tier und wurde Mensch.

Warum also den Tod fürchten?
Wurde ich jemals schlechter oder geringer, wenn ich starb?

Einmal sterbe ich als Mensch und werde ein Wesen aus Licht,
ein Engel des Traums.

Aber mein Weg geht weiter, alles außer Gott verschwindet.

Ich werde, was niemand gesehen oder gehört hat.
Ich werde ein Stern über allen Sternen
und strahle über Geburt und Tod.

Peter Hobi, gest. 24.4.2003

Beatrix Jacob

Erinnerung an die Zeit des kalten Krieges

Geboren wurde ich in der DDR und in der damaligen späteren BRD getauft. Unbegreifbar, daß Deutschland je durch eine Grenze mit Todesstreifen 1961 geteilt wurde. Es war mir erst 30 Jahre später vergönnt, meine Taufkirche in Bremke zu sehen. Geblieben ist eine Erzählung von meiner Oma, die freudig die Treppe in dem Haus daneben hinaufstürmte, als klar war, daß ich als kleiner Erdenbürger die Welt erblickt hatte. Es freuten mich stets die Kartengrüße von Sandmännchen West meiner Großeltern, der Postverkehr war lange Zeit die einzige Möglichkeit, Kontakt zu ihrer Tochter nebst Familie zu pflegen. Ich mußte die Post beantworten, auch die meiner Patentanten, und dies geschah meist im Café des Fernsehturms Kulpenberg. Wenn die Sonntagsausflügler das Café des Fernsehturms im Kyffhäusergebirge stürmten, dann herrschte an beiden Fahrstühlen Hochbetrieb. Heute haust dort die Telecom. Wie nah und wie fern Familienbande sein können, bewies mein Krankenhausaufenthalt vor Ort, wo nur mein Urgroßvater auf seinen Krücken nebst Familie mir durch das Glasfenster zuwinkte und die Großeltern jenseits der Mauer mir über den Postverkehr ihre Zuneigung bekundeten. Auch wenn mein Bruder und ich direkt am Heimatort Großeltern hatten, so waren wir doch einander immer Fremde geblieben. Kreuzte ich mal den Weg meines hiesigen Opas, durfte ich kurz ins Wohnzimmer mitkommen und ein Stück von einer großen Tafel Schokolade in Empfang nehmen. Ganz anders war sein Vater, mein Urgroßvater, bei dem wir stets willkommen waren und er brachte mich voller Stolz stets in den Kindergarten. Manchmal gingen wir auch in den Zirkus auf der Wiese nebenan. In seiner kleinen Kammer mit den hellblauen Wänden hingen viele alte Fotografien und vor allem jene, wo er mit seinen Kameraden im Ersten Weltkrieg zu sehen war, waren für mich am interessantesten. Urgroßvater war stolz auf seine Kameraden, bitter über den Mißbrauch ihrer Heimatideale für einen Krieg, wie so viele Menschen. Selbst die Malerin und Grafikerin Käthe Kollwitz, deren Bilder mich in der Kunst faszinieren, das Leid der Menschen im Krieg als Warnung festzuhalten, starb 1945, wurde im DDR-Lexikon als vorsozialistische Künstlerin geführt und wie der berühmte Chirurg Rosenthal, der 1933 ein neues Operationsverfahren erfand, politisiert. Dabei war die Kollwitz, deren Sohn im Ersten Weltkrieg als deutscher Soldat glaubend an Ideale fiel, eine Mutter, die ihren Sohn mit Müttern anderer Nationen beweinte. Sie wollte einen Weg gegen den Wahnsinn des Krieges finden und, wie wir alle, unterlag auch sie der menschlichen Eigenschaft zu irren. Unsere Verwandte, Tante Marthel aus der Stadtfleischerei, mußte auch mit ihren Kindern aus Schlesien fliehen und zu Totensonntag war es in unserer Familie Brauch, nach dem Spaziergang auf dem Friedhof dort zum Weißwurstessen einzukehren, Gaumenfreuden der Erinnerung. Wenn Kinder nach dem Krieg in Zeiten des Hungers mit Alu-Milchkannen loszogen, um sich eine Ration Wurstsuppe zu holen, so diente sie in frühen DDR-Zeiten als Gefäß, um im Milchladen noch zu meiner Kindheit Milch zu holen. Im Kaufladen bekamen wir Kinder aus dem großen Glas auf der Theke Himbeerbonbons. Verpackungsmaterial war knapp, und als ich mir später eine Zeitung bestellen wollte, rügte mich die Post, ob ich nicht wüsste, daß Papier knapp sei. Die knappen Rohstoffe waren auch der Grund, weshalb auch ich im Alter der Jungpioniere mit Urgroßvaters Handwagen leere Flaschen mit meinen Mitschülern sammelnd durch die Straßen der Kleinstadt polterte. Ein alter Phänomen-LKW auf unserem Hof hatte es mir angetan und ich dachte, eine kleine Spritztour zu meinen Großeltern jenseits der Grenze wäre nett. Die Batterie war ausgebaut und ich darüber sauer, daß ich noch nicht einmal einen Fahrversuch machen konnte und für meine kindliche Naivität war es nicht vorstellbar, politischer Häftling oder ideologisch auszuprägendes Heimkind wegen eines natürlichen Besuches zu werden. Stolz auf die Nationalhymne „Auferstanden aus Ruinen, Deutschland einig Vaterland" durften und mußten wir diese als Erstkläßler noch trällern, später stand sie im Teilungswahn auf dem Index und der Text durfte, wie „Anmut sparet nicht noch Mühe" nicht mehr gesungen werden. Im Kinderferienlager Stollberg dröhnten über die Lautsprecher unter anderem auch westliche Schlager von Roy Black, Peggy March in die Zelte, als Zeichen weltoffener Erziehung. Fahnenappell, immer montags, blieb uns aber nie erspart, so als ideologische Erinnerungsstütze. Man wollte politisch überlegen sein und daher suchte man auch vor allem Bürgerrechtler wie Angela Davis, Nelson Mandela und gezielte staatliche Hilfsaktionen, um dies den Menschen zu demonstrieren. Im östlichen Teil Deutschlands hatten russische Soldaten nach dem Krieg ihre Stellung in abgelegenen Arealen als Wächter übernommen. Wer wollte, der konnte zu bestimmten Öffnungszeiten auch dort im Laden, im Russenmagazin seltene Südfrüchte einkaufen, aber jede Kontaktpflege wurde mit Argwohn beobachtet. Russisch war zwar Hauptfach in den Schulen, Parolen von der Sowjetunion lernen Tagesordnung, doch Interesse am fremden Hoheitsgebiet unerwünscht. Auch meine Mutter kaufte gerne mit mir in den Russenmagazinen die seltenen Südfrüchte ein. Trotz Kriegswunden der vorigen Generation, war der internationale Studentensommer auch eine gute Gelegenheit, Freundschaften innerhalb unserer Generation zu schließen. Später mit unseren polnischen Leidensgenossen in Dessau beim Kanalgraben ging es abends schon mal bei dem Lied „Moskau" von Dschingis Khan in Polonaise-Formation über Tisch und Bänke. Gemeinsames Schlafquartier in der Schule, gemeinsame Feiern – und da entstand hin und wieder eine herzliche Verbundenheit. Ich war gerade zwölf Jahre, als mein Urgroßvater ins Krankenhaus mußte und ich ihn auf seinen Wunsch noch einmal illegal sehen durfte. Danach blieb die Tür von Urgroßvaters Heim für uns durch die väterliche Verwandtschaft für immer durch diese verschlossen. Die Bildungspolitik war ein Instrument, dem Volk die richtige politische Marschrichtung vorzugeben. So waren Marx/Engels und Lenin Pflichtliteratur und Staatsbürgerkunde u.s.w. Fächer, denen man sich nicht entziehen konnte. Von oben reglementiert, war es natürlich auch die Lektüre, um die man einen großen Bogen zu machen versuchte. Aus Prüfungsangst hatte ich das Kapital dann doch gelesen und Marx als einen Menschen wie im Buch „Mohr und die Raben von London" beurteilt, der an die Grenzen seiner Zeit kam und der für den Sozialismus/Murksismus mißbraucht wurde. Albert Schweitzer sollte einmal über Marx sagen, er war ein Idealist für eine gerechtere Gesellschaft und hat die Psyche des Menschen nicht bedacht. Das Trauma Zweiter Weltkrieg galt, es mit dem Klischee von Opfer- und Täterrollen im politischen Sinne zu nutzen und deshalb war Otto von Bismarck lange, lange Zeit unbeliebt. Desto erstaunlicher war ich über ein Buch über Bismarck von dem russischen Autor Arkadi Jerussalemski, welches ich auch noch kaufen konnte. Um so kurioser war in der DDR, als die verachtete Geschichte Bismarck, Scharnhorst und sonstiger Adel als historisches Kulturgut wieder ausgegraben wurde. So unterschiedlich das ideologische Meinungsbild meiner Wegbegleiter war, die die mir in der Not beistanden und Freunde sind, dafür bin ich dankbar. Pauschale Klischees dienen nur der Selbstherrlichkeit, auch um den Preis Gutes mit Bösem zu vergelten. Zeit, in die man hineingeboren wird, kann man sich nicht aussuchen. Christen waren schon deshalb ein kritischer Faktor im Staat, da sie Gott als Herrn verehren und nicht die Obrigkeit der Menschen als Gott und gemäß dem Lied „Die Partei hat immer Recht" galt das Weltbild unbequem. Daher fand die Christenlehre nach der Schule im Gemeinderaum statt und Prüfungen blieben uns erspart. Die Geduld der Regierung wurde später mit der Parole „Schwerter zu Pflugscharen" auf eine harte Probe gestellt, doch diese wagte nicht in der Weltöffentlichkeit dagegen offen vorzugehen. Für den Festakt meiner Konfirmation, gerade sieben Konfirmanden, durften auch meine Großeltern kurz zu Besuch kommen. In Bad Lauchstädt feiernd, freundete ich mich erstmalig mit dem Edelgemüse Champignons an, an dem es im Land oft mangelte. Dies erinnert mich an einen Dorfkonsum, wo eine Fehlbestellung von Senf, ausreichend für Jahre, durch Pfiffigkeit zum Kassenschlager wurde. Die Verkäuferin hängte ein Schild raus: „Sonderposten Senf eingetroffen, zum Preis von -,--, solange der Vorrat reicht." Da viele Produkte Mangelware waren, die man in sozialistischen Warteschlangen zu ergattern suchte, blieb der Hamsterinstinkt nicht aus und der Senf war blitzschnell verkauft. Ein Jahr früher die übliche Jugendweihe als Aufnahme in den Kreis der Erwachsenen, nach dem Motto mitgehangen, mitgefangen, als Mitglied des gesellschaftlichen Lebens und eine Feier war ja auch was Schönes und politische Reden hörte man allemal. Durch die historische Situation konnten meine Großeltern jenseits der Mauer nur ab und zu zu Besuch kommen und meist haben wir dann in Halle auf den Interzonenzug gewartet. Eine kleine „Gastrolle", mehr war verboten und deshalb sollte ihr Besuch konfliktfrei und so angenehm wie möglich sein. Vor der Hausarbeit und einer strengen Oma diesbezüglich ergriff ich immer die Gelegenheit, den Opa bei einem Spaziergang zu begleiten. Mit meinem Opa war ich immer gefordert, Rechenaufgaben zu lösen und dankbar, wenn Oma mich mit einem Schachspiel erlöste. Auch im hohen Alter scheuten sie trotz der Erblindung meines Opas und später 25 DM Tagesverweilgebühr die beschwerliche Reise nicht. Zu ihrer Goldenen Hochzeit waren sie bei uns zu Besuch und da mein Opa Jäger war, feierten wir im Hotel „Zum goldenen Stern". Nachmittags tranken wir mit dem Pfarrer und Tante Marthel Kaffee. In den letzten Lebensjahren scheuten meine Großeltern das Licht und saßen nur schweigend in den Sesseln, tief in ihren Herzen vergraben der Schmerz über die Teilung Deutschlands und die Trennung von der Familie, die sie oft beklagten. Meinem Opa gefiel das Lied „Kinder vom Ahornberg" und erst später erfuhr ich vom Arensberg in seiner Heimat und er mochte wohl an glückliche Jugendzeiten gedacht haben. Meiner Oma hingegen gefiel die Interpretation des Liedes „Bald bricht der Tag an" von Katja Ebstein. Wenn man bedenkt, daß ein Autogrammwunsch an solche Künstler, oder gar die Idee, ihnen zu schreiben, die Stasi ins Haus bescheren konnte, zwecks Feststellung klassenfeindlicher ideologischer Tendenzen und bitterer Konsequenzen, mutet es an, wie ein böser schlimmer Witz der Geschichte. Bei einem Catharina Valente Konzert beobachtete ich als Zuschauer, wie ihre Fans mit den Blumen in der

Hand brüsk von den wachenden Ordnungshütern zurückgehalten wurden, um jeden Kontakt zu vermeiden. Es war Glück in der DDR, ein Visum zu bekommen, um Familienangehörige sehr selten im Westen besuchen zu können, manche durften noch nicht einmal zur Beerdigung ihrer Angehörigen. Ich gehörte nicht zu den Glückspilzen. Der Zug war vorgeschrieben und hatte auch bald seinen Spottnamen Rentnerexpress. Mancher Staatsdiener hatte Erbarmen und so durfte meine Mutter hin und wieder, wenn auch nicht linientreu, selten zu ihren Eltern fahren. So kann ich mich noch dunkel erinnern, wie wir gegen Mitternacht meine Mutter in Naumburg abholten, die Bahnsteige menschenleer, nur ein schauerliches Gewimmer von Hunden und Katzen, die man in ihren Holzverschlägen nicht sehen konnte. Darüber irrten weiße Mäuse in Käfigen ängstlich umher auf ihrer Reise zum Versuchslabor Jena. Wir warteten auf den Zug und schwer war das Herz meiner Mutter, als sie ihre hilflosen an Alzheimer erkrankten Eltern allein lassen mußte, wenn sie ihre Familie nicht opfern wollte. Die Todesnachricht von meinem Opa kam telefonisch. Meine Großeltern wollten nie eine Feuerbestattung und doch war es der einzige Weg, ihre Gräber bei sich zu haben und pflegen zu können. Einer der Trauergäste jenseits der Grenze machte Fotos von der Beerdigung, damit meine Mutter diese ihrer Familie zeigen konnte. Selbst im Tode fand mein Opa über zwei Monate keine Ruhe, da seine Urne auf dem Weg über die Grenze per Postpaket verschollen war. Mit dem Tod meines Opas war meine Oma hilflos und ganz allein. Das Obdach, was sich meine Großeltern so liebevoll geschaffen hatten und als Zuflucht ihrer Familie gedachten, musste meine Oma für immer verlassen. Durch die Gnade eines Mitarbeiters der Behörde konnte meine Mutter meine Oma für kurze Zeit zu uns mit Hilfe der Verwandten bringen. Bei der Beisetzung meines Opas fragte sie immer wieder: „Wo ist denn Fritz?", und es schien, als würde ihr Geist sich dagegen sperren, daß er es war, den wir beigesetzt hatten. Es waren nur sehr wenige Monate geblieben, die wir mit der damals schon schwer erkrankten Oma als Pflegefall verbringen konnten. Ich glaube, bis auf einige wenige lichte Momente verdrängte sie jene grausame Realität der familiären Trennung und immer öfter holten sie die Schatten ihrer an Alzheimer verwirrten Seele ein. In der Nacht war sie meist putzmunter und irrte im Haus umher. Zu dieser Zeit mußte ich auch immer den 5-Uhr-Zug zu meinem Ausbildungsbetrieb erreichen und oft habe ich nicht all die Schwierigkeiten dieser Pflege durch meine Mutter mitbekommen. Ihre Medikamente zu beschaffen, wie ihre gewohnten Nahrungsmittel mit Südfrüchten u.s.w. waren Herausforderungen. Es war bitter, erst jetzt eine Oma im kranken Zustand für etwas mehr Zeit bei sich haben zu können, wo ich manchmal leise die Kameraden beneidete im vertrauten Umgang. Motivationsgeschenk für gute Leistungen von Werktätigen oder Schülern, war die Delegation zu Kulturprogrammen. Pech für mich, wenn ich als Ansporn oder zur Belohnung zum Schubert-Konzert delegiert wurde und mir dies nicht gefiel. Es war nicht vorteilhaft, sich einem Kulturprogramm trotz Desinteresse zu verweigern, ebenso wenig dem Subbotnik als zwangsweise freiwilligen Arbeitstag am Wochenende. Fassungslos vor Glück waren wir als Lehrlinge nicht zum sozialistischen Frustprogramm, sondern zum begehrten Film von der schwedischen Gruppe ABBA delegiert zu werden. Der Musikgeschmack der Menschen begehrte mehr, von Amanda Lear bis Mireille Matthieu, Eruption u.s.w., eine Brücke zwischen Ost und West. Das Lied „Inchala", welches in Leipzig im Dezember 1978 von Katja Ebstein gesungen wurde, erntete tosenden Beifall, nur zwei Blauhemden wußten nicht, ob sie applaudieren oder protestieren sollten. Jahre später, 1983, sollte allerdings die amerikanische Serie „Dallas" die ostdeutschen Wohnstuben erobern. Die Untreue zum sozialistischen Kulturprogramm bescherte manchem Parteifunktionär graue Haare und somit wurden eigens zur Analyse des Problems in manchen Betrieben Versammlungen durchgeführt. Wir waren allesamt diesbezüglich redefaul, um der politischen Rotlichtbestrahlung zu entgehen. Trotz beschränktem Post- und Kontaktprogramm erreichten Briefe aus dem Osten westliche Sender und hier und da ein Brief „Die aktuelle Schaubude". Der gute Karl Ede von Schnitzler hatte sich eine bezaubernde „imperialistische Hexe" nach seinen Worten mit Dagmar Berghof ausgesucht, als würde der böse Wolf das Rotkäppchen im Agitationsprogramm fressen. Seitdem gibt es die Einheit Schnitz, der Weg zum Fernseher, um ihn möglichst schnell auszuschalten. Selbst sein Raabe quäkte erschrocken über diese Gruselmärchen über den schwarzen Kanal des Ostens. Für alle Lehrlinge großer Betriebe war es Bestandteil der Ausbildung, sich bei der GST als Sanitäter zu verkleiden und durch Feld und Flur der Umgebung zu wandern. Dazwischen auch einige Übungen der Ersten Hilfe durchzuführen und vor jedem Marsch nahmen wir unsere Lunchpakete in Empfang. Meine Mutter bettelte inzwischen um jede Verlängerung der Aufenthaltsgenehmigung für die Oma, die eines Tages endgültig abgelehnt wurde. So kam sie in ein katholisches Pflegeheim, nahe ihrem letzten Wohnort. Jene Geschichte meiner Mutter bei ihrem letzten Besuch, wo bei dem Lied „Muß i denn, muß i denn zum Städele hinaus", gesungen von Chorkindern bei Oma die Augen noch einmal vor Freude strahlten, auch wenn sie teilweise nicht mitbekam, daß ihre Tochter sie besuchte und sie doch spürte, daß sie nicht allein war, bin ich traurig. Es half kein Betteln meiner Oma, das Visum war abgelaufen und ihre Tochter konnte durch die politische Lage nicht bleiben. Wenige Tage später schloß meine Oma für immer ihre Augen. Menschlichkeit und Unmenschlichkeit, wie Gut und Böse in jedem Menschenherz verankert, wie wollen die Verfechter die vielen Menschen, die an der Teilung zerbrochen sind, je in ihrem Gewissen rechtfertigen. Der Zorn des Schmerzes der Unmenschlichkeit ist groß und es erschreckt, wie skrupellos mancher sich mit Hohn und Spott in der Rolle eines Opfers des Systems wendet und Türen dafür offen sind. Gemeint sind nicht treue Staatsdiener pauschal, sondern all die, die selbst treibende Kraft waren für eine Jagd auf einfache unschuldige Bürger als Klassenkriegsfeinde. Für die Auswahl zum Studium wurden Schüler auf direktem Wege nicht selten politisch vorsondiert, aber man hatte auch Gelegenheit, den zweiten Bildungsweg zu wählen. Für mein Abi löhnte ich gerade mal 62,50 Mark. Planwirtschaft heißt Planerfüllung und so waren wir im Abiturlehrgang nach dem

Start nur noch fünf Gefolgsleute. Eine ähnlich paradoxe Situation hatte sich für mich damals beim Fernstudium ergeben, da das Grundstudium zentral an der Universität durchgeführt wurde für alle Fachrichtungen und viele unserer Seminargruppe sich für einen Wechsel entschieden hatten, obwohl sie an anderen Hochschulen angenommen wurden. So kamen dann die Dozenten in die Klasse und warteten vergebens auf den Rest der Gruppe, da sie über so wenig Mitstreiter verblüfft waren. Einer der Dozenten sagte zu mir, Sie sind Christin und ich bin überzeugter Kommunist und doch haben trotz unterschiedlicher Weltbilder alle Menschen die Pflicht der Menschlichkeit zu dienen. Zur Objektivität eines Zeitzeugen als Botschafter für die Nachwelt gehört für mich ein Nein zur Verklärung eines Zeitbildes durch Klischeedenken und die Mühe, nach der Menschlichkeit zu fragen. Für viele war es nicht der Traumberuf, auch ich hätte gerne etwas anderes studiert, aber man nutzte jede Chance. Durch die eingeschränkte individuelle Mobilität blühte der Tauschhandel, aber auch der Erfindergeist. Zehn Jahre Wartezeit für ein Auto, da war selbiges als Ersatzteilspender und Tauschobjekt im Alter sehr begehrt und vor allem in der „Wochenpost" wurde eifrig annonciert. Kurz vor dem Zusammenbruch der DDR mußte allerdings das Luxusauto der Ossis des Volkes Zornes ertragen und wurde auf der Leipziger Messe mit Farbe und Eiern beworfen. Der Wartburg aus Eisenach war sehr beliebt und ein einfacher Bürger war erbost, daß für ihn ein solches Auto zur unbezahlbaren Sehnsucht wurde. Heines Satz „Sie predigen Wasser und trinken Wein" würde emotional des Pudels Kern treffen. Ein Besuch in der DDR-Metropole Berlin war immer ein Erlebnis, auch deshalb, weil man dort Waren kaufen konnte, die die Provinz nie erreichten, aber auch aus kulturellen Gründen, wie das Kabarett und der Friedrichstadtpalast. Ein Pförtner schenkte mir damals das letzte Programm des alten Palastes, dessen Abriß ich sehr bedauerte. Wie ich so mit meinem Trabi an einem sonnigen Oktobertag bei Brück mit Motorschaden liegen blieb, schaute alle 20 Minuten die Polizeistreife vorbei, um uns vor Kontakten mit dem Klassenfeind zu schützen. Dies gab sich, als der in der Ge-

genrichtung wartende Bundesbürger mit seinem Fahrzeug vom gelben Engel des ADAC wieder flott gemacht wurde. Ob man im Trabi die Nacht verbringt, kein ADAC einem Hilfe bringt, war völlige Nebensache. Selbst die unterschiedliche Währung in Deutschland hinterließ Spuren. So waren der aufwändig hergestellte Alu-Chip als Münzwährung und die DDR Banknoten in den Verruf entwerteten Spielgeldes bei den Bürgern zweiter Klasse gekommen, denen viele Dinge vorenthalten wurden. Wir lebten in dem Land und doch öffneten sich manche Türen nur mit D-Mark und Dollar, als wären wir als Einheimische die Ausländer. Ein Stammesfürst aus einem Entwicklungsland, der mit den begehrten Scheinchen winkte, wurde wie ein Fürst behandelt und winkte man mit dem Alu-Chip, war oft die Türe zu. SED, Shop, Exquisit und Delikat sollten helfen, daß sich die Bürger in ihren Vorwürfen gegen die Obrigkeit mäßigten ... Man wollte als Staat international anerkannt sein und deshalb konnte man nicht alle westlichen Kontakte zu Ossis vermeiden. Da nun hin und wieder doch D-Mark in die Hände der Ossis kamen, beschloß man die *Forum*-Schecks einzuführen. So waren die einheimischen Bürger zum Umtausch gezwungen, wenn sie im Intershop einkaufen wollten. So hatte man, wie bei *Genex*-Geschenken auch, Kontrolle über die Devisen der Bürger und kurz vor der Wende verwandelten sich auch die Intershops in Pornoläden, Läden mit nackten Regalen. Selbst der verordnete Beifall für die Funktionäre der Regierung in der letzten Zeit wurde in manchen Betrieben eingeübt. Wie unterschiedlich Menschen mit Menschen umgehen, zeigte sich auch an den Werkstoren. Manche hatten Nachsicht mit vergessenen Werksausweisen, aber manche scharfen Flintenweiber bescherten einem aus Wonne die Schikane einer Kontrolle bis zum Pausenbrot. An manchem Tag sammelten die Pförtner so viel Schnapsflaschen mit Recht, womit sie gut und gerne einen Schnapsladen hätten aufmachen können, aber die Flintenweiber nutzten ihre Macht auch im anderen Sinne. Währenddessen das zwischenmenschliche Dilemma ehrgeiziger Rivalität über Aufstieg und Fall von Menschen manchmal entschied, gab es Menschen, die sehr bewußt auch politische Instrumente als Druckmittel benutzten, um unliebsame Rivalen, Querulanten oder Zeitgenossen zu beugen. Doch in welcher Zeit gab es keine Intrigen, keine Denunzianten und zum Glück, der Scheiterhaufen der Inquisition fehlt. Mancher Spitzel spitzte seine Ohren und einige Bürger wurden auch politische Häftlinge durch deren Arbeit, nicht jeder von der Stasi war ein solcher, gefährlich waren jene vertrauenswürdigen Typen. Unerwünschte Kontakte der kritisch denkenden Gleichgesinnten wurden so mit Verleumdungen auch unterbunden und es bleibt die Trauer, wenn die betreffenden Personen das Spiel nicht durchschauten. Wie war ich froh, krank zu sein, als ein Brief einer vermutlich staatsgläubigen Person eine ganze Direktion in Aufruhr versetzte, da sie mit KZ-Methoden verglichen wurde. Mobbing ist daher mit Sicherheit keine neue Erscheinung der Wiedervereinigung. Die große Fluchtwelle hatte begonnen, Honecker ließ noch einmal mit Glanz und Gloria die Truppen aufmarschieren und das Volk setzte all seine Hoffnung auf Michail Gorbatschow. Gorbi hilf, eine der Parolen. Durch die Fluchtwelle wurden auch viele Kinder zurückgelassen. Ein Journalist rief zur Hilfe auf und die romantische deutsche Seele sammelte für das Kinderheim in der Kirschbergstraße, alle anderen nicht. Somit mußte dann von dort der Überfluß an die anderen Heime verteilt werden. Die Kinder seufzten schon aus tiefster Seele, als sie mich und meine Kollegin im Auftrag unserer Gruppe sahen: „Och, schon wieder zwei Tanten mit Spielzeug." Viel Emotionen bei Brennpunktsendungen, so viel Glaube in die Hoffnung, als Hans Dietrich Genscher in der Botschaft in Prag die Ausreise der Flüchtlinge verkündete, prägten die Zeit. Die Montagsdemos hatten längst begonnen und die Parteiversammlungen der Genossen häuften sich und doch gingen manche lieber zur Demo. Keine politische Zwangskundgebungen, wo Ordnungshüter auch bei Unwohlsein die Menschen vor Ort hielten, sondern ein freiwilliger Volksaufstand. Die Journalisten der damaligen Zeitung „Freiheit" waren spürbar schockiert und irritiert über jenes Aufbegehren der Menschen. Mahnwachen und Protestmärsche durch die Stadt, mit den Kerzen als Hoffnungssymbol in der Hand, waren zur Tagesordnung geworden. Die Flugblätter wurden den Verteilern quasi aus den Händen gerissen. In Blauhemden tanzten auch zwei Mädchen wie Rumpelstilzchen bei einer Demo und verwünschten die Parteiobrigkeit nebst Zitterkombinat ZK mit lustigem Gesang. Kein Parteibonze hätte sich träumen lassen, mit Tomaten und Eiern beworfen und beschimpft zu werden und Polizei und Ordnungshüter waren nahezu machtlos, den Volkszorn zu zähmen. Ebenso waren die Märsche des Schweigens und Plakate wie „Wir sind das Volk" usw. stiller Protest. Daß das Aufbegehren des Volkes jener Zeit so friedlich geblieben ist, verdankten wir auch der politischen Untergrundarbeit der Bürgerbewegung „Neues Forum". Selbst die rote Fahne der Stadt bekam irgendwann über Nacht einen bunten Anstrich und niemand wußte so recht, waren es nun die Aufständischen oder die, die zur Gegendemo mobil machten. Zum Jahresende war folgender Text auf diesem steinernen Denkmal als Neujahrsgruß zu lesen: „Pitsch, patsch, putsch, wir wünschen guten Rutsch." Die Kampfgruppen wurden mobil gemacht und wir sprachen unter Kollegen darüber, ob der Rekrut Befehle nicht verweigern kann. Wäre er nicht bereit gewesen, auf seine eigenen Kollegen, uns, zu schießen, wäre er im Extremfall selbst mit Genickschuß niedergestreckt worden. Die, die ihrem Gewissen als Mensch folgen würden, wären des Todes gewesen, denn es gab ja die Handlanger, die auch in die Menge gefeuert hätten. Da überlegten wir schon, ob wir nicht über Nacht die Koffer packen. Einem Erdbeben des Entsetzens gleich kam die Nachricht, daß Honecker seinen Kronprinzen Egon Krenz als Staatsoberhaupt krönte. In den Großbetrieben wurden die Zeitungskioske nach Öffnung gestürmt und innerhalb einer halben Stunde waren meist schon sämtliche Zeitungen ausverkauft. Man erwarb sogar Blätter, deren Namen man vorher kaum zur Kenntnis genommen hatte, wie ich das Bauernecho, nur um informiert zu sein. Ob berühmtester Versprecher der Geschichte oder Einsicht, die Berliner nutzten unsere Chance, die Mauer zu stürmen. In den 5-Uhr-Nachrichten am 9. November 1989 konnte ich es noch gar nicht fassen und glauben. Unsere Gruppe ließ das Pausenfrühstück im Betrieb feudaler ausfallen, endlich war Licht zu sehen, auch vor einem gefürchtetes Blutbad wie in Rumänien verschont zu bleiben. Mit einem Visum für alle erhältlich konnten wir Angehörige, Verwandte, Bekannte und Freunde jenseits der Mauer endlich besuchen und die Behelfsgrenzen überqueren. Das Gehalt des Generaldirektors wurde extrem nach oben korrigiert, ausgewählte Betriebsmitglieder durften zur Schulung gen Westen fahren und die Gewerkschaft vergaß soziale Prinzipien für die neue Zeit. Hochkonjunktur für Wendehälse, die als Erste alle Informationen bekamen, die dem einfachen Volk erst später zuteil wurden. Ein großer Traum erfüllte sich somit, auch mit bitterem Beigeschmack, weil die Zeitgenossen die Panzer hätten rollen lassen, einfach nur nehmen, was das Volk erkämpfte. Mein Wunsch, Völker sollen sich versöhnen und nicht durch Mauern und Krieg der Unmenschlichkeit des Leides Türen öffnen.

Karen Kaufmann

Ein Schultag

Am geräuschvollen Öffnen der Tür und dem Knall beim Schließen konnte ich unschwer erkennen, es hatte Ärger gegeben. Lisa wollte sich an mir vorbeischleichen, aber ich erkannte gerade noch rechtzeitig die verweinten Augen. Also doch, dachte ich und nahm meine Enkeltochter in den Arm.

Noch ehe ich sagen konnte, möchtest du reden, Lisa, sprudelte der Quell des Ärgernisses schon über. „Dieser Spitz", damit war der Lehrer gemeint, „ist ein Idiot!" Oh, dachte ich vorsichtig und meine Umarmung nahm an Liebe zu, hier war wirklich etwas faul, eine derartige Degradierung hatte der arme Herr Spitz sicher nicht verdient. Es mußte wohl etwas wirklich Schlimmes geschehen sein.

Lisas Herz klopfte wild und die Augen glänzten verräterisch.

„Laß es raus, Lisa. Wenn du mir alles erzählt hast, werden wir gemeinsam eine Lösung finden", begann ich vorsichtig und hatte offensichtlich den richtigen Ton getroffen.

„Der Spitz hat mir eine Fünf verpaßt!" Heftiges Schnaufen und: „eine Fünf, mir! Du weißt, Deutsch ist mein liebstes Fach. Ich habe überhaupt keinen einzigen Fehler gemacht." Sie kramte erregt in ihrer Schulmappe und hielt mir die Arbeit so dicht vor die Augen, daß der Text mit dem vielen Rot des Korrekturstiftes zu einem landkartenähnlichen Wirrwarr verschwamm. „Immer der Reihe nach, mein Kind. Du behauptest, Herr Spitz habe dir eine Fünf verpaßt, obwohl du keinen Fehler gemacht hast. Aber, entschuldige bitte", wandte ich wohl bedacht ein, „wieso dann der rote Stift, der kaum deine Schrift erkennen läßt?"

„Na, ja", hauchte Lisa, „Fehler sind das wirklich nicht. Ich habe die I-Punkte nicht genau über den Buchstaben gesetzt. Ist das vielleicht ein Grund für eine Fünf?"

Ob das ein Grund für eine Fünf war, entzog sich meiner Kenntnis. Ich wollte mich auch keinesfalls in die Erziehungsmethoden des Herrn Spitz einmischen. Um der Antwort aus dem Weg zu gehen, kam mir eine Idee.

„Setz dich mal neben mich", sagte ich beruhigend und zog meine Enkeltochter in unsere Kuschelecke, einem Plätzchen im Wohnzimmer, das dazu diente, Sorgen des Alltags zu besprechen, Märchen erzählt zu bekommen oder einfach nur Nähe zu schenken.

„Bitte keine Märchen." Ich fiel Lisa ins Wort: „Nein, aber eine Geschichte, die in meiner Kindheit passierte. Hör doch einfach zu. Vielleicht läßt sie dich deine Sorgen vergessen."

„Das Kind, von dem hier die Rede sein wird, war etwas jünger als du, ein dünnes, verängstigtes Mädchen, das auf alles überaus empfindlich reagierte. Es besuchte die dritte Klasse der Grundschule in einem Wohngebiet der Stadt, die etwa eine gute Fußwegstunde von dem Ortsteil entfernt lag, in dem es damals mit seiner Mutter wohnte. Der Vater war aus dem Krieg nicht heimgekehrt, er wurde vermißt. Vielleicht sollte ich noch sagen, daß unser Land in jener Zeit immer noch schwer unter den Folgen des letzten Krieges zu leiden hatte. Die Spuren waren überall zu spüren, auch in den Herzen der Menschen. Es gab wenig zu essen, es fuhren keine Autobusse, schon gar keine Schulbusse; viele Männer befanden sich weit entfernt von zu Hause in russischer Kriegsgefangenschaft. Manche Familien wußten überhaupt nicht, ob der Vater oder Ehemann noch am Leben war. Eine schlimme Zeit war das, Lisa. Den Menschen ging es wirklich nicht gut.

An dem Tag, von dem hier die Rede sein wird, hing eisige Kälte über dem Land. Vielleicht empfand das kleine Mädchen das damals besonders intensiv. Es erschauerte.

Sie haßte den langen Fußweg zur Schule, vor allem im Winter. Die Kälte drang durch den Mantel und biß in die Haut. Aus den handgestrickten Schafwollstrümpfen, die ihre Großmutter liebevoll gestrickt hatte, war sie längst rausgewachsen. Sie wärmten kaum, kratzten aber unangenehm auf der Haut. Das Gebäude der Schule machte ihr immer wieder aufs Neue Angst. So ungeheuer groß, alt und düster stand es gegenüber der freundlichen Parkanlage. Das

Gerangel an der Schultür, die jedes Mal widerwillig ächzte, wenn sie zum Einlas geöffnet wurde, war an jenem Morgen besonders schlimm. Die frierenden Kinder wollten schnell in ihre Klassenzimmer.

Herr Matheus unterrichtete das Fach Rechnen. Vor den Kindern stand nun ein untersetzter Herr mit korrektem Scheitel im kurz geschnittenen Haar. Eine Respektsperson! Zu seinem täglichen Unterrichtsgebaren gehörte es, den Kindern zu Beginn der Mathematikstunde eine Reihe Aufgaben an die Tafel zu schreiben, die sie in absoluter Stille zu lösen hatten, während er in ein kleines Kabinett ging, das sich an den Schulraum anschloß und seiner Vorbereitung diente. Dort befanden sich allerhand Unterrichtsmaterialien – genannt Lehrmittel – unter anderem auch ein Skelett für den Biologieunterricht der älteren Kinder. Warum es eigentlich in diesem Raum verwahrt wurde, möchtest du wissen, Lisa? Keine Ahnung. Die Kinder hatten eine Riesenangst davor. Vielleicht erfüllte es in doppelter Hinsicht seinen Zweck. Ab und an musste auch mal ein Kind den Raum betreten, wenn es sich erlaubt hatte, während der Arbeit des Herrn Matheus zu flüstern. Damals verlief der Unterricht anders als heute, das darfst du mir glauben, Lisa. Disziplin hatte oberste Priorität.

Zurück zu jenem Tag. Die Aufgaben standen in langen Reihen säuberlich an der Tafel. Herr Matheus war ein überaus akkurater Herr. Alle Schüler arbeiteten an den Lösungen. Man hätte eine Stecknadel gehört, falls sich je eine erlaubt hätte, in der Mathematikstunde zu Boden zu fallen.

Wie immer drang unangenehmer Zigarettengeruch aus der leicht geöffneten Tür zum Kabinett.

Unter der Bank lag das Pausenbrötchen, das seit kurzem täglich an die Kinder verteilt wurde. Es duftete verlockend und wartete darauf, gegessen zu werden. Pause war aber noch lange nicht. Unbändiges Verlangen danach zu greifen, beherrschte das Kind. Sie hielt es plötzlich in der Hand und, hast du nicht gesehen, biß sie rasch, und wie sie irrtümlich annahm, heimlich hinein. Der Hunger war zu groß. Im gleichen Augenblick verspürte sie einen derben

Griff am rechten Ohr. Keinen Schmerz, nein! Der stellte sich erst später ein. Ein Zittern hatte sie übermannt.

Herr Matheus hatte das Ohr mit hartem Griff gefaßt, daran gezogen und gedreht. Ein warmer Blutstrahl zeigte sich am Hals des Mädchens. Sie war ganz still vor Angst, die Kinder starr vor Schreck. Mit angehaltenem Atem verfolgten sie das Geschehen. Nur die ganz kessen Buben, die in ihrem noch so jungen Leben schon mehr Leid erfahren hatten, grinsten schadenfroh.

Endlich hatte der Alte mal eine von den Stillen, Braven erwischt!

Die Wunde hinter ihrem Ohr blutete stärker und schmerzte brennend. Sie weinte verhalten. Herr Matheus nahm sein Taschentuch und wischte das Blut ab. Was mag er gedacht haben, als er sah, was er angerichtet hatte?

Auf dem Weg nach Hause verklebte das Blut der Wunde zusammen mit ihren langen Zöpfen und der roten Wollmütze. Ihre Großmutter bemerkte zuerst nichts. Da das Kind aber die Mütze partout nicht abnehmen wollte und auch irgendwie verändert schien, kam sie der Sache schließlich auf den Grund. Sie fuhr mit dem Fahrrad – ihre Enkelin hinten auf dem Gepäckträger – eilends zu ihrem Bruder am anderen Ende des Ortes. Der wußte bei derlei Sachen Rat. Max war Imker. Er versorgte die Wunde und legte eine Honigkompresse auf.

Inzwischen war die entsetzte alte Dame zum Schulrat gefahren. Herr Hase, ein altgedienter gütiger Pädagoge, der in Kürze seine Pensionierung antreten würde, war ein Bekannter der Familie. Er hörte sich alles in Ruhe an und nahm die Sache in die Hand.

„Das ist ja schrecklich, was wurde mit diesem Herrn Matheus?", fiel mir Lisa aufgebracht ins Wort. „Ich denke, den haben sie rausgeworfen, oder?"

„So einfach war das damals nicht, mein Kind. Es gab keine Lehrer. Viele Männer waren im Krieg geblieben oder wurden vermißt. Sie hatten ihre Jugend, ihre Ideale, ihr Leben einer verlorenen Sache geopfert in dem Glauben, Deutschland zu einem Weltreich ohne Grenzen zu machen. Einige wenige unter den Heimkehrern oder Überlebenden wären vielleicht bessere Pädagogen gewesen, sie hatten einfach nicht mehr die Kraft, auf junge Menschen einzugehen, nach all dem Elend als Kugelfänger eines Herrn Hitler und dem verlorenen Krieg.

Viel später erfuhr die Familie, daß Herr Matheus aus dem Schuldienst entlassen werden sollte. Als junges Mädchen – eigentlich war sie schon erwachsen, Lisa – traf sie ihren früheren Mathematiklehrer in der Abendschule. Sie befand sich damals schon in der Ausbildung und wollte unbedingt das Abitur erwerben. Was soll ich dir sagen, aus dem Angstmacher von einst war inzwischen ein richtig guter Lehrer geworden."

Lisa saß eine Weile stumm neben mir und sagte endlich: „Das ist eine gute Geschichte. Ich denke, du bist das Kind gewesen, von dem hier die Rede ist. Zeig mal dein Ohr, kann man die Verletzung noch sehen?"

Wenig später: „Was meinst du, sollte ich morgen mit Spitz reden, entschuldige, mit Herrn Spitz. Eigentlich ist er ein guter Lehrer. Ich will ihm sagen, daß ich zukünftig sorgfältiger schreiben werde."

Wohnung auf Zeit

Ein Sommertag wie aus dem Bilderbuch lag über dem Land. Die Sonne schüttete ihre ganze Fülle an Gold auf die Deiche, die gepflegten Wohnanlagen ringsum, die Felder und kleinen Gassen. Die leichte Brise vom nahen Meer erfrischte die Luft am Morgen noch angenehm, gegen Mittag nahm die Hitze zu. Anna mußte ihre Arbeit unterbrechen. Sie beschloß, für heute den Garten der Sonne und den Wildenten zu überlassen und in Ruhe den Rest des Tages zu verbringen. Sie machte es sich im Liegestuhl in der schattigen Ecke der Terrasse bequem und ließ ihren Gedanken freien Lauf. Bilder der Vergangenheit liefen einem Film gleich an ihr vorbei:

Damals, vor mehr als fünfzehn Jahren, lebten sie und ihr Sohn im anderen Teil Deutschlands. Das Land, das sich Deutsche Demokratische Republik nannte, hatte nicht viel gemeinsam mit diesem Namen.

Anna unterrichtete an einer Schule für Ausländer im damaligen Mecklenburg, Deutsch als Fremdsprache. Sie wohnte mit ihrem Mann und ihrem Sohn in einem schönen Haus mit Garten und glaubte, das Glück sei auf ihrer Seite. Doch alles kam anders. Die Ehe zerbrach, Anna und Robert hatten plötzlich kein Zuhause mehr.

Wie prekär die Situation tatsächlich war, sollte Anna wenig später erfahren. Ostdeutschland befand sich in Wohnungsnot.

Vom Wohnungsamt ihrer damaligen Stadt mußte sie erfahren, daß sie sich als Wohnungssuchende auf eine lange Wartezeit einzurichten hatte. Fünf Jahre seien keine Ausnahme. Man trug sie in eine Warteliste ein.

Anna suchte nach einem Ausweg und bat ihre in Sachsen lebenden Eltern, sie und das Kind aufzunehmen, natürlich nur vorübergehend. Es würde mit deren Hilfe sicher bald eine kleine Wohnung gefunden. Das Einverständnis der Eltern kam zögerlich. Sie hatten die Konsequenzen bedacht.

Kurz nach ihrer Ankunft sprach Anna beim Wohnungsamt vor.

Die Dame ihr gegenüber saß mit der ganzen Fülle ihres üppigen Körpers vor einem majestätischen Schreibtisch und war sich ihrer Wichtigkeit durchaus bewußt, was sie auch überzeugend zum Ausdruck brachte: „Warum sind Sie nicht in Ihrem Wohnort geblieben? Hier, bei uns bekommen Sie keine Wohnung.

Um überhaupt einmal als Wohnungssuchende aufgenommen zu werden, müssen Sie einen Wohnungsantrag stellen, das geht aber nur, wenn Sie die Genehmigung für einen Zuzug in die Stadt haben."

„Aber ich unterrichte bereits an einer Schule. Ich habe einen kleinen Sohn", unterbrach Anna unvorsichtigerweise die Dame vom Amt und erkannte an deren zurechtweisenden Ton den Fehler ihres Verhaltens.

„Wenn Sie arbeiten, müssen Sie doch eine Wohnung haben."

„Nein, ich wohne in der Zwei-Raum-Wohnung meiner Eltern."

„Aber, da haben Sie doch Wohnraum, andere haben gar nichts", kam es bissig zurück.

„Für eine gewisse Zeit würde das vielleicht gehen, aber nicht auf Dauer. Meine Eltern sind bereits Rentner. Vier Menschen auf so kleinem Raum, bitte helfen Sie mir. Es muß doch eine Lösung geben."

„Ich sagte Ihnen bereits, daß Sie einen Wohnungsantrag stellen müssen. Die Wartezeit ist ungefähr fünf Jahre. Vielleicht finden Sie selbst eine freie Wohnung. Am besten, Sie gehen zurück an Ihren alten Wohnort. Warum haben Sie das Haus verlassen? In einem Haus muß doch Platz für alle sein, auch nach einer Trennung …"

Anna redete mit Engelszungen, verlor die Nerven und konnte ihre Tränen nicht mehr aufhalten.

Wohnungsantrag mit Aussicht auf fünfjährige Wartezeit? Was für ein Wahnsinn!

Annas Vater, ein altgedienter und hoch geachteter Parteigenosse riet seiner verzweifelten Tochter: „Vielleicht solltest du dich an oberste Stelle wenden. Schließlich bist du eine ausgezeichnete

Lehrerin. Schildere deine Situation. Es wäre doch gelacht, wenn du damit keinen Erfolg haben solltest."

Also schrieb Anna einen Brief an die damalige Ministerin für Volksbildung, Margot Honecker. Darin schilderte sie ihre vergeblichen Anstrengungen im nervenaufreibenden Kampf um Wohnraum und erhielt kurze Zeit später vom örtlichen Wohnungsamt die Aufforderung zur Besichtigung einer Wohnung.

Den Schlüssel erhielt sie von eben der Angestellten, die ihr schon bei ihrem ersten Versuch gegenüber saß. Diesmal zeigte sie ihre Verärgerung noch offener.

Die Freude darauf, endlich eine Wohnung zu erhalten, ließ Anna die Unnahbarkeit übersehen. Die Ernüchterung folgte auf dem Fuß.

Die Wohnung befand sich in einem erschreckenden Zustand: Kein Wasseranschluß in der Küche, unzureichend beheizbar, schadhafte Dielen, feuchte Wände, seien hier nur als Beispiel genannt.

Annas Vater, der sie begleitet hatte, konnte seine Verärgerung nicht zurückhalten. „Das ist eine ungeheure Frechheit! Natürlich lehnst du diese Zumutung ab ..."

Damit begann der ganze Ärger von neuem.

Anna brachte den Schlüssel zurück und erlaubte sich zu fragen, ob die Dame vom Amt überhaupt den Zustand der zu vergebenden Wohnung kenne.

„Sicherlich muß einiges gemacht werden. Brauchen Sie nun Wohnraum oder brauchen Sie keinen? Etwas anderes kann ich Ihnen nicht zur Verfügung stellen. Dann müssen Sie eben warten, wie alle anderen Leute", kühler Blick und erstaunter Augenaufschlag. „Sie sind doch Lehrerin. Fragen Sie mal beim Schulrat nach. Vielleicht kann der Ihnen helfen", sprach's und war mit ungeheuer wichtigen Papieren beschäftigt, ehe sie den nächsten Bittsteller aufrief.

Herr Link, der damalige Leiter der Abteilung Volksbildung, zeigte sich freundlich und aufgeschlossen. Nach langem Für und Wider fiel ihm eine Lösung ein. „Gehen Sie aufs Land, liebe Kollegin. Wir brauchen gute Lehrer auf dem Land. Dort gibt es auch Wohnraum", behauptete er.

Robert befand sich inzwischen im Kindergartenalter. Umzug aufs Land, warum nicht? Unterrichten kann ich überall, dachte Anna. Endlich eine Wohnung! Sie konnte an nichts anderes mehr denken und stellte sich unverzüglich beim Direktor der ihr zugewiesenen Schule eines kleinen Dorfes vor.

Dann kam die Ernüchterung. „Natürlich brauche ich dringend eine Lehrerin. Wohnung habe ich keine. Am besten, Sie wenden sich an den hiesigen Vorsitzenden der LPG. Vielleicht kann er ihnen helfen. Können Sie schon morgen mit der Unterrichtsarbeit beginnen ...?"

Das Verweisen von einer Behörde zur anderen setzte Anna nicht mehr in Erstaunen.

Der Vorsitzende der LPG war natürlich nicht zu sprechen.

Aufgeben? Niemals!

Zweiter Versuch, ohne Erfolg!

Beim dritten Anlauf beschloß Anna, so lange im Vorzimmer zu warten, bis man ihr Zutritt und somit das Gespräch gewährte.

Während sie mit der Sekretärin des Vorsitzenden über das Wetter sprach, von den Sorgen der LPG erfuhr und so langsam ein gewisses Vertrauen erwarb, öffnete sich die Tür.

Herr Richter, endlich! Ein noch verhältnismäßig junger Mann, dünn, mittelgroß mit schütterem Haar stand vor Anna. „Einen schlechteren Zeitpunkt hätten Sie sich nicht aussuchen können", begann er das Gespräch und vermittelte einen ziemlich nervösen Eindruck. Schließlich entschloß er sich doch, Anna anzuhören und bot ihr einen Platz an.

„Bei mir sind Sie an der falschen Adresse, junge Frau. Ich weiß nicht, was sich der liebe Herr Förster dabei gedacht hat. Ich habe keine Wohnung für Sie. Meine Wohnungen brauche ich für die LPG-Mitglieder. Sie sind bloß Lehrerin. Tut mir Leid, ich kann Ihnen nicht helfen."

Während dieser Zeit fuhr Anna täglich mit dem Bus aufs Land zum Unterricht und am Nachmittag zurück in die elterliche Wohnung.

Nach Wochen endlich die freudige Mitteilung des Direktors: „Für drei Monate können Sie im Ledigenwohnheim der LPG wohnen, dann sehen wir weiter."

Sollte sie weinen oder lachen: drei Monate und dann?

Anna und Robert bezogen die *Wohnung auf Zeit* – eine Ein-Raum-Wohnung mit winziger Küche und winzigem Bad und hatten endlich ein eigenes Zuhause.

Pünktlich, auf den Tag genau flatterte der Brief des Vorsitzenden der LPG in ihr Leben. Kündigung der Wohnung, die versprochenen drei Monate waren abgelaufen.

Bitten, entnervende Gespräche, Eingaben, Verzweiflung!

Wohin mit ihr und dem Kind?

Zählte in diesem Land, das sich demokratisch und menschenfreundlich nannte, nur die Arbeitskraft?

Wo blieb der Mensch?

Diesmal war das Maß übervoll. Wieder stand Anna vor dem Schulrat und jetzt war auch ihr Vater anwesend. Zwei altgediente Genossen der SED standen sich gegenüber ... und wußten keine Lösung.

Anna war voller Enttäuschung und kündigte ihr Arbeitsverhältnis mit der Volksbildung. Sie, die aus ganzer Liebe zu ihrem Beruf mit Leib und Seele Lehrerin war, wollte diesem Staat nicht länger dienen.

Das ehrliche Bedauern des Herrn Link nützte wenig.

Annas Beispiel war kein Einzelfall für diesen Staat. Nicht lange mehr und das Volk stand auf und schaffte mit friedlichen Mitteln endlich Ordnung.

Karen Kaufmann

Gerhard Kerfin

weitjugend-festspiele in ostberlin (august 1951)

„laßt heiße tage
im sommer sein

im august, im august
blüh'n die rosen"

dieses damals
im august 1951
gern und oft
gesungene lied

umrahmte
die zweiten
Weltfestspiele
der jugend
und Studenten
in ostberlin!

voller
fieberhafter freude
habe ich meine
teilnehmerkarte

von der Kreisleitung
der „freien
deutschen Jugend"
in nauen entgegengenommen

wir wohnten
im nördlich
von berlin gelegenen
„röntgental"

schon am frühen morgen
erhielten wir unsere
„marschverpflegung"

brot, butter
und eine würzige
dauerwurst

das kontingent
an einlaßkarten

für die vielen
Veranstaltungen
war spärlich

angesichts des
aufgebots von
zwei millionen
„fdj-lern"

aufgeteilt
für drei mal zehn
augusttage

und tausenden
von jugendlichen
gästen aus aller welt

ich nutzte
den vorteil:

„schon als sechs-
oder sieben-jähriger
junge"

berlin
kennen gelernt
zu haben

damals fuhr ich
„mit opa rogge"
regelmäßig
in einen zirkus

oder in die
1943 ausgebombte
„deutschlandhalle!"

unterwegs
gab es auf vielen
größeren straßen
und plätzen

heiße, kräftige
Mittagssuppen

beim vorzeigen
einer teilnehmerkarte

ich besuchte
täglich sport-,
musik- oder
tanzveranstaltungen

deutscher
und ausländischer
gruppen

etwa zehn oder
zwölf fdj-ler
hatten ohne
eintrittskarten

den eingang
des damaligen
„walter-ulbricht"
-stadions erreicht!

selbstverständlich
durften wir
minuten später

das stadiontor
passieren und
auf breiten
steintreppen

zwischen voll
besetzten rängen
platz nehmen

„man hatte
trotz der fülle
großzügigkeit
walten lassen"

wir sahen im Vorspiel
die ungarische mannschaft
„fußball-studenten-
weltmeister" werden

mit dem bald
weltbrühmten
innensturm
„kocsis, puskas, hidegkuti!"

dann folgte
das mit noch
größerer Spannung
erwartete spiel:

„ddr gegen
dynamo moskau!"

das mit seinen
berühmten, langen
schwarzen hosen antrat

mit „tiger chomitch"
im tor –

für etwa eine
halbe stunde
sah ich aber auch

meine verehrte
„blonde marlene"
wieder –

sie trug lang
„geflochtene
affenschaukeln"
über beide ohren

hatte zu ihrer
blauen fdj-bluse
und schwarzem
knierock

schneeweiße
kniestrümpfe an!

stolz durfte ich
ihr in einer
überfüllten
gaststätte

eine flasche
brause spendieren!

„marlene" besuchte
seit einem Jahr
das nauener gymnasium

ich selber war etwas
über sechzehn
jahre jung

also ein
jahr älter

trug langes
blondes, leicht
gewelltes haar –

ein leider
zerknittertes foto
aus diesen tagen
existiert noch! –

„doch meiner
blonden marlene"

war kein
langes lebensglück
beschieden:

sie verunglückte
mit ihrem mann,
von dem sie
zwei kinder hatte

auf einer motorradfahrt
zur uni leipzig
tödlich

wo sie beide
auch studiert hatten!

ich erfuhr
diese traurige
nachricht

als ich
nach 18-jähriger
abwesenheit

1974- in der nauener
lindemannsgasse
„bei vater thieme
und tochter inge" weilte

mein freund „rolf"
mußte zu meinem bedauern
an jenem Sonnabend
arbeiten –

natürlich
besuchte ich
auch während der
zehn festspieltage

meine
westberliner
verwandten!

„ich nahm
aus diesem grund
einen hemdenwechsel vor"

unter meinem
blauen
fdj-hemd

trug ich
ein normales
einfarbiges oberhemd

dasselbe
zog ich jetzt
darüber!

„nun glaube niemand,
ich sei damals
ein Opportunist
gewesen!"

weder im norden,
osten, süden
oder westen –

von dem erhaltenen
wertvollen
„silber-westgeld"

kaufte ich mir
sofort eine Schachtel
aromatischer „lucky strike"

und lief
froh gestimmt zum
„potdamer platz"

wo eine
große leinwand
aufgestellt war

„sah einen
spannenden
abenteuerfilm"

in der weiblichen
hauptrolle
spielte wohl
die reizvoll schöne

„mauren o'hara"

ich mußte mich
nicht verstohlen
umsehen –

ich ahnte,
dass auch noch
andere weibliche
oder männliche fdj-ler

sich am
„potsdamer platz"
eingefunden hatten!

wenn ich heute,
generationen später,
an den sommer 1951
zurückdenke

summe oder singe ich
noch immer
mal leiser, mal lauter

das unvergessene lied:

„laßt heiße tage
im sommer sein

im august, im august
blüh'n die rosen"

Alfons Kifmann

Der Aufschwung

Schöndorf, im Jahr 1955. Es geht voran, mit Riesenschritten. Vor allem auf dem Bau. Überall wird neu-, aus- und umgebaut. Auch die Feuerwehr hat viel zu tun, denn erstaunlich viele Wohngebäude brennen ab und werden schnell viel großzügiger, aber nicht immer schöner wieder aufgebaut. Die zwei örtlichen Bauunternehmen stellen ständig Maurer und Hilfsarbeiter ein, der Bauschreiner weiß kaum noch, wie er seinen Bedarf an Arbeitern und Holz decken kann und der größte Arbeitgeber am Ort, die Spanplattenfabrik, expandiert unablässig. Weitere Grundstücke werden angemietet, um die Stämme zwischen zu lagern, die dann zerkleinert und schließlich mit Zement zu grauen dünnen Platten verpresst werden. Immerhin, die Hochkonjunktur, der Arbeitskräftemangel und die mittlerweile auch in Schöndorf tätig gewordene Gewerkschaft Holz und Papier hatten inzwischen sogar Duschen eingeführt; die Männer kamen nicht länger mit grauen, sondern mit feuchtem Haar nach Hause oder direkt in die Wirtschaft, um den zähen Staub von den Lippen zu spülen.

Auch bei uns wird gebaut. Wir fünf Kifmanns wohnen in drei kleinen Zimmern, auf fünfzig Quadratmetern, aber mit eigenem Spülklosett, zusammen. Nach Omas Tod ist ihr Zimmer für Bruder Wolfgang und mich frei geworden, und meine 13-jährige Stiefschwester hat ihr Bett inzwischen im Wohnzimmer aufgeschlagen. Das Idyll täuscht jedoch, denn der Hausherr hat sich entschlossen, das kleine Austragshäuschen, in dem wir seit zehn Jahren im Kniestock-Obergeschoss wohnten, auszubauen, indem er kurzerhand das Fenster im Schlafzimmer meiner Eltern zumauerte. Dieser Rigorismus hat durchaus System, denn die Zirnsacks möchten ihre Ober- bzw. Untermieter gern loswerden. Proteste helfen da nicht. Mutter resigniert bereits nach einigen Wochen Schikane: „Wir müssen da schnell raus." Zumal der Haussegen bei uns längst schief hängt. Wir Kinder spüren dies daran, daß immer öfter Porzellan zerbricht. Die Eltern streiten sich oft, Mutter weint viel, und Vater kommt immer seltener, aber immer öfter betrunken heim.

Vater gehört zu den Verlierern dieser Aufbaujahre, in denen in Schöndorf und überall im Lande die Zeichen auf Erfolg, und das heißt vor allem auf Wohlstand, stehen. Er ist beim zweiten Versuch, sich mit einem kleinen Elektrohandel- und Reparaturgeschäft in Schondorf selbständig zu machen, gescheitert, auch daran, daß er oft unterlassen oder vergessen hat, sofort zu kassieren oder Rechnungen zu schreiben und dann auch einzutreiben. Der Großhändler, der ihn schließlich in den Bankrott trieb, stellte ihn großzügigerweise als freien Handelsvertreter wieder ein; Vater sollte in den Flüchtlingslagern überall in Oberbayern, wo der Unternehmer Münz-Radiogeräte zur Miete oder auf Abzahlung aufgestellt hatte, das Geld eintreiben oder anderenfalls die Geräte wieder konfiszieren. Er schaffte diese knallharten Geschäftsmethoden psychisch nicht, er konnte sie einfach nicht verarbeiten, er war zu „weich", und wir Kinder, die wir ihn manchmal im kleinen Lloyd Kombi zu den Barackensiedlungen von Geretsried, Neugablonz oder Peißenberg begleiteten, begriffen auch, warum: er war im Grunde einer von ihnen, von denen ganz unten, er solidarisierte sich eher mit den Verlierern, als mit den Cleveren. Jetzt hatte Vater einen Job als Arbeiter im Apparate-Werk Bayern im 60 Kilometer entfernten Dachau gefunden, für 330 Mark im Monat. Während der Woche blieb er dort, wohnte in einem Zweibettzimmer in einer Wohnbaracke. Und wir Kinder warteten am Freitagabend auf den letzten Zug, mit dem er wieder nach Hause kam.

Nach Hause? Aber was war das, zu Hause? Die enge Mietwohnung mit dem zugemauerten Schlafzimmerfenster? Der ständige Streit mit den Vermietern, die willkürlich und von einem Tag auf den anderen die Miete von 30 auf 50 Mark hinaufsetzten? Die Waschküche im feuchten Keller, die von der Hausfrau ständig versperrt wurde, um Mutter zu ärgern? Mutter litt unter diesem „Zuhause", nicht nur für sich. Mutter schämte sich auch, nicht nur für sich. Und Mutter mußte hart arbeiten, um uns Kinder buchstäblich zu ernähren. Mutter arbeitete überall im Dorf als Putzfrau, oft in drei Häusern am Tag hintereinander. Zuerst für 80 Pfennig, dann für eine Mark die Stunde. Wir Kinder begleiteten sie oft dabei. Mit meinem kleinen Bruder an der Hand lief ich oft durchs halbe Dorf, im Sommer über staubige Straßen, im Winter durch Schnee und Matsch, um Mutter bei der Arbeit zu besuchen. Wir kamen dabei in prächtige Villen mit Holz- und Stuckdecken, mit lichten Erkern, großen Balkonen und handgeschnitzten Treppengeländern, mit großen Gemälden und stilvollen Möbeln. Nicht überall waren wir willkommen, wir Kinder spürten das, so wie Katzen fühlen, ob sie geliebt oder nur geduldet sind. Aber manchmal bekamen wir auch ein Stück Kuchen oder Bonbons geschenkt. Mutter ermahnte uns ständig, nur nicht zu betteln, denn das hätten wir wahrhaftig nicht nötig. Natürlich wußten wir, daß diese andere, wohlhabende Welt, in die wir wie Zaungäste hineinsehen durften, nicht die unsere war, und doch akzeptierten wir Kinder sie auch gerne als einen Teil unserer kleinen Schöndorfer Welt. Irgendwie waren wir sogar stolz darauf, in der Nähe dieser kleinen, feinen Welt zu leben, scheinbar daran teilhaben zu dürfen. Wenn Mutter auch nur Putzfrau, Dienstbotin war, wurde sie von den meisten doch geachtet. Mutter jedoch, die jüngste Tochter des ehrengeachteten Schmieds und Bürgermeisters von Bentraching, schämte sich über ihre Rolle. Sie schämte sich nicht für sich, sondern für uns. Wir Kinder konnten es fühlen.

Dörfler und Stoderer

Daß die Welt hinter den Dorfgemarkungen von Schöndorf, Aching, Bentraching und Itting noch nicht zu Ende ist, daß es noch viel größere Orte, so genannte Städte dahinter gab, war mir zunächst nur vom Hörensagen bekannt. Erst als ich sechs Jahre war, fuhren Mutter und ich zum ersten Mal in diese unbekannte Welt, in die Stadt. Die Stadt heißt Landsberg am Lech und ist unsere Kreisstadt. Von Schöndorf nach Landsberg konnte man auf zwei Straßen gelangen: Auf der Kreisstraße sind es 19 Kilometer, über die Bundesstraße waren es 20 Kilometer, aber die Bundesstraße war damals keineswegs breiter oder weniger kurvenreich als die Kreisstraße. Mit dem Postbus, der einmal täglich um halb sieben über die Bundesstraße in die Kreisstadt fuhr, war auch diese Strecke schon eine längere Reise. Eine gute Stunde war man über alle Dörfer unterwegs. Und zwischen Schöndorf und Landsberg lagen viele Dörfer, die ich zum ersten Mal sah: Greifenberg und Neugreifenberg, Windach und Schöffelding, Stillern, Schwifting und Penzing. Und überall hielt der alte, vergilbte Postbus mit dem Gepäckträger auf dem Dach, auf das der Fahrer jedes Mal über eine Leiter klettern mußte, um Koffer oder Hasenkäfige zu verstauen und wieder herunterzuholen. Und überall stiegen Frauen, Männer und Kinder zu, die mit uns in die Stadt fuhren, um Behördengänge zu erledigen, in die Schule zu fahren oder einzukaufen.

Wir fuhren aus einem eher traurigen Anlaß in die Stadt; Mutter wollte für eine Beerdigung in der Verwandtschaft einen schwarzen Hut kaufen, und Hüte für alle Anlässe und modischen Attitüden gab es nur in einem kleinen Laden in der Altstadt. Ich kam aus dem Staunen nicht mehr heraus, als wir, am prächtigen Bayertor vorbei, die steile Straße hinunter in die Stadt fuhren. Zunächst über die Dächer und Türme der Altstadt, dann hinunter durch das Schmalztor hindurch auf den schönen Marktplatz, wo die hohen Häuser ganz dicht gedrängt standen, wo so viele Menschen geschäftig hin und her liefen, denn in jedem Haus war ein Geschäft, und wo in der Mitte ein Brunnen mit einer vergoldeten Statue stand. Wir waren im Herzen von Landsberg, einer im besten Sinne schönen alten Stadt. Dort hielt der Bus, und wir stiegen aus, um noch mehr von dieser Stadt zu entdecken.

Sie war für mich voller Überraschungen, wie ein lebendiges, aufgeschlagenes Geschichtsbuch. Häuser, so groß, wie ich sie bisher nicht kannte, mit Figuren und Gemälden an den Fassaden, Architektur, so vielfältig, wie ich sie noch nicht gesehen hatte – und die Straßen, sie waren ausnahmslos gepflastert – bei uns in Schöndorf waren nur die Durchgangsstraßen geteert, was uns barfuß laufenden Kindern im Sommer stets schwarze Füße bescherte. Kirchen waren da, groß und mächtig, in der die Menschen darin ganz klein wurden, und vor allem: Schaufenster von Geschäften, die es in Schöndorf nicht gab, mit Büchern, Kleidern, Spielwaren, Geräten aller Art, Pelzen, Möbeln, Schreibwaren, und Hüten. Mutter suchte sich im Hutladen am Unteranger ein Modell mit schwarzem Schleier aus, und wir bummelten weiter durch die engen Gassen der Stadt, hinunter zum Lech mit seinem Stauwehr, über das die grünen Wassermassen mit Getöse stürzen, vorbei an einem Eisstand, bei dem ich, ohne zu betteln, eine Kugel Schokoladeneis geschenkt bekam, und wieder zurück zum schönen Marktplatz.

Dort, vor allem dort, fiel mir auch auf, daß die Menschen in der Stadt anders waren, zumindest äußerlich: Sie waren anders gekleidet als die Menschen in Schöndorf, mit Sachen, ich kann es nicht anders beschreiben, die nicht selbst gemacht waren, wie bei Mutter und mir, sondern gekauft in den schönen Geschäften mit den großen Schaufenstern am schönen Marktplatz. Auch, und vielleicht auch dadurch, wirkten die Stadtmenschen von Landsberg auf mich viel selbstbewußter, stolzer, als wir vom Dorf, die man irgendwie sogleich als „die Dörfler" erkannte, was nicht allein für uns galt, wie ich auch bemerkte.

Im „Mohren", wo eine Bekannte von Mutter bediente, gab es noch, um die Wartezeit bis zur Rückfahrt am Mittag zu verkürzen, einen Teller Leberknödelsuppe für 45 Pfennig. Nie zuvor war ich mit Mutter in einer Wirtschaft, und es machte mich stolz. Und obwohl mich die Stadt nicht nur beeindruckte, sondern mich zugleich auch mit ihrer mächtig-muffigen Erscheinung bedrückte, wünschte ich mir, mit Mutter bald einmal wieder hier zu sein. Der Wunsch wurde mir bald erfüllt, allerdings aus einem weniger erfreulichen Anlaß, denn schon ein halbes Jahr später lernte ich in Landsberg ein wirklich muffiges Gebäude von innen kennen, das Kreiskrankenhaus, wo mir ambulant die Nasenpolypen entfernt wurden.

Neun Jahre war ich schon, als ich, mit Herzklopfen, die große Reise in eine ganz andere Wirklichkeit antrat: nach München, die – aus unserer engen Schöndorfer Sicht der Welt – sagenumwobene und gewaltige bayerische Landeshaupt- und Residenzstadt. Das 800-jährige Gründungsfest der großen Stadt, die, wie wir täglich vom bayerischen Rundfunk hörten, sehnsüchtig auf ihren Millionsten Einwohner wartete, stand bevor. Und der Oberbürgermeister, ein populärer Mann namens Thomas Wimmer, ein Sozi, dem man diesen, aus Sicht konservativer Kreise – Geburtsfehler – nicht übel nahm, hatte seine Mitbürger erneut zur „Rammadamma"-Aktion gebeten: München sollte, zumindest in der Innenstadt, vom letzten Kriegsschutt befreit werden. Daß dies nötig war, sollte ich bald erfahren. Wir hatten Verwandte in der großen Stadt, die Familie Steinmetz, und vor allem Tante Friedl, eine universell gebildete, auch kunsthandwerklich begabte Dame, die uns in Schöndorf schon öfter besucht hatte, und die mich eingeladen hatte.

Mit zehn Mark Taschengeld setzte mich Mutter in den Postbus, um in den Sommerferien eine Woche Weltstadtluft zu schnuppern. Der Weg, zwei Stunden lang für 50 Kilometer, war fast schon das Ziel, denn allein die acht Kilometer vom westlichen Vorort Pasing in die Stadtmitte waren ein lebendiges Stück Unterricht in

Geschichte, Architektur und Lebensstil. Ich sah große Gebäude mit dem Schriftzug „Restaurant", ein Name, der mir von Schöndorf als elitäres Gasthaus für Wohlhabende bekannt war, und wunderte mich, daß es solche Einrichtungen auch außerhalb Schöndorfs gab – sie mußten wohl exportiert oder abgekupfert sein. Und ich sah viele große Häuser, die nur als Fassade standen, zerstört, „ausgebombt", wie mir eine mitreisende Dame auf meine erstaunte Frage antwortete. Und je näher wir ins Zentrum der Stadt kamen, desto mehr solcher Ruinen sah ich, auf denen man noch Schriftzüge wie „Kürschnerei", „Möbelhandel" oder „Persil wäscht rein" erkennen konnte.

Das also war München, die bayerische Metropole, ein Ort der Zerstörung? Am Busbahnhof in der Elisenstraße, unweit des Hauptbahnhofs, der Endstation eines Horrortrips durch die jüngere Geschichte des Landes, das ich noch nicht kannte, wurde ich von Tante Friedl, einer Freundin meiner verstorbenen Oma, erwartet. Sie war eine freundliche, herzliche und dennoch sehr fremde Frau für mich. Sie sprach so eigenartig, einen Dialekt aus einer anderen bayerischen Sprache, die irgendwie gepflegter klang als unser Ammerseer Land-Mischdialekt aus Bayerisch und Schwäbisch, durchsetzt mit vielen Fremdwörtern, die ich noch nie gehört hatte: Am „Alten Botanischen Garten" waren wir also jetzt. „Botanisch" – was war das? Und der große Neptun-Brunnen stand hier, spuckte aus vielen Öffnungen sein Wasser aus. Die Laokoon-Gruppe wurde mir von Tante Friedl erklärt. Neptun? Laokoon? Fabelwesen, auch, wenn die freundliche Tante sich alle Mühe gab, sie mir zu erklären: Auf merkwürdige Weise blieben sie mir doch fremd, weil ich überwältigt war von all den neuen Eindrücken. Dann fuhren wir mit der Trambahn vom Stachus zum Goetheplatz. Trambahn? Stachus? Goetheplatz? Hätte ich schon etwas von böhmischen Dörfern gewußt – ich wäre buchstäblich im Böhmerwald verloren gewesen. Vor lauter Staunen war sogar meine natürliche Neugier wie gelähmt; München, die große, zerstörte und doch so lebendige Stadt hatte mich völlig umfangen, umschlungen.

Vom Goetheplatz waren es nur noch hundert Meter in die Waltherstraße, wo die Steinmetzens in einem der wenigen unzerstörten Häuser zur Miete wohnten, weil ihr eigenes Haus gleich nebenan, in der Ringseisstraße, noch nicht wieder aufgebaut worden war. Sie waren Kunsthandwerker, Metalldrücker und Ziseleure in der dritten Generation, gebildet, freundlich und doch distanziert, und jedes Familienmitglied arbeitete nach Kräften und Neigungen mit, um wiederaufzubauen, was zerstört, verloren war: Onkel Karl war Meister und quasi technischer Geschäftsführer, sein Bruder Fritz kümmerte sich um das Kaufmännische. Die Schwestern Dora und Friedl erledigten die Buchhaltung, beziehungsweise die „Gestaltungsabteilung", denn Friedl war auch Kunstmalerin und beriet die Kunden bei der Gestaltung von Pokalen und Schmucktellern. Außerdem arbeitete sie, wann immer Not an der Frau war, an den Stanzen und Metallpressen mit. Karls Frau Hilde schwebte sozusagen als Sozialabteilung über den sechs Mitarbeitern, indem sie am Vormittag die Brotzeiten besorgte und mittags für alle kochte. In der kleinen Firma herrschte ein nicht nur familiäres, sondern sogar freundschaftlich-verständnisvolles Einvernehmen. Man verstand sich als Schicksalsgemeinschaft aus schwerer Zeit, wiewohl die Aufbruchstimmung unverkennbar war. Für einen Gast wie mich, der durchaus mit anpacken durfte, fertig bearbeitete Messinghülsen für medizinische Geräte in Kartons einpacken und abzählen konnte, war dieser Stolz an der gemeinsamen Arbeit sofort spürbar, und ich liebte auch den Werkstattgeruch, konnte bald Kupfer, Messing und Weißblech mit der Nase blind unterscheiden.

Der großstädtisch-bürgerliche Lebensstil der Steinmetz-Familie war für mich als Bub vom Land so fremdartig wie nachahmenswert: Im Wohnzimmer, ebenso wie im Gästezimmer, in dem ich schlief, waren Regale angefüllt mit Büchern, und zwar nach einer strengen Ordnung mit den Abteilungen deutsche Schriftsteller – Unterabteilungen Goethe, Schiller, Lessing und Hölderlin – französische und englische Literatur, Belletristik, Sprachen, Reisen und

Naturwissenschaften. Tante Dora spielte jeden Abend Klavier-Etüden und besaß zudem – für mich eine unerhörte Neuheit – ein Grammophon mit einer Sammlung von Schallplatten, die sie teilweise über den Krieg hinweg gerettet hatte. Klassische Musik von Bach, Bruckner, Haydn Mozart und Schumann war dabei ebenso wie die Walzerkönige Johann Strauß und Richard Strauß, den sie noch persönlich gekannt hatte.

Tante Hilde knüpfte Wandteppiche mit biblischen Motiven zur Ausschmückung der gerade wieder aufgebauten Matthäuskirche am Sendlinger Torplatz und Friedels Steckenpferd waren, neben der neugriechischen Sprache, in der sie auch mit einer Freundin in Athen korrespondierte, das Kunsthandwerk, mit der Spezialität der Ausstattung von Kasperln und anderen Figuren für das Marionettentheater.

Am aufregendsten waren jedoch die Stadtbummel mit Tante Friedl. Keine Kirche, kein Museum ließ meine Stadtführerin aus, wobei es mich, trotz müder Beine und totaler Reizüberflutung, auf eigenes Bitten und Drängen immer wieder ins Deutsche Museum, vor allem wegen des Kohlebergwerkes, der Flugzeuge und Schiffe, und ins Bayerische Nationalmuseum, wegen der Ritterrüstungen und der vielen Kripperl, hinzog. Und dann die Schlösser, die Residenz und Schloss Nymphenburg mit seinem Park und den fünf kleinen, verwunschen-schönen Schlössern und Burgen darin – so stellte ich mir das Paradies vor, und am liebsten wäre ich gleich dort geblieben, hätte die Eisversorgung auch dort so lückenlos geklappt wie in der Stadt, wo an jeder Ecke ein Verkäufer lockte.

Heiß ersehnte Höhepunkte jedes München-Besuches waren jedoch die Aufführungen des Marionettentheaters. Nur dank der besonderen Beziehungen von Tante Friedl zum Direktor dieser traditionsreichen Kleinkunstanstalt, zu deren ehrenamtlichen Mitarbeitern sie auch gehörte, erhielten wir zu den stets ausverkauften Auftritten von Kasperl Larifari, Teufel Luziphisto, seinem Krokodil Schlawuzi, dem Mutterl, dem Greterl, dem Räuber Hias, dem Schandi Poldi und dem schlauen Kater Peter auch Einlass, und das sogar ganz vorne vor der kleinen Bühne, wo wir Kinder begeistert auf jeden Aufruf des Kasperls warteten: „Kinder, seid ihr alle da?", und „soll ich jetzt die Pretsch'n (den Knüppel)) herausholen?". Mehr Zustimmung und Beifall erhielt kaum jemals ein Solist der Bayerischen Staatsoper, nur vielleicht später ein gewisser Gerd Müller beim Torschuß im Olympiastadion.

Margret König

Ich habe es erlebt: Eine Fluchtgeschichte.

„Der erste Schluck Bier ist doch immer der beste! Aah!" Karel lehnte sich in seinem Stuhl zurück und wischte sich den Schaum vom Mund, „noch dazu, wenn es Pilsener ist", dachte er. Die Bierstube hatte sich seit seinem letzten Besuch vor drei Jahren nicht verändert. Nach dem Herzinfarkt reiste er nicht mehr allein und mit dem Auto schon gar nicht. So wartete er jetzt auf seine Töchter Hana und Eva, die sich bei der Autofahrt quer durch Deutschland bis in die Tschechische Republik am Steuer abgelöst hatten. Ein Stau nach dem anderen hatte ihn als Mitfahrer genervt. Seine Töchter sahen diesen Zustand offenbar als normal an, lachten und machten sich Reime auf das eine oder andere Autokennzeichen. Ausnahmsweise stritten sie mal nicht!

An der Grenze lief die Abfertigung zügig, sicher auch wegen Karels freundlicher tschechischer Worte. Er mußte an die erste Rückkehr nach seiner Flucht 1968 denken. Daß die tschechische Polizei ihm damals nicht das Auto völlig auseinander nahm, wunderte ihn immer noch; seine Nervosität konnte man jedoch nicht übersehen. Trotzdem besuchte er, der Emigrant, inzwischen amnestiert und im Besitz der deutschen Staatsangehörigkeit, fast jedes Jahr die alte Heimat. Seine Frau lehnte eine Reise nach Böhmen bis heute ab; sie wolle sich nicht „zerreißen" lassen, meinte sie, und er konnte sie gut verstehen. Für ihn war diese Heimreise schon zu einer Art Sucht geworden.

Auf der Weiterfahrt durch die grüne tschechische Landschaft erzählte er seinen Töchtern von den früheren Schikanen an der Grenze. „Und erinnert ihr euch, was ich von meinem ersten Besuch mitbrachte?"

„Ach ja, das blaue Geschirr von Großmutter." Hana hatte nicht vergessen, wie sie zu Hause Stück für Stück des kostbaren kobaltblauen Geschirrs mit dem breiten Goldrand auspackten: Für zwölf

Personen stapelte es sich auf dem Eßtisch. Es wurde nur zu Weihnachten benutzt, denn es mußte von Hand gespült werden. Aber seit Karel und seine Frau allein lebten und Weihnachten bei einer der Töchter und den Großkindern verbrachten, stand es in der Vitrine, wie in einem Schaufenster. „Damals auf der Rückfahrt schwitzte ich noch mehr", fuhr Karel jetzt fort. „die tschechischen Zöllner – wohlgemerkt – fragten, ob ich etwas zu verzollen hätte. Wieso, wunderte ich mich, soll man auszuführende Waren verzollen? Gesetz ist Gesetz! Na gut. Ich zeigte ihnen eine große Vase aus böhmischem Kristallglas und eine Kuchenplatte, beides Geschenke von Freunden, und sie verlangten zweihundert Kronen dafür, die ich zögernd bezahlte. So konnte ich mit meinem geschmuggelten Familienschatz die Grenze passieren. Auf dem nächsten Parkplatz mußte ich mich erst einmal erholen", lachte er jetzt. Damals war ihm allerdings überhaupt nicht nach Lachen zumute, sein Blutdruck schien auf mindestens 200 geklettert zu sein.

Bei seinem ersten Besuch nach der „Samtenen Revolution" begleitete ihn Hana, seine ältere Tochter. Sie trafen seinen Onkel Jan in Pilsen zum letzten Mal; ein Jahr später starb er. Zuvor war von ihm aber ein Antrag auf „Restitution" des Familienbesitzes – eine Villa in Pilsen und ein Schloß in einem südböhmischen Dorf – gestellt worden. Die Früchte seiner Bemühungen fielen ihnen, Karel oder seinen Töchtern, zu. Sie waren die Erben.

Über das Hotel, früher eines der renommiertesten in Pilsen, rümpften seine Töchter die Nase: „Verkommen", sagte Eva, die schon immer die Meckerliese der Familie war, „brauner Teppich, braune Vorhänge, billige Plastikmöbel, fleckige Sofabezüge ..." „Na, aber die Treppe!", warf Karel ein, „habt ihr die Treppe gesehen? Reinster Jugendstil! Und diese Spiegel!" Nein, die beiden wollten wohl ihre hübschen Beine schonen und hatten lieber den Fahrstuhl benutzt. Sie hätten sowieso über den zerschlissenen Teppich auf der Treppe gelästert, dachte er, sagte aber schmunzelnd: „Aber der Blick in den Park auf die blühenden Kastanien hat euch vielleicht etwas entschädigt."

Inzwischen saßen sie zu dritt an einem großen runden Tisch, Vater übersetzte die Speisekarte und bei der Bestellung mußten sie feststellen, daß jedes zweite Gericht „nemáme" hieß, das bedeutete so viel wie „gibt es nicht mehr". Abends wird in Böhmen nicht gegessen. Nach dem zweiten Bier, war es ihnen sowieso egal, was sie aßen. Hana und Eva wetteiferten miteinander um ihren tschechischen Wortschatz. Obwohl Eva, die Jüngere, nie eine tschechische Schule besuchte, kannte sie viel mehr Worte und Redewendungen aus den Gesprächen der Eltern als ihre Schwester.

„Könnt ihr euch eigentlich an irgendetwas von damals erinnern?", wollte Karel jetzt wissen. Beide schüttelten den Kopf, auch Hana, auf der Flucht immerhin schon siebenjährig, hatte keine Erinnerung. Doch, von ihrem früheren Haus träume sie öfter, gab sie zu. „Es steht nicht mehr, mußte einer Straße weichen", sagte der Vater und dachte: „Sie hat mehr gelitten, als wir vermuteten, alles verdrängt."

„Ich finde es so traurig, daß wir von Onkel Jans Tod, geschweige denn seiner Krankheit nichts wußten", wechselte Hana abrupt das Thema, „im letzten Sommer war die ganze Familie nicht erreichbar, ein Grab gibt es auch nicht, schrieben die Freunde." „Um zehn ist der Termin beim Notar", lenkte der Vater ab und erhob sich, „also nicht verschlafen." Aber Hana ließ nicht locker: „Papa, warum ist Onkel Jan nicht mit uns in den Westen gegangen? Ihn hielten hier doch keine Verwandten, und so alt war er ja auch nicht, zehn Jahre älter, als du, nech?"

„Ja, ein Nachkömmling in der Familie." Und nach einer Weile: „Ich glaube er war ‚fluchtgeschädigt'."

„Wieso das denn?", kam es von den Töchtern wie aus einem Mund. Karel hätte sich eine andere Atmosphäre für die Geschichte gewünscht, nicht so laut und rauchig! Er bestellte Becherovka und Eva Zigaretten, sonst könne man es hier nicht aushalten, meinte sie, "und nun erzähl schon."

„Ich weiß nicht, ob wir euch erzählt haben", begann der Vater „daß Onkel Jan während des Krieges in Amerika lebte. Erst mit der amerikanischen Armee kehrte er nach Pilsen zurück. Einige Zeit später ließ er seine amerikanische Frau, übrigens mit tschechischem Background, nachkommen. Zwei Jahre lang lebten sie hier. Als es 1948 zum kommunistischen Umsturz kam, konnte Tante Elsa, die Amerikanerin, problemlos ausreisen, Onkel Jan nicht. Sie verabredeten, daß er sobald wie möglich versuchen würde, über die Grenze nach Westen zu gelangen. Das hatte er sich allerdings zu einfach vorgestellt: Ohne Paß, die Grenze praktisch undurchlässig. Man lebte wie im Gefängnis."

„Ja und?", motivierte ihn Hana fortzufahren.

„Ihr wißt ja, daß ich hier in Pilsen studierte. Während der Zeit wohnte ich bei Karel in der Familienvilla. Im Spätsommer 1951 erzählte er mir, daß er einen zuverlässigen Mann kennen gelernt hätte, der ihn gegen eine entsprechende Summe über die Grenze nach Westdeutschland bringen würde. Er wüsste einen absolut sicheren Weg. Pilcik, so hieß der Mann, hätte schon mehreren seiner Bekannten zur Flucht verholfen. Mir gefiel das Ganze überhaupt nicht. Ich stand kurz vorm Abschluß meines Studiums und fürchtete, als Mitwisser von der Universität zu fliegen. Aber wie hätte ich ihn hindern können?

Also verabschiedeten wir uns an einem Sonntagabend, am nächsten Morgen traf ich Jan kaffeetrinkend in der Küche. Sein Kopf hing fast in der Tasse vor lauter Enttäuschung. Auf meinen erstaunten Blick erzählte er, daß etwas mit der Organisation nicht geklappt hätte, mehr erfuhr ich nicht. Er würde es noch mal versuchen. Sein Gepäck blieb bei Pilcik. Diese nervenaufreibende Prozedur wiederholte sich dreizehnmal. Abends Abschied, morgens ein frustriertes „Guten Morgen". Mein Verdacht, daß an dem Unternehmen etwas faul sein könnte, wollte Jan nicht wahrhaben.

Karel hielt inne und wischte sich den Schweiß von der Stirn. „Regt es dich auf?", Hana legte ihm die Hand auf den Unterarm, er schüttelte den Kopf und fuhr fort:

„Das Semester begann mit einem Praktikum im gerichtmedizinischen Institut. Ein Kommilitone, der hier als Hilfsassistent arbeitete, begrüßte mich mit den Worten: ‚Heute gibt es einen besonderen Leckerbissen, einen Selbstmörder, am Tag vorher erst ins

Gefängnis eingeliefert. In seiner Wohnung hat man massenhaft Schmuck und Geld – auch Devisen – gefunden und im Garten mehrere Leichen. Die Polizei geht davon aus, daß es sich um einen üblen ‚Grenzgänger' handelte, der die Leute umbrachte, statt sie ‚nach drüben' zu schleusen.

Das war Pilcik! Ganz klar! Mir wurde schwindelig! Was jetzt? Ich fuhr nach Hause, rief Jan an und bat ihn, sofort zu kommen. Sobald sein Gepäck identifiziert wäre, konnte es nur eine Frage von Stunden sein, daß er verhaftet würde. Da er jetzt vom Tod des Pilcik wußte, was der Polizei nicht bekannt war, konnte er sich auf das Verhör vorbereiten und behaupten, daß ihm der Mann völlig unbekannt sei. Wie sein Koffer in dessen Besitz kommen konnte, vermöchte er nicht zu erklären. Eine Konfrontation mit dem Mörder war ja nicht mehr möglich. Dieser Tatsache hatte es Jan zu verdanken, daß seine Strafe vergleichsweise milde ausfiel. Er wurde zu einem Jahr Gefängnis verurteilt und sogar vorzeitig entlassen."

„Warum hast du nie darüber gesprochen?", unterbrach ihn Eva. „Ach, weißt du", entgegnete der Vater nach einigem Zögern „eigentlich habe ich nie gewußt, was euch wirklich interessiert. Vielleicht braucht man auch eine gewisse Lebenserfahrung, um manche Geschichten wirklich zu verstehen. Aber ich bin noch nicht am Ende."

Nach einer Weile fuhr er fort: „Nach seiner Entlassung schilderte Jan mir die Methoden des Verhörs bei der Geheimpolizei. Sie erklärten, daß sie alles über ihn wüßten, mit wem er sich wo träfe, wer ihn an welchem Tag besucht hätte usw. Von seinen Pilcik-Kontakten schienen sie aber nichts zu wissen. Verunsichert wurde er allerdings, als man ihm Fakten vorhielt, die sie nur von seinen besten Freunden wissen konnten. Zum Beispiel welche politischen Witze er bei der letzten Silvester-Feier bei Dr. Kratochvíl zum Besten gegeben hatte.

Mit dieser Methode wollte man den Verhafteten demonstrieren, daß es zwecklos sei, irgendetwas zu verschweigen, im Gegenteil sei es von Vorteil, die Karten auf den Tisch zu legen. Sie verdächtigten Jan, ein westlicher Spion zu sein, was natürlich nicht stimmte.

Wundern kann man sich über ihre Vermutung nicht: Jan sprach fließend Englisch und Deutsch, hatte Amerika Kontakte und stammte aus einer Bourgeois-Familie.

Wißt ihr, was ich bis heute nicht begreife? Wieso er die „Fluchtversuche" überlebte, während viele andere ermordet wurden. Glücklicherweise hat dieses Abenteuer meinem Studium nicht geschadet."

„Was ist eigentlich aus der amerikanischen Tante geworden?", fragte Eva. „Sie starb in den sechziger Jahren."

Die Formalitäten beim Notar am nächsten Tag verliefen unproblematisch. Karel verzichtete zugunsten seiner Töchter auf das Erbe. So sahen sich Hana und Eva plötzlich als Eigentümerinnen einer Villa in Pilsen, die vermietet war, und eines nicht bewohnten Schlosses in Südböhmen. Der Notar überreichte ihnen die Schlüssel und die beiden beschlossen, sofort loszufahren. „Ohne mich", winkte der Vater ab „Hana kennt ja den Weg. Ich werde meine Freunde besuchen, ahoi."

Sie fuhren die Landstraße nach Süden, und Hana war froh, daß die Sonne schien und hoffte, ihre Schwester würde von dieser Gegend genauso fasziniert sein wie sie. Rapsfelder, so weit das Auge reichte, leuchteten wie Gold in der Morgensonne, dazwischen die kleinen Wälder in hell- und dunkelgrün. Viele Teiche wirkten wie die Augen der Landschaft. „Schön", sagte Eva, „aber lassen wir uns nicht täuschen: alles Monokultur!"

„Ja," nickte Hana, „Genossenschaften! Auch unsere Felder sind an sie verpachtet."

Hana fand das Dorf auf Anhieb. Sie war damals mit dem Vater und Onkel Jan hier gewesen. Als sie unter den großen, blühenden Kastanienbäumen mitten im Dorf anhielten, standen sie schon vor den Außenmauern des Schlosses. Ein so kleines Dorf und so dominiert vom Schloß! Bienengesumm in den Zweigen empfing sie wie ein Willkommensgruß.

Durch einen Torbogen, über dem sich ein Turm erhob und auf dem man ein verwittertes Wappen ausmachen konnte, betraten sie den Hof. „Eigentlich ist die Anlage ein Vierkanthof mit einem Herrenhaus", meinte Hana. Doch Eva hatte es schon die Sprache verschlagen, als sie die Gebäude sah. Die ehemaligen Ställe und Scheunen hatten entweder gar kein Dach mehr oder die Löcher waren so groß, daß Birken herauswuchsen. Seitenmauern fehlten zum Teil völlig, Scheunentore hingen schief in den Angeln, unter einem Vordach rosteten landwirtschaftliche Geräte. Wo das Hofpflaster abgesackt war, hatten sich schwarze Wassertümpel gebildet. „Man kann es nicht glauben, aber der ganze Komplex steht unter Denkmalschutz", schüttelte Hana den Kopf. An der linken Hofseite zog sich ein niedriger Bau hin, Fensterhöhlen gafften auf den Hof, und man konnte sehr gut die Dicke der Wände erkennen. „Bestimmt ein Meter", fand Eva wieder Worte. „Ja, dieser Trakt ist der älteste Teil der Anlage. Früher verlief hier eine Grenze und so entstand hier zuerst eine burgähnliche Befestigung."

„Woher weißt du das alles?" fragte Eva.

„Es gibt eine sehr gute Chronik über den Ort, ich habe sie mir übersetzen lassen."

Dann fiel ihr Blick auf das Haupthaus. Hinter den hohen Bäumen war es kaum wahrzunehmen, nur das Dach leuchtete hellrot, es schien renoviert worden zu sein. Ein rostiges Tor öffnete ihnen den Weg in den Vorgarten, sie kämpften sich durch hohes Gras und Brennnesseln zur Haustür. Offensichtlich war das Schloß nicht ganz so demoliert wie der übrige Teil. Immerhin hatte es jahrelang als Archiv für das Technische Museum in Prag gedient.

„Diese Stille hier", flüsterte Eva, „unheimlich, wie auf einem Friedhof. Die dicken Außenmauern scheinen alle Geräusche abzuhalten."

„Und wenn du erst nach oben kommst ..." Diesen Ausblick nahm Hana bei ihrem ersten Besuch mit in ihre Träume nach Hause. Aber sie wußte, daß ihre Schwester für solche Nutzlosigkeiten keine Antenne hatte.

Dann durchstöberten sie den unteren Trakt des Schlosses, vielleicht befand sich hier ein Jagdzimmer, dort das Eßzimmer mit der Durchreiche zur Küche und da – im nächsten Zimmer mußten sie über Mörtel und Balken steigen, die Wand war heruntergebrochen. Über die rückwärtigen Zimmer erreichten sie wieder den Eingangsbereich, von dem eine breite Steintreppe nach oben führte.

Und hier öffnete Hana die Tür zu „ihrem Salon": Die Holztäfelung war ziemlich gut erhalten, ebenso der Kamin mit dem Wappen darüber. Sie ging zum Fenster, und als sie es öffnete, schien sogar Eva beeindruckt. Vor diesem Fenster standen keine Bäume, und sobald man über die Baufälligkeit im Hof hinwegsah, genoß man die Aussicht auf Felder, Wege, Hecken, blauen Himmel bis weithin zum nächsten Dorf. „Gehört das uns?", wollte Eva wissen und stützte sich auf die Fensterbank.

„Nein, unsere Felder liegen auf der anderen Seite, näher am Schloß. Ist es nicht wunderschön hier? Kannst du dir vorstellen, wie unsere Urgroßmutter hier an ihrem Mahagonitischchen saß und Tee trank?"

„Du warst schon immer eine Romantikerin", sagte die Schwester sarkastisch und wandte sich Hana zu, die am Fensterflügel lehnte, „alles völliger Schrott! Hast du eine Ahnung, was wir damit anfangen sollen? Wie wär's mit einem Golfhotel?" Nur über meine Leiche, war Hanas Vorsatz. Sie hielten sich nicht lange auf, alles roch modrig, und in den Nordzimmern des Hauses, wahrscheinlich hatten sich hier die Schlafräume befunden, hingen mehrere Balken verfault von der Decke, Fenster waren vernagelt, Holzdielen vermodert.

Draußen fragte Eva: „Weißt du eigentlich, was aus den Möbeln geworden ist?"

„Sie werden wohl Liebhaber gefunden haben. Der Onkel erzählte mir damals, er glaube, eines ihrer alten Bilder in der Galerie von Schloß Hluboka wieder gefunden zu haben. Aber wie soll man das beweisen? Übrigens war hier während des Krieges ein Hauptquartier der SS."

Neben dem Schloß sollen sich früher eine gepflegte Parkanlage und ein Tennisplatz befunden haben, doch was sahen sie jetzt?

Schweineställe und Gülleseen! „Entsetzlich", schüttelte sich Eva, „das müßte man natürlich alles abreißen", fuhr es ihr heraus.

„Aber davon leben die Leute hier. Siehst du den neuen Hof da oben? Er gehört der Genossenschaft, das kann man doch nicht einfach zerstören!" Hanas Stimme klang jetzt schrill und aggressiv. „Nicht mit mir, meine Liebe!"

Auf dem Weg zum Auto lenkte Hana jedoch ein:

„Mir ist durchaus klar, daß wir irgendetwas mit dem Komplex machen müssen, aber kannst du dir nicht vorstellen, daß ein Golfhotel mit lärmenden Deutschen, Amerikanern, Niederländern diese Idylle zerstören würde?"

„Du hast ja keine Ahnung! Golfspieler sind ruhige Naturfreunde", griff Eva ihre Schwester scharf an. „Außerdem haben wir nicht mal einen Investor. Aber frag doch mal die Leute im Dorf, ob sie nicht froh wären, wenn sie vor der Haustür gutes Geld verdienen könnten?"

Schweigend fuhren sie nach Pilsen zurück. Der Vater merkte sofort, daß es Streit gegeben hatte und dachte: „Besitz sät Zwietracht!"

Auf dem Heimweg traf Hana den Entschluß, Tschechisch zu lernen.

Nanni König

Aus meinem Leben

Da ich heute über meiner Vergangenheit stehe, kann ich leicht darüber berichten. Alle Personen, die ich in meinem Lebenslauf erwähne, haben andere Namen.

Ich wurde während des Zweiten Weltkrieges als Älteste von uns zwei Schwestern in Frankfurt am Main geboren und auf den Namen Anna eingetragen. Dies war nicht im Sinn meines Vaters, denn er wollte eine Marianne haben. So kam es zum ersten Riß in der Ehe. Ob meine Mutter den Namen Anna gewollt hat oder der Mann ihrer Freundin aus Bosheit ihn im Standesamt eintragen ließ oder ob der Name Marianne wirklich wegen der Schutzheiligen Frankreichs nicht angenommen wurde, habe ich nie richtig erfahren können, sondern ich mußte glauben, was mir meine Mutter erzählte. Sie zeigte mir mit vierzehn Jahren, als ich meinen ersten Personalausweis beantragte, im Familienbuch meinen Rufnamen. Dort stand Marie-Anna und nicht Marianne, wie ich überall genannt wurde. Wie überrascht war ich, als ich im Oktober 2001 zum ersten Mal meine Geburtsurkunde in den Händen hielt und den Namen Anna als Rufname unterstrichen sah. Meine Mutter hatte sicher eigenmächtig im Familienbuch beide Namen unterstrichen. Dies konnte sie auch nur, weil Deutschland geteilt war und meine Geburtsurkunde im anderen Teil Deutschlands lag. Die Geburtsurkunde zu beschaffen, war nicht möglich.

Ich kam mit zweieinhalb Jahren nach Braubach am Rhein, weil unsere Frankfurter Wohnung den Bomben zum Opfer fiel. Dort blieben wir aber nicht lange, denn eine Tante nahm uns mit ins Osterzgebirge. Es sollte eigentlich nur für sechs Wochen sein, aber es wurden sechs Jahre daraus. Auf die Reise durch die zerstörten Städte und Bahnhöfe kann ich mich kaum erinnern, aber ich erinnere mich bewußt an die Nachkriegszeit. Die war, trotz des Hungers, noch besser, als die Zeit des kalten Krieges.

Meine Eltern achtete ich sehr. Ich hielt meinen Vater für einen guten Kommunisten und war darüber stolz, denn alle diese Menschen wurden, nach dem Krieg in Ostdeutschland, geehrt. In Wahrheit aber waren meine Eltern aus großbürgerlichen Verhältnissen. Als die Landesregierungen gegründet wurden, bekam mein Vater das Amt des Ministerialrats in Dresden. Nebenbei in seiner Freizeit schrieb er Sachbücher. Meine Mutter, die nicht zu arbeiten brauchte, beriet ihn dabei. Daß die Eltern gegen die Nazileute waren, die später mit den Kommunisten in der Regierung saßen, wußte ich nicht. Ich wußte überhaupt so gut wie gar nichts über sie, denn meine Schwester und ich hatten Hauserzieherinnen. Mit acht Jahren bekam ich Klavierstunden bei der Tochter des ehemaligen Prinzenerziehers des Hauses Hohenzollern. Diese hatten im Osterzgebirge ein Landhaus. Ich weiß heute jedoch erst, daß meine Großeltern mütterlicherseits und meine Mutter eine gute Beziehung zum Kaiserhaus hatten.

Da die Zustände in der Deutschen Demokratischen Republik sich verschärften, brach am 17. Juni 1953 ein Aufstand aus, der jedoch niedergeschlagen wurde. Mein Vater hatte daran teilgenommen, und es blieb ihm nichts anderes übrig, als nach Westdeutschland zu gehen. Er tat es mit seiner Freundin. Die Ehe meiner Eltern war schon lange in die Brüche gegangen. Meiner Mutter riet man auszureisen, denn in der DDR wollte man reine Verhältnisse. Sie tat es nicht, aber sie besuchte regelmäßig meinen Vater in der BRD, und da sie in der Arbeiterpartei war, dachte die Staatssicherheit, sie triebe Spionage. Das brachte uns Töchter in Schwierigkeiten, noch dazu, weil meine Mutter sich nicht scheiden ließ. Ich wurde daraufhin von jungen Staatssicherheitsleuten, die sich provisorisch mit mir anfreundeten, nach den Eltern gefragt. Da ich nichts wußte, konnte ich nichts erzählen und wurde nun beschattet, denn sie dachten, ich verschweige absichtlich was.

Zu dieser Zeit lebten wir bereits in Leipzig. Wir hatten eine Wohnung in einem Haus, wo hauptsächlich Künstler wohnten. Ich, die ich schon im Osterzgebirge leidenschaftlich gern Theater spielte, bekam von ihnen Karten geschenkt. Erst für das Schauspiel und später für die Oper. Mit zwölf Jahren gründete ich ein eigenes Kindertheater. Es blieb jedoch nicht lange bestehen, denn die Eltern der Kinder verboten ihnen mit mir, wegen meines Republik flüchtigen Vaters, zu spielen. Ich wurde nun zum zweiten Grad Mensch degradiert. Ein Vermerk stand im Klassenbuch meiner Schule. Viele mieden mich. Im Pionierhaus, wo ich Mitglied war, gab man mir keine Hand mehr und ließ mich nicht mehr mit der Blockflötengruppe auftreten. Ich bekam mit Ach und Krach die Aufnahme für die Zehnklassenschule bewilligt. Meine Schwester noch nicht einmal dies. Nach Abschluß der Mittleren Reife erhielt ich keine Weiterbildung, ich sollte mich erst in der Produktion bewähren. In einem Betrieb versuchten mich zwei Männer zu vergewaltigen, und ich mußte mich danach in ärztliche Behandlung begeben. Doch das war noch harmlos gegen das, was mir danach passierte. Ich war Roland Köhler, einem ehemaligen Schulkameraden, begegnet und ahnte nicht, daß er auf mich angesetzt war. Er war Stasi-Mitglied. Wir trafen uns einige Male, dann schickte er mir seinen Freund, der mir eine Einladung überbrachte. Roland wollte mich seiner Mutter vorstellen. Ich muß hinzufügen, daß der Freund ein Killer war. Zwei Jahre später sah ich sein Bild in der Zeitung. Er hatte eine Westdeutsche erwürgt, die im Roten Kreuz Bahnhof Leipzig übernachtete.

Zu der angegebenen Zeit ging ich zu Roland. Seine Mutter war nicht da, und ich wollte sofort wieder gehen, doch Roland sagte zu mir, daß sie gleich komme. So blieb ich. Auf dem Tisch stand eine Schachtel mit Weinbrandbohnen. Roland schenkte mir eine Bohne, dann stellte er die Schachtel in ein Fach der Anrichte. In der Weinbrandbohne war Rauschgift, und ich wurde davon hemmungslos. Es kam zum Verkehr. Ich ging danach nach Hause, vielmehr ich schwebte. Frau Köhler war an dem Tag nicht mehr gekommen. Als ich unsere Wohnungstür aufschloß, hörte ich

Stimmen aus dem Wohnzimmer. Meine Mutter hatte Besuch. Da ich auf die Toilette mußte, suchte ich diese zuerst auf und erschrak, denn aus dem Spiegel sahen mich große dunkle Pupillen an. Ich entschloß mich nicht ins Wohnzimmer zu gehen, sondern sofort in mein Zimmer, denn ich wollte nicht, daß der Besuch merkte, daß ich Verkehr gehabt hatte. Ich dachte, es hinge damit zusammen. Es war mein erster richtiger Verkehr. Roland meldete sich danach nicht mehr, und weil ich schwanger wurde, schrieb ich ihm einen Brief. Diesen bekam seine Mutter in die Hände. Roland war zurzeit in der Kaserne. Frau Köhler suchte sogleich meine Mutter auf. Sie wollte, daß ich das Kind nicht austrage, auch Roland, den ich später in der Kaserne besuchte, dachte so. Ich aber wollte das Kind, und daraufhin verbreitete Frau Köhler, daß ich ein leichtes Mädchen sei. Ich wurde magersüchtig. Dies hielt fast bis zur Entbindung an. Frau Köhler freundete sich zum Schein mit meiner Mutter an und erfuhr von ihr, für welches Krankenhaus ich mich entschieden hatte zu entbinden. Als der Tag der Entbindung kam, wurde ich aus der Klinik verwiesen. „Wir haben kein Bett, suchen Sie sich in der Stadt eine Hebamme", sagte eine Schwester zu mir. Sie brachte mich zur Pförtnerin hinunter und ging weg. Plötzlich bekam ich eine so starke Wehe, daß ich mich auf eine Bank setzen mußte. „Gehen Sie!", sagte die Pförtnerin böse. Ein Ehepaar wurde auf mich aufmerksam und diese veranlaßten, daß ich in ein kirchliches Krankenhaus aufgenommen wurde. Kaum war ich dort im Kreißsaal, ich war übrigens die Einzige, als die Hebamme ans Telefon gerufen wurde. Während sie weg war, schauten zwei junge Ärzte in den Kreißsaal und fragten: „Wird es noch lange mit der Entbindung dauern?" Ich sagte: „Das Kind muß bald kommen, so versicherte es mir die Hebamme." Sie fragten, ob sie zugegen sein dürften. Ich bejahte. Als die Hebamme wiederkam, sagte sie zu den beiden: „Die Frau will das Kind nicht haben."

Ich ahnte, wer angerufen hatte und entgegnete: „Das ist nicht wahr."

Bald danach hörte ich den Schrei meiner Tochter und fiel erleichtert in einen tiefen Schlaf. Ich war froh, daß alles gut gegangen war. Dieser Schlaf sollte vorläufig mein letzter sein. Ich konnte danach nicht mehr schlafen. Es dauerte ein Jahr, bis ich wieder richtig hergestellt war und konnte natürlich nicht arbeiten. Darüber war man im Betrieb verärgert und steckte mich in eine andere Abteilung, wo ich weniger verdiente. Niemand stand zu mir, die Jugendhilfe auch nicht. Diese wollten, daß ich das Mädchen in ein Heim gebe, weil es der Kindesvater so entschieden hatte.

„Es gibt Lehrer und Erzieher", hatte er gesagt.

In der neuen Abteilung mußte ich, kurz vor einem Betriebsfest, zum Chef.

„Ich möchte, daß Sie sich auf dem Betriebsfest zusammenreißen und keinem der Männer den Kopf verdrehen."

Natürlich ging ich nicht zum Betriebsfest, ich hatte, seit mir dies mit Roland passiert war, kein Interesse an einem Mann.

Zu Hause beehrte uns einige Wochen später ein Polizist. Er wollte mich sprechen, aber ich lag mit einer schweren Grippe im Bett. Als meine Mutter zu ihm sagte, daß ich im Bett läge, antwortete er: „Das dachte ich mir, nicht arbeiten, im Bett liegen und sich von Männern aushalten lassen."

Nach diesen Worten zeigte meine Mutter ihm mein Arbeitsbuch. Und als er hineingesehen hatte, entschuldigte er sich und ging. Jemand hatte mich angezeigt, daß ich nicht arbeite, sondern auf den Strich gehe. Prostitution duldete man in der DDR nicht. Wenn es einer tat, dann heimlich. Der Polizist ließ sich danach versetzen.

Ich nahm, neben meiner Arbeit, Gesangstunden und bewarb mich ohne Abschluß an das Plauener Theater. Dort wurde ich als Opernchorsängerin engagiert. Den Abschluß sollte ich im Fernstudium nachholen. Es wäre alles gut gegangen, wenn nicht Frau Köhler den Intendanten aufgesucht hätte. Ich erfuhr es hinterher von einer Kollegin. Frau Köhler hatte mich als Dirne hingestellt. Und nun wollte man mich loswerden. Sie hatte es deshalb getan, weil ihr Sohn wegen des Kindes mit der Tochter eines Republikflüchtigen Schwierigkeiten bei seiner Karriere für Staatssicherheit hatte. Ich wehrte mich. Alles kam zur Schiedskommission. Doch

Frau Köhler und Roland krümmte niemand ein Haar, und da ihr Plan schief gegangen war, sie wollte, daß man mir das Kind wegnimmt, sann sie nach anderem, denn das Kind mußte aus Rolands Papieren.

So passierte es, als ich mit einem Herrn des Extrachores in einer Bar ein Glas Wein trank, daß mir jemand, während wir tanzten, ein Schlafmittel in den Wein gab. Ich brach, als ich müde wurde, sofort mit Herrn Köbe, dem Extrachorherrn auf. Vor dem Eingang der Bar stand ein Wagen, in welchem zwei gut gekleidete Herren saßen. Obwohl ich in Begleitung war, verfolgten sie uns mit ihrem Auto, doch ich erreichte noch rechtzeitig meine Wohnung und legte mich, so wie ich war, ins Bett. Dann schlief ich einen tiefen Schlaf. Meine Mutter, die bei mir wohnte, war sehr besorgt, und ich erzählte ihr am nächsten Tag, was vorgefallen war. Mit Herrn Köbe ging ich nie mehr fort, denn zum andern war noch mein Kleid auf dem Rücken aufgeschlitzt worden.

Ich verließ Plauen und nahm ein Engagement in Erfurt an. Dort bekam ich mein Fernstudium und konnte meinen Abschluß schon nach eineinhalb Jahren machen. Ich hatte durch die Musikschule und dem privaten Gesangsunterricht eine gute Vorbildung. Frau Köhler und Roland hatten den Engagementwechsel nicht sofort mitbekommen, sonst hätten sie sicher wieder intrigiert. Aber mein schlechter Ruf blieb an mir hängen. Die Kolleginnen hatten Angst um ihre Männer. Niemand ahnte, daß ich seit dem Verkehr mit Roland keinen Verkehr mehr gehabt hatte und nun passierte mir wieder etwas. Ein Kollege, der dachte, daß ich gut in diesen Dingen bin, lief mir im Hotel, wir hatten ein Gastspiel, nach. Er drang mit in mein Zimmer ein, und da ich von ihm nichts wissen wollte, vergewaltigte er mich. Ich bekam so starke Blutungen, daß ich in ärztliche Behandlung mußte. Der Kollege war darüber erschrocken. Der Arzt ebenfalls. Er fragte mich, warum ich ohne Beziehung lebte, und ich erzählte es ihm. Daraufhin sagte er: „Veruchen Sie es doch wenigstens, es sind doch nicht alle Männer schlecht."

Das tat ich. Horst, der Beleuchter und späterer Ingenieur interessierte sich für mich, und ich ging mit ihm eine Beziehung ein. Diese zerbrach aber bald. Schuld daran war mein schlechter Ruf.

1979 verstarb mein Vater, und ich stellte einen Antrag wegen der Beerdigung. Der Antrag wurde abgelehnt. Den Grund erfuhr ich nicht bei den Beamten, aber kurz darauf von der Hausbesitzerin, die mich ansprach. Sie und eine Mitbewohnerin, die mich mal mit ihrem Mann geschlagen hatte, hatten es vereitelt. Die Mitbewohnerin hatte damals danach zu mir gesagt: „Ihnen breche ich noch das Genick."

Ich schrieb noch am selben Tag an die Staatssicherheit Berlin. Der Brief war meine Rettung, wie ich später von einem Kollegen, der nebenbei bei der Staatssicherheit arbeitete, erfuhr. Ich sollte eingesperrt werden.

Auch Erfurt kehrte ich den Rücken und nahm ein Engagement im Chor Gera an. Dort wurde der Chorsänger Peter mein Partner. Wir blieben vierzehn Jahre zusammen, bis er an Krebs verstarb. Er was genauso eifersüchtig wie einst Horst, und unsere Beziehung hätte ebenfalls nicht gehalten, wenn uns nicht immer wieder Kollege Rolf zusammengebracht hätte. Ich war über Peters Mißtrauen sehr unglücklich und Worte wie: „Was hast du mir zu sagen", oder „Ich erwische dich noch", schmerzten.

Aber kurz vor seinem Tod hatte er sich gewandelt, denn sagte: „Du bist eine ganz normale Frau."

Vermutlich hatte er mich beobachten lassen. Er starb im November 1998. Zu dieser Zeit sagte auch eine Erfurter Kollegin zu mir: „Wir hatten dich alle verkannt."

Wie viel Unrecht hatte man mir getan. In Gera versuchte mich sogar ein Kollege zu erwürgen. „Um dich ist es nicht schade", sagte er.

Zum Glück kam eine Kollegin dazu und verhinderte es.

1990 wurde Deutschland wieder vereint. Dies erlebten meine Eltern nicht mehr. Mein Vater verstarb 1979 und meine Mutter 1985, trotzdem wurde ich weiter beschattet.

Das merkte ich sehr deutlich 1993 in Schottland und 1994 in Cuba. Sicher steckte Roland dahinter. Meine Worte, wir sind nicht untergegangen, müssen ihn geschmerzt haben. Ich schrieb sie in einen Brief. Was aus Roland geworden ist, weiß ich nicht.

Ich jedenfalls konnte ohne Hindernisse bis zum Rentenalter im Chor bleiben. Von allem was ich erlebte, lenkte ich mich mit Schreiben von Kurzgeschichten und Gedichten ab. Einiges davon wurde, nach der Wiedervereinigung, veröffentlicht.

Mit der Wiedervereinigung kam manches ans Licht. Viele Menschen hatten Ungerechtigkeiten und Schweres erlebt, und mein Erlebtes ist noch harmlos gegen das anderer.

Manch einer wird sagen: „Warum waren Sie nicht nach Westdeutschland gegangen? Sie hätten doch einen Ausreiseantrag stellen können."

Dazu muß ich sagen, als die Mauer in Berlin errichtet wurde, war ich zwanzig Jahre und zu dieser Zeit war in Westdeutschland die Volljährigkeit noch mit einundzwanzig.

Später, als ich die Tochter hatte, kam kein Ausreiseantrag in Frage, denn sie wäre mir dann weggenommen worden. Die Jugendhilfe beabsichtigte, sie in einen Jugendwerkhof zu stecken, doch ohne meine Unterschrift konnten sie es nicht, aber dann wäre es für sie möglich gewesen.

Ich lebe heute wieder in der Heimat, der Kreis hat sich geschlossen. Der Krieg, die Fahrt ins Osterzgebirge und das Leben in Ostdeutschland, die Zeit des kalten Krieges, sind für mich wie ein Traum, der sich so nach und nach in Nebel auflöst.

Mourad Kusserow

Die Flucht

Der Morgen des 8. Juni 1954 erhob sich wolkenlos über die Dächer von Berlin-Karlshorst. Geweckt wurden wir von unserem Klassenlehrer. Ich war sofort hellwach. Hatte er die Illustrierten aus Westberlin und die anderen defätistischen Schriften, vor allem die farbigen Heftchen der Westberliner „Kampfgruppe gegen Unmenschlichkeit" entdeckt, die den SED-Staat und seine führenden Repräsentanten anklagten und auf die Schippe nahmen? Im Klo, wo ich mich wusch, war von dem explosiven Material, das ich am Abend zuvor hier deponiert hatte, nichts mehr zu sehen. Das Spiel mit dem Feuer hat also begonnen, dachte ich und ging mit klopfendem Herzen hinunter in den Hof, wo die FDJ-Gruppen zum letzten Appell vor der Rückreise in die DDR-Provinz angetreten waren.

Die Gruppenführer warteten, bis Ruhe ins offene Viereck eingetreten war. Dann ging die FDJ-Fahne hoch. Ein fremder Lehrer hielt eine kurz Ansprache. Er stellte fest, daß Schriften des Klassenfeindes entdeckt worden seinen, aber er räume uns die Chance ein, den Fehler wieder gut zu machen. „Der Schuldige", so führte er aus, „kann sich bei seinem Gruppenleiter melden, jetzt und hier oder auch später. Es gibt keine Strafen." Betretenes Schweigen in den Reihen der Blauhemden, die zum Deutschlandtreffen der FDJ aus allen Teilen der DDR angereist waren.

Etwas in mir, das bisher jedes Angstgefühl blockiert hatte, sagte mir, daß es höchste Zeit wäre, mich in Richtung Westberlin auf die Socken zu machen. Denn es war klar, daß sie mich, der in Berlin seine ganze Verwandtschaft hatte, früher oder später verdächtigen würden. Bis jetzt hatte ich gezögert, den entscheidenden Schritt zu tun und nach Westberlin zu fliehen. Vor vier Wochen war meine Mutter gestorben, und ein paar Tage später feierte ich, zum ersten Mal ohne Kuchen und Kerzen, meinen fünfzehnten Geburtstag.

Dafür radelte ich stundenlang durch die westsächsische Hügellandschaft, deren Reiz in ihrer Reizlosigkeit liegt.

Der Vater und die drei Geschwister, die in der Zone, wie wir die DDR auch heute noch nennen, zurückgeblieben waren, wußten nichts von meinem Fluchtvorhaben. Doch jetzt, da die Mutter nicht mehr unter den Leben weilte, gab es für mich kein Zurück mehr. In meinem Herzen hatte ich längst den Entschluß gefaßt, nach Westberlin zu fliehen. Es galt, einen günstigen Zeitpunkt abzuwarten, um mich unauffällig von meiner FDJ-Gruppe abzusetzen.

Der Appell ging zu Ende, und die FDJler zerstreuten sich, suchten ihre Quartiere auf, und viele von ihnen diskutierten den „konterrevolutionären Anschlag", andere lachten schadenfroh. Auf dem Dachboden, wo wir wie Vieh im Stroh kampiert hatten, zog ich das geliehene FDJ-Hemd aus und hängte es an einen Nagel neben der Dachluke. Ich wollte mich auch symbolisch verabschieden, und ich wußte, daß damit das große Abenteuer begann, von dem ich unentwegt geträumte hatte.

Auf der Straße vor dem Karlshorster Miethaus traten erste FDJ-Gruppen an. Das Gepäck wurde überprüft, und unsere Gruppe setzte sich in Richtung S-Bahnhof in Marsch. Ich bildete zusammen mit Günter Höll die Nachhut. Alles war ganz einfach. Günter Höll, der sah, wie ich mich aus unserer Kolonne löste, fragte mich überrascht: „Wohin willst du?" „Ich hole mir nur ein paar Brötchen, ich komme gleich zurück." Er sagte nichts und drehte sich einfach um, grußlos, und wie ich vermute, ahnend, was ich vorhatte. Ich zwang mich, ganz ruhig zu laufen. Jetzt kam es darauf an, keine Aufmerksamkeit zu erregen, und ich erreichte ohne Zwischenfall den S-Bahnhof von Karlshorst.

Fünf Minuten später schlossen sich die automatischen Türen des gelbroten Triebwagens hinter mir. Die Räder des S-Bahnzuges, so schien mir, sangen: westwärts, westwärts, westwärts ... Und auch heute noch denke ich manchmal an diesen Augenblick zurück. Wenn ich damals nicht in diesen S-Bahnzug gestiegen wäre, dann wäre ich dem wirklichen Leben, dem Leben in Freiheit, und vor allem dem nordafrikanischen Leben in Marokko und in den Reihen der Algerischen Nationalen Befreiungsbewegung und Befreiungsarmee wohl niemals begegnet. Wie das Leben doch immer an einem seiden Faden hängt, an einer einzigen Entscheidung! Unser Dasein besteht immer nur aus Entscheidungen, und es lohnt sich, Mut zur Entscheidung zu haben, vor allem ist es wichtig, dabei auf die Stimme des Herzens zu hören. Jahre vergingen, bis ich begriff, daß alle wirklichen Veränderungen von unserem Herzen ausgehen.

Die S-Bahnfahrt von Karlshorst nach Westberlin verlieh meiner Seele Flügel, und ich dachte, daß jeder Mensch das Recht hat, sein Dasein nach seinen Vorstellungen und Träumen zu gestalten. Kurz vor der Westberliner Grenze rutsche mir das Herz noch einmal in die Hose. Als der Zug zum letzten Mal im Ostsektor stoppte, hallte es aus den Bahnsteiglautsprechern: „Bahnhof Friedrichstraße – Ende des demokratischen Sektors von Berlin. Für alle FDJ-Jugendfreunde ist hier Endstation." Die meisten Fahrgäste drängten nach draußen, und ich sah, wie Volkspolizisten auf dem Bahnsteig patrouillierten. Sie kontrollierten Abteil für Abteil. Ich hatte den Tornister unter der Sitzbank versteckt und schaute gleichgültig zum Abteilfenster hinaus. Zwei Jugendliche mußten ihre Personalausweise vorzeigen. „Raus mit euch", schnauzte ein Volkspolizist. Der in sächsischer Tonart vorgetragene Protest der beiden nütze nichts, sie wurden abgeführt. Jetzt war ich der einzige Fahrgast im Abteil, und der Volkspolizist, der mich examinierte, ließ sich von meiner westdeutschen Lederhose täuschen und fragte freundlich: „Du bist wohl aus Westberlin? Hast dir das Fest der Jugend angesehen?" Ich nickte, hütete mich aber, den Mund aufzumachen, denn mein sächselnder Tonfall hätte mich unweigerlich verraten. Und in diesem Augenblick wusste ich, daß ich gewonnenes Spiel hatte.

Ein Trillerpfeife ertönte. Die S-Bahntüren schlossen sich geräuschvoll. Der Zug setzte sich in Bewegung, es ging westwärts, in die Freiheit, und ich fragte mich: Werde ich Crimmitschau und Ulrike jemals wiedersehen? Mich stimmte traurig, daß sie keine Ahnung von meinen Gefühlen hatte, die tiefer saßen, als ich mir damals bewußt war. Es war eine Liebe, die von Begierde nichts wußte und deren Stärke und Tiefe Worte nicht wiederzugeben vermögen. Für mich war Ulrike ein langer Traum ohne Ende, der, kaum begonnen, bereits nach Vergangenheit roch. Es mußte ein halbes Jahrhundert vergehen, bis wir uns endlich wiedersehen sollten. Meine Liebe zu Ulrike war eine zarte Schülerliebe, und es war noch ein weiter Weg, bis ich begreifen lernte, daß die Liebe das Leben selbst ist.

Das donnernde Rattern der dahineilenden S-Bahn, die jetzt ihr Tempo beschleunigte, dirigierte den Rhythmus meines Herzens, das mir bis zum Halse schlug. Die Räder sangen das Lied von einer ungewissen Zukunft, und daß es nichts Schmerzlicheres gibt, als den Schmerz der Trennung, begriff ich erst im Nachhinein. Im jugendlichen Überschwang war ich bereit gewesen, das Leben im Ungewissen zu suchen, und Abenteuerlust ist nun einmal der Vorzug der Jugend. So aber nahm das Schicksal seinen Lauf, und es war völlig offen, ob es mir in Zukunft hold sein würde. Der Tod der Mutter war mehr als ein Abschied gewesen: Es war der endgültige Rausschmiß aus dem Paradies, das die Dichter Kindheit nennen. Und wenn es stimmt, daß Gräber einen Ort zur Heimat machen, dann besaß ich von nun eine Heimat, der ich gerade den Rücken kehrte. Es gab keinen Zweifel, der Tod der Mutter war der Preis für meine Freiheit.

Erst als ich gewahr wurde, wie der Zug die Sektorengrenze hinter sich gelassen hatte und mit wachsender Geschwindigkeit dahinraste und schließlich Lehrter Bahnhof, die erste Station in Westberlin, erreicht hatte, atmete ich auf. In Freiheit, jubelte das Herz: in Freiheit. Ganz gleich, was mich im Westen erwarten würde, ich war frei – ich war endlich im Westen, in Freiheit!

Auszug aus dem unveröffentlichten Manuskript:
ALLES IST SO FERN – SO NAH
„Eine Kindheit in der SBZ/DDR"

Thomas Peter Lanzinger

Das Rechte Bereits Radikal Denken, Doch Dann Reicht's

In eigener Sache: alle folgenden Beiträge sind frei erfunden und besitzen, auch wenn sie sich aufdrängen sollten, selbstverständlich keinerlei Ähnlichkeit mit dem wirklichen Leben oder gar dort umherspazierenden Personen.

Ich war noch klein. Ein guter Teil meiner Welt war schwarz-weiß, und dort tummelten sich Indianer und zahme Delphine und schielende Löwen. Einmal sprach auch ein Herr Armstrong aus Amerika Sätze in seiner fremden Sprache von kleinen und von großen Schritten. Einmal wurde ein Präsident eben dieser Amerikaner erschossen, aber sie hatten gleich einen neuen. Einer dieser Präsidenten mußte später dann wegen irgendwelcher Tonbandaufnahmen aus einem weißen Haus ausziehen. Einer dieser Präsidenten sprach zu seinen Soldaten, die in einem fremden Land für das Gute kämpfen mußten.

Ich war noch klein und meine Welt war einfach, alles, was mit Natur und Tieren zu tun hatte, war gut und interessant und die Moral lehrten der Pfarrer und Old Shatterhand zu in etwa gleichen Teilen. Es gab da kaum Komplikationen außer der ungelösten Frage und Wahl zwischen geballter Faust und anderer Wange, die mir schon damals keiner auflösen konnte.

Ich war noch klein und froh, wenn mein großer Bruder mit mir spielte. Aber oft redete er Unverständliches, oft interessierte er sich für absolut überflüssige und langweilige Dinge, sogar Mädchen!

Klein war ich noch, als ich mit drei Großen im Zimmer war. Die waren mindestens schon sechzehn, mein Bruder fuhr ein knatterndes Zweitakterdings von DKW und manchmal spielte er noch mit mir. Das Zimmer war hochinteressant, doch durfte ich nichts anfassen, nur schauen. Die Großen sprachen über unverständliche Dinge wie den Präsidenten der Amerikaner, den Bundeskanzler und irgendeinen Anführer aus einem fremden Land, den sie Ho Tschi Minh nannten. Ich verstand wenig von dem, was sie sagten. An der Wand hing ein Plakat über die Eisenbahn, darauf drei bärtige Männer, von denen einer Marx heißen soll, so hatten sie mir erklärt, und darunter stand was übers Wetter.

Klein war ich noch und ein Junge, also interessierte ich mich brennend für alle die Sachen, die der Freund meines Bruders gebaut und in seinem Zimmer ausgestellt hatte. Eine SR 71, das Ding, das schnellste Flugzeug der Welt hing an der Decke und aus einem Kartonbausatz riesengroß stand da die Enterprise, größter aller Flugzeugträger.

Der Freund meines Bruders war ein begeisterter und begnadeter Bastler. Er liebte die Flugzeuge und verbesserte die Bausätze akribisch. Meine waren immer von Kleber verschmiert, das wäre ihm nie passiert! Doch durfte ich nichts anfassen.

„Die Amerikaner müssen aufgehalten werden", sagte einer von den dreien. „Krieg ist ein Verbrechen", bestätigte ein anderer.

Und „Freiheit für Vietnam" und anderes, nein, ich erinnere nicht den genauen Wortlaut, aber so in etwa waren die Sätze. Dann sprachen sie vom Kriegsdienstverweigern. Es war ihnen wichtig, aber mir auch. Ich wollte wissen, wie schnell die Enterprise ist, wie viele Flugzeuge auf ihr Platz haben, welche Bomben und Raketen diese tragen können.

Sie wollten mich zu den konservativen Erwachsenen schicken. Ich sei quengelig. Ich sehe nichts Falsches an meiner Frage. Heute noch nicht, so wenig wie 1968 oder in den Folgejahren. Bis heute habt ihr mir nicht erklärt, wie der Flugzeugträger und der Vietminh und die Kriegsdienstverweigerung zusammenpassen! Ihr seid mir noch was schuldig, ältere Brüder, '68er!

Klein war ich noch, zu klein für euer Gespräch. Und ihr müßt es mir noch erklären, wenn ihr euch noch erinnert, an was ihr damals geglaubt habt, bevor ihr im langen Marsch durchs Establishment euch verloren habt, verloren gegangen seid.

„Ich bin nicht oft zu Tode erschrocken, aber ich werde es nie vergessen, wie ich bei einbrechender Dämmerung durch diesen Wald schlich, leise, vorsichtig, schließlich war ich ein Kurier und jeder Scharfschütze, jeder Spähtrupp war eine Gefahr. Da gab es keine festen Orientierungspunkte mehr, die mir gesagt hätten, ich bin auf dieser oder jener Seite der Front. Jeder, den ich getroffen hätte, hätte ein Deutscher oder ein Russe sein können.

Mir war in etwa klar, wo ich aus dem Wald rauskommen mußte. Von dort aus wär's nicht mehr weit zum Gefechtsstand. Aber vorher mußte ich über diese Waldlichtung, diese mondbeschienene, offene Lichtung. Deshalb wartete ich, bis ein paar Wolken vor dem hellen Mond vorbeizogen und ging dann, meinen Mut zusammennehmend, los.

Ich kam gut voran, nur stolperte ich ein paar Mal wie über Stöcke und Gestrüpp und immer wieder gab der Untergrund nach wie Sumpf, auch die Geräusche waren danach. Über die Lichtung, betete ich, das war alles, was ich noch wollte, als ich in etwas Weiches trat und nur kurz stecken blieb.

Da trat der Mond hervor. Er leuchtete genau auf einen Totenschädel. Ich hab laut herausgeschrien!

Mein Schrei verhallte. Kein Feind, kein Freund in der Nähe. Mein Glück, freilich, aber ich stand allein im Mondschein unter lauter toten Russen, die ganze Waldlichtung, Leiche an Leiche. Verwest, teilweise schon Skelette, teilweise noch in Uniform.

Mich schauderte. Die Wolken zogen weiter und ich, ich ging ebenfalls weiter. Das", erzählte mir mein Vater, „das war eines der wenigen Male im Leben, wo ich echte, richtige Todesangst verspürte." Wir saßen im Schrebergarten. Es war ein sonniger Tag. Wir hatten Tischtennis gespielt.

Der Zug war voll, wie immer um diese Zeit. Es ist ja wahr, die S-Bahn befördert dich ganz schön flott voran, aber dieses Gedränge, diese Enge, Hitze, die vielen böswilligen oder müden Gesichter, Fratzen des Arbeitsalltagselends. Nun ja, ich schau ja auch nicht netter drein, wir sitzen alle im selben Boot oder Zug. Wie alle Tage führt mich dieses Eisengeratter wieder zurück, näher an daheim, wenngleich ich vom Bahnhof aus noch ein ganzes Stück mit dem Fahrrad fahren muß. Bin ich froh, wenn ich das menschliche, lebende, riechende und laute Gedränge in der vorgefertigten technischen, metallisch plastischen Enge verlassen kann.

Endlich, meine Haltestelle. Neubiberg, zurückbleiben, nein, ich bin doch schon draußen, ich will hier nicht zurückbleiben und gehe so flott, als es dieses innige und enge abstoßende Geflecht von Feierabendmenschen zuläßt, der Treppe, dem Ausgang zu. Es sind Münchner, da würde keiner ausweichen, dich vorbeilassen, oh nein. Sie mögen ja für viel berühmt sein, die tapferen Biertrinker aus der Schotterebene nördlich der Alpen, aber nicht für zuvorkommende Höflichkeit, und es steht ihnen ins Gesicht geschrieben.

Werde ich bald meine Schulsachen ins Eck werfen können? Mich meinen geliebten zutraulichen Büchern widmen können oder meine scheue Freundin treffen, um uns gemeinsam dann an Orte zurück zu ziehen, die die Münchner Menschenmassen eher meiden, die stillen Waldgebiete um die Großstadt, den botanischen Garten, die stummen, alten Museen?

Ja, natürlich weiß ich, nicht alle Münchner kennen die Pinakothek, waren aber noch nie drin, wie ein alter Witz erzählt. Nein, schließlich ist meine ganze Familie, meine ganze Verwandtschaft eine Ansammlung von waschechten Münchnern, ich, ich bin die Ausnahme! Und wenn es auch nur ein Gerücht ist, daß meine Tanten die gesamten Opernplätze der großen Stadt mit Beschlag belegen, so sind sie doch dort am sichersten zu treffen. Doch ihren Frieden mit dem anderen, noch öffentlicheren München, dem riesig lärmenden Oktoberfest und anderen Schauerlichkeiten haben sie längst gemacht. Ich bin dafür noch zu jung. Ich kann diesen Anmutungen einer unverständlichen Kultur nichts außer Aber und Ekel abgewinnen.

Ist es doch ein seltsames Volk, das hier zu Hause ist. Immer hinter dem Geld her, wie der Teufel hinter der armen Seele. Oh ja, fromm sind sie auch noch. Genau am Sonntag, in der Kirche, bevor sie ins Wirtshaus weitergehen. Und laut, so unglaublich laut. Sie freuen sich, wenn sie sich in Massen drängen können, in Kaufhäusern, in Fußballstadien, wenn Lärm und Krach nicht mehr nur die Ohren, sondern den ganzen Leib betäuben.

So werde ich, im Wachtraum von vorgestellter Stille und Grün und tiefen Blicken aus einem Paar Augen umfaßt, die Treppe empor geschoben.

Er ist grün gekleidet. Er steht aufrecht, bereit. Breitbeinig, seine Stiefel so wehrmachtsschwarz glänzend, mein Vater hätte seine Freude an dem Anblick. Seine behandschuhten Hände umfassen mit festem Griff die auf die Menschenmenge, auf uns, auf mich gerichtete MP. Heckler & Koch, nehme ich an, 9mm Parabellum, vielleicht 25, 30 Schuß im Magazin?

Blond ist er, blaue Augen. Ein Pendant, dunkelhaariger, auf der anderen Seite der Plattform. Das Ende der Treppe wird von schwer bewaffneten Polizisten bewacht. Jeder fähig, durch ein Zucken seines Fingers ein Blutbad in dieser Menschenansammlung zu veranstalten.

Sucht ihr wieder Terroristen? Hat die Rote Armee Fraktion euch verunsichert, aufgestört, euch zu diesen Waffen greifen lassen?

Was wäre, denke ich, er, sie, es, ein Phantombild, ein Steckbriefbild, eine Ulrike Meinhof etwa käme hinter mir die Treppe hoch? Bemerkte, verständlich, die Wächter, zöge ihre Waffe, tastete vielleicht nur danach?

Ich sehe ein Gemetzel, ein Blutbad, ein furchtbares Geschehen. Die Treppe rot von Blut, ein Bach, und Leiber, sich windend, orgiastisch fast, und das Stöhnen, das sehe ich nur an den Mündern, höre es nicht in meinem Kopf, in meinem alptraumhaften Bild des Möglichen, des durchaus Denkbaren, ach was, des gar nicht unwahrscheinlichen Geschehens. Die Menschen gehen weiter. Ihre Mienen sind abweisend, stumpf, müde. Sehen sie? Oder sehe nur ich?

Wir leben in Deutschland. Westdeutschland. Einer freiheitlichen Demokratie, aufgefüllt mit Geld und Menschenrechten. So lernen wir in der Schule. So glauben wir.

Hier stehen die Wächter dieser wehrhaften Demokratie. Ehrenwerte, aufrechte Polizeimänner. Mit Maschinenpistolen mitten in der feierabendlichen Menschenmenge.

Der Wind im Norden ist wirklich und wahrhaftig erstaunlich. Er weht durch Kleidung und Mauerwände in einer Weise, die ein Sturm hier im Süden einfach nicht schafft, na ja, der hat ja auch keinen Anlauf nehmen können. Übers Meer herein weht ein kalter, bis ins Mark auskühlender Wind, den die Einheimischen mit kräftigen Verdünnungen im Tee bekämpfen.

Ich bin ja dann auch bald wieder gegangen. Aber nicht deswegen.

Wir fuhren oft in die nahe Stadt. Ja, manchmal auch in voller Uniform. So ging ich zuletzt auch zu meiner Verhandlung. Schließlich wollte ich diese Uniform wieder loswerden. Ich wollte nicht auf Befehl auf Menschen schießen müssen. Ich will das immer noch nicht.

Einmal, da kontrollierte die Polizei. Sie, in Uniform, nahm unserem Fahrer, in Uniform, zu Recht nicht ab, daß er nichts getrunken hätte. Die Probe fiel dem Polizisten aus der Hand. Wir freuten uns sehr und sahen zu, daß wir ins Bett kamen. Warum nur dachte ich, Reichswehr schießt nicht auf Reichswehr?

Mein Studienstädtchen ist eine eindrucksvolle Kleinstadt. Zu meiner Zeit dort war es eine umzingelte, eine eingesperrte und strukturschwache Region. Ich muß das erklären. Es war Zonenrandgebiet. Fuhrst du aus der Stadt mit ihrer eindrucksvollen Festung im Zentrum heraus, so gab es nur eine Richtung, die nach Süden. Jede andere endete über kurzem am Zaun. Jenem Zaun, dem tödlichen Zaun. Es war für einen Binnen-BRDländer wie mich ein neues, ein eindrucksvolles Erleben. Wir waren eingesperrt, nur ein Ausfallstor blieb offen. Bunte Wachtürme, Warnschilder, man hörte wohl auch mal einen Schuß, dafür keinerlei Düsenjägerlärm, wie zu Hause. Stacheldraht völlig unmotiviert mitten im Land. Nein, ich konnte keinen Grund für ein solches Bauwerk erkennen. Mir blieben die Anlässe, die die herrschende Clique in der DDR bewegt hatte, völlig unverständlich. Waren wir, die westdeutschen, denn nicht friedliebende Menschen, die keiner Ostfliege was zuleide getan hätten? Oder welche anderen Beweggründe mochte es dafür gegeben haben, noch geben?

Alle Jahre wieder gab es in Coburg Treffen von jüngeren und alten Studiosi. Sie trugen ulkige Kappen und Schärpen und feierten erreichte Macht und überwiegend Vergangenes, Verflossenes, mir schon unwirklich Erscheinendes. So am Kriegerdenkmal, auf dem die Namen der Gefallenen des letzten großen Krieges verewigt wurden. Die tapferen Soldaten der deutschen Wehrmacht, der Sonderverbände, der SS. Unter Absingen verschiedener, auch überwiegend älterer Lieder, unter demonstrativem Einbeziehen erster Strophen. Deshalb kamen einige Studenten anderer Ausrichtung auf die glänzende Idee, doch etwas Bewegung in die Sache mit Hilfe eines Symbols zu bringen. Sie zierten die Feier mit weißen Rosen.

Es ist mir sehr wohl noch erinnerlich, daß nicht nur Teilnehmer, sondern auch die Polizei in Coburg sehr aktiv wurden und suchten. Nach was oder wem? Einem Blumenfrevler, einer Sophie Scholl nach oder wollten sie etwa überprüfen, ob unter den einem verlorenen Krieg Nachtrauernden etwa ein paar SS-Männer wären, einige Rechtsradikale vielleicht? Nein, dieses letztere wohl doch nicht.

Man hat den Reichstag verhüllt. Jahrzehnte zu spät, wenn Sie mich fragen! Aber man hat ihn auch wieder ausgepackt. Das habe ich nicht verstanden.

Man hat Deutschland wiedervereinigt und die DDR abgewickelt. Das war eine echte Überraschung. Kaum war Deutschland wiedervereinigt, beschloß ein deutscher Bundestag und ein deutscher Bundeskanzler von Berlin aus gemeinsam mit Verbündeten, daß zum dritten Mal in einem Jahrhundert Belgrad von Deutschen bombardiert werde*. Das habe ich nicht verstanden.

Aber ich habe ja noch nicht mal verstanden, wieso Deutschland am Hindukusch verteidigt wird, wenn doch beim letzten Vorfall politisch ambitionierter, radikal angewandter Vorneverteidigung für die Gebirgsjäger schon am Elbrus und die Panzergrenadiere in Stalingrad Schluß war!

Man hat mir gesagt, weil wir Verbündete sind und in den Vereinten Nationen. Und die Welt kleiner und Deutschland größer geworden ist. Wieso klingt das bloß in meinen Ohren nicht gut, habe ich einen Hörsturz? Vielleicht bin ich ja tatsächlich krank und höre, wie Senderstörungen, Stimmen, die fragen, gehört uns heute Deutschland, wem morgen die Welt?

Und weiß, ist Deutschland groß, werden Autobahnen gebaut und Schienen verlegt, denn es war früher mal Umweltschutz gut, doch Schmetterlingsschutz ging nie vor Infrastruktur. Das ist richtig, sparen etwa die konkurrierenden Tschechen und Slowaken oder gar jene Chinesen, denen schon ein so genannter deutscher Kaiser etwas beweisen wollte, am Staudamm- oder Autobau?

Wir sind doch wieder wer und auch, wenn die Entscheidungsträger über unsere Köpfe verfügend drüber hin- und herflitzen, sollten Autobahnen schon aus historischen Gründen in Deutschland ausgebaut werden, wer hat die monströsen Betontrassen denn schließlich erfunden! Unser Straßennetz unübertroffen läßt sich doch ungleich besser darstellen als Wälder, die doch nur mickrig sind im internationalen Vergleich mit der Dschungel oder Taiga.

Ja, und ich habe verstanden, ich habe es ja sogar schon verstanden gehabt, als es auch dem Ministerpräsidenten des Saarlandes auffiel, das kostet. Panzer kosten, Autobahnen kosten, Entscheidungsträger kosten viel. Deshalb muß auch gespart werden, was nun zügig in die Tat umgesetzt wird, denn natürlich kann noch mehr abgewickelt werden. Nach dem Sieg der freien Welt gegen den Satanismus, ich bitte um Entschuldigung, Sozialismus wollte ich sagen, nach seiner so gut wie endgültigen Auslöschung im Bewußtsein, im Sprachgebrauch und in der weltpolitischen Bedrohungslagenbesprechung ist es an der Zeit, die Auswüchse der so genannten sozialen Marktwirtschaft zu beseitigen. Den Sozialstaat abzuwickeln als verfehltes, überholtes Modell. Global-Player haben ihre Regionen wie Harlem in New York, wie die Falvelas um Rio de Janeiro eben zu tragen. Bevor entsprechende Ziele erreicht sind, kann das Jammern auf hohem Niveau aus zeitgemäßer Perspektive, aus dem Maybach oder Bugatti, doch nur belacht werden.

Das habe ich wohl verstanden.

* Es ist immer riskant, einem Volk seine Kriege abzusprechen, wenn sie nicht grad verloren gingen, man wird Außenseiter und Volksverräter. Deshalb bitte ich, meine Erklärung anzuhören: Natürlich hat man mir gute Gründe genannt. Ich verstehe, daß man den italienischen Verbündeten unterstützen muß – halt, entschuldigt, das haben sie meinem Vater gesagt. Daß man den österreichischen Thronerben nicht einfach umnieten darf – bitt schön, nicht grantig werden, ich erinnere mich, das wurde meinem Großvater gesagt. Wie war das noch – die armen Leut im Kosovo werden brutal unterdrückt? Ja, und es ist eine große Schweinerei, aber kein völkerrechtswidriger Angriff eines rein defensiven Bündnisses, oder? Was denn, Großpapa hatte auch die Moral auf seiner Seite!

María Silvia Lorenzo

Hommage an die deutsche Freundschaft

Was ist Freundschaft? Lexika definieren den Begriff „Freundschaft" als ein auf gegenseitiger Zuneigung beruhendes Verhältnis von Menschen zueinander oder als ein auf Zuneigung, Kameradschaft, Vertrauen oder Treue gegründetes Verhältnis. Ich finde aber, „Freundschaft" ist vielmehr als nur diese trockenen Worte. Ich kann heute sagen, daß ich die deutsche Freundschaft erlebt habe. Ich erlebe sie jeden Tag in diesem sehr harten Moment meines Lebens. Deshalb schreibe ich jetzt und hier diese Worte, in der Hoffnung, daß sich der deutsche Leser in den folgenden Zeilen wiedererkennt und um ihm hiermit meine Dankbarkeit auszudrükken.

Meine Geschichte mit Deutschland begann vor genau zwanzig Jahren, als mein Vater in die Bundesrepublik versetzt wurde. Das hieß für die ganze Familie weg aus der vertrauten Heimatstadt Buenos Aires und für die kommenden zwei Jahre in die uns damals noch unbekannte deutsche Hauptstadt Bonn. Zu diesem Zeitpunkt war ich gerade fünfzehn geworden, ich befand mich in einem schwierigen Alter, in dem die guten Schulfreundinnen das Allerwichtigste auf der Welt schienen. Dazu kam die Tatsache, daß ich die Sprache des fremden Landes nicht kannte, was die Trennung vom geliebten Argentinien noch schwerer machte. Aber ich wußte damals natürlich nicht, was mich in Bonn erwartete.

Die ersten Monate waren nicht einfach. Unsere Eltern schickten meine Schwester und mich sofort in die Schule. Maggy ging in die Grundschule nahe unseres Hauses, ich wurde in ein Gymnasium eingeschrieben, und zwar in die zehnte Klasse des Heinrich-Hertz-Gymnasiums, wo auch Javier, der Sohn eines spanischen Diplomaten, dieselbe Klasse besuchte. Am Anfang war er meine einzige Gesellschaft, mein einziger Trost, wenn ich mich nach meinem

Zuhause sehnte. Er sprach meine Sprache, er verstand mich, wir wurden, und sind noch heute, sehr gute Freunde.

Die Lehrer waren freundlich zu mir, auch wenn ich am Anfang nur als Gastschülerin in der Klasse saß. Aber mit meinen deutschen Mitschülern ging das nicht so schnell. Ich kam aus einem ihnen völlig unbekannten Land, das kurz davor einen für Europa unverständlichen Krieg gegen Großbritannien geführt hatte und von dem viele nicht einmal wußten, wo es lag und welche Sprache man dort sprach. Sie stellten keine Fragen, sie grüßten am Morgen, musterten mich während des Unterrichts und verschwanden spurlos in der Pause, wo ich mich nach den Mädchen umschaute, um langsam doch Kontakte zu knüpfen und Freunde zu gewinnen. Meine eigenen Freunde in Buenos Aires fehlten mir damals sehr, und Javier, meine einzige Gesellschaft, ging einige Monate nach unserem Kennenlernen nach Madrid zurück. Ohne ihn fühlte ich mich einsam, und ich hoffte nur, daß sich meine Situation bald änderte.

Und dann geschah es einfach: Einmal stand ich gleich nach der Schule an der Haltestelle und wartete auf den Fünfzehner, der mich jeden Tag über Rheinallee nach Hause brachte, als sich Andrea von meiner Klasse näherte, um kurz mit mir zu sprechen. Ich werde diesen Augenblick nie in meinem Leben vergessen. Sie kam mit ihrem Fahrrad, trug einen langen Regenmantel und einen schönen blauen Hut und sah mich sehr freundlich an. Da mein Deutsch noch sehr arm war, redeten wir auf Englisch. Sie lud mich zu sich zum Nachmittagskaffee ein! Ich war so unsagbar froh und konnte es kaum erwarten, meinen Eltern und meiner Schwester zu erzählen, daß mein „Gesellschaftsleben" in Deutschland endlich begonnen hatte, und daß ich langsam anfing, mich im nicht mehr so fremden Deutschland wohl zu fühlen.

Bei Andrea machte ich allerdings meinen ersten großen Anpassungsfehler, indem ich ihr beim Ankommen einen Wangenkuß gab, wie es bei uns in Argentinien üblich war. Ich sah, wie sie errötete, und ich spürte, ich hatte etwas Unangebrachtes gemacht, aber ich wußte in dem Augenblick nicht, was es war. Sie sagte nichts, was die ganze Situation noch unangenehmer machte. Wir tranken Kaffee und aßen Kuchen, redeten über Filme, Musik, Ferien und Lieblingsessen, wir redeten über alles Mögliche, nur nicht über die peinliche Episode bei der Begrüßung. Ich verstand erst dann, als sie mir ihre Hand reichte, als ich gehen wollte. Ich hatte meine erste Lektion erteilt bekommen, und meine erste Goldregel auch gelernt.

Und dann kamen auch andere Einladungen, zu Geburtstagen, zu Tanzabenden, zu Konzerten, zum Backen und Probieren, zur Fahrradtour am Rhein, ins Kino und zum Einkaufen, was wir Mädchen damals so gerne machten, und zwar am Besten mit Freundinnen. Langsam lernten sie mich auch kennen und akzeptierten mich. Ich hatte dann das Gefühl, ich gehörte in die Gruppe, die eigentlich schon längst bestand. Die Tatsache, daß meine Sprachkennntnisse immer besser wurden, half natürlich, denn sie sahen, daß ich genauso wie sie, also wie ein fünfzehnjähriges westliches Mädchen, dachte und fühlte. Und das gefiel ihnen.

So habe ich meinen sechzehnten Geburtstag auch groß gefeiert. Meine deutschen Schulfreundinnen waren dabei, unter ihnen Esther, Kerstin, Andrea, Tanja, Claudia, Farnaz und viele andere. Auch mein lateinischer Freundeskreis, bestehend aus Argentiniern, Lateinamerikanern und Spaniern, gehörte zur Party. Einige deutsche Mädchen brachten ihr Strickzeug mit, was man bei uns nie tun würde, andere wollten eine Fernsehsendung ansehen, die sie, wie sie mir bereits früher mitgeteilt hatten, auf keinen Fall verpassen wollten. Aber der Charme von Ricardo, dem Argentinier, der auch einige Jahre in Deutschland verbrachte, eroberte alle deutschen weiblichen Herzen, so daß die Mädchen sofort ihre eigenen Interessen vergaßen und die Party genossen. Und auf seine Wangenküsse beim Abschied wollte kein deutsches Mädchen verzichten. Die Feier war ein großer Erfolg, und so konnte ich nach einem Jahr in Deutschland sagen, daß ich mich in der Schule und unter dem deutschen Volk völlig integriert fühlte. Ich hatte die

Sprache gelernt, hatte auch gelernt, was richtig und was nicht richtig war, genoß das Land und seine Leute, genoß die Stadt, wo ich mich so wohl fühlte. Ich fuhr mit dem Fahrrad zur Schule, was ich in Buenos Aires nie hatte tun können, besuchte Sprach- und Kochkurse, ging schwimmen und turnen. All das gab mir die Möglichkeit, neue Kontakte zu knüpfen, aus denen später unzertrennliche Freundschaften wurden.

So könnte ich tausend weitere Geschichten und Anekdoten erzählen. Mir scheint es aber hier wichtiger, auf die engen Freundschaften einzugehen, die sich in diesen zwei Jahren entwickelten und durch Briefe und mehrere Deutschlandbesuche meinerseits aufrecht erhalten haben. Inzwischen sind es mehr Freunde geworden. Mein deutscher Freundeskreis hat sich im Laufe der Jahre erweitert. Ich war auf ihren Hochzeiten, habe die Taufe ihrer Kinder miterlebt und Bilder ihrer Sprößlinge mit ihren ersten Schultüten erhalten.

Die Deutschen sind höflich, aber am Anfang nicht immer sehr freundlich. Das mußte ich erst mal lernen und verstehen. Für eine Argentinierin, in deren Körper spanisches und italienisches Blut fließt, war das hart zu begreifen. Wir Lateiner sind offen, extrovertiert und freundlich, vielleicht sogar viel zu freundlich zu Beginn einer Beziehung. Die Deutschen nehmen sich die Zeit, „studieren" den Kandidaten und entscheiden erst dann, ob dieser einer Freundschaft wert ist. Und dann, dann ist das für immer, dann wird es ernst gemeint. Und die Freundschaften halten lang, sehr lang, schon zwanzig Jahre lang in meinem Fall. Und das konnte ich in den letzten Monaten beweisen, wie ich es jetzt dem interessierten Leser kurz darstellen möchte.

Heute befinde ich mich in einer schwierigen Lebenssituation. Ein Krebs hat mich erwischt, und auch wenn der Tumor entfernt werden konnte, bin ich jetzt unter Chemotherapie-Behandlung. Ich habe zum Glück eine wunderbare Familie, die jetzt Tag und Nacht für mich da ist. Der Glaube ist auch mein großer Halt in diesen schwierigen Stunden. Aber was meine deutschen Freunde für mich getan haben und immer noch tun, ist kaum zu glauben.

Trotz der weiten physischen Entfernung sind sie ständig da. Täglich bekomme ich E-Mails, Telefonanrufe, Briefe, Blumen, Geschenke, gute Besserungswünsche, die mich aufmuntern, die mir die Kraft bringen, die mir jetzt so fehlt. Mein Körper ist sehr geschwächt. Trotzdem habe ich versucht, diese Zeilen zu schreiben, denn ich glaube, meine Freunde und durch sie alle Deutschen haben diese Hommage verdient. Ich fühle mich geschätzt, ich fühle, daß diese beiden Jahre in meinem Leben nicht umsonst waren, und ich freue mich riesig darauf, daß ich, so Gott will, im kommenden Mai einige Tage im geliebten Deutschland mit meinen so guten deutschen Freunden verbringen werde.

Nicht umsonst habe ich die deutsche Sprache auch als Beruf gewählt. Ich unterrichte Deutsch als Fremdsprache und versuche immer, meinen Kursteilnehmern etwas von meiner großen Liebe zu Deutschland zu vermitteln, so daß sie es auch kennen und lieben lernen. Nicht umsonst singe ich mit meinen Kindern, die noch kein Deutsch können, deutsche Kinderlieder vor, und sie fragen mich immer wieder, wann ich ihnen meine zweite Heimat zeigen werde. Nicht umsonst habe ich diese Worte verfaßt, ich hoffe nur, daß ich damit Deutschland und den Deutschen meinen großen Dank ausdrücken kann.

Krikor Arakel Melikyan

Damals und ein Koffer

Selim Dhomet, der Araber aus Berlin-Dahlem, kam. Er kam überraschend. Allein mit einem gelben Koffer. An diesen Koffer entsinne ich mich besonders. Besonders nachhaltig.

„Guten Tag", sagte Selim und setzte den Koffer ab, so, als ob er bleiben würde. Endgültig.

Selim und mein Vater Krikor umarmten sich. Es war eine kleine Feier. Sie hielten sich fest. Lange. Stumm. So haben sie sich wohl auch früher im Waisenhaus festgehalten. In Jerusalem. Im deutschen Waisenhaus. Das war ziemlich lange her. Und mir schien, als die Atemlosigkeit überwunden war, daß sie ihr Gespräch dort wieder fortführten, wo sie es einmal unterbrochen hatten. Sie fingen dort wieder an, wo sie in Jerusalem aufgehört hatten. Dann lehnten sie die Köpfe aneinander. Lachten oder schluchzten, ich konnte es nicht genau unterscheiden. Ich starrte den Koffer an und hörte, wie sie sich Arabisch unterhielten. Und Jerusalem, das sie nicht hören konnte, war nun nicht mehr türkisch, wie damals, als sie eingeliefert wurden. Aber das Waisenhaus, das seine beiden Zöglinge nach Deutschland geschickt hatte, war noch deutsch. Obwohl es Syrisches Waisenhaus hieß. Und nicht in Syrien lag. Sondern eben in Jerusalem. Wo man sie nach Luthers Bibel prägte. Selim Dhomet hatte Musik studiert. Er war Kapellmeister geworden. In Berlin. Er liebte Berlin. Die deutschen Orchester. Deutschlands Wälder liebte er. Die Ostseeküste, das deutsche Militär wegen der Märsche. Und da mochte er sich wohl von meinem Vater Krikor unterscheiden. Aber sonst?

Sie liebten die Kinder in Deutschland, die keine Waisenhauskinder waren. Die alle ein Elternhaus hatten und frohlockende Lieder sangen. Lieder von der Treue, vom traumschönen Vaterland, von klingenden Fanfaren.

Selim Dhomet, der arabische Kapellmeister aus Berlin hatte ein

Haus in Dahlem. Das liebte er natürlich auch. Da stand sein gelobter Konzertflügel, da thronten die Köpfe der Klassiker, da blickte man in einen geordneten Garten. Selim Dhomet liebte das Reich der Deutschen. Das neue Reich von der Maas bis an die Memel. Selim Dhomet war seinem Naturell nach Enthusiast. Für das deutsche Kulturgut. Aber dafür wies man ihn aus. Die neue Regierung hatte beschossen, ihn auszuweisen. Selim war Semit. Alle Araber sind Semiten oder Hamiten, jedenfalls keine Arier. Und Selim war Opfer einer Verfügung. Selim war nicht erwünscht. Er konnte es nicht begreifen. Dabei liebte er aufrichtig, hingebungsvoll, wie arabische Waisenkinder lieben können. „Gehst du mit, Krikor?", fragte er meinen Vater.

„Nein", sagte der. „Ich bleibe", sagte der leise. „Verzeih, wenn ich dich enttäusche. Wir Armenier können bleiben. Wir sind auch nicht erwünscht, aber wir können bleiben. Also bleibe ich, Selim." So sagte mein Vater. Sein schmales Lächeln erlosch. Ich starrte auf den Koffer. Er schien größer geworden zu sein. Angeschwollen. „Ich habe Doktor Artasches Abeghian in Berlin gesprochen. In seiner Wohnung in der Dahlmannstraße in Charlottenburg. Er lässt dich grüßen", sagte Selim. „Was tut er?", fragte mein Vater.

„Er bleibt", sagte Selim traurig. „Er ist wie du."
„Er ist Armenier", sagte mein Vater, „wir sind nicht besonders gelitten, aber wir dürfen bleiben. Noch. Wir sind froh, wenn wir irgendwo bleiben dürfen."

„Keiner von meinen Freunden geht mit. Keiner von denen, die ich liebe", sagte Selim und senkte den Kopf. „Und außer dir habe ich niemanden, Krikor. Niemanden mehr."

Die Stille brach ein. Eine gelbe Stille mit Ledergeruch. „Wir werden uns trennen müssen und uns nicht wiedersehen", antwortete mein Vater fast lautlos. „Hitler hat Röhm umgebracht. Er wird alle umbringen. Es gibt Krieg. Sei froh, daß du gehen kannst!"
„Hitler wird den Krieg gewinnen", sagte Selim fest. „Bestimmt", sagte mein Vater weich. „Dann kommst du wieder. Aber wir sind nicht mehr."

Selim schwieg. Er räusperte sich. Der Koffer roch nach Abschied. Ich betrachtete ihn jetzt beklommen.

„Setz dich", sagte mein Vater. Selim blieb stehen. Ich spürte die Angst. Sie kroch aus dem Koffer.

„Geh nach Berlin", sagte Selim unvermittelt. „Wohne in meinem Haus. Es steht leer. Hüte es für mich. Es gehört dir." Mein Vater nickte. Ausdruckslos.

„Ich bleibe in Herford", sagte er. „Herford ist klein und unscheinbar. Hier vermutet mich keiner. Die Araber gehen nach Berlin. Ich bleibe in Herford. Einmal muß man irgendwo die Reise beenden. Zufällig ist das hier."

„Ausgerechnet", sagte Selim. „Und was wird aus meinem Haus? Beute der Raben?" Mein Vater zuckte mit den Schultern. Dann schwiegen sie wieder. Auf Arabisch. Vielsagend.

„Ich habe ziemlich viel Bekannte hier. Verstehst du. Lauter Herforder. Keine Armenier, aber fleißige Leute."

Selim Dhomet schwieg.

„Sie können sich meinen Namen nicht merken", fuhr mein Vater fort.

„Sie sagen ‚Triko' zu mir. Alle. Es ist rührend. Ich lasse es dabei. Schließlich gehe ich mit ihnen in die Kirche. Singe mit ihnen."

„Es kann dir helfen", meinte Selim. „Es hilft dir vielleicht und sie können nichts dafür."

„Kannst du dafür, daß du Araber bist?"

„Singst du nur mit ihnen oder arbeitet ihr auch zusammen?", fragte Selim. „Wie heißt euer armenisches Sprichwort: Gott achtet mich, wenn ich arbeite, aber er liebt mich, wenn ich singe."

Mein Vater Krikor nahm eine Fluse vom dunklen Anzug Selims. Ganz vorsichtig. Fast zärtlich.

„Ich helfe ihnen, besonders im Sommer. Dann ist es für sie zu heiß. So kann ich etwas für sie tun. Und sie lassen es zu. Lassen mich zu ihnen. Es ist hier nicht wie in Berlin, aber in Berlin ist es auch nicht so heiß. Denke ich."

Sie schwiegen nach dieser langen Erklärung. Jetzt wohl auf Armenisch. Vieldeutig.

„Weißt du noch?", seufzte Selim.

„Alles", sagte mein Vater. Und ich glaubte zu spüren, wie sie miteinander untergehakt durch den Abend streiften. Durch einen fernen Garten. Den Waisenhausgarten, der abends nach Datteln schmeckte. Datteln und reifen Granatäpfeln. Und Aprikosen. Die sie aber bei Strafe nicht essen durften. So streng war die Hausordnung. Aber den Geruch, den durften sie kosten. Das war erlaubt.

„Warum wollen mich die Deutschen nicht", sinnierte Selim. „Ich habe ein Haus in der Nähe vom Wannsee."

„Hitler will dich nicht", ergänzte mein Vater. „Dein Haus gehört nach seiner Ansicht den Deutschen und nicht dir Zugedeutschtem. Das Haus meines Vaters stand am Vansee und die Türken kassierten es als ihr Eigentum. Armenisches Eigentum galt als Anmaßung. So ist das mit Stärke und Recht."

„Ich wünschte, ich wäre ein Deutscher!"

„Ich weiß nicht", sagte mein Vater. „So gefällst du mir besser. Ich möchte kein Türke sein, auch wenn ich dir dann vielleicht besser gefiele."

„Aber die Deutschen werden die Welt verändern", beteuerte Selim. „Uns nicht. Bestimmt nicht. Meine Frau nicht, nicht meinen Sohn, meine Tochter nicht", sagte mein Vater.

„Geh nach Berlin, Krikor", sagte Selim versonnen, „du wirst es glauben. Die Veränderung dort ist weltbewegend. Glaub es mir!"

„Sie werden unseren Glauben nicht ändern", sagte mein Vater trotzig.

„Für unseren Glauben gibt es keinen Ersatz. Haus und Hof kann man stehlen. Glaube ist das andere. Und glaube nicht, daß der, der da zuletzt zu lachen glaubt, seiner Sache wirklich froh wird. Freude, echte, ist eine wahre Angelegenheit des richtigen Glaubens."

Mein Vater schnäuzte sich. Das hatte ihn angestrengt. Selim setzte sich wie ermattet auf seinen Koffer. Nach einer Weile sagte mein Vater: „Spiel ein bißchen Klavier, Selim!"

Sie gingen ins Wohnzimmer. Ich dachte, jetzt hat Selim leichtes Spiel. Mein Vater schickte mich fort. Es wurde kritisch.

Ich ging zu meiner Mutter. Sie hatte meine Schwester zu Bett gebracht.
Wir klammerten uns aneinander. Wortlos.
Und dann hörten wir sie musizieren. Vater strich die alte Geige. Er spielte gegen das Klavier. Es war ein Ringkampf mit Instrumenten der Muse. Wie lange er das durchhalten würde, wußte keiner von uns.
Aber er gab nicht nach. Die schrillen Töne schmerzten und wir hatten Sorge, daß die Nachbarn gegen die Wände klopfen würden. Wie es so üblich war, wenn man Ruhe einforderte in Herford.
Dann brach die Musik ab. Nach diesem Zwiegespräch der Töne, vernahm man ihre erregten Stimmen. Jetzt, gerade jetzt, sollte ich zu Bett. Ich weigerte mich. Meine kleine Schwester Elmon schlief schon längst. Ich verachtete sie deswegen. Wie konnte man jetzt schlafen. Und ich wußte, daß auch meine Mutter Angst hatte. Eben diese unaussprechliche Angst, von der meine Schwester Elmon nichts ahnte. Sie schlief fest. Es war furchtbar. Angst mit gelben Augen.
Auf einmal haßte ich sie. Und auch Selim Dhomet mit seinem Klavierspiel und seinem gelben Koffer auf dem Flur. Haßte ihn, weil er gekommen war, um meinen Vater auf eine so merkwürdige Art zu entführen. Mit diesem gemeinen Manöver an unserem Klavier. So sind Araber, dachte ich verbittert, kein Wunder, daß sie aus Berlin verschwinden müssen. Ich haßte auch den Zug, der Selim gebracht hatte und mit derselben Gleichgültigkeit mit uns allen womöglich weiterfahren würde. Haßte die Bahnhöfe mit Menschen und Koffern.
Haßte die Bahnsteige mit den schiefen Winden aus Rauch und Maschinenschweiß.
Wir schreckten hoch. Eine Tür schlug zu. Atemlose Stille. Endlos. Endlich.
Selim Dhomet ging. Ging ohne Abschied von uns übrigen. Ging allein in die Nacht. Mit dem gelben Ungetüm von Koffer. Einsamer Selim.
Er ging durch eine verschlafene Stadt. Durch eine übertrieben

nüchterne Kleinstadt. Sie roch wie immer nach Keks und gesteiften Oberhemden. Und sie beherbergte Eingeborene, deren Treue zur heimatlichen Gemütlichkeit an Genickstarre grenzte. Ihre Tugend hieß Bequemlichkeit. Das machte sie anfällig.

Jetzt ging ein Fremder durch die Nacht und suchte den Bahnhof. Suchte seine Fassung.

Zurück blieb ein Freund, den die Veränderung lähmte. Und den auch die gewisse Behäbigkeit täuschte, die er in seiner Unsicherheit verklärte. Zum Gefühl einer fast familiären Gemeinschaft. Aber die Trennung sickerte ins Bewußtsein. Schmerzlich. „Wie war mein Arabisch?", fragte mein Vater forsch auf armenisch am nächsten Morgen.

„Wie bei einem waschechten Berliner!", rief ich vom Bad her auf deutsch zurück.

Wir hatten uns verstanden. Über Nacht. Und wir waren auf alles vorbereitet. Das war Selims Souvenir. Seine Mission. Sein fragwürdiger Besuch.

Mutter holte heimlich die Koffer heraus. Sie standen stumm in den Ecken. Unauffällig und griffbereit. Dennoch ignorierten wir sie, so, als gäbe es sie nicht. Das hat uns geholfen. Vielleicht aber auch die täglichen Tischgebete. Sie wurden länger. Inniger. Bloß die alte Fröhlichkeit stellte sich nicht mehr ein. Außer bei meiner Schwester. Sie hatte natürlich keine Ahnung. Ein Glück. Und wir sorgten dafür, daß sie nichts merkte. Auch das gelang uns. Als der Herbst kam, zogen wir um. Aufs Land. Nach Steinhagen. Ein Dorf mit einer Kirche, einer Schule und einem Briefkasten. Ringsum Buchenwald.

Dort glaubten wir geborgener zu sein. Fühlten uns befreiter. Heute würde ich sagen, wir unternahmen den Versuch abzutauchen. Vorläufig jedenfalls.

Rolf von Pander

Das Abenteuer meines ersten Marathonlaufs

Vor einigen Jahren schaute ich mal als Zuschauer einem Marathonlauf zu, als sich Tausende Läufer in einer nicht enden wollende Schlange in nahezu rhythmischem Trab vorbei bewegten. Und ich fragte mich, wie es wäre, dabei zu sein.

Ein paar Jahre später saß ich zufällig in der gleichen S-Bahn wie ein paar Läufer, die sich über ihren über 42 Kilometer langen Lauf, den sie hinter sich gebracht hatten, unterhielten. Sie hatten es offensichtlich geschafft. „Irgendwie muß es doch möglich sein zu laufen, auch wenn man nicht mehr kann", kam mir dabei als Gedanke.

Dieses Geheimnis wollte ich durch persönliches Erleben selber herausfinden.

So kam es, daß mich in diesem Jahr 2003 ein auf der Litfaßsäule erschienenes Plakat vom Eurocitymarathon der Messestadt Frankfurt fesselte.

In den vergangenen Jahren hatte ich immer wieder Chancen einer Teilnahme verstreichen lassen. Und jedes Jahr hatte ich dazu meine guten Gründe gehabt.

Doch dieses Jahr war es anders. „Ich bin unsportlich", zählte nicht mehr, denn ich hatte im Sommer öfter Touren mit dem Rad längs des Mains zurückgelegt. Einmal war ich sogar mit meinem Drahtesel auf dem Feldberg im Taunus gewesen. „Meine Gesundheit ist nicht gut genug", zählte auch nicht mehr, denn ich hatte gelernt, mich so zu ernähren, daß ich auch ohne Kaffee, Cola oder koffeinhaltigen Tee munter sein konnte und dies mit 55 Jahren.

So traf ich für dieses Jahr die Entscheidung, dabei zu sein. Sollte sie halten?

Zumindest verwendete ich nun etwas von meiner Zeit für Lauftraining. Ich nahm wieder Joggen auf am Frankfurter Mainufer, wie es mit meinem Weg zur Arbeit verträglich war oder auf den Feldern im Osten von Wiesbaden, während meine Dackel Schnupperspuren nachjagten.

Doch das Laufen ging zunächst gar nicht gut: zu langsam, zu schnell erschöpft. Doch das Schöne am Üben ist, daß man dadurch seine Leistung steigern kann – von Mal zu Mal immer etwas besser.

Um am Ball zu bleiben, anstatt die Flinte ins Korn zu werfen, zügelte ich bewußt das Risiko von Überstrapazen. Ich wollte diesmal möglichst dabei sein, anstatt dieses Ziel durch den Gedanken eines „nie wieder" zum „Sankt-Nimmerleins-Tag" zu verweisen. So steigerte ich mich im Laufe der nächsten Wochen bis zu Strecken um 5 Kilometer, die ich schließlich auch mühelos zu bewältigen vermochte und das Gefühl hinterließen, ich schaffe noch mehr ...

Sonntag, der 26.10.03, rückte näher. Eine Woche vor dem Lauf erkundigte ich mich telefonisch nach den Teilnahmebedingungen. „Juchhu!", eine Teilnehmeranmeldung kurz vor dem Lauf war noch möglich. So befand ich mich am Sonntag im Regionalexpress nach Frankfurt, gut gespeist, getrunken und fit und war darauf gespannt, wie die Abwicklung einer Anmeldung so kurz vor dem Start ablaufen wird.

Doch dann wurde die Zeit knapp:

Ich wartete vor dem Frankfurter Hauptbahnhof auf die Straßenbahn zum Messegelände. Eine Bahn war angezeigt, kam aber nicht – schien ausgefallen zu sein. So wurde auch noch auf die nächste Straßenbahn gewartet, die nach dem elektronischen Anzeiger in den nächsten paar Minuten kommen müßte – aber auch sie fuhr nicht mehr. Ein Anschlag verwies auf die U-Bahn, weil die Straßenbahnlinie wegen der Sportveranstaltung ausfiel.

„Nun, wenn es so ist", kam mir als verführerischer Gedanke, „dann kann ich mir einen schönen Tag machen und mir die Teilnahmegebühr ersparen."

Aber irgendwie reizte es mich doch zu erfahren, wie der organisatorische Ablauf einer Anmeldung so knapp vor dem Start ist und ob es noch möglich sein könnte, dabei zu sein.

Schließlich, nach einer „Warmlaufstrecke" die Anmeldung zum Marathonlauf erreicht, fragte ich wie unverbindlich vorfühlend: „Ist vielleicht noch eine Anmeldung für den Lauf möglich?" Und dies wurde mir noch möglich gemacht. Ich erhielt eine Startnummer: 10551 und etwas weiter in der Messehalle einen Chip für meinen Schuh, wobei ich nicht gleich wußte, wozu er gut war, dann aber doch noch rechtzeitig, blitzschnell lernte, daß er am Schuh und mit den Schnürsenkel zu befestigen war. Ja, und dann hatte ich noch eine Tüte für die Abgabe von Kleidung.

Ich fragte mich einfach durch, wobei ich zunächst als Antwort bekam: „Beeilen Sie sich, es wird gleich gestartet." Nur wenige paar Minuten später war es schon so weit. Ich hängte mich einfach an ein paar Läufer an, die auch zum Startstelle für die Einreihung eilten. Noch stand der größte Teil der Läufer in der Schlange, denn es dauerte etwas, bis sich auch die Mitte und schließlich das Ende der wartenden langen Schlage in Bewegung setzen konnte. Ich wählte wohlweislich ihre Mitte, jedenfalls nicht zu weit vorne, damit ich ein Lauftempo vorfinden dürfte, dem ich mithalten kann.

Da ich es nun geschafft hatte, einen lang ersehnten Wunsch, nämlich dabei zu sein, in Erfüllung gehen zu lassen, war ich vergnügt und guter Dinge.

Natürlich war zu diesem Augenblick noch ungewiß, ob ich auch das Ziel rechtzeitig erreichen kann. Dies reizte mich schon. Andererseits blieb es natürlich ungenommen, falls dazu Kondition und Fitneß nicht hinreichen sollten oder irgendeine unerwartete Überbelastung dazwischen kommen sollte, unterwegs auszusteigen – aufzugeben. Aber ich fühlte mich fit und war mir ziemlich gewiß, daß ich zumindest 20 Kilometer packen könnte.

Mit dieser Einstellung – um nicht zu sagen Rechtfertigung – hatte ich mich in die Schlange eingefädelt. Noch stand sie, doch dann setzte sie sich langsam in Bewegung. Ich begann inmitten der anderen Läufer zu laufen und fühlte mich großartig.

Die Laufstrecke kannte ich in etwa auch. Ich wußte, daß es zunächst ein gutes Stück hin und her durch die Innenstadt von

Frankfurt gehen wird, dann über eine Mainbrücke und durch Sachsenhausen in Richtung Schwanheim, dort wieder über eine Brücke weiter in Richtung Höchst und schließlich wieder zurück zum Zentrum von Frankfurt, wo nach ein paar weiteren Kilometern das Ziel in der Festhalle wartete. Dort auf den ausgelegten roten Teppichen einzulaufen, war ein Traum, der mit Glück in Erfüllung gehen könnte, falls ich nach den vorgenommenen 20 Kilometern noch bei Kräften sein sollte.

Ich konnte die ersten Kilometer recht gut laufen – mit ruhigen tiefen Atemzügen und ohne Seitenstechen oder Problemen mit den Beinen. Meine Schuhe bewährten sich. Die Kleidung war jedoch für das Lauftempo etwas zu warm gewählt. Ich kam ins Schwitzen, löste den Reißverschluß der Sportjacke und krempelte die Ärmel etwas hoch. So ging es besser. Dennoch wurde die Zeit lang. Es verging eine weitere Weile, ohne daß eine Verpflegungsstation für Getränke in Sicht war. So kam Durst auf und wuchs an. Doch schließlich doch noch eine Hoffnung auf Erleichterung: Wasserbecher wurden angekündigt. Und bald darauf wurde tatsächlich die Sicht frei auf lange Tische am Straßenrand, auf denen viele weiße Becher standen, die den Läufern zugereicht wurden. Ich gönnte mir diese Erfrischung mit kaltem Wasser. Leider ging das Trinken nicht so gut beim Laufen, denn Wasser schlabberte dabei aus. So bedeutete dies auch eine angenehme kleine Gehpause, bis der Becher geleert war, der danach mit einem kleinen Wurf zu vielen anderen leeren Bechern am Straßenrand entsorgt wurde. Und mit neuem Schwung ging es weiter ...

Ich hatte die Stoppuhr meiner Uhr in Aktion und konnte so ständig die verstrichene Laufzeit beobachten und freute mich, schon weit über meine letzte halbstündige Trainingsstrecke am Mainufer zwischen Offenbach und Frankfurt/Hauptbahnhof hinausgekommen zu sein. Dadurch machte das Laufen einfach mehr Spaß, und die weiteren Schleifen durch die Innenstadt Frankfurt verliefen nun mit mehr Kurzweil. Als der Weg die Alte Oper passierte, kam wieder ein Erlebnis ins Bewußtsein, als dort vor wenigen Jahren Marathon-Läufer für Religionsfreiheit feierlich zu einer

Veranstaltung mit großer Bühne und Ovationen empfangen worden waren. Diese Erinnerung ließ meine Beine wieder leichter laufen und nach ein paar weiteren Kilometern kam die Brücke zur Überquerung des Main auf dem Weg nach Sachsenhausen in Sicht.

Doch dort lauerte eine Versuchung: Anhand der Läufernummern war zu erahnen, daß dort eine ganze Gruppe ihren Lauf vorzeitig beendet hatte. Sollte ich ihnen gleichtun? Immerhin, sie waren um die 10 Kilometer gelaufen – auch eine gute Leistung – und schonten jetzt Beine und Muskulatur, indem sie von der aktiven Rolle zur Zuschauerrolle gewechselt hatten. Doch dies entsprach nicht meinem Interesse. Noch hatte ich Schwung, wenn auch das Laufen etwas mühseliger war als zu Beginn beim Start. Ich glaubte einfach daran, daß ich 20 Kilometer packen werde. Dann kann ich immer noch abbrechen, wenn ich will, sagte ich mir.

Mit Freude stellte ich nämlich fest, daß ich mittlerweile schon eine ganze Stunde gelaufen war und eine Strecke von 10 Kilometern schon hinter mir hatte – etwa ein Viertel der gesamten Strecke war so schon geschafft – mein bester Lauf in diesem Jahr. Früher war ich auch mehrmals im Reingau am Rheinufer gejoggt und dabei schon mal 17 Kilometern gelaufen, aber heute wollte ich mich nun übertreffen ...

Ich lief unter Läufern, die zweifelsfrei gut trainiert waren, schneller waren und mich überholten. Ich versuchte mein Tempo zu halten und hielt dafür auch Ausschau nach gleich schnellen Mitläufern – gewissermaßen als Schrittmacher für mich.

Doch bald kam eine weitere Versuchung: Einige Läufer waren von der Laufstrecke auf den Bürgersteig ausgeschert, auf dem sie weitergingen. Ich tat ihnen gleich und fragte einen Läufer, ob er einen toten Punkt hätte? Doch nein, er wollte jetzt nur austreten, um einen Baum aufzusuchen und dann weiterlaufen.

Ich selber hatte 20 Kilometer noch nicht geschafft, wie ich mir vorgenommen hatte. So entschloß ich mich, weiterzumachen. Jede Tischreihe mit Trinkbecher war mir willkommen. Und jetzt wurden auch Bananen angeboten, die vorgeschält in halben Stücken zum Greifen bereitlagen und erfrischend schmeckten. Hinsichtlich der Getränke wurde ich richtig wählerisch. Nun, bei dieser nicht enden wollenden Laufstrecke gehörte es einfach dazu, das Trinken zu genießen – mit kleineren, erfrischenden Schlückchen. Dies brachte mir einige Schritte zum Gehen ein, während der ich mich verschnaufte, bis der Becher jeweils geleert war. Dann ging es im Laufschritt weiter, wie die Beine gerade tragen wollten. Und so verging meine zweite Stunde Marathonlauf. Und bald war die Hälfte geschafft.

Die Läuferschlange war mittlerweile weniger gedrängt, sondern auseinander gezogen. Viele geübte Läufer waren weit vorne, die schnellsten von ihnen, die Profis, schon fast im Ziel. Hinter mir waren viele weitere Läufer, denen es möglicherweise auch so ging wie mir und auch in der Ungewißheit waren, ob das Ziel noch zu schaffen war. Die Zahl der Teilnehmer, die zwischendurch nur gingen, vermehrte sich. Es war nun nur noch etwa die halbe Strecke zu laufen und die noch verfügbare Zeit, um innerhalb des Zeitlimits anzukommen, war rein theoretisch – mit viel Optimismus – im Falle eines sehr schnellen Gehens – möglicherweise noch knapp hinreichend. Also, die gesamte Strecke könnte vielleicht doch noch zu schaffen sein, überlegte ich mir. Dies gab mir Mut, und der Gedanke, jetzt aufzuhören, verlor für mich an Attraktivität, da die anfänglich vorgenommenen 20 Kilometer ohne zu großer Erschöpfung gemeistert waren und jetzt nur noch etwa die halbe Strecke zurückzulegen war.

Und während ich mich so im Laufschritt voranbewegte, fiel mir eine Läuferin auf, die aufzugeben schien. Ich nahm Kommunikation auf und fragte, wie es ihr ging.

Sie trug tatsächlich den Gedanken, jetzt aufzuhören. Aber ich entschloß mich, ihr, wenn ich ihr helfen kann, zu helfen. So stoppte ich meinen Lauf und fragte sie einfach nach Erlebnissen, wo es ihr noch gut ging und wo sie noch gut laufen konnte. Und sie hatte gute Erinnerungen an ihren letzten Marathonlauf in New York, wo sie auch ihr Ziel ohne Probleme erreicht hatte. Diesmal, meinte Sie, war das Anfangstempo etwas zu groß gewesen. Ich gab ihr dann noch einen Orientierungsbeistand, indem ich auf Dinge zum Hinschauen zeigte. „Schaue auf diesen Baum", sage ich ihr zum Beispiel. Sie tat es und ich bestätigte sie. So ließ ich sie zu einigen Dingen längs des Weges schauen. Nach einer kurzen Weile fragte ich, wie es ihr ging und sie sagte mir, daß es ihr wieder gut geht und sie wieder laufen könne, und sie sah die Möglichkeit, mit meinem Tempo den Marathonlauf jetzt schaffen zu können.

Und wir liefen weiter. Später war sie mir voraus und ich verlor sie aus meinen Augen.

Das Publikum war gut. Nach einer Weile, als noch 10 Kilometer zurückzulegen war und ich durch teils laufen, teils gehen an Geschwindigkeit verloren hatte, kam zu mir die Ermutigung herüber, daß ich es in der Zeit noch schaffe. Und ich konnte streckenweise immer noch laufen. So kam ich trotz aller Erschöpfung Stück für Stück näher zum Ziel, und ich gewann genügend Zeit, womit die Gewißheit stieg, es mit Sicherheit schaffen zu können. Die Strecke zog sich wie Kaugummi, aber es ging voran, teils im schnellen Schritt, teils mit Schnaufen wie eine Lok ...

Kilometermarken verkündeten, daß das Ziel näher rückte. Kinder zeigten immer wieder am Streckenrand das „Keep-Smiling-Symbol" – ein mit wenigen Strichen gezeichnetes lachendes Gesicht auf blauem Grund. Andere Kinder streckten ihre Hand für ein Abklatschen und fühlten sich geehrt, wenn dies der Läufer tat. Dies gab Spaß. Und Musikkapellen lieferten immer wieder Rhythmus für neuen Schwung.

So konnte es nicht ausbleiben, bald nur noch wenige Kilometer vor dem Ziel zu sein. Für das Publikum war es klar, ich schaffe es. Meine Uhr gab mir die gleiche Information. Außerdem erfuhr ich mit Anfeuerungen, daß es ein tolles Erlebnis sei, auf einem roten Teppich in der Festhalle einzulaufen und dieses Erlebnis nun auf mich wartet. So vernahm ich „Der rote Teppich wartet!" vom Publikum, das Läufer laufen sehen wollte. Das Geheimnis, laufen zu können, während man aus guten Gründen nicht mehr hätte laufen können, schien sich zu enthüllen – wie Magie, die Unglaubliches Wirklichkeit werden läßt. „Super" war eine weitere Anfeuerung kurz vor dem Ziel. Schließlich, da stand der Messeturm, groß und nicht mehr weit. Er kam näher, wurde passiert, und hinauf ging es aufs Messegelände und dort rechts in die Festhalle. Geschafft? Noch nicht ganz: Die Festhalle war in fast voller Länge mit rotem Teppich ausgelegt. Über diese 50 Meter galt es noch zu laufen. Und während ich einlief, rückten nachfolgende Läufer mit einem Endspurt auf und setzten zur Überholung an. Spannung in den letzten Sekunden. Ich erhöhte mein Tempo und vermochte so noch eine Überholung eines Läufers abzuwehren.

Dann war es geschafft. Das Wagnis meines ersten Marathonlaufs hat seinen Abschluß mit Platz 5997 gefunden – nach 5 Stunden, 13 Minuten, 23 Sekunden (gemäß Computerausdruck kurz nach dem Lauf).

Beim Weg aus der Halle erlebte ich nun freudig – wie jeder Läufer, der es geschafft hatte – als Sieger zu gelten, als mir die Auszeichnung als „Finisher" um den Hals gehängt wurde. Also, es hat sich gelohnt, die Strecke doch zu schaffen. Ich war nun um neues Wissen reicher: Ein Marathonlauf ist etwas, das ich schaffe.

Mein erster und erfolgreicher Lauf war für mich kein verbissenes Laufen auf Zeit gewesen, aber das Kontrollieren der Zeit war nützlich. Unterwegs war ich in Kommunikation mit mehreren Läufern gegangen, um zu ermutigen. Und mir wurde bewußt, daß ich Teil der Läufergruppe war – nicht nur während des Laufes, sondern auch im Anschluß während der S-Bahn-Rückfahrt nach Wiesbaden. Es gab die gemeinsame Realität, die Strecke in der Zeit geschafft zu haben, was mit Stolz erfüllte. Und die Kommunikation mit zurückreisenden Läufern war einfach hemmnisfrei offen. So fühlte ich mich wie ein Gruppenmitglied – nämlich eines Mitgliedes der Gruppe der Läufer vom Eurocitymarathon 2003 der Messe Frankfurt.

Das Gefühl, zur Gruppe von Marathonläufern zu gehören, lebt fort, so zum Beispiel, als es mir letzten Sonntag im Schloßpark Biebrich echt Freude bereitete, Joggingläufer zu mehr Runden anzuregen.

Nun, mit Spaß am Jogging kann es anfangen – mit dem ersten Dauerlauf – wenn dadurch der Wunsch aufkommt, sich von Mal zu Mal zu verbessern und man dies auch tut.

Ich bin mir sicher, es gibt mehr Marathonläufer. Haben Sie auch dazu Ihr Potential? Sie können es erfahren: Starten Sie ihren ersten Dauerlauf. Er muß nicht weit oder anstrengend sein. Wichtiger ist, es macht Spaß und Sie wollen sich verbessern. Eines Tages mögen auch Sie über einen roten Teppich einlaufen oder gar mit einem Kuß von Fortuna gut wie ein Profi werden – bewundert.

Manfred Pitterna

Erinnerungen an Berlin

Im August 1961 hörte ich von Berlin das erste Mal. Meine Eltern hatten Urlaub, waren mit meinem Bruder, mir und meinen Lieblingsgroßeltern, den Eltern meiner Mutter, bei denen ich aufgewachsen war, nach Kärnten gefahren. Drei Wochen Sonne, Schwimmbad, und keine Schule; der letzte Sommer für mich, bevor „der Ernst des Lebens" begann. In der Gaststube der Pension, wo wir nächtigten, stand ein Wurlitzer; nach Einwurf einer Münze konnte man über die Kombination einer Zahl- und einer Buchstabentaste die Musik wählen. Mein damaliges Lieblingslied weiß ich heute noch. Es war der Schlager „Schnaps, das war sein letztes Wort". Ich lernte ihn durch deutsche Gäste kennen, die ebenfalls in besagter Pension wohnten und ihn oft spielten. Aus den von mir mitgehörten Gesprächen wußte ich, daß sie aus Berlin waren. Auch aus dem Radio in der Gaststube war meist Musik zu hören, und Nachrichten. Ich erinnere mich noch, daß das Lachen und angeregte Gespräch, das die Berliner mit anderen führten, jäh abbrach, als in den Nachmittagsnachrichten des 13. August zu hören war: Die Führung der DDR läßt in Berlin eine Mauer bauen. Worauf der Berliner Familienvater sagte: „Und wir müssen hinter die Mauer zurück."

Man gewöhnte sich daran, daß es zwei deutsche Staaten gab. Einer westlich orientiert, eingebunden in die Europäische Wirtschaftsgemeinschaft (EWG), der andere auf die Sowjetunion ausgerichtet, Bestandteil des COMECON, der aus dem RGW (Rat gegenseitiger Wirtschaftshilfe für die Staaten des Ostblocks) entstand. Einer eingebunden in das westliche Verteidigungsbündnis NATO, der andere in den Warschauer Pakt. Wäre Österreich ebenfalls geteilt worden, hätte es die Chance auf zwei Mauerstädte gehabt; Wien, was logisch gewesen wäre, und Linz. Linz-Urfahr war sowjetisch, der Rest der Stadt amerikanisch. Andererseits war das von den Sowjets besetzte Wien nicht so eine geschlossene Einheit wie die Sowjetzone in Berlin. Daraus ein West- und ein Ostwien zu machen, wäre nicht so einfach gewesen, wie es Walter Ulbricht fiel, Ostberlin gegen den Westen abzuschotten. Denn noch sieben Jahre vor dem Mauerbau, als meine Mutter mit mir schwanger war, war Wien immer noch in seine vier Besatzungszonen geteilt. In der Innenstadt, im 1. Bezirk, patrouillierten die vier gemeinsam, da der 1. Bezirk als internationale Zone galt. Diese Gemeinsamkeit hat es in Berlin so nicht gegeben. Am Riesenrad im Prater hingen damals nur vier Wagons genau im Kreuz; vor dem Krieg hatte jede Achse einen getragen wie heute jede zweite. Als in meinem Geburtsjahr nur vier Wagons am Riesenrad hingen, witzelten die Wiener: „Wann drahn se die viere endlich?" Sie sprachen von der Drehbewegung des Riesenrades und meinten damit die Besatzungsmächte, wann diese Wien verlassen würden. Ein Spruch, den ich in der Familie hörte, denn meine Mutter hatte mit ihrer Mutter die ganze Zeit des Krieges in Wien verbracht. Überhaupt hatte ich die jüngste Zeitgeschichte nicht in der Schule gelernt, sondern zu Hause erfahren. Der Geschichtsunterricht in der Schule endete mit der Monarchie im Jahr 1918. Die folgenden 51 Jahre bis an das Ende meiner Schulzeit sind nicht Gegenstand des Geschichtsunterrichts gewesen. Gegen Ende meiner Schulzeit gab es dann die nächste Krise, denn vom so genannten Ungarnaufstand 1956 hatte ich ja nichts bewußt erlebt. Bei der Niederwerfung des Prager Frühlings 1968 stand das Bundesheer wieder an der Grenze und in Wien gab es zu jener Zeit einen Parteivorsitzenden der KP, Muhri mit Namen, der, hätte es ein zweites kommunistisches Österreich gegeben, ganz gewiß seinem Heer den Marschbefehl auf Prag gegeben hätte. Nach Schulzeit, einigen Berufsjahren in der Versicherung und dem Berufswechsel zum Theater lernte ich im Urlaub, den ich in Wien verbrachte, einen „Neuösterreicher" kennen. Ich nenne ihn so, da er mir erzählte, die österreichische Staatsbürgerschaft noch nicht lange zu besitzen. In der Ostzone Berlins geboren, hatte er 1953 mit der Schule begonnen und zugesehen, als in Ostberlin Stalindenkmäler fielen.

Als die DDR in Helsinki mitunterschrieben hat, daß sie ihren Bürgern das Recht einräumt, ihren Wohnsitz frei zu wählen, berief er sich auf dieses Recht, war als Ostdeutscher beim Verlassen der DDR sowieso automatisch westdeutscher Staatsbürger, und nach einigen Jahren in seiner Wunschstadt Wien habe er die österreichische Staatsbürgerschaft beantragt und bekommen.

Durch ihn angeregt, entschloß ich mich, mir Berlin anzusehen und lernte es im Sommer 1988 kennen. Ich wohnte bei Bekannten im Westen und fuhr mit einem Tagesvisum in den Osten. Er erwartete mich bereits, denn ich hatte mich verspätet, und wir gingen zuerst zur Mauer. Da er mir zeigte, wo er am Prenzlauer Berg aufgewachsen war. Ich hatte meine alte Super-8 Kamera dabei, mit zwei oder drei Schwenks über die Westseite der Mauer, welche die Graffiti darauf zeigten. Hier wollte ich die Ostseite filmen, um einen guten Übergang zu Hause schneiden zu können. Das ist aber bis heute nicht geschehen, denn die technische Entwicklung hat es verhindert. Einige Stunden sind wir quer durch Ostberlin marschiert, vom Prenzlauer Berg nach Osten, vom Norden der Stadt in den Süden. Nicht weit entfernt vom Alexanderplatz unterbrachen wir für Kaffee und Kuchen und etwas über eine halbe Stunde saßen wir auf einer Bank auf der Karl-Marx-Allee. Ein Schwenk über die renovierungsbedürftig wirkenden Häuser dieses Straßenzuges muß auch bei den Aufnahmen sein. Unweit der S-Bahnstation wo ich zurückfahren mußte lud er mich noch zum Abendessen und einem Abschluß-Turning ein. Bedenkt man, daß – vom Pflichtumtausch für Touristen mal abgesehen – mindestens 2,50 Ostmark, bis fast 4 für eine Westmark getauscht wurde, und der tatsächliche Wert der Ostmark 1 zu 1 mit dem Schilling stand, den man etwa 7 zu 1 gegen die Westmark tauschte, wird klar, wie überbewertet die Währung der DDR war. Das gleiche Verhältnis hatten zur gleichen Zeit Schilling und ungarischer Forint; etwa 7 Forint für den Schilling. Wir ahnten beide nicht bei unserem Treffen in Berlin, daß wir uns so nie wieder dort treffen würden. Denn rund zehn Monate später zerriß der Eiserne Vorhang an der Grenze zwischen Österreich und Ungarn, und ein kommunistisches Regime nach dem anderen begann zu wanken und fiel. Als ich mich mit meinem Bekannten nach dem 9. November 1989 traf, und wir kamen über viele Jahre sehr oft zusammen, erzählte er mir, daß er gerade zu der Zeit der Maueröffnung mit seinen Eltern telefonierte und die Schreie und das Krachen von Sektkorken durch das Telefon hörte. Ich selbst sah die Ereignisse in der Nachrichtensendung „Zeit im Bild". Ein anderer Bekannter, ebenfalls ein Deutscher, denn ich habe durch eine Ausbildung, die ich in Deutschland machte, einige Bekannte dort, erlebte, wie er mir später erzählte, diese Zeit in den Weiten Asiens. Auch dort kam der Fall der Mauer in den Nachrichten und Arbeitskollegen von ihm fragten ihn, was er davon halten würde, da sie wußten, daß er Deutscher war. Er, geboren und aufgewachsen in der Bundesrepublik, hielt es zunächst für eine „Zeitungsente". Erst nach und nach sickerte es bei ihm durch, daß es Realität war, sagte er zu mir. „Ich dachte zuerst, daß sich ein Journalist das Ganze ausgedacht hat."

Natürlich waren die Veränderungen für mich interessant, die in Berlin vor sich gingen. Im Mai 1990 sah ich das Brandenburger Tor wieder. Noch war es zugemauert, doch es stand rundum ein Baugerüst und die Quadriga befand sich nicht auf dem Tor. Sie war zu Restaurierungszwecken heruntergenommen worden. Zwischen November 1994 und August 1995 war ich bedingt durch Treffen mit meiner Freundin am häufigsten in Berlin. Von einem Besuch zum anderen mußte ich mir die Verbindungen des öffentlichen Verkehrsnetzes neu suchen, denn Berlin war eine Großbaustelle. Als wir unsere Treffen in Berlin im November 1994 begannen, sahen wir vom Funkturm aus nichts wegen des Graupelschauers, der damals niederging. Im August 1995 sahen wir um so mehr, denn es war ein Tag mit strahlend blauem Himmel. Diesen bewundernd wäre ich fast durch das offene Brandenburger Tor gefallen, denn ich stolperte über eines der Hindernisse, die man als Sperre für Autos eingebaut hatte.

Walfried Posse

Unterwegs in Deutschland

Diesmal verläßt Eric gar nicht erst das Auto, in dem er mich zum Saalbahnhof gebracht hat, er ist in Eile und fährt gleich weiter. Ich stoße die schwere Pendeltür auf und befinde mich in der Bahnhofshalle – wie so oft schon. Alles ist vertraut. Gleich einem Pawlow'schen Hund steigen mir für Sekunden Gerüche in die Nase, obwohl sie dort gar nicht mehr verströmt werden: das unverwechselbare Luftgemisch des Intershop-Ladens, dominiert von frischeduftenden Seifen der Filmstars, und der penetrant beißende Geruch einer stets mehr oder weniger defekten Bahnhofstoilette in der Unterführung. Für Reminiszenzen ist nun keine Zeit, flotten Schrittes gehe ich zum Zug. Vor mir zwei junge Leute mit kleinem Kind. Die Treppe hinauf. Niemand sonst auf dem Bahnsteig, auch gegenüber nicht. Ganz anders als gewohnt. Dort aber, wohl hundert Meter hin, Bahner in ihren orangefarbenen Westen zwischen Schotter und Eisen. Schienenbruch womöglich? Nein, Bombenfund. – Kaum zu glauben. – Wann hier wieder ein Zug fährt ist unbestimmt. Die Berliner und Münchener Strecke sind betroffen.

Verärgert ob dieser Hiobsbotschaft höre ich das Angebot des jungen Mannes, dann eben mit dem Auto die beiden, die Frau mit dem Kleinkind, bis Naumburg zu bringen. Doch sie meint, daß das nicht zu schaffen wäre, dort den Anschlußzug zu erreichen. Falls sie aber losfahren, würde ich gern mitkommen, dachte ich bei mir und äußerte es auch. Das Vorhaben zerschlägt sich. Da meint ein anderer auf dem Bahnhofsvorplatz: „Camburger Sch... Sch... Sch...". Ich sage: „Straße." Und er nickt zufrieden und zeigt. Da unten, sehe ich, stehen fünf oder sechs Frauen bereits an der Bushaltestelle. Sie fragen und antworten einander, wie den Gesten und Wortfetzen zu entnehmen ist.

Nun will ich mich dort erkundigen, ob da der Schienenersatz nach Naumburg zu erwarten ist. „Sie wollen auch nach Hamburg?", fragt mich eine ältere Dame in feinem Beige, die sich offensichtlich verhört hatte. Wir wechseln freundliche Worte, das Mißverständnis klärt sich auf. Und eine kleine Fahrstrecke ist doch identisch, die über Dornburg, Camburg, Naumburg, bloß nicht bis Hamburg. Jetzt kommt ein Bahnbeamter mit schwacher Funktechnik und starkem Selbstbewußtsein. Aus seinem Lautsprecher krächzt die Order des Vorgesetzten. Der Bus, leer soeben angekommen, soll bis Porstendorf fahren, ohne jemand mitzunehmen, was Empörung auslöst. Dann aber soll er doch mit den Fahrgästen in Richtung Naumburg starten. „Ich will aber nach München", bringt eine jüngere Frau forsch und entrüstet ein. „Da müssen Sie ..." Und schon wird er von dem übertönt, der rückfragen läßt, wie er an den Haltepunkt Jena-Zwätzen heranfahren kann. „Bis zur Halbschranke, dann drüber, zum Autohaus ..." – „Fischer", wirft der Saalbahnhofsbeamte ein – „Ja, weiter zum Bäcker und zurück zur Bahn", endet die Lautsprecherinformation.

Wir sitzen bereits im Bus, amüsiert und verärgert zugleich. Die Fahrt beginnt, über holprige Straßen geht es voran. Allmählich wird der Blick auf die Saaleaue frei, deren Schönheit zu sehen niemand gestimmt ist. Zur Linken die verlassene Russenkaserne. Sooft ich hier vorbeikomme, bin ich seltsam berührt. Die Russen sind raus, ihre Spuren tief. Vergammelte Häuser, verödet. Geschundene Eskaladierwände. Wacklige Wachtürme. Geisterhafte Kulisse. In der Einöde, dort an der Mauer des Kasernengeländes zwischen vielen anderen Spuren der Sprayer, ein geläufiges Zeichen, von schwerer Hand gemalt, in stumpfem Schwarz, mehligem Weiß und Russischgrün: Der grüne Punkt. Alles schon mal da gewesen? Recycling? Wir kommen wieder?

Hier in Zwätzen will keiner aussteigen. Warum auch? Der Bus überquert die Schienen. Im Wartehäuschen sitzt eine Frau, die in diesem Gefährt nicht den verspäteten Personennahverkehrszug erkennt. Weshalb auch sollte sie das? Nichts macht ihn kenntlich. Niemand weist sie darauf hin. Die Rückfrage des Busfahrers, wie denn dieser Haltepunkt anzufahren sei, hätte sich erübrigt. Die nächste Station ist Porstendorf, zugleich eben die letzte. Aussteigen ist die Devise. Wie Schafe ohne Leittier nun über die Gleise. Dort steht ein Doppelstockzug bereit, und ein hagerer, langer Eisenbahner schreit: „Kommt Ihr von Göschwitz?", was allgemein und etwas unwillig verneint wird. Manchem, so war zu spüren, schien das unamtlich und zu verbindlich. Und der Lange erfuhr bald an seinem Telefonmasten, wie alle, die es hören wollten auch, daß noch ein Bus „ersatzverkehrt" von Göschwitz eintreffen muß. Nach längerem Warten geschieht das auch. Der Zug setzt sich in Bewegung. Zügig geht es voran, bis eine größere Pause eingelegt wird, auf offener Strecke, dort, wo die Ilm in die Saale fließt und die Saalebahn auf die Strecke Frankfurt/Main – Frankfurt/Oder trifft. D-Zug runter, D-Zug rauf. Endlich weiter und mit einiger Verspätung nach Naumburg. Am Schalter dort treffe ich wieder die Dame in Beige, auskunftslüstern, verständlicherweise. „Auf der Hinfahrt schon Pech gehabt", höre ich sie durch das Sprechfenster in die Amtsstube rufen. „Wie geht das nun weiter? Ich will nach Hamburg."

Die Damen aus dem Westen, geographisch gesehen besser aus dem Süden und Norden, mögen das alles in sich aufgenommen haben, als könnte es sich nur im Osten so zutragen. Und in gewisser Hinsicht haben sie recht. Ich mit meiner Frage wurde von der Schalterfrau an die Aufsicht verwiesen und erhielt einen Schein, der mich berechtigt, den IC 804 am 14.5.1994 von Naumburg nach Leipzig ohne Fahrpreiszuschlag zu benutzen. Um ein zweifelhaftes Erlebnis ward ich reicher und mit der Deutschen Bahn AG ein wenig versöhnt. Doch es dauerte nicht lange, und der Verdruß wuchs. Der IC „Wetterstein", in der Frühe ab Seefeld, über Garmisch und München nach Berlin, trifft, ohne daß es der Naumburger Lautsprecher irgendwann plärrt, über eine Viertelstunde verspätet ein. Das erste Mal benutze ich einen solchen Zug, ansonsten

genügten Regionalbahn oder Auto, in dem ich auch nur mitfahre. Überrascht von der Innenausstattung des Inter-City fand ich bald einen Platz und meinen Kontrolleur, höflich und korrekt. – Lindgrün, Orange und Braun bestimmen die Farbigkeit, ein angenehmer Klang. Die „Bestuhlung" ist wie im Bus oder Flugzeug. Doch der wesentliche Unterschied: Alle sitzen mit dem Rücken in Fahrtrichtung, werden rücklings ihrem Ziel näher gebracht. Wie kann man es da vor Augen haben? Ob das so sein muß? Zwei ältere Damen sitzen vor mir, denn ich schaue ihnen auf den Rücken. Und zugleich sitzen sie hinter mir, denn ich bin der Lokomotive und dem Zielbahnhof näher. Sagt die eine mit zarter Stimme, doch gut vernehmlich und mit Bedacht:
„Aber manche Bahnhöfe sind sehr schön geschmückt."
„Hier?", mit dem unüberhörbaren Ausdruck von beißendem Hohn und Spott, die andere.
„Nee, nee, bei uns."
„Das ist Naumburg hier."

Bei strahlendem Sonnenschein setzt der IC seine Fahrt durch „blühende Landschaften" beschleunigt fort. Das rauchzart getönte Glas der Fensterscheiben läßt die Welt da draußen noch anmutiger erscheinen. Angenehm die vornehme Kühle im Zug. Völlig überflüssig die Mühe also, sich vorzustellen, daß „ein leichter Luftzug erfrischend über die Stirn hinwegstreicht", wie ein sprachliches Fertigteil aus dem autogenen Trainingsprogramm lautet, um schließlich einen Entspannungseffekt zu erreichen. Kaum möglich wohl auch, solche Empfindung sich selbst zu suggerieren, wenn Bewegung und „Fahrtwind" auf den Hinterkopf treffen. Und in diesem steckt noch der Gedanke an den Bombenfund, als der Zug meinen Zielbahnhof erreicht.

Bombenfund? Immer ein Grund zu Sorge, und Verärgerung allemal, seltener ein Brückenschlag in die Geschichte, und schon gar nicht, sich der Schrecknisse des Krieges und seiner Ursachen bewußtzuwerden. Oder doch?

Bald sind seitdem zehn Jahre vergangen, und ich wurde auf sonderbare Weise wieder erinnert, neulich auf dem Trödelmarkt, mit Freunden besucht. Volksfeststimmung in Leipzig-Markkleeberg. Tausende Schausteller, noch mehr Besucher und unzählige Dinge zwischen wichtig und nichtig. Alles wird feilgeboten. Eines davon erregte eigenartige Aufmerksamkeit: der Rest einer Bombe aus dem Zweiten Weltkrieg, in Augenhöhe präsentiert auf einer hölzernen Konsole, von einem Mann aus Treuenbrietzen.
Was mag das Motiv für ein solches Angebot sein?
Erinnerung?
Mahnung?
Makaberer Spaß an der bizarren Form zerrissenen Eisens, einem Kraken ähnlich?
Künstlerische Intention?
Geschäftstüchtigkeit?
Ich weiß es nicht. Feststeht, diese Begegnung hat mich tief bewegt, zum Nachdenken gefordert. So bin ich erneut unterwegs in Unbekanntes, unterwegs zu mir selbst und zu anderen.

Anna Raab

„Ich will hier raus ..."

Eigentlich beginnt diese Geschichte im Jahr 1986 mit einer Wochenendfahrt. Eine Freundin, Meike, eine frühere Klassenkameradin, Katrin, und ich hatten beschlossen, ein Wochenende ohne Männer miteinander zu verbringen. Das Reiseziel war schnell gefunden: Prag sollte es sein, die Stadt an der Moldau. Und mein Freund stellte uns sein Auto zur Verfügung.

Das Hotel wurde über ein Reisebüro gebucht und die notwendigen Visa wurden beantragt. An einem Donnerstagabend ging es los, kurz nach 24.00 Uhr passierten wir die Grenze und kamen erschöpft, aber glücklich am Morgen in Prag an. Das Hotel hatte sicher schon einmal bessere Zeiten gesehen, aber das störte uns wenig.

Wir wanderten „Die Moldau" pfeifend durch die Stadt, besuchten den Hradschin, die Altstadt und überkreuzten die Moldau immer wieder über die diversen Brücken. Am zweiten Tag wollten wir das Nachtleben in Prag kennen lernen und suchten am Havelplatz eine Diskothek.

Schon bald hatten wir uns durch unsere Kleidung als Ausländer entlarvt und kamen mit einigen netten Tschechen ins Gespräch, die ebenso wie wir auf Wochenendurlaub in Prag waren. Nur einer von ihnen, Alex, sprach englisch, die anderen verständigten sich mit Händen und Füßen. Es wurde ein lustiger Abend und zwei der Tschechen, Alex und George, baten uns um unsere Adressen. Katrin gab ihnen einen Zettel mit einer falschen Adresse. Ich dachte bei mir: Die dürfen sowieso nicht raus aus Tschechien, und gab George meine Adresse in Göttingen.

Einige Wochen nach meiner Rückkehr erhielt ich einen netten Brief von George in Deutsch. Er erklärte mir, daß er eine Freundin bemüht hatte, seinen Brief zu übersetzen, damit wir uns verständigen konnten. Das allein imponierte mir so sehr, daß ich ihm antwortete. Und so gingen über Jahre nette Briefe hin und her. Er erzählte von seiner Familie, ich erfuhr, daß er als Mechaniker für einen Motorradrennfahrer arbeitete. Ich schrieb ihm von meinem Studium, von Katrin und Meike und von meiner Familie.

Dann kam der 9. November 1989, der für viele Menschen die Welt veränderte und Massen an ostdeutschen Bürgern über die Studentenstadt Göttingen schwemmte. Neben dem Gänseliesel parkten Trabbanten in der Fußgängerzone. Irgendein Mensch stattete die Autos mit „Lila Pausen" aus. An anderen waren Zigarettenschachteln hinter die Scheibenwischer geklemmt.

In diesen Novembertagen waren wir alle mit der deutschdeutschen Wiedervereinigung, mit der eigenen Geschichte so beschäftigt, daß ich kaum wahrnahm, daß auch andere Länder ihre Grenzen öffneten. Bis zu jenem 21.12.1989. Ich war gerade dabei, meine Planungen für die Weihnachtstage zu machen, ich wollte meine Eltern besuchen, da klingelte es um 22.00 Uhr abends an meiner Tür. Da ich in der Göttinger Innenstadt wohnte, war es nichts Ungewöhnliches, daß Bekannte oder Freunde spontan spät vorbeischauten. Als ich die Gegensprechanlage betätigte, fiel ich deshalb aus allen Wolken, als sich George meldete.

„Anna, hier ist George aus Tschechien." Völlig benommen drückte ich den Summer, in meinem Kopf hämmerte es. Wie kam George hierher? Und wie aus Tschechien raus? Automatisch öffnete ich die Wohnungstür und ging zur Treppe.

Mit zögernden Schritten hörte ich jemand die Treppen hinaufsteigen. „George, 2. Stock.", rief ich hinunter. Ich spürte Erleichterung in seinem Blick, als er hoch schaute.

Nun stand also mein jahrelanger Brieffreund vor mir und ich wußte nicht recht, was ich machen sollte. Also machte ich ihm erst einmal Essen, um Zeit fürs Nachdenken zu gewinnen. Unendlich viele Fragen schossen mir durch den Kopf: wie war er aus Tschechien herausgekommen, warum war er zu mir gekommen, wie lange wollte er bleiben? Als ich zaghaft versuchte, dieses herauszubekommen, stammelte er nur immer wieder. „Ich habe Visum." Mehr bekam ich auch unter größter Mühe nicht heraus.

Dann fiel mir ein, daß in meinem Stammcafé, Café Kadenz, eine Tscheche, Milosz, arbeitete. Ich rief dort an und hatte ihn auch gleich am Apparat. In kurzen knappen Sätzen schilderte ich ihm mein Problem, daß ich einem Dolmetscher brauchte. Milosz versprach, nach seinem Dienst vorbeizukommen. In der Zwischenzeit richtete ich George mein Bett und richtete das Gästebett für mich.

Als Milosz erschien, erfuhr ich, daß George seinen Job in Tschechien gekündigt und sein ganzes Hab und Gut ins Auto gepackt hatte und nur noch raus wollte. Er hatte Angst, daß die Regierung die Grenze wieder zumachen würde, deshalb sei er möglichst schnell abgehauen. Sein Visum war bis zum 31.01.1990 befristet, aber er wollte nicht zurück, er wollte jetzt in Deutschland bleiben, Arbeit suchen und nicht zurückkehren. Ich war platt! Was sollte ich nur mit einem Tschechen drei Tage vor Weihnachten, den ich noch nicht einmal verstehen konnte?

Plötzlich fiel mir die Weihnachtsgeschichte ein und ich kam mir wahnsinnig herzlos vor. Ich versuchte, mich in Georges Lage zu versetzen, der alles hingeschmissen hatte, der alles riskiert hatte, um aus Tschechien raus zu kommen. Und ich war die einzige Adresse, die er im Westen hatte. Ich schämte mich.

Milosz riß mich aus meinen Gedanken. Er bot an, daß George die Feiertage bei ihm und seiner Familie verbringen könnte. Nach Weihnachten müßte er wieder arbeiten, da könnte George ja wieder zu mir kommen. Über diesen Vorschlag war ich sehr dankbar.

Am nächsten Morgen versuchte ich herauszufinden, unter welchen Bedingungen es George möglich war, in Deutschland zu bleiben. Ich hatte großen Respekt vor seiner mutigen Entscheidung, alles hinter sich lassen zu wollen. Dennoch befürchtete ich, daß er enttäuscht würde, daß der so genannte „Goldene Westen" letztendlich nicht golden ist. Die Aufenthaltsbestimmungen für

Deutschland waren eindeutig. Es gab für George nur drei Möglichkeiten.

Durch eine Berufstätigkeit in Deutschland an ein Visum kommen. Dazu müßte er zunächst nach Tschechien zurück. Das wollte er nicht.

Asyl beantragen, weil er religiös und/oder politisch verfolgt wird. Das war er nicht.

Eine Deutsche heiraten. Die wollte ich nicht sein.

Kurz nach Weihnachten wurde George krank. Er bekam hohes Fieber. Ich konnte nicht mit ihm zum Arzt. Außerdem fürchtete er, man könnte ihm etwas antun und wollte auch nicht, daß ich meinen Hausarzt ins Haus bestellte. Am zweiten Krankheitstag fieberte er herum und war kaum noch ansprechbar.

Ich besann mit auf Großmutters Hausapotheke und verabreichte ihm ein warmes Bier mit Zucker. Er schwitzte und schwitzte und fiel in einen 36-stündigen Schlaf. Immer wieder saß ich an seinem Bett, wechselte Wadenwickel oder wischte ihm die Stirn und machte mir ernsthafte Sorgen.

Als er aufwachte, war das Fieber gesunken und seine Augen waren wieder klarer. Ich schickte ihn unter die Dusche, wechselte die Bettwäsche und bat Milosz zu kommen.

Mit Milosz Hilfe wirkte ich seiner Hoffnung entgegen, daß ich ihm zuliebe eine Hochzeit initiieren würde, damit er in Deutschland bleiben könnte. Ich versuchte ihm zu erklären, daß er nach Tschechien zurück müßte, um von dort seine neue Existenz aufzubauen und riet ihm, für ein Leben in Deutschland zunächst einmal die deutsche Sprache zu erlernen. George aber hatte gelernt, der Regierung und den Systemen in seinem Land zu mißtrauen, er konnte sich nicht vorstellen, daß sich mit der Grenzöffnung daran etwas ändern sollte.

Durch George lernte ich verstehen, wie verzweifelt die Menschen in den Ostblockstaaten gewesen sein mußten, daß sie Familie und Heimat hinter sich ließen, nur um nicht mehr in diesem Land gefangen zu sein. Ich lernte, wie viel Freiheit für jemanden bedeutete, der jahrelang gefangen war. Und ich verstand plötzlich, wie viel Mut und Hoffnung ihm meine Briefe all die Jahre gegeben hatten, auch wenn sie nichts Besonderes an Inhalt enthalten hatten.

Und wie ist die Geschichte von George zu Ende gegangen?
George kehrte im Januar doch nach Tschechien zurück. Genauso plötzlich, wie er gekommen war, verschwand er von einem Tag zum anderem nach einem kurzen Abschied wieder aus meinem Leben. Nach einigen Wochen bekam ich einen Brief von ihm wie früher in Deutsch. George beschrieb mir darin all die Veränderungen und Umbrüche, die es nun in seinem Land gab. Zunächst kehrte er in seinen Job zurück, doch schon bald lernte er von der Wende zu profitieren. Er kaufte gebrauchte Autos in Deutschland, exportierte und reparierte sie, um seine Landsleute mit Westautos zu versorgen. Es ging ihm gut. Nach einem Jahr antwortete er nicht mehr auf meine Briefe. Milosz erzählte mir, daß er eine Frau gefunden hatte. Eine Tschechin. Ich freute mich sehr für ihn.

Stefan Reichardt

Gorbi et Orbi

Im Rahmen seines Staatsbesuches vom 12.-15. Juni 1989 besuchte Michail Gorbatschow mit seiner Frau auch meinen Wohnort Dormagen-Zons. Da ich am Tage des geplanten Besuches nicht arbeiten mußte, stand ich schon recht früh auf, frühstückte ausgiebig und begab mich zum Rheinufer. Hier fahren neben der Rheinfähre Zons-Urdenbach auch die Rheinschiffe, die die Touristen im Sommer zwischen Düsseldorf und Köln über den Rhein bringen. Da ich noch Zeit hatte, ging ich am Ufer spazieren und versuchte, in meinem Gedächtnis nach dem zu kramen, was ich über den russischen Staatsmann wußte – oder zu wissen meinte.

Irgendeine merkwürdige Ausstrahlung ging von diesem Mann aus. Das in meiner Wehrdienstzeit angelernte Feindbild der „bösen" Russen war nicht das, das dieser Mann verkörperte. Er war einfach nur nett. Auch meine Oma in der DDR, die wir regelmäßig besuchten, sprach in den höchsten Tönen von „Gorbi".

In Omas Küche redeten wir oft über die Situation in der DDR und darüber, daß es immer Leute gab, denen man nicht alles sagen durfte, die nicht alles wissen duften. Das wurde uns schon als Kindern eingebleut. Wir kamen uns sowieso schon immer bei unseren Besuchen merkwürdig vor, wurden angestarrt, neidisch beäugt und waren froh, in den vier Wänden von Omas Haus oder wieder über die Grenze in der BRD zu sein, so gerne wir bei Oma waren.

Ich ging langsam in Richtung Rheintor und dessen Vorplatz. Langsam füllte sich der Platz zunehmend mit Menschen. Ich sah viele bekannte, aber auch unbekannte Gesichter. Ich hatte zwar damit gerechnet, nicht der einzige zu sein, der Michail Gorbatschow sehen wollte, aber das, was sich hier anbahnte, war schon großartig.

Auf einer kleinen Mauer stehend, hielt ich Ausschau nach einem guten Platz: Ich hatte meine Kamera mit und wollte versuchen, ein schönes Foto zu schießen. Immer mehr Menschen trafen auf dem Vorplatz ein, der Parkplatz für die Wochenend-Touristen hatte unter der Woche noch nie so viele Autos gesehen. Es war fast wie während der Rushhour in New York. Einige Ordnungshüter hatten alle Hände voll zu tun, den Verkehr zu regeln, sofern das auf den engen Sträßchen überhaupt möglich war.

Auf meinem Mäuerchen war ich schon nicht mehr alleine – vor mir standen die Schaulustigen schon in mehreren Reihen. Ich beschloß, meinen erhöhten Standpunkt zu verlassen, und stieg herunter. Ich bekam einen „Sardinenplatz" in der zweiten Reihe.

Endlich kam die Besuchergruppe. Fähnchen wurden geschwenkt, es wurde gerufen, gegrüßt, gewunken. Sehen konnte ich nicht viel, geschweige denn ein Foto machen.

An uns vorbei schritten Gorbatschow und Begleitung in Richtung Altstadt, wo sich Gorbi in das Goldene Buch der Stadt Zons eintrug.

Erst auf dem seinem Rückweg zur Anlegestelle zwecks Weiterfahrt nach Bonn hatte ich Glück. Vor mir stand ein kleiner Junge neben seiner Mutter. Als Gorbi an uns vorbeiging, bemerkte er den Jungen, blieb genau vor uns stehen, sagte etwas zu ihm, strich ihm über den Kopf und richtete sich auf, blickte dann zu mir und lächelte mich an. Der warme Schauer, der mich überkam, war unbeschreiblich. Ich wollte ihm die Hand reichen, stand aber wie gelähmt. Einem berühmten Menschen zu beggnenen, ist schon etwas Tolles, aber einem so wichtigen Staatsmann, der das Schicksal nicht nur seines Landes in der Hand hatte, war für mich eine außerordentliche Erfahrung. Er jedoch drehte sich bereits um und ging weiter, winkend und glücklich. Denn genauso wie den Menschen rechts und links von ihm schien auch ihm selbst hier wohl bewußt zu werden, daß auch sein Bild der BRD eines Überdenkens würdig war.

Die weitere Entwicklung der deutschen Geschichte, Mauerfall, Grenzöffnung, Wiedervereinigung hat einzig und alleine dieser Mann, Michail Gorbatschow, möglich gemacht. Und nach jenem Tag war es zwar für mich nicht vorhersehbar, aber die Hoffnung auf eine solche oder ähnliche Wendung war wesentlich größer geworden. Daß sich im nachhinein Fremde mit Gorbis Federn schmücken (Kanzler der Einheit etc.), ist ein normaler Bestandteil unserer deutschen Gesellschaft.

Ich habe dann auch noch ein Bild gemacht, leider war es sehr verwackelt und unscharf, aber in meiner Erinnerung sehe ich noch heute diesen sympathischen Mann, wie er mir zulächelt.

Gerda Reichenbächer

Ich habe es erlebt!

Als die Mauer 1961 errichtet wurde, wohnten wir in der Stadt Finsterwalde nähe Berlin. Ich fuhr nach dem Krieg mindestens viermal im Jahr nach West-Berlin, um einzukaufen. Das erste Mal fuhr ich mit meiner Freundin Helga, sie war im Krieg mit ihrer Mutter aus Schlesien gekommen, Helga war auch 16 Jahre alt genau wie ich, und sie hatte nichts anzuziehen. Wir fuhren mit einem Sack Kartoffeln, das war im Sommer 1945 nach Berlin, denn es hieß, dafür bekäme man einen neuen Mantel. Als wir in Berlin ankamen, mußten wir erst die Straße suchen, wo wir die Scheine für die Kartoffeln bekamen. Wir liefen ungefähr zehn Kilometer durch Berlin, etliche Straßen waren schon frei. Als wir den Sack Kartoffeln abgeliefert hatten, bekamen wir einen Schein und dafür in einer anderen Straße auf einer Stelle einen minderwertigen Mantel in Schwarz. Wir waren überglücklich. Denn es kam der Herbst und Helga brauchte einen Mantel. Sie hatten ein Zimmer zugewiesen bekommen in Finsterwalde, aber keine Möbel und kein Geld. Ich habe mein großes Puppenhaus hergegeben, daß Helga ihre Wäsche unterbringen konnte und die Mutter ist mit meiner Mutter zu den Bauern gegangen, um Eßbares zu bekommen. Mutter und Tochter waren beide sehr verschüchtert, als sie ankamen, denn Helga wurde auf dem Treck nach Deutschland viele Male von den Russen vergewaltigt und das konnte eine Sechzehnjährige schwer verkraften. Die Mutter durfte ihr nicht helfen, dann wäre sie erschossen worden. Es ging vielen jungen Mädchen so. Das Leben nach dem Krieg war sehr schwer. Mein Vater kam nicht wieder, obwohl wir immer hofften, meine Mutter meine Schwester und ich. Auch in der weitläufigen Verwandtschaft sind etliche junge Männer gefallen, die Trauer in unseren Familien nahm kein Ende. Wie vormals schon erwähnt bin ich nun des Öfteren im Jahr nach West-Berlin gefahren, um einzukaufen. Ich war jung, noch keine 20, und da wollte ich schick, nach westlicher Mode angezogen gehen. Ich konnte das Ostgeld in West-Berlin gegen Westgeld umtauschen. So kaufte ich mir einmal ein Taftkleid in wunderschöner Ausführung, dann mal eine Teddyjacke, sie waren damals sehr modern, und zu meiner Hochzeit 1952 holte ich mir die Schuhe aus dem Westen. Ich habe und nicht nur ich, mit schönen Sachen aus dem Westen Staat gemacht. Denn der Tanz begann und da mußten Kleider her. Zwar hatte Mutti auch schon einige von sich in Tanzkleider für mich umgewandelt, aber die aus West-Berlin waren der Clou. Nur stelle man sich das nicht so einfach vor, denn an der Grenze zur DDR wurden wir gefilzt, d.h. das durfte nicht sein, man hätte uns alles abgenommen. Darum bin ich in alten Sachen hingefahren, und hab die neuen angezogen, die alten habe ich einfach weggeworfen, auf die Trümmer Berlins. Ich glaube, viele junge Mädchen aus der DDR haben es so gemacht wie ich. Meiner Mutter haben die Grenzer einmal alles weggenommen, als sie mit ihrer Cousine in West-Berlin eingekauft hatte. Und das waren nur Lebensmittel. Ich habe auch gleich noch andere Dinge in West-Berlin mit erledigt und zwar bin ich zum Gesundbrunnen gefahren, da war Markt, so konnte ich Bücklinge, Apfelsinen und Schokolade einkaufen. Man hat mit keiner Wimper daran gedacht, dort zu bleiben. Einer Freundin in West-Berlin bin ich den Besuch schuldig geblieben, weil man einfach gehofft hatte, daß es eines Tages bei uns auch schöne Dinge zu kaufen gäbe. Aber wir sind bitter enttäuscht worden.

Ein Jahr vor der Mauer gingen meine Schwester mit ihrer Familie aus Leipzig und meine Schwiegermutter aus Kamenz in den Westen. Aber ich blieb mit meiner Mutter im Osten, denn wir wollten auf den Vater warten, dachten, er ist in russischer Gefangenschaft. Jedoch er ist nie zurückgekehrt, und dann wurde die Mauer errichtet. Wir waren eingesperrt. Das Leben ging weiter, ich hatte eine Anstellung als Sekretärin in einem großen Baubetrieb, und mein Mann arbeitete in Klettwitz im Bergbau. Vorher aber war er etliche Jahre bei der Wismut verpflichtet, denn er hatte den damals bösen Beruf Metallflugzeugbauer. Bei Hitler wurde er ausgebildet, die Kommunisten haben ihn bei der Wismut umgeschult. Dort hat er sich eine schwere Herzkrankheit zugezogen, so daß er schon mit 61 Jahren gestorben ist.

Im Osten, d.h. in der DDR, gab es jahrelang fast keine Südfrüchte zu kaufen. Es gab einen Witz darüber der hieß: „Warum ist die Banane krumm? Na, weil sie immer um die DDR einen Bogen machen mußte!" So ging es uns 30 Jahre hinter der Mauer. Kommt man in ein Kaufhaus und fragt nach Herrenschlipsen, bekommt man gesagt: „...keine Taschentücher gibt es in der unteren Etage, und keine Schlipse gibt es oben." Dann ging man eben wieder nach Hause. Und dann kam der Intershop. Das traurigste Geschäft meines Lebens, denn die meisten Leute hatten kein Westgeld, denn sie hatten keine Verwandten im Westen. Man konnte also nur die herrlichen Westkosmetiken und Südfrüchte erriechen, wenn man am Shop vorbeiging oder mal hineinging, um zu schauen. Man bedenke mal, was wir durchmachten. Keine bunten Zeitungen wurden uns geboten, wir waren abgeschnitten vom „Freien Leben", es stand nur immer in der Rundschau, daß die Freundschaft mit Rußland immer tiefer würde, und wir sollten von den Russen lernen, sie wären die Meister aller Technologien. Derweil haben sie uns mit ihren täglichen Flügen über die DDR mürbe gemacht, denn der Krach, da bei uns ein Flugplatz war, war unerträglich. Haben wir uns dagegen gewehrt, hieß es, wer dagegen ist, ist gegen den Frieden.

Es wurden sogar viele eingesperrt, die sich etwas mehr gegen alles, was die Russen gemacht haben, gewehrt haben.

Wenn wir in den Urlaub auf Rügen gefahren sind, meine ganze Familie, denn wir waren im Besitz eines „Wartburgs", dann standen auf der Ostsee am Horizont lauter Schiffe, sie haben aufgepaßt, daß nicht einer mal zu weit rausschwimmt und von einem westlichen Dampfer gerettet werden könnte.

Als ich zur Silberhochzeit meiner Schwester in den Westen fahren durfte, bin ich durch Erkältung einen Tag länger geblieben. Erkältung galt nicht, man stempelte mich fast zur Verräterin. Ich durfte nicht mehr zu meiner Schwester. Aber 15 Jahre später fiel die Mauer und wir waren endlich frei. Dieses wunderschöne Gefühl des endlich Freiseins war das höchste Glück. Jetzt durfte ich endlich in den Westen auswandern. Mein Mann war im Juli 89 gestorben, und ich wollte nun zu meinen Kindern nach West-Berlin. Trotzdem die Mauer gefallen war, mußte ich einen Antrag auf Ausreise stellen, um einiges aus meinem Haushalt mitnehmen zu können. Ich habe dann eine Urkunde bekommen, in der mir die Entlassung aus der Staatsbürgerschaft der DDR bescheinigt wurde, eine Utopie nach meiner Meinung. Allerdings mein 650 Quadratmeter großes Grundstück in der DDR durfte ich behalten, was eigentlich nicht selbstverständlich war, denn vielen, die der DDR den Rücken gekehrt haben, wurden die Grundstücke enteignet.

1954:
links Gerda Reichenbächer mit ihrer Freundin Helga

Raimund Reisenberger

Von West nach West

Es gibt nicht viel, was ich persönlich der DDR vorwerfen könnte, mit Ausnahme, daß die auf der anderen Seite der Mauer ihr Talent zur Verfeidung beherrschten, um ihren Sozialistischenstaat in seine Selbstverwirklichung zu führen, oder wie man sagte, zu begleiten. Oder sie waren mit ihren Zurufen für den sozialistischen Fortschritt ganz einfach nur übermütig, oder was waren sie sonst? Als ich mit zwei Freunden Westberlin für ein langes Wochenende verlassen wollte, wir wollten zu einem Motorradtreffen in der Nähe von Celle fahren, blieben wir im Stau kurz vor dem Grenzübergang Staaken stecken. Wir hätten den kürzeren Weg über Dreilinden nach Helmstädt nehmen können, nur sprach man von der neuen im Bau befindlichen Autobahn der E26 im Norden der DDR und wir wollten sie mit als Erste befahren. Wir schoben unsere Motorräder zwischen der westlichen Zollstelle und Bundesgrenzschutz auf die Mauer zu bis auf den Grenzübergang. Die Mauer rechts und links der Straße, ca. drei Meter hoch, die Zufahrt ca. 45 Meter breit und beliebig zu beschranken, die DDR und der Westen trennt weiter noch ein mehr als 50 Meter breiter Grenzstreifen, dazwischen Zäune und Gräben, Mauern. Von Türmen aus wurden die einfahrenden Fahrzeuge von Soldaten mit Ferngläsern beobachtet. Bevor wir die letzte Schranke vor uns erreichten, schoben wir durch eine lange aufgestellte Zaunreihe rechts und links von uns durch die Transitspur. Ein Grenzsoldat sammelte die Ausweise ein und verschwand für eine Weile. Nach und nach brachte er sie mit einer Visa zur einmaligen Durchquerung für das Hoheitsgebiet der DDR zurück und wünschte Gute Weiterfahrt. Als man uns dann einen Zaun beiseite hob und ein Tor öffnete, durften wir in die DDR einfahren.

Goldgrauer Smog überzog die Kraftfahrstraße 5, wie sie in der Deutschen Demokratischen Republik hieß bis weit hinter das

Olympische Dorf von 1936, vorbei an Passanten in zu hellen blauen und zu dunklen braunen Regenjacken mit Einkaufbeutel aus Plastik oder Stoff. Russen in schwarzen Lederuniformen, an beinahe jeder Kreuzung, mit ihrem über linke und rechte Schulter gehängten Katzenaugengurt und Verkehrsstab, lächelten belustigt und winkten manchmal. Dann mußten wir abbiegen und fuhren den Berliner Ring hinauf nach Wittstock, dem Abzweig der E26 entgegen, die in ihrer Verlängerung in der BRD dann nach Hamburg führen soll. Die DDR bestand für mich aus der Autobahn, umgeben von Roggenfeldern und Wäldern, aus dem Trabi oder Ottocar oder Oskar, wie die Staatsbürger der DDR ihr Auto, den Trabanten, nannten. So wie der Volkspolizei grundsätzlich die Geschwindigkeit kontrollierte und oftmals zu sehen war. Am Intershop kamen wir mit der Bevölkerung, die dort für Westgeld zollfrei einkauften konnte, und der Volkspolizei ins Gespräch, zwar nicht unbedingt angeregt miteinander sich zu unterhalten, mehr aber, um sich zu verärgern, und darüber zu lachen, was auch üblicher wahr. Auf jeden Fall am Anfang der achtziger Jahre. Wir kauften uns eine Stange Zigaretten und eine Flasche Whiskey, dann fuhren wir weiter. Barken regelten den Verkehr am Abzweig Wittstock. Dann wurde die Straße staubiger, bröckliger Beton flog über die Autobahn, die neue E26. Wir mußten 80 statt 100 fahren, bis neue Barken und die Volkspolizei uns von der teils fertig gestellten Autobahn auf die Landstraße befahl. Weiter führte unsere Fahrt durch saftiges Grünes und vom Smog durchzogenes Land. Die Leute amüsierten sich über uns und winkten dann und wann. Plötzlich versagte mein Motor, Zündfunken spritzten aus der Maschine, überzogen den Zylinderkopf, zogen sich an meiner Lederhose hoch, dann bremste der Motor ab, aus. Eine Landstraße sah ich links und rechts. Als ich meine Zündkerzen und zwei Zündkerzenstecker gewechselt hatte, kamen meine beiden Freunde, die vorausgefahren waren, zurück. Ich konnte mein Motorrad wieder starten, nur blieb es nach drei Kilometern wieder stehen. Das Reinigen der Vergaser und Zündkerzen dauerte eine Weile. Dann drei Kilometer Fahrt und aus. Inzwischen beobachtete uns die Volkspolizei. Einer meiner Freunde versuchte, Autos mit Anhängern und Kombis zu stoppen. Einige West-Berliner stoppten und wollten helfen, nur hatten sie keine Sicherheitsgurte, um ein Motorrad auf ihren Anhängern und in ihren Kombis festzuzurren. Schließlich stoppte ich meine Fahrt kurz vor Ludwigslust. Es dauerte nicht lange und es hielt ein Streifenwagen der VP, der Volkspolizei, auf der anderen Straßenseite an. Ein Polizist kam auf uns zu und wünschte Guten Abend. „Was tun Sie hier?", fragte er und verlangte unsere Papiere. Er empfahl mir, LKWs anzuhalten, die DDR wäre mir dabei behilflich oder würde einen Mechaniker mit Abschleppwagen rufen, der aber wird Geld kosten. In Anbetracht, daß mich ein Spediteur nicht unbedingt umsonst transportiert, zog ich es vor, auf den Mechaniker zu warten, der mir vielleicht helfen konnte. Ich mußte mein Motorrad von dem Fahrbahnrand auf die gegenüberliegende Straßenseite schieben, dann warteten wir. Entnervt murrten meine Begleiter und wollten dennoch nicht ohne mich weiterfahren. So warteten sie, wie es wohl weitergeht. Dann und wann versuchte einer der Polizisten, ein Gespräch anzufangen, um aufzutauen, wie er sagte. Die Aussagen der Polizisten waren rein repräsentativ. Also, die DDR gefällt uns ganz gut, und wir kommen ohne Hilfe von drüben zurecht. Denn der Sozialismus war noch nie so fortschrittlich wie heute. Auch sagte man uns, daß die DDR auch ein Demokratischer Rechtsstaat sei, in dem man frei seine Meinung sagen darf. Auf eine Frage nach dem Schießbefehl an der Mauer zuckten die Volkspolizisten mit den Schultern. „Einen Ausreiseantrag kann man jederzeit stellen, man müsse nicht über die Wand klettern, antworteten sie. Warum man einen Ausreiseantrag ablehnt, konnten sie nicht sagen, der Grund wäre ihnen nicht bekannt. Dann sprachen sie von einem technischen fortschrittlichen Land, das sich auch in der BRD hat beliebt machen können, so mit den Motorrädern TS250 und die bessere EST250, das Motorrad, das wir die MZ nennen. Für die DDR zwei sehr gute Motorräder, die der Yamaha aus der BRD einmal mehr überlegen ist, das konnte man einmal mehr sehen. Nach zwei Stunden kam der KFZ-Meister mit seinem Abschleppwagen und wird luden mein Motorrad auf den Wagen und fuhren in die Werkstadt. Die Polizei verschwand fürs Erste. Der Meister belehrte uns, bei dem Betreten der Werkstatt sich nicht den aufgebockten Trabanten zu weit zu nähern, die Wagen verfügten über eine sehr gute Technik und würde noch in der gesamten Sozialistischen Welt gebraucht und das wäre für die DDR wirtschaftlich wichtig. Dann betrat wieder die Polizei die Werkstatt. Der Meister überprüfte meine elektrische Anlage und die vier Vergaser, dann nach etwas mehr als einer Stunde luden wir mein Motorrad auf den Abschleppwagen und fuhren zur Staatsgrenze der DDR. Auf dem Kontrollpunkt Horst kassierte der Meister 270,- DM, dann schob ich meine Yamaha durch das Gelächter der routinemäßigen Paßkontrolle. Danach habe ich noch einmal mit eigener Kraft versucht, mich bis zum Bahnhof nach Buchen durchzuschlagen, dem Bahnhof nahe der Grenze zur DDR. Die Repräsentation der Bürger und Volkspolizei der DDR hat mich eine Weile beschäftigt. Auch am 22. Oktober 1989, gegen 23.00 Uhr, fünf Jahre und sechs Monate nach meiner Panne. Ich wohnte damals unweit am Grenzübergang Staaken, als das erste Feuerwerk zur Wiedervereinigung in die Luft ging und die PKWs der DDR nach West-Berlin hineinraßten. Ein Jahr später, am 3. Oktober 1990, wurde dann die endgültige Übergabe der DDR durch das ZK der SED an die BRD unterschrieben.

Dieter Rendschmidt

Schirwindter Ruhe

Bienes Stimme war lebhaft, als sie mich so nebenbei fragte: „Was hältst du eigentlich von einer Achttagestour ins herbstliche Masuren?" Natürlich kannte sie meine Abneigung gegenüber Busreisen und fügte deshalb mit kaum spürbarer weiblicher List hinzu: „Es geht nicht nur durch das kulturhistorisch interessante Ostpreußen, sondern auch nach Königsberg, das heute zur GUS gehört, mit der Möglichkeit, private Abstecher zu machen."

Plötzlich war ich ganz wach. „Du meinst, ich könnte vielleicht Schirwindt besuchen?" Schon oft wollte ich den Geburtsort meiner Mutter wiedersehen und die wenigen, aber deutlichen Erinnerungen aus Kindheitstagen auffrischen. Wie mochte es dort jetzt aussehen? Ob wohl das Doppelhaus der Großeltern noch stand und die Immanuelkirche mit den beiden hohen Türmen? Der Friedhof war sicher noch da, vielleicht verwahrlost, aber die Toten wurden auf der ganzen Welt geachtet, auch in den Zeiten des Krieges und ganz bestimmt von den Russen!

Bisher hatte sich eine solche Reise nie ergeben. In der ersten Nachkriegszeit konnte man nicht in das sowjetisch besetzte und annektierte Ostpreußen reisen. Später wäre es nur unter großen Schwierigkeiten möglich gewesen, und nach der Souveränität der baltischen Staaten war die Schirwindter Gegend Grenzgebiet zu Litauen geworden und für Besucher gesperrt.

Biene buchte die Reise, und ich besorgte mir eine zweisprachige Straßenkarte vom nördlichen Ostpreußen mit Königsberg, das heute Kaliningrad heißt, und dem Memelland. Zwei Tage vor der Abreise versuchte ich, Rubel einzutauschen, um meine geplante Privatexkursion mit einheimischer Währung finanzieren zu können. Aber die Banken handelten keine russische Valuta: Das Risiko der Kursschwankungen sei nicht kalkulierbar und die Einfuhr von Rubel in das Gebiet der Russischen Förderation ohnehin verboten. Mit Dollar und D-Mark käme man durchs ganze Land, wurde mir versichert.

Stettin und die idyllische Kaschubische Schweiz in Pommern waren unsere ersten Ziele. Dann kamen Danzig mit seiner original wieder aufgebauten Innenstadt und Marienburg, die größte Burganlage der Welt. Sehr interessant war auch eine Schifffahrt auf dem Oberlandkanal mit den „Geneigten Ebenen", wo statt einer Schleusung die Schiffe auf Schienen über Land gezogen werden, einmalig in Europa!

Endlich, am nächsten Tag, stand Königsberg auf dem Programm. Peter, unser bayerischer Busfahrer, rief mit seinem Handy von Danzig aus Iwan in Kaliningrad an. Iwan war der Boß der russischen Taxifahrer. Für mich wurde ein Taxi an die polnisch-russische Grenze bestellt. Morgens um 6.00 Uhr hatten wir die Grenze passiert. Ich verließ die Geborgenheit unseres Luxusreisebusses, versehen mit Fotoapparat und Straßenkarte, begleitet von zahlreichen Ratschlägen und Wünschen und der eindringlichen Mahnung, pünktlich um 17.00 Uhr in Kaliningrad zurück zu sein, denn es gäbe nur ein Gruppenvisum, und über die Grenze ginge es nur mit allen gemeinsam oder gar nicht.

Iwan begrüßte mich auf Deutsch, bedauerte sehr, nicht selbst fahren zu können und übergab mich seinem Kollegen Anatoli, der groß und grauhaarig war und über einen alten elfenbeinfarbenen Mercedes Diesel verfügte. Wir verhandelten den Fahrpreis mit 15 DM je Stunde ohne Kilometerbegrenzung. Von Rubel war keine Rede.

Die Straßenkarte wies uns vom Königsberger Außenring direkt nach Osten, wo nach rund 200 Kilometer an der Grenze Neustadt auf der litauischen Seite und Schirwindt (Kutuzovo) auf der russischen Seite verzeichnet waren. Beide Kleinstädte wurden früher durch die für uns Kinder unberechenbare und gefährlich gurgelnde Tscheschuppe getrennt. Der gesamte Bereich war auf der Karte jetzt unübersehbar mit dem Aufdruck „Sperrgebiet" markiert.

Anatoli war zu DDR-Zeiten Offizier der Roten Armee und viele Jahre in Dessau stationiert gewesen, wo er für das Kulturprogramm der sowjetischen Besatzungstruppen verantwortlich war. Als mit der Wiedervereinigung die Besatzungszeit zu Ende ging, machte er all das, was er in der DDR zusammengespart und zusammengeschachert hatte, zu Westgeld und kaufte sich den alten Mercedes. Der war jetzt Grundlage seiner Existenz in Kaliningrad. In seinen vielen Jahren in der DDR hatte er etwas Deutsch gelernt, so daß unsere Verständigung, unterstützt durch mein bißchen Schulrussisch, vorzüglich klappte.

Ich bat ihn, unser Ziel möglichst rasch anzusteuern und lud ihn dafür zu einem Mittagessen auf der Rücktour ein. Anatoli sah mich verwundert an, sagte aber nichts. Wir kamen zügig voran. Die Schnellstraße zwischen Königsberg und Insterburg war die ehemalige Reichsstraße Nr.1, erklärte er mir. Das Land links und rechts der Straße lag brach. Es gab kleine Baumgruppen und Sträucher, aber von Ackerbau und Viehzucht war weit und breit nichts zu sehen. Auch die berühmten ostpreußischen Wälder waren nirgends auszumachen. Hin und wieder gab es einige kleine Ölförderanlagen, die in Betrieb waren und wohl mit einigem Erfolg der ostpreußischen Erde das „Schwarze Gold" zu entlocken versuchten.

Die Ortschaften waren grau, ungepflegt und zum Teil verfallen. Manchmal stand eine alte Babuschka am Straßenrand und bot ein paar Mohrrüben oder ein Körbchen Pilze zum Kauf an. Restaurants oder auch nur ein Imbißstand waren nirgends zu entdecken. Langsam begriff ich die Reaktion Anatolis auf meine Einladung zum Essen.

Zwischen Insterburg und Gumbinnen machten wir eine kurze Rast. Anatoli war schon seit 4.00 Uhr früh unterwegs und musste sich stärken. Er goss uns heißen Tee aus der Thermosflasche ein und revanchierte sich für die Kekse, die ich ihm unterwegs angeboten hatte, mit kleinen Blini, eingerollte kalte Pfannkuchen aus Buchweizenmehl mit Quarkfüllung. Das Frühstück paßte in die Landschaft.

Gestärkt und vergnügt fuhren wir weiter und sangen gemeinsam die alten russischen Lieder von Kalinka und Stenka Rasin. Hinter Gumbinnen bogen wir nördlich ab, um das Sperrgebiet, das nach 25 Kilometern beginnen würde, zu umfahren. Als wir Schloßberg passiert hatten, wurde die Gegend unwirtlicher, und die Straßen wurden schlechter. Anatoli machte sich Sorgen, weil ich für das Sperrgebiet keine Sondergenehmigung hatte. Plötzlich hielt er an und kramte aus dem Handschuhfach einen Block mit Blankoformularen. Er verlangte meinen Reisepaß und übertrug alle Personaldaten sorgfältig in kyrillischer Schrift in ein Formular. „Das ist ein Grenzpropusk für dich", sagte er zufrieden und unterschrieb das schon gestempelte Papier. Er trennte das Blatt vom Block und schob es in meinen Reisepaß. „Damit wird es klappen!", meinte er grinsend, „Iwan hat so was nicht."

Zehn Kilometer vor dem Ziel versperrte ein Erdwall die Straße. Es gab keinen Hinweis, kein Schild, keine Umgehung – nichts. Wir stiegen aus und untersuchen das Hindernis. Quer über die Straße war ein Graben ausgehoben, einen Meter tief und über die ganze Straßenbreite. Rechts fiel eine steile Böschung ab und links war bewaldetes Gelände, in das eine Traktorspur führte. Anatoli folgte der Spur über Stubben, Wurzeln und tiefe Schlaglöcher. Der Wagen setzte oft auf und die Stoßdämpfer ächzten bedrohlich. Schließlich kamen wir auf die ausgebaute Straße zurück und fuhren weiter. Ich vermutete, daß der Straßengraben vielleicht den Beginn des Sperrgebietes markieren sollte, aber Anatoli meinte, daß es sich um eine Barriere gegen das verbreitete wilde Abholzen von Bäumen handeln müsse. Nach drei Kilometern war die Straße wiederum aufgerissen. Diesmal tiefer und breiter. Zusätzlich waren Geröll und Feldsteine aufgehäuft. Hier war kein Durchkommen mehr. Wieder fehlte ein Hinweisschild. Häuser oder Menschen waren nirgends zu sehen. Anatoli und ich und der elfenbeinfarbene Mercedes standen ein paar Kilometer vor dem Ziel mutterseelenallein und verlassen in der Landschaft, die militärisches Sperrgebiet war, zwischen zwei Straßenschikanen und wußten nicht weiter.

Wir mußten zurück. In größter Sorge um die stöhnenden Achsen umfuhren wir wieder die erste der Straßensperren und folgten einem Feldweg, der mitten in das verbotene Sperrgebiet führte. Inzwischen war es Mittag geworden. Langsam wurde die Zeit knapp.

Nach einer Viertelstunde erreichten wir ein Wachhäuschen, das ausgebrannt war, kein Dach mehr hatte, nur unverglaste schwarze Fensterhöhlen. Ein Rotarmist im Tarnanzug, die Kalaschnikow geschultert, stand davor. Er war der vorgeschobene Grenzposten der inneren Grenzlinie. Anatoli hielt an, stieg aus und begann ein langes Palaver mit viel Gefuchtel. Mein Reisepaß und der getürkte Propusk wurden geschwenkt und studiert, und ich verstand einzelne Worte wie „Nemjetzki", „Gospodin", „otschen plocho", „njet" und „Kommandant". Heimlich machte ich ein paar Aufnahmen von der grotesken Szene. Der Posten kurbelte schließlich an seinem Funkgerät und sprach mit dem Kommandanten des Grenzkommandos in Kutuzovo. Wir durften passieren. Anatoli berichtete, daß der Soldat nicht verstanden hätte, was ich eigentlich besichtigen wolle. Man war übereingekommen, daß der Offizier vor Ort entscheiden müsse.

Natürlich hatte ich nichts davon erwähnt, daß ich das Haus meiner Großeltern in der Bergstraße und meinen alten Kindergarten besuchen wollte. Ich hatte nur die schöne Immanuelkirche mit den beiden 60 Meter hohen Zwillingstürmen, den Friedhof, auf dem mein Großvater Gustav lag und den Grenzfluß zu Litauen, die Tscheschuppe, angegeben. Meine Vorfreude steigerte sich jetzt, da wir auf Schirwindt zurollten, von Minute zu Minute. Plötzlich blitzten über der Graslandschaft vor uns in der Sonne die beiden goldenen Zwiebeltürme der russisch-orthodoxen Kirche von Neustadt auf. Dort war schon Litauen, bald mußten die ersten Häuser von Schirwindt erscheinen. Ich wollte mir keine allzu großen Hoffnungen machen. Die Stadt sollte ja wirklich total kriegszerstört sein, aber die Straßen, die Plätze, vielleicht auch die Kirchenruine würden sich finden lassen und natürlich der Friedhof in der Bergstraße, der sich direkt an das großelterliche Gebäude anschloß und sich hinunter bis zum Ufer des Grenzflusses erstreckte. Vielleicht standen auch noch einige der 16 Linden, die Großvater Gustav eigenhändig als Straßenbäume vor das langgestreckte Wohnhaus gepflanzt hatte?

Unser Feldweg führte direkt auf einen riesigen, rosa getünchten Stein zu, der in kyrillischen Buchstaben die Aufschrift KYTY3OBO zeigte. Wir waren am Ziel. Von der Stadt war nichts zu sehen. Wir näherten uns einer eingezäunten Grenzanlage mit einem großen Tor. Im Hintergrund waren Kasernen zu erkennen. Anatoli sprach mit der Wache. Nach ein paar Minuten kam der Kommandant. Anatoli schilderte ihm mein Besichtigungsprogramm. Der Offizier schüttelte immer wieder nur den Kopf, vollkommen verständnislos. Mein Chauffeur klärte mich auf: Es gäbe hier nichts zu besichtigen, keine Stadt, keine Straße, kein Haus, auch keinen Platz oder eine Kirchenruine. Es gäbe nur Buschland und hohe Wiesen und ein großes Holzkreuz dort, wo möglicherweise einmal eine Kirche gestanden hatte. Tatsächlich war es in 300 Meter Entfernung gegen den blauen Himmel klar und deutlich zu erkennen.

Wenigstens den Friedhof wollte ich sehen. Aber auch das bedauerte der Kommandant: es gäbe nur eine kleine Bestattungsstelle für gefallene russische Soldaten, sonst nichts. Ob ich die sehen wollte?

Ich war der Verzweiflung nahe. Irgend etwas mußte doch noch erhalten sein, ein Mauerrest, ein Grabstein, ein Straßenstück? Nur Kopfschütteln! Mir fiel der Fluß ein. Die Tscheschuppe konnte doch nicht auch verschwunden sein. Ich bat darum, zum Fluß zu dürfen. Der Kommandant hatte ein Einsehen. Er stellte einen Soldaten ab, um uns zu führen und zu überwachen und verbot streng das Fotografieren des Grenzverlaufs. Zum Ufer gab es keinen Weg. Wir schlängelten uns am Zaun der Grenzstation entlang durch meterhohes Gras und Unkraut und mannshohe Brennnesseln langsam abwärts. Zwischen Büschen und Bäumen war der Fluß zu erkennen. Dunkelgrün, wie der wilde Uferbewuchs auf beiden Seiten, floß er in Windungen rasch dahin. Immer noch, wie zu Kinderzeiten, gefährlich und geheimnisvoll. Wir betrachteten nachdenklich die Uferböschung und das fließende Wasser. Oleg, unser Rotarmist, erzählte leise von seinem Dienst hier an der Grenze. Er hätte einen vierjährigen Militärdienst abzuleisten. Abwechslung gäbe es nicht und die Versorgung der Grenzer sei dürftig. Fleisch käme zusätzlich nur auf den Tisch, wenn sie ein paar Hasen erwischten, und ihr Fischgericht schwämme im Fluß, angeln müßten sie schon selber. Jedenfalls freue er sich schon auf das Ende der Dienstzeit, wenn er wieder zurück nach Moskau könne.

Durch dichtes vermodertes Unterholz gingen wir in einem großen Bogen zurück. Der junge Rotarmist ging voran. Plötzlich hielt er inne und deutete mit seinem Arm auf eine sonnenbeschienene Lichtung mit jungen Birken. Beim Näherkommen sah ich, was er meinte. Ein kleines Holzkreuz stand dort, das das Gras ein wenig überragte. Es trug eine Inschrift auf Deutsch, nur zwei Worte: Schirwindter Ruhe.

Wir standen mitten auf dem alten Friedhof an der Bergstraße. Deutsche Besucher waren wohl irgendwann einmal hier gewesen und hatten das Gedenkzeichen errichtet. Wir schwiegen alle und gingen nach ein paar Minuten zum Auto zurück. Bei dem jungen Soldaten bedankte ich mich für seine Führung mit Schokolade und Zigaretten.

Die Rückfahrt verlief schweigend und nachdenklich. Unfaßbar, daß eine ganze Stadt so total vom Erdboden verschwunden war, ausgelöscht und zugewuchert. Zwei Kreuze, das eine groß für die Kirche, das andere klein für die Verstorbenen, waren die letzten Zeichen der Erinnerung an Schirwindt. Jetzt wurde mir wieder bewußt, daß die Stadt auf der Straßenkarte in Klammern gesetzt war.

Und in der Legende stand: Orte in Klammern sind nicht mehr existierende Siedlungen.

Laila Schneidewind

Nur ein Hauch

Ich stand da mit großen Augen – fast sprachlos und konnte es nicht fassen. So etwas hatte ich noch nie erlebt in meinem kurzen Leben! Das war nicht schwer, keine Frage, denn ich war ja erst fünf, doch ich kann mich noch wie heute daran erinnern. Da stand ich nun wie angewurzelt in meinem pinkfarbenen Teddymantel, ein Geschenk aus dem Westen, versteht sich, vor dem Konsum in unserem kleinen Dorf mit meiner Oma an der Hand und sah zu, wie ein Lastwagen entladen wurde, gefüllt bis obenhin mit Milkaschokolade, ja von innen war er ganz lila. Heute ist das eine alltägliche Situation vor den Großmärkten, und kaum ein Kind würde eine bleibende Erinnerung davon behalten, doch für mich war es schlicht und einfach beeindruckend. Obwohl ich durchaus schon Kontakt zur westlichen Welt gehabt hatte.

Erst neulich, kurz nachdem die Grenzen geöffnet worden waren, so sagte meine Mutter, hatten wir einen Ausflug auf die andere Seite gewagt. Natürlich war auch dies ein besonderes Erlebnis für mich, aber ich war verwundert über einige Erlebnisse dort. Schon als dieses kleine Mädchen stellte ich mir immer wieder die eine Frage: Woran erkennen die bloß, daß wir anders sind, daß wir aus dem Osten kommen? Ich selbst konnte keinen Unterschied zwischen den anderen Kindern und mir auf der Straße feststellen, und ich fühlte mich wahrscheinlich auch nicht anders als sie – nur verwundert ... woran erkannten sie nur, daß ich nicht eine von ihnen war? Selbst alle meine Sachen, die ich trug, kamen doch von hier, sie wurden immer von unseren hiesigen Bekannten geschickt. Leute sprachen uns an und fragten uns nach unserem Leben drüben, ich bekam Süßigkeiten geschenkt, selbst meine Mutter sah normal aus – ich war verwundert. Keine Frage, wir wurden sehr gut behandelt und herzlich aufgenommen. Das änderte aber nichts daran, daß ich mich wie eine Aussätzige fühlte, anders als die anderen – und in diesem Moment, als dieses Kind damals, empfand ich diesen Umstand als äußerst negativ. Warum wußten sie es? Ich fragte meine Mutter, sie schüttelte nur den Kopf. Viel später kam mir die Erkenntnis, daß es wahrscheinlich an unserem gesamten Verhalten gelegen haben mußte. Meine gesamte Familie war wohl einfach beeindruckt und zeigte es offen. Die Zeit war eben, wie sie war, und aus den Erfahrungen, die man gemacht hat, kann man lernen. Doch es ist schon bemerkenswert, daß ich mich noch so gut daran erinnern kann, schließlich war ich damals erst fünf Jahre alt, aber dieses Bild, wie ich da in meinem pinkfarbenen Mantel stehe, ist mir unauslöschlich im Gedächtnis geblieben.

Da war noch so eine Episode. Es muß wohl kurz vor der Währungsunion gewesen sein – davon habe ich natürlich erst später erfahren. Ich wurde von meiner Oma aufgefordert, alle meine Sparschweine zu knacken und mein mühsam gesammeltes Kleingeld auszugeben, um mir davon Eis, Süßigkeiten oder andere Kleinigkeiten zu kaufen. Darüber habe ich mich in erster Linie gefreut, nur erstaunt war ich wohl auch. Erst wurde ich zum Sparen angehalten, und nun sollte ich alles ausgeben? Das konnte ich mir nicht erklären, aber trotzdem folgte ich willig den Anweisungen. Während dieser Zeit gab es für mich als Kind viel Neues, das es zu entdecken und erleben galt – es gab plötzlich so viel, das es vorher nicht gegeben hatte; vor allem die ungeheure Vielfalt an Spielzeug faszinierte mich. Ich hatte Spaß und erinnere mich gerne daran. Doch damals hatte ich keine Ahnung, was meine Familie durchgemacht haben muß, sie haben den Umbruch ja viel bewußter durchgemacht als ich. Sie bekamen bestimmt die langersehnte Freiheit und hatte die Möglichkeit, ohne Probleme all die Sachen zu kaufen, die sie wollten. Aber da standen auch Fragen für sie: Was wird genau werden? Was wird aus meiner Arbeit? Irgendwie muß es gerade für die Erwachsenen auch eine Zeit der Angst gewesen sein, des Unbestimmten und des Ungenauen. Erst viel später habe ich dies realisiert, wenn auch zuerst vielleicht nicht ganz verstanden. Ich konnte es nicht fassen, daß meine Mutter nicht hatte ahnen können, daß es zur Öffnung der Grenze kommt, zu einer friedlichen Revolution, schließlich hatte man ja von den Montagsdemonstrationen gehört, und auch in der Bevölkerung war es allgemein bekannt, daß der Staat DDR zahlungsunfähig war – doch es war schwer vorauszusagen, daß es zu einer solchen Revolution kommen würde – und dazu friedlich, denn die Geschichte hatte oft das Gegenteil gezeigt. Meine Oma, die den Zweiten Weltkrieg miterlebt hatte, hatte immer geglaubt, daß es zur Gewaltausschreitungen kommen werde. All das wußte ich damals nicht. Ich habe die Zeit als Kind erlebt – nur als einen Hauch, eine Abbildung von den wirklichen geschichtlichen Ereignissen während der Wiedervereinigung. Erst als ich älter wurde, erzählte mir meine Oma von ihrer Angst vor einem Krieg während der Wende. Und immer wieder sehe ich mich dann in meinem pinkfarbenen Mantel vor dem Konsum stehen, und ich muß darüber nachdenken, daß ich dort ein Teil der Geschichte war – auch als Kind, denn alle Menschen sind Teil der Geschichte, der Zeit, in der sie leben, und sie gestalten sie aktiv mit, einmal bewußt, einmal unbewußt ...

Aus all dem wird mir klar, daß es wichtig ist, über sein eigenes Leben nachzudenken, denn dann denkt man auch über die Geschichte nach – sie macht ja das Umfeld unseres Lebens mit aus. Wiederholt sich die Geschichte immer? Eine Frage der Geschichtswissenschaft, die stets heiß diskutiert wird. Aber gerade die Wende hat gezeigt, daß es nicht so sein muß – zum ersten Mal gab es eine friedliche Revolution vom Volk aus.

Karl-Heinz Schöning

Erinnerungen an einen Studienrat

Die Schulklasse, der ich vor vielen Jahren angehörte, hatte an unserem Gymnasium keinen guten Ruf. Nach damaligen Maßstäben waren wir eine böse Rasselbande. Wenn innerhalb oder außerhalb der Schule irgendein Streich ausgeheckt wurde, waren wir mit ziemlicher Sicherheit daran beteiligt, wenn nicht gar die Urheber. Ob zertrümmerte Fensterscheiben, kräftige Raufereien oder ein Schabernack gegen Lehrer, fast immer mischten wir mit.
Unsere Lehrer kannten uns recht gut und betraten unseren Klassenraum mit gewisser Vorsicht. Ehe sie sich setzten, prüften sie die Sitzfläche des Stuhles, ob sie nicht etwa mit Reißzwecken gespickt, oder irgendeine andere Teufelei im Gange war. Und immer, wenn wir besonders brav und ruhig dasaßen, schrillten bei ihnen die Alarmglocken. Sie wußten, wir waren stets zu dummen Streichen aufgelegt.
Wenn man allerdings hört und liest, was heute manchmal an den Schulen los ist, dann waren wir dagegen halbe Engel. Rauschgift, Erpressung oder ähnliches waren damals unbekannt, und wenn einer von uns heimlich eine Zigarette rauchte, war das fast schon eine Mutprobe.
Im Grunde waren unsere Lehrer feine Kerle, manche vielleicht etwas schrullig. Fast alle hatten Spitznamen, das war normal. Meist waren diese Spitznamen jedoch harmlos, und ich habe im Laufe meines Lebens fast alle vergessen. Nur einer ist unauslöschlich in meinem Gedächtnis haften geblieben, der Name „Eichkatz". Der Studienrat Amadeus Gänsewein wurde so genannt, und hatte es nicht leicht damit.
Allein'sein ausgefallener Name hätte ausgereicht, um ihn permanent zur Zielscheibe des Schülerspotts zu machen. Darüberhinaus wirkte der Mann wie eine komische Figur, und überflüssigerweise unterstrich er diesen Eindruck auch noch durch sein Äußeres. Er

war also nicht ganz unschuldig an dem Spott, den er ertragen mußte.

„Eichkatz" war klein und hatte ein hageres Gesicht mit einer vorspringenden Nase, die seinem Kopf eine gewisse Ähnlichkeit mit einem Geier verlieh. Außerdem trug er einen altmodischen Kneifer, ein sogenanntes Pincenez, das zu dieser Zeit nur noch äußerst selten zu sehen war. Damit das antiquierte Ding nicht zu Boden fallen konnte, falls es einmal von der Nase rutschte, war es mit einer dünnen Schnur an einem Knopf seiner Jacke befestigt. Im Volksmund wurde das Ding „Pängsnee" genannt. Auch der hohe Stehkragen, den er trug, paßte nicht mehr in diese Zeit und war längst aus der Mode. Dieser als „Vatermörder" bezeichnete Kragen war sicherlich sehr unbequem, besonders bei Hitze.

Meist trug „Eichkatz" einen rostbraunen Anzug mit Knickerbockern, also halblangen Pumphosen. Dazu viel zu hohe Schuhe, die wenig dazu paßten. Alles in allem ähnelte er einer Witzblattfigur.

Der Studienrat war extrem klein und hatte einen hüpfenden Gang. Dieser Angewohnheit verdankte er seinen Spitznamen. Wenn er durch die Straßen ging, riefen Schüler oft „Eichkatz" hinter ihm her. Er tat dann, als hörte er es nicht, und ging mit verbissenem Gesicht weiter. Manchmal tat er mir fast leid, und das wollte in jener Zeit bei mir etwas heißen.

Es war köstlich, als er uns in einer Biologiestunde den Unterschied zwischen Mann und Frau erklärte. „Das Weib sei dem Manne untertan!" dozierte er mit bedeutungsvoll erhobenem Zeigefinger. „Das steht sogar in der Bibel!" fügte er hinzu.

„Was seine Alte wohl dazu sagt", flüsterte mir mein Nachbar Dieter zu. „Die führt bei ihm daheim ein strenges Regiment, er hat nicht viel zu melden. Meine Eltern haben einmal darüber gesprochen." Dieters Eltern mußten es wissen, denn sie waren mit den Gänseweins befreundet.

Und dann kam der Tag, an dem wir unsere Meinung über den Studienrat Amadeus Gänsewein, alias „Eichkatz", gründlich revidieren mußten. Ein unerwartetes Ereignis machte ihn fast zum Helden.

Einmal im Jahr fand eine Klassenfahrt statt. „Eichkatz", ein weiterer Lehrer unseres Gymnasiums, wir und Schüler aus der Parallelklasse waren mit einem Bus auf der Heimfahrt.

Es war ein heißer und schwüler Tag. Plötzlich sackte der Busfahrer bewußtlos über dem Lenkrad zusammen. Die meisten von uns bemerkten es und waren starr vor Schrecken, doch niemand wußte, was in dieser Situation zu tun war. Wie gelähmt starrten wir nach vorn.

Der führerlose Bus kam langsam von der Spur ab, und weil der Fahrer seinen Fuß noch immer auf dem Gaspedal hatte, kam er auch nicht zum Stehen. Das schwere Fahrzeug scherte auf die Gegenfahrbahn und näherte sich einer Böschung. Ein schwerer Unfall schien unvermeidlich.

In diesem kritischen Augenblick griff „Eichkatz" ein. Er saß vorn auf dem Beifahrersitz. Energisch drängte er den bewußtlosen Busfahrer unter Aufbietung aller Kraft beiseite. Dann griff er beherzt in das Lenkrad, korrigierte die Fahrtrichtung und brachte den Bus durch Bremsen schließlich zum Stehen. Ein Unfall mit unabsehbaren Folgen war abgewendet.

Staunend waren wir seinem Manöver gefolgt, keiner hätte dem kleinen Mann so etwas zugetraut.

Von diesem Tage an war uns allen klar, daß Studienrat Gänsewein, trotz seines lächerlichen Aussehens im Grunde ein besonnener, tatkräftiger Mensch war – und mutig dazu. Wenn von nun an jemand von ihm sprach, dann nur mit einer gewissen Hochachtung. Seinen Spitznamen wurde er jedoch trotzdem nicht los. Er behielt ihn, solange ich denken kann.

Natürlich weilt der kauzige Studienrat Amadeus Gänsewein, alias „Eichkatz", längst im Jenseits. Ich weiß auch nicht, wie er auf diesen Bericht reagiert hätte. Vielleicht wäre er ärgerlich geworden und hätte sich Details über sein Äußeres verbeten. Dabei wollte ich ihn nur loben, denn mit einiger Sicherheit verdanken einige von uns, und vielleicht auch ich, ihm sein Leben.

Ein Aufsatzheft aus meiner Schulzeit

Kürzlich fand ich per Zufall mein kleines blaues Aufsatzheft aus der Schulzeit wieder. Ich hatte es lange vergessen und wußte gar nicht mehr, daß es noch existierte.

Das verschlissene alte Heft lag in einem Schreibtischfach in einer lädierten Pappschachtel zwischen den wenigen Unterlagen, die meine Eltern nach dem Zweiten Weltkrieg bei ihrer Flucht aus Pommern mitnehmen konnten. Lange vergessen, zufällig wieder hervorgekramt, ein Relikt aus einer fernen Vergangenheit.

Es mußte rein zufällig zwischen die alten Bescheinigungen, Ausweise, Taufscheine und Geburtsurkunden geraten sein. Daß es überhaupt noch da war, lag daran, daß ich es der Kuriosität halber bis zur Beendigung meiner Schulzeit und auch noch danach aufgehoben hatte.

Nun lag es also wieder vor mir, zerfranst und vergilbt. Der Aufkleber auf der Vorderseite trug meinen Namen, sauber in Sütterlinschrift, die ich heute gerade noch lesen kann. Darunter die Klassenbezeichnung „Untertertia a" (es gab auch eine Untertertia b).

Ich war seltsam berührt, meine Erinnerung an jene ferne Zeit wurde lebendig. Es war in den dreißiger Jahren des vergangenen Jahrhunderts, in der Zeit der braunen Diktatur. Alles Nordische, Germanische stand hoch im Kurs, die Rasse, die Götter, die Sitten, die Helden. Waren wir Deutschen doch die Nachfahren dieser rauhen Supermenschen.

In meiner Schulzeit habe ich Aufsätze immer gern geschrieben, besonders, wenn es selbstgewählte Themen waren. Dafür hatte ich mit anderen Fächern ziemliche Schwierigkeiten, vor allem mit der Mathematik. Wirklich gute Noten bekam ich eigentlich nur für meine Aufsätze.

Doch für einen bestimmten Aufsatz in der Untertertia traf das nicht zu, und der stand in dem besagten kleinen blauen Heft.

Ich erinnere mich noch genau: „Hefte raus, wir schreiben einen Aufsatz!" kommandierte unser Klassenlehrer, Studienrat Ludewig, zu Beginn einer Deutschstunde. Meine anfängliche Begeisterung schwand rasch, als das Thema bekanntgegeben wurde. Es lautete: „Die germanische Mythologie."

Für mich bahnte sich damit eine mittlere Katastrophe an, denn die germanische Mythologie hatte mich bisher kaum interessiert. In meinen Augen war das Ganze absoluter Quatsch, warum also sollte ich meinen Geist damit belasten, wo ich es sowieso schwer genug hatte, in der Schule mitzukommen. Folgerichtig paßte ich auch nie auf, wenn dieses Thema im Unterricht behandelt wurde, und genau das rächte sich jetzt.

Daß die germanischen Götter „Asen" hießen und dem Göttervater Wotan oder Odin zwei Raben auf den Schultern saßen, die ihm irgendwelches Zeug in den Gehörgang krächzten, wußte ich gerade noch. Auch daß Loki der Gott des Feuers war, hatte ich mir gemerkt. Das lag vor allem daran, weil meine erste Freundin, ein Mädchen aus der Nachbarschaft mit brandroten Haaren, ebenso genannt wurde. Vor der Pubertät hatte ich sie oft an ihren langen Zöpfen gezogen.

Doch mein weiteres Wissen über die germanische Mythologie war äußerst dürftig. Von den übrigen Göttern und Monstern kannte ich bestenfalls noch die Namen, doch die sagten mir nicht viel.

Meine Situation war also prekär. Es war zu spät, mein Wissen aufzufrischen. Auch Abschreiben ging nicht, denn der Studienrat paßte auf, wie ein Luchs. Was ich dann niederschrieb, war mythologischer Unsinn. Ich brachte in meinem Aufsatz die germanische Götterwelt gründlich durcheinander. Wie ein chaotischer Regierungschef wies ich den meisten Göttern andere Funktionen zu. So wurde Baldur, der Gott des Lichtes, zum Kriegsgott, Iduna, die Göttin der Jugend, zur Götterbotin degradiert, die Nornen zu Walküren, aus der Götterburg Asgard machte ich gar die Göttin der Liebe und so fort.

Natürlich versuchte ich, mit vielen Phrasen mein Nichtwissen zu kaschieren, so gut es ging. Ich begann meinen Aufsatz mit dem großspurigen Satz: „Die germanische Mythologie ist so schön, daß sie verdient, der Vergessenheit entrissen zu werden!" So, als ob ich gerade damit anfangen wollte.

Dazu Studienrat Ludewigs lakonische Randbemerkung mit roter Tinte: „Ist bereits geschehen!", und an mehreren anderen Stellen: „Predigerstil!" und „Blödsinn!".

Wie ich unter diesen Umständen zehn vollgeschriebene Heftseiten schaffte, ist mir noch heute ein Rätsel und nur mit meiner blühenden Phantasie zu erklären, die ich schon damals hatte.

Doch es nützte nichts, ich bekam eine glatte Fünf, in jener Zeit die schlechteste Schulnote. Ich fühlte mich eben nicht als direkter Nachfahre der alten Germanen, die alten Griechen lagen mir mehr.

„Ich bin von dir enttäuscht", sagte Studienrat Ludewig vorwurfsvoll, als er die Aufsatzhefte zurückgab. „Hast du denn überhaupt kein Interesse an der germanischen Mythologie?"

„Nicht viel!" gab ich zu.

Er sah mich prüfend an. „Was willst du eigentlich einmal werden?" erkundigte er sich dann.

„Schriftsteller!" antwortete ich spontan.

Er betrachtete mich mitleidig, wie einen harmlosen Irren.

„Davon laß besser die Finger, wenn du kein Hungerleider werden willst!" warnte er mich. „Sollte es aber doch dazu kommen, dann darfst du nicht solch einen Unsinn schreiben wie in diesem Aufsatz. Es gibt immer ein paar Leute, die das merken." Ich habe mich stets bemüht, den Rat meines alten Lehrers zu befolgen.

Heute kenne ich mich in der germanischen Mythologie ein wenig besser aus, nicht zuletzt dank vieler gelöster Kreuzworträtsel. Ein Aufsatz darüber würde wesentlich besser ausfallen.

Ich sehe unsere alte Schule noch vor mir: einen großen, ehrwürdigen Backsteinbau. Vor einiger Zeit war ich sogar dort. Doch es gibt ihn nicht mehr. Heute stehen dort Häuserblocks, in denen polnische Familien wohnen. Lediglich das benachbarte ehemalige Amtsgericht nebst Gefängnis hat Krieg und Nachkriegszeit überdauert.

Nachdenklich legte ich das kleine blaue Aufsatzheft in die lädierte Pappschachtel zurück. Wenn ich einmal nicht mehr da bin, amüsieren sich vielleicht andere über mein Machwerk von damals, falls sie die alte deutsche Sütterlinschrift überhaupt noch lesen können.

Hans Schweizer

Ein Stück ungelebtes Leben

Über einen Abschnitt in meinem Leben habe ich mehr als fünfzig Jahre lang geschwiegen. Mein Bruder Klaus und ich gehörten, wie die meisten Buben in jener Zeit, der Hitlerjugend an. Klaus trat in Buchen, im hinteren Odenwald, der Marine-HJ bei. Seine Rechnung ging auf: Weit und breit kein schiffbares Gewässer, also auch kein HJ-Dienst. Ich war Angehöriger der Flieger-HJ, avancierte sogar mit meiner fliegerischen Begeisterung zum so genannten Fähnlein-Führer. Immer wenn der Obergebietsführer namens Friedhelm Kemper zum Appell rief, hatte ich mit meinem „Fähnlein" anzutreten. Kemper hatte die Appelle grundsätzlich auf den Sonntag in die Gottesdienstzeit gelegt, um dem „Himmelsakrobaten", wie er den Pfarrer nannte, „die Schau zu vermasseln". Im Gegensatz zu mir hatte ich in meiner Gruppe mehrere christlich erzogene Buben, die dadurch in erhebliche Gewissenskonflikte gerieten. Gingen sie mit ihren Eltern in den Gottesdienst, wurden sie vom Obergebietsführer übel beschimpft, folgten sie dem Appell, gab es zu Hause Krach. Ergo fragte ich den Obergebietsführer, ob er seine Appelle nicht auf einen anderen Zeitpunkt legen könne. Vor versammelter Mannschaft bekam er einen Wutausbruch, bezeichnete mich als defaitistisches Würstchen und Christen-Schwein. Ich sah nicht nur rot, sondern auch das Bändchen des Eisernen Kreuzes Zweiter Klasse am Revers des HJ-Führers, der nie Soldat gewesen war. Ob er sich das im Nahkampf in einem französischen Bordell verdient habe? Kemper riß mir meine Schulterklappen ab, ließ mich verhaften, in der Kreisleitung der NSDAP einsperren. In der Nacht darauf wurde ich per Bahn, schwer bewacht, in das Konzentrationslager Mauthausen verfrachtet. Ich war gerade 16 Jahre alt. In diesem KZ unterwarf man mich einer Sonderbehandlung, noch heute, nach mehr als 50 Jahren, für mich ein Alptraum. Ich schwor, nie über dieses Erlebnis zu sprechen.

Nach acht Wochen war ich, krank und abgemagert, zurück nach Hause gebracht worden. Geschunden, aber nicht gebrochen. Es war der Direktor des Gymnasiums, Dr. Schill, der es geschafft hatte, mich aus Mauthausen herauszuholen. Nach dem Krieg erfuhr ich, daß er eine leitende Position im berüchtigten Nazi-Sicherheitsdienst, dem SD, innegehabt hatte. Außer vor meinen Eltern hatte ich nie von Mauthausen gesprochen. Es war auch gut so, denn als KZler war man im Dritten Reich gebrandmarkt. Nach dem Krieg hätte ich zu meinem Vorteil von der KZ-Haft Gebrauch machen können. Als ich aber allerorten feststellte, wie sich dem KZ lebend entronnene Mitbürger bei jeder Gelegenheit mit dieser Tatsache brüsteten, dank ihr Stellen bekamen, denen sie auch nicht einmal annähernd gewachsen waren, Mitbürger denunzierten und für eine Stange Zigaretten ihre Nachbarn mit unbewiesenen Anschuldigungen verkauften, beschloß ich erneut, über meine KZ-Haft zu schweigen. Um keinen Preis hätte ich mich als Verräter betätigt, schon gar nicht, um persönlichen Nutzen daraus zu ziehen. Ich löste den Fall auf meine Weise.

Ich saß mit einigen Handball-Freunden in einem Gasthaus der Weinbaugemeinde Beckstein bei Tauberbischofsheim, um den sportlichen Erfolg bei einem Turnier in Lauda zu feiern. Plötzlich sprach mich ein Mann von hinten an: „Wir kennen uns doch, Kamerad!" Es handelte sich um den Weinhandelsvertreter Friedhelm Kemper, wie ich sofort feststellte. Gealtert zwar, aber naßforsch wie eh und je. Ich knallte ihm meine Faust mitten ins Gesicht und er fiel, wie vom Blitz getroffen, um. Verständnislos sahen mich meine Freunde an, denn als Schläger hatten sie mich nie gesehen. Ich weiß noch heute genau, was ich sagte: „Dieser Mann, einst ein übler Nazi, hat mich fast um mein Leben gebracht." Damit war der Fall, über den ich erst heute, nach meinem 70. Geburtstag berichte, für mich erledigt. Meine Freunde drückten übrigens dem Kemper sein Köfferchen in die Hand und empfahlen ihm, so rasch wie möglich zu verschwinden.

Moderne Malerei

Vor einigen Jahren besuchte ich einen deutschen Maler in seinem Pariser Atelier. Der Meister, für dessen Bilder fünfstellige Summen bezahlt wurden, kniete über einer auf dem Fußboden liegenden Leinwand, tupfte einen dicken Malerpinsel in Anstreicherfarbtöpfe und fuhr wie wild auf dem Farbgrund herum. Nachdem die Leinwand mit allerlei Farben zugeschmiert war, stand der Künstler auf und drehte das Bild hin und her. „Ich bestimme jetzt, was oben ist", erklärte er mir. Dann brachte er die Signatur an. Der ganze Vorgang hatte kaum eine Viertelstunde gedauert. Dann wollte der Maler von mir wissen, was ich bei Betrachtung des Bildes empfinde. „Nichts", sagte ich. Der Maler meinte, von moderner Kunst hätte ich keine Ahnung. Das Bild heiße „Obsession zwei" und bringe bei diesem Format auf dem Kunstmarkt wenigstens 20.000 Mark.

An diese Begegnung wurde ich lebhaft erinnert, als ich am 15. April 1996 in der Mainzer Allgemeinen Zeitung eine Kunstkritik mit der Überschrift las: „Bilder sind fertig, bevor ich angefangen habe." Der Maler, ein leibhaftiger Kunstprofessor, hatte dem Rezensenten erklärt, Kunst sei nicht definiert. Jeder Betrachter erschaffe durch sich selbst ein neues und eigenes Werk. Der Kunstkritiker fiel voll auf diesen Stuß herein. Die Titel, so ließ er sein Leserpublikum wissen, zeige Umrisse, in denen der Betrachter seine persönlichen Interpretationsansätze verarbeiten könne. Schließlich sei das Bild „Schemen" betitelt. Das Bild „Meditation" lade hingegen dazu ein, die dominierende Farbe zu suchen. Der Professor hatte schon vorher dem kunstsachverständigen Kritiker bedeutungsvoll nahe gebracht, daß eine Farbe einer anderen beigefügt oder mit ihr vermischt werde. Das ergebe eine neue Farbe und lasse sich beliebig weiterführen. Genau so verhalte es sich mit den Formen, denn meine „Bilder entstehen so, daß sie schon fertig sind, bevor ich angefangen habe". So läßt sich mit nichtssagenden, aufgeblasenen Worten jede Schmiererei zu einem Kunstwerk erheben. Und nicht einmal ein Kunstkritiker vermag zu widersprechen.

Man könnte ihm im Zweifelsfall ja vorwerfen, er verstehe nichts von moderner Kunst. Den Kunstfreunden sei dringend angeraten, nicht auf jedes Geschwafel hereinzufallen. Vielleicht ist es besser, daß Bilder nie angefangen werden, bevor sie fertig sind.

Geschmacksverirrungen

Das dumme Sprichwort, daß sich über Geschmack nicht streiten läßt, verdeckt nur das ständige Absinken des kulturellen Niveaus in Deutschland. So genannte Experimente in der Theaterlandschaft gehen schief; neue gute Autoren kann man mit der Lupe suchen. Was im Fernsehen als Comedy bezeichnet wird, sind primitivste Albernheiten. In der Musik ist es nicht besser, sofern sie nicht klassisch ist. Seit Jahrzehnten höre ich täglich bis zu zwei Stunden das Autoradio. Die Gruppe der Nöhler wird immer größer, das heißt diejenigen Männlein oder Weiblein, die mangels Stimme durch die Nase singen. Das Gleiche gilt für die Krächzer mit offenbar stark geschädigten Stimmbänder. Manche rappen sich mit reinem „Sprechgesang" durch. Hoch gelobte Sängerinnen piepsen wie Mädchen aus dem Schulchor, die dort nur zwangsweise mitwirken. Auch ein Massenpublikum bei Sängern, die sich scheinbar mitten im Stimmbruch befinden, bestätigt höchstens die Tatsache, daß sich über Geschmack offenbar niemand mehr streiten will. In der Literatur steigt die Zahl der Machwerke, die nicht einmal die Druckerschwärze wert sind. Die Schwaben sagen „Es hot alles e Gschmäckle". Auf gut Deutsch: Es stinkt zum Himmel.

Die Machthaber

In irgendeinem Exemplar meiner kleinen Heimatzeitung findet sich an der Wende zum dritten Jahrtausend auf 32 redaktionellen Seiten mehr als zwei Dutzend mal das Wort „Macht". In einem der Artikel wird vom neu gewählten Generalsekretär einer politischen Partei behauptet, er habe die Aufgabe, „Macht zu suchen und zu sichern". In einem anderen Beitrag geht es um die Frage, ob der Verfassungsschutz grundsätzlich auch politische Parteien mit geheimdienstlichen Mitteln beobachten darf. Er darf, wie es heißt, wenn es Anhaltspunkte für Machtmißbrauch gegen die freiheitliche Demokratie gibt. Noch ein drittes Beispiel aus der selben Zeitung: Da ist von der Macht der Liebe die Rede.

Am meisten aber wimmelt es von Artikeln über illegale Parteispenden, Schwarzkonten, strafrechtliche Ermittlungen, Steuerbetrug und andere Delikte, die durchweg so genannten „Machthabern" zur Last gelegt werden. Da wird einem wohl bestallten Ministerpräsidenten vorgeworfen, er habe sich einen Teil seiner Hochzeitsreise und eine Wohnung mit fremden Geldern finanzieren lassen. Für einen anderen seiner Kollegen war es selbstverständlich, daß zwei Brauereien das Bier für seine Geburtstagsfeier kostenlos zu liefern hatten. Ein weiterer Kollege hatte weit mehr als eine Million Mark auf Kosten der Steuerzahler in seine Dienstvilla gesteckt, ohne daß das Geld im Haushaltsplan seines Landes vorgesehen war. Einladungen zu Schiffsreisen, zu Bällen, zu kostenlosen Urlauben sind für „Machthaber" so gut wie selbstverständlich. Zum Teil sind die unmoralischen, wenn nicht gar illegalen Geldquellen für die Öffentlichkeit nur schwer auszumachen, denn die potentesten der Machthaber sitzen in unzähligen Führungsgremien, in denen sie kassieren. Immer aber oder fast immer handelt es sich um Geld der Steuerzahler, also der Allgemeinheit, mit dem sie sich und andere bedienen. Wenn einer erwischt wird, Geld, das ihm nicht gehört, das er nicht persönlich verdient und auf das er auch keinen Anspruch hat, für eigene Zwecke benutzt zu haben, wird das mit noblen Worten, wie Vorteilsnahme oder Umverteilung, kaschiert.

In aller Welt nennt man derartige Machenschaften Korruption. Sie ist immer verwerflich, besonders aber dann, wenn sie von Machthabern, beispielsweise in der Politik, ausgeübt wird, die auf die mit „Ewigkeitsgarantie" ausgestattete Verfassung geschworen haben. Zumindest gilt das für demokratische Staaten. Dort haben, wie in Deutschland, die Politiker im Bewußtsein der Verantwortung vor Gott dem Wohl des Volkes zu dienen. Sie sind Diener des Staats. Heutzutage gibt es jedoch Machthaber, die sich zunehmend am Staat bedienen. Um so mehr als Leistung immer weniger zu zählen scheint, Gefühle von Scham und Schuld im Schwinden begriffen sind. Über die Moral einzelner Politiker soll hier nicht gerichtet werden (das haben sie mit sich und ihren Wählern auszumachen), gravierend ist jedoch, daß die Politik zu einem Raubzug am Gemeinwohl degeneriert und die Menschen das Vertrauen zu ihrem Staat verlieren. Sind Gier und Verantwortungslosigkeit, mangelnde Rücksicht und Egoismus Begleiterscheinungen der Macht?

Macht macht sinnlich

Was Ohnmacht ist, wissen wir. Wir sind hilflos. Was aber ist Macht? Wie entsteht sie? Ist sie böse oder gut? Schon bei der Untersuchung dieser wenigen Fragen beginnt man zu verzweifeln. Denn auch die wissenschaftliche Literatur hilft nicht weiter. Der Dichter und Philosoph Nietzsche, seit 1869 Professor in Basel, hebt den Willen zur Macht auf eine hohe Stufe menschlichen Daseins, der Schweizer Historiker Jacob Burckhardt, 1897 gestorben, hielt die Macht grundsätzlich für böse und verwerflich. Die Macht läßt sich auch neutraler und damit nichts sagender definieren. Generationen von Soziologen retten sich mit der Aussage ihres Altmeisters Max Weber (1864 – 1920) über die Runden: Macht ist jede Chance, innerhalb einer sozialen Beziehung den eigenen

Willen auch gegen Widerstreben durchzusetzen, gleichviel, worauf diese Chance beruht. Max Weber in allen Ehren, aber mit der Macht der Liebe hat seine Erkenntnis wenig zu tun. Da würde schon der englische Philosoph Thomas Hobbes weiterhelfen, der schon im 17. Jahrhundert die Macht als Triebfeder des Lebens gesehen hatte. Und was bedeutet die „Macht des Schicksals"? Wir können es drehen und wenden, wie wir wollen, wir müssen die Art der Mächte unterscheiden, um mit unseren Überlegungen weiterzukommen.

Der Einleitung dieses Beitrags entsprechend, entscheiden wir uns für die Macht im politischen Leben.

Die Entstehung von Macht ist rational nicht erklärbar, vor allem nicht bei Personen. Es gibt eine Fülle von Theorien, von denen nicht eine einzige allgemeingültig ist. Eine der Theorien bezieht sich auf die Naturgesetze, denn im Leben der Natur setzt sich der Stärkere gegenüber dem Schwächeren durch. Es gibt allerdings genügend Menschen, die sich solche Gesetze nicht zu Eigen machen, weil bei ihnen der Grundtrieb dazu nicht ausgeprägt genug ist. Andere Theoretiker verweisen auf die soziologische Gesetzmäßigkeit, daß der Stärkere auch der Mächtigere ist. Für sie ist der Staat das Ergebnis der Macht von Stärkeren. In unserer modernen Welt ziehen viele Menschen daraus die Lehre, den Gefahren des Lebens möglichst durch individuelle Stärke entgegen zu treten. Das Wort von der Ellbogengesellschaft ist nicht von ungefähr entstanden. Stärke gilt als Instrument zur Sicherung menschlichen Daseins. Macht stillt, so sagt man, den Hunger. Auch Anthropologen haben ihre eigene Erklärung. Für sie ist das Streben zur Macht eine durch und durch menschliche Eigenschaft, vielleicht sogar durch die Vernunft gesteuert. Die gleichen Leute betonen aber ausdrücklich, daß die Macht ihre Grenzen hat, gerade dann, wenn sie nicht dem Selbsterhaltungstrieb und der Ordnung des Zusammenlebens dient. Es wimmelt von Deutungen und Erklärungen, die weder ganz falsch noch absolut richtig sind. Im Grunde geht es um Herrschaft von Menschen über andere Menschen. Das gilt auch für den Staat. Allerdings sind auch die Erklärungen zur

Rechtfertigung der Staatsgewalt sehr widersprüchlich. Der Philosoph Georg Wilhelm Friedrich Hegel (1770 – 1831) bezeichnete den Staat als die Verwirklichung der höchsten sittlichen Vernunft. In der Demokratie von heute wird das anders gesehen. Hier wird der Zweck des Staates im Dienst für das Gemeinwohl, in der Aufrechterhaltung eines Rechtsstaates, der Wahrung der öffentlichen Sicherheit und anderen Ordnungsfunktionen umschrieben. Was der Staat eigentlich ist, konnte bisher niemand hieb- und stichfest formulieren. Auf jeden Fall ist der Staat ein Träger der Macht, auch wenn er deren Ausübung und Kontrolle auf eine Reihe von Organen übertragen hat.

Max Stirner (1806 – 1856), ein linker Individualist, hat den Staat als ein „Verein von Ichen" bezeichnet. Er, der eigentlich Kaspar Schmidt hieß, hat zynischerweise den Nagel auf den Kopf getroffen, so als ob er die Entgleisungen gewisser führender Politiker von heute gekannt hätte.

Macht macht süchtig

Gehen wir davon aus, daß Macht ein unverzichtbares Element menschlicher Ordnung ist, gewissermaßen ein Regelwerk bürgerliehen Zusammenlebens, das ohne Machtausübung nicht funktioniert. In der Politik soll das System der Gewaltenteilung der Machtbegrenzung dienen. Jedenfalls im demokratischen Staat. In Deutschland und in anderen demokratischen Ländern wird dieses System allmählich durchlöchert. Daran sind die politischen Parteien nicht unschuldig. Ihre Beschäftigung mit politischen Problemen erfolgt unspezifisch, weil inzwischen die Kompetenzen auf regionaler, nationaler und europäischer Ebene sich verteilen und ineinander greifen. Nicht die parlamentarischen Funktionen wachsen, sondern die Bürokratie. Auf allen Ebenen gibt es Korruption. Es fällt auf, wie schwer es den Machthabern fällt, sich von ihren Ämtern zu trennen. Denn Macht macht süchtig. Und sinnlich. Außerdem bringt unbeschränkte Macht Unrecht mit sich.

Zu den in politischen Bekundungen am meisten gebrauchten Wörtern gehört „soziale Gerechtigkeit". Schon Aristoteles hat darauf hingewiesen, daß es mehrere Arten der Gerechtigkeit gibt. In einem Fall soll die Leistung ohne Rücksicht auf die Person angemessen abgegolten werden, im anderen soll jeder das Seine bekommen, aber nur nach den individuellen Gegebenheiten. Diese Gerechtigkeiten sind kontrovers. Immerhin müssen alle Aufwendungen von den Berufstätigen bezahlt werden. Wer dem Rechtsstaatgedanken anhängt, daß das Eigentum unverletzlich sein müsse, kollidiert mit dem Sozialstaatsbegriff. Es wäre wünschenswert, wenn die Kluft zwischen arm und reich nicht noch größer werden würde. Die Politiker haben sich an diesem Problem bisher noch immer die Zähne ausgebissen. Wer will es in einem freiheitlichen Staat einem Teil der Bürger verbieten, sich mit eigener Hände Arbeit Produktivvermögen zu schaffen? Wohlfahrt ist immer abhängig von einer leistungsfähigen Wirtschaft.

In vielen sozialen Beziehungen spielt die Autorität eine wesentliche Rolle. In der Politik kann die persönliche Autorität entscheidend sein. Wird die Autorität im Sinn von Kompetenz, Führungsqualität und Charakterstärke ausgeübt, schafft sie auch ein Stück Macht. Und doch liegt der große Unterschied im Verhältnis der Partnerschaft, das die Autorität auszeichnet, und dem Zwangsverhalten der Macht.

Nicht zuletzt findet sich in der Bibel ein anderes, der Macht verwandtes Wort: Obrigkeit. Jahrhunderte lang haben Kirche und politische Gewalt miteinander gerungen. Geblieben ist bis heute in der katholischen Welt die päpstliche Gewalt. Sie findet zum Beispiel in der Entmündigung der deutschen Bischöfe in der Abtreibungsfrage sinnfälligen Ausdruck. In den christlichen Kirchen sieht man die politische Obrigkeit als eine Art demokratischer Laienstaat. Im Neuen Testament finden sich zahlreiche Hinweise auf die Macht des Christentums und der Kirche. Was im Allgemeinen gilt, gilt auch für die Kirche: Jede Art von Organisation bedeutet auch Macht. Die Gründe für die Entstehung von Autorität und Obrigkeit sind nachvollziehbar, von Macht nicht.

Die Gefahren dieser Zeit

Der Machtmißbrauch Einzelner hat ungeahnte Folgen bis hin zur Staatsverdrossenheit. Es darf nicht übersehen werden, daß sich die Machtträger sogar einer bestimmten Form politischer Taktik bedienen, um ihre Macht und die Grenzüberschreitungen zu kaschieren. Der Normalbürger denkt selten daran, daß das, was er unter Gesellschaft versteht, eine Summe der Mächte ist, wobei sich die Mächte ständig ändern. Es sind nicht zuletzt die nicht staatlichen Mächte, die den Vater Staat als Geber zeichnen. Wehe, er erfüllt unsere Forderungen nicht! Dabei müßte klar sein, daß der Staat nur dann die Interessen und die Macht ausgleichen kann, wenn auch die Machtträger bereit sind, von ihrer eigenen Macht abzugeben. es wäre wünschenswert, daß sich Arbeitgeber und Arbeitnehmer zwar als verschiedene „Mächte", aber doch als gemeinsame Träger des Lebensprozesses verstehen würden. Die Lebenswirklichkeit ist leider anders.

Der eine kann nicht mehr ohne den anderen leben. Wie lange dauert es noch, bis die Mächte diese Tatsache begreifen?

Elisabeth Sinn

Die Flucht

Am 4. März 1945 begann für meine Mutter, meine 14jährige Schwester und mich, zehn Jahre alt, die Flucht aus Rügenwalde.

Wir stiegen auf den Kutter meines Onkels. Jeder durfte nur das Notwendigste mitnehmen. Meine 80jährige Großmutter weigerte sich beharrlich, auf das Schiff zu gehen, und alles Betteln und Reden war vergebens. Von der Stadt her hörten wir Kanonendonner der einmarschierenden Russen. Alle schrieen durcheinander und waren in heller Aufregung. Der Hafenmeister wollte die Schiffe bei Windstärke zehn nicht auslaufen lassen, aber die Schiffseigner ließen sich nicht beirren. Wir liefen aus. Die See war so rauh, daß ich schon im Hafen seekrank wurde. Wir lagen auf Holzplanken im Laderaum des Kutters zwischen Gepäckstücken, Tauen und anderen Gerätschaften. Ich übergab mich am laufenden Meter. Ein alter Bootsmann hielt, wenn er nicht gerade anderweitig gebraucht wurde, meinen Kopf über den Eimer. Am Nachmittag trug er mich einmal an Deck in der Hoffnung, mir würde es an der frischen Luft etwas besser gehen, aber die Wellen, die über das Deck rollten, und der Sturm trieben uns wieder hinunter. Wir waren im Konvoi mit mehreren Fischkuttern unterwegs. Vor uns fuhr ein Minensuchboot. Flankiert wurden unsere Schiffe von zwei Zerstörern. Man rechnete mit einem Angriff – Gott sei Dank, es passierte nichts. Am späten Nachmittag liefen wir in den Hafen von Swinemünde ein. Ich schwor, niemals wieder auf ein Schiff zu gehen.

Eigentlich wollten wir nur kurz in diesem Hafen bleiben, aber der Kutter wurde von der Hafenkommandantur beschlagnahmt. Wir mußten das Schiff verlassen. Es wurde aufgetankt und fuhr zurück nach Rügenwalde, um weitere Flüchtlinge zu holen. Wir nahmen unsere Koffer und Habseligkeiten und wurden in der Turnhalle einer Schule untergebracht. Hier lagen Frauen, Männer, Kinder und Säuglinge dicht gedrängt auf dem Boden. Jeder bekam eine Decke zum Zudecken. Es war kalt und zugig und stank entsetzlich. Wir hatten keine andere Wahl.

Am nächsten Morgen versuchte meine Mutter, ein Transportmittel zu finden, denn wir waren noch weit im Osten und wollten auf keinen Fall darauf warten, ob der Kutter meines Onkels wiederkommen würde, um uns weiter nach Westen zu bringen.

Hier trafen wir meine Schwägerin Maria, die mit einem Flüchtlingsschiff in Swinemünde gestrandet war. Nun waren wir zu viert. Meiner Mutter gelang es, Plätze in einem Zug zu ergattern, der in jedem Fall nach Westen fuhr. Am späten Nachmittag begaben wir uns an ein Bahngleis, das unmittelbar neben den Hafenanlagen lag. Wir waren etwas skeptisch, daß ausgerechnet hier ein Zug abfahren sollte, aber die Ungewißheit dauerte nicht lange. Ein Güterzug rollte ein, und von Soldaten getrieben wurden wir in die Waggons verladen. Auf dem Boden lag etwas Stroh, sonst nichts. Unser Waggon war voll belegt. Jeder hatte soviel Platz, wie er lang und breit war. Es gab alte Frauen und Männer, Mütter mit Kindern und sogar Säuglinge. Neben mir lag ein sehr alter Mann. Nach ungefähr einer Stunde war die Beladung abgeschlossen. Die Türen wurden nicht nur zugemacht, sie wurden von außen verriegelt. Stunde um Stunde hofften wir, daß sich der Zug in Bewegung setzen würde, aber es wurde Nacht und nichts geschah.

Plötzlich heulten die Sirenen „Fliegeralarm". Wir wollten aus dem Waggon und uns in Sicherheit bringen, aber niemand öffnete die Türen. Wir schlugen mit bloßen Fäusten gegen die Wände, aber der Krach wurde von dem Pfeifen, Heulen und Einschlagen der Bomben übertönt. Die Kinder weinten, und die Säuglinge schrien. Wir hatten Todesangst, denn der Hafen, auf dem unser Zug stand, war das Ziel des Luftangriffs. Als wir durch die Ritzen der

Waggonwände sahen, daß der Morgen dämmerte, war der Angriff zu Ende, und der Zug setzte sich in Bewegung.

Wir wußten nicht, wohin der Zug uns bringen würde, und hofften, daß er irgendwann halten würde, denn wir konnten unsere Notdurft nicht verrichten und hatten großen Durst. Meine Mutter hatte, bevor wir den Zug bestiegen, für Brot gesorgt, aber zu trinken hatten wir nichts. Wir teilten unsere Schätze mit denen, die nichts hatten, aber einem Säugling konnten wir nicht helfen, nur zuhören, bis er in den Armen seiner Mutter aufhörte, zu schreien.

Eine weitere Nacht verging, ohne daß der Zug hielt und uns von unserer Pein erlöste. Es stank nach Urin und Fäkalien. Als ich dem alten Mann neben mir ein Stückchen Brot anbieten wollte, bemerkte ich mit Entsetzen, daß er eiskalt war. Meine Mutter stellte seinen Tod fest. Es wurde wieder Tag. Endlich hielt der Zug, und aus unserem und allen anderen Waggons schrieen die Menschen, schlugen gegen Türen und Wände, flehten und baten die vorbeilaufenden Soldaten, doch die Türen zu öffnen, wenigstens die Toten zu entladen und für einen Tropfen Wasser zu sorgen.

Es dauerte lange, und wir hatten die Hoffnung fast aufgegeben, da öffneten sie die Türen und gestatteten uns, an einem Brunnen Wasser zu holen und unsere Notdurft neben dem Zug zu verrichten. Die Toten blieben im Waggon, und die Soldaten trieben uns zur Eile an. Meine Schwester hatte sich zu weit vom Waggon entfernt und wäre fast zurückgeblieben, wenn meine Mutter den Soldaten, der die Tür wieder schließen wollte, nicht angefleht hätte, noch zu warten. Der Zug setzte sich schon langsam in Bewegung, als meine Schwester angerannt kam. Der Soldat packte sie, warf sie mit einer Hand in den Wagen, während er mit der anderen die Tür zuschlug. Wir atmeten auf.

Wir fuhren drei Tage und drei Nächte, und nur noch einmal wurden die Türen für kurze Minuten geöffnet. Es stank fürchterlich,

nun auch noch nach Leichen. Hinzu kam, daß es sehr kalt war. Draußen lag noch Schnee. Es wehte ein eiskalter Wind durch alle Ritzen. Am Abend des dritten Tages hielt der Zug auf einem richtigen Bahnhof. Wir waren am vorläufigen Ziel Hannover-Lehrte. Plötzlich herrschte eine unheimliche Hektik. Jeder wollte als erster aus dem Waggon. Die Gespräche mit den Mitreisenden waren vergessen. Jeder kannte nur noch sich.
Auf dem Bahnhofsvorplatz standen Lastwagen und Fuhrwerke, die uns in Gemeinschaftsunterkünfte bringen sollten. Nach den Erfahrungen mit diesen Einrichtungen stand für meine Mutter fest: keine Gemeinschaftsunterkunft! Wir stellten uns etwas abseits neben ein Molkereifuhrwerk, auf dem offensichtlich Fässer transportiert wurden. Auf dem Kutschbock saß ein alter Mann. Meine Mutter fragte ihn, ob er vielleicht eine Unterkunft für uns wüßte. Er sagte, daß er aus dem Dorf Aalten käme und seine Herrschaft ihn mit der Maßgabe hergeschickt habe, zu helfen, wenn es denn möglich sei. Meine Mutter bat ihn, uns mitzunehmen. Er war einverstanden, und wie der Blitz waren wir auf dem Wagen. Es war schon dunkel, als wir endlich in der Molkerei ankamen. Todmüde und steif vor Kälte kletterten wir von der Ladefläche und wurden von den Besitzern der Molkerei in die Küche geführt. Warme Milch, Brot und Butter versöhnten uns und ließen die letzten drei Tage vorerst in den Hintergrund versinken. Wir bekamen ein kleines Zimmer, in dem vier Betten standen, und fielen, nachdem wir uns endlich nach Tagen wieder gewaschen hatten, in einen totenähnlichen Schlaf.

Die scheinbare Ruhe des Tages in dem kleinen Dorf trog. Das sollten wir in den nächsten Nächten zu spüren bekommen. Hannover, die nächstgrößere Stadt, wurde fast jede Nacht bombardiert. Die Molkerei hatte keinen Luftschutzkeller. Es gab einen großen Gemeinschaftsbunker, der jedoch sehr weit von unserer Unterkunft entfernt war. Wir hätten schon am frühen Abend hingehen und die Nacht dort verbringen müssen. Manchmal taten wir es auch, aber oft waren wir zu müde und wollten einfach in unserem Zimmer beisammen sein. Einmal schrillten zur Mittagszeit die Sirenen Alarm. Was sollten wir tun? Zum Bunker zu laufen, dazu war es zu spät. Wir hörten die Flugzeuge über uns und registrierten angstvoll die Bombeneinschläge in unserer Nähe. Plötzlich riß jemand die Zimmertür auf und schrie auf meine Mutter in gebrochenem Deutsch ein. Es war der polnische Arbeiter aus der Molkerei. Er gestikulierte und schrie immer wieder: „Kinder in Bunker, Kinder in Sicherheit!" Ohne die Zustimmung meiner Mutter abzuwarten, nahm er mich auf den Arm, meine Schwester an die Hand und rannte los, quer über die Straße und in einen kleinen privaten Bunker. Die Leute verweigerten den Eintritt mit der Begründung, es gäbe keinen Platz, schon gar nicht für einen Polen. Der Pole stemmte die kleine Tür auf, ohne auf die Gegenwehr zu achten, schob auch meine Mutter und Maria in den Bunker und schlug hinter uns die Tür zu. Er rannte zurück in die Molkerei. Als der Angriff nach Stunden vorüber war, war von unserem kleinen Zimmer fast nicht mehr übrig. Auch den Polen sahen wir nicht wieder. Eine Bombe war in den Teil der Molkerei eingeschlagen, in dem unsere Unterkunft, aber auch die der Arbeiter lag.

Eines Nachts beluden wir einen alten kleinen Handwagen, den meine Mutter von unseren Hausleuten erstritten hatte, mit unseren letzten Habseligkeiten und gingen zu Fuß in Richtung Burgdorf. Wir hatten nur das eine Ziel, in einem größeren Ort einen Bahnhof zu erreichen, in dem eventuell ein Zug in Richtung Westen fuhr. Wir gingen die ganze Nacht. Morgens erreichten wir endlich eine Bahnstation. Wir saßen stundenlang auf dem Bahnsteig und warteten auf einen Zug, der hier halten und uns weiter, vielleicht nach Hamburg bringen würde. Endlich hielt ein Personenzug, und wir stiegen einfach ein. Wir waren weder im Besitz einer Reiseerlaubnis noch von Fahrkarten.

Irgendwann kamen wir in Hamburg-Altona an. Freundliche Helfer des Roten Kreuzes verwiesen uns in einen großen, hoffnungslos überfüllten Wartesaal, aber er war, im Gegensatz zum Zug, wenigstens beheizt. Große Aufregung entstand, als Maria aus Übermüdung ihre Handtasche mit Geld und Papieren irgendwo stehen ließ. Es war nicht die Zeit, anderen Vorwürfe zu machen, und so versuchten wir, die Kostbarkeit wiederzufinden. Und tatsächlich, ein ehrlicher Mensch hatte sie im Büro des Roten Kreuzes abgegeben. Jetzt galt es, eine Möglichkeit zur Weiterfahrt zu finden, denn wir wollten an die Ostsee, wo meine Mutter hoffte, ihren Bruder mit dem Kutter wiederzutreffen.

Nach Tagen und Nächten im überfüllten Wartesaal, in dem wir auf dem Boden schliefen, bestiegen wir einen Zug nach Heiligenhafen. Nach einer Odyssee von insgesamt 18 Tagen und Nächten kamen wir endlich am 22. März 1945 in Heiligenhafen an.
Niemand hatte daran gedacht, nicht einmal ich selbst, daß ich an diesem Tag Geburtstag hatte, nur die freundliche Dame auf dem Rathaus merkte es und rief: „Oh Kind, Du hast ja heute Geburtstag!" Sie schenkte mir drei Bonbons. Ich glaube, es war mein kostbarstes Geburtstagsgeschenk, das ich je in meinem Leben erhalten habe. Unsere Flucht war endlich zu Ende.

Angela Sommer

Die letzten Tage der DDR

Wir schrieben das Jahr 1988. Die DDR, nun ehemalige, feierte in diesem Jahr ihren neununddreißigsten Geburtstag. Neununddreißig Jahre, in denen das Atmen immer schwerer wurde.

Ich lebte mit meinem Ehemann Rainer und den Kindern, dem elfjährigen Martin und den viereinhalb Jahre jüngeren Zwillingen Stephan und Sina, ein bescheidenes, für DDR-Verhältnisse jedoch recht gutes Leben.

Wir wurden als „kinderreiche Familie" geführt, und das gab einem immer ein wenig das Ansehen von arm: „Wie machen Sie denn das mit drei Kindern?" Aber uns ging es finanziell recht gut. Es gab nicht viele Familien in der ehemaligen DDR, die drei Kinder, eine schöne, große Wohnung und ein teueres Auto hatten.

Wir hatten ein kleines Sparkonto, das monatlich um einen nicht wesentlichen Betrag anwuchs. Unsere Kinder bekamen große Geschenke zu Weihnachten und zu den Geburtstagen – ihnen fehlte nichts. Für mich waren die Kinder und Rainer etwas Besonderes. Ich war immer darum bemüht, ihnen etwas zu bieten, was andere nicht hatten.

Nach außen hin waren wir also eine zufriedene Familie, die in einem Arbeiter- und Bauernstaat lebte und viele Vergünstigungen genoß, die es nur in der ehemaligen DDR gab. So jedenfalls konnte man es täglich in den Zeitungen lesen. Trotzdem wurde ich, mehr noch als Rainer, mit dem Leben immer unzufriedener. Ich fragte mich: Ist das denn schon alles? Ist dies *das* Leben? Uns war bewußt, daß wir gefangen gehalten wurden, daß andere über unser Leben entschieden, die es eigentlich gar nichts anging, wie wir lebten. Unzufriedenheit machte sich allmählich breit, wir wollten raus aus der Enge und Bevormundung. Aber wie sollten wir das anstellen mit drei Kindern?

Selbständiges Denken und Handeln nicht kennen gelernt, wußten wir nicht, wie wir unseren Wunsch nach einem schöneren, lebenswerteren Leben verwirklichen konnten.

Der Zufall verhalf uns dann schließlich zu dem von uns ersehnten. Leben. Aber wenn ich damals nur im Entferntesten geahnt hätte, was uns passieren sollte – ich hätte mein Leben niemals ändern wollen.

Im Frühjahr 1988 erhielt ich von meinem Bruder, der mit seiner Familie im damaligen Westberlin wohnte, eine Einladung zur Taufe meines Neffen sowie ein amtliches Schriftstück, das das Taufdatum und meinen Namen als Patin bestätigte. Ich wusste, daß diese Einladung fingiert und ich nicht als Patin vorgesehen war. Doch nur diese Einladung gab mir die Möglichkeit, endlich einmal in den goldenen Westen reisen zu dürfen. Wenn alles genehmigt wurde, bedeutete dies, daß ich das erste Mal in meinem Leben – ich war damals einunddreißig – die DDR verlassen durfte. Bis dahin hatte ich allerdings noch einen steinigen Weg zu gehen. Mir war von vornherein klar, daß es nicht einfach sein würde, die heiß ersehnten Stempel, die mir die Grenzen öffneten, ohne weiteres zu bekommen. Diese Einladung besprach ich zuerst mit Rainer und dann mit den Kindern. Schließlich war ich zehn Tage von der Familie weg. Rainer und die Kinder mußten sozusagen als Pfand zu Hause bleiben, damit ich auch den Weg in die DDR wieder zurückfand und nicht einfach wegblieb, wie Unzählige vor mir. Die Kinder hatten gar keine Bedenken, einige Tage ohne ihre Mutter zu sein. Vielmehr kamen ihre geheimen Wünsche zum Vorschein, und ihre Wunschzettel waren sehr schnell vollgeschrieben.

Nach einer Beurteilung durch meinen Chef konnte ich bald meine Reiseunterlagen bei der Polizei abholen. Man hatte mir zehn Tage bewilligt, die für mich voller bunter, überraschender Erlebnisse waren. Als ich dann nach diesen hektischen und erlebnisreichen Tagen zu meiner Familie zurückfuhr, war ich ein anderer Mensch geworden. Zurück in der DDR kam mir auf einmal alles so grau vor; die Schaufenster einfallslos dekoriert, stinkende und laute Autos, Plakate mit sozialistischen Parolen – war das all die Jahre wirklich meine Umgebung gewesen? Fast staunend betrachtete ich mein Umfeld, das ich da zum ersten Mal richtig intensiv wahrnahm. Ich hatte es noch nie so trist erlebt wie in dem Zeitpunkt, als ich die Grenze von West nach Ost überschritt. Es war, als wäre ich Jahre auf einem anderen Stern gewesen. Plötzlich war für mich dieses Leben fast nicht mehr auszuhalten. Irgendwie kam ich mir fehl am Platze vor. Hier konnte ich auf einmal nicht mehr leben.

Wochen und Monate gingen ins Land, in denen ich mit Rainer immer wieder, wenn wir ohne die Kinder waren, über eine eventuelle Übersiedlung diskutierte. Mit jeder Diskussion konnte ich Rainers Einstellung so ändern, daß er unser Leben genauso sah, wie ich nun. Wir machten es uns wirklich nicht leicht, verschoben eine endgültige Entscheidung immer wieder. Nach langen, durchdiskutierten Stunden, oft bis in die Nacht hinein, stand dann unser Entschluß fest: Wir formulierten einen Ausreiseantrag. Ohne auch nur zu ahnen, was auf uns zukam, waren wir bereit, alles aufzugeben: unsere sicheren Arbeitsplätze, die große helle Wohnung und all die Dinge in ihr, die uns lieb und teuer geworden waren. Wir ließen unsere Eltern und Geschwister und deren Familien, unsere engsten Freunde und Bekannten und eine zahlreiche Verwandtschaft zurück.

Am 10. November 1988 reichten wir unseren ersten Antrag auf ständige Übersiedlung ein. Zwei Wochen danach hatten wir unseren ersten Termin bei der Staatssicherheit in Dresden-Nord. Ein Mann mittleren Alters in einem altmodischen Anzug forderte uns auf, ihm zu folgen. Wir wurden durch einen schmuddeligen Korridor in ein Zimmer geführt, in dem alte, wahllos zusammengestellte Möbel standen. Kein Bild an der Wand, keine Grünpflanze am verschmutzten Fenster. Wie konnte man hier den ganzen Tag arbeiten?

„Bitte nehmen Sie Platz", forderte er uns in freundlichem Ton auf. „Mein Name ist Richter. Ich bearbeite Ihre Angelegenheit. Wir haben Ihren Brief bekommen und sehr aufmerksam durchgelesen. Was Sie da als Gründe für Ihre Übersiedlung angeben, ist natürlich totaler Schwachsinn. Da brauchen wir gar nicht zu diskutieren. Wird von uns alles nicht anerkannt. Ihr Antrag ist selbstverständlich abgelehnt."

Endlich machte er eine Pause. Er hatte freundlich, aber bestimmt zu uns gesprochen und uns keine Möglichkeit gelassen, auch nur ein Wort zu sagen.

„Was heißt selbstverständlich abgelehnt", fragte ich mit belegter Stimme.

„Die Ablehnung erhalten Sie noch schriftlich. Machen Sie hier kein Theater und verlassen Sie jetzt ohne ein Wort den Raum."

Eingeschüchtert standen wir auf und verließen das Zimmer.

Im Betrieb mußten wir zu unseren Chefs, wo uns ein Riesendonnerwetter erwartete, denn die hatten in den Augen der Partei in ihrer politischen Arbeit uns gegenüber versagt und wurden wegen unseres Wunsches auf Veränderung unseres Lebens zur Rechenschaft gezogen.

Nach dieser Ablehnung verhielten wir uns ruhig und starteten vorerst keine weiteren Aktivitäten, denn ich merkte, daß ich wieder schwanger war. Trotzdem mußten Rainer und ich in regelmäßigen Abständen zu Gesprächen in die Zimmer unserer Chefs, wo man versuchte, unser Denken dahingehend zu beeinflussen, daß wir nicht etwa auf die Idee kamen, einen erneuten Antrag zu stellen.

Rainer arbeitete damals als Maschinenbauschlosser; er baute Maschinen nach Zeichnung. Er war immer bereit, Überstunden zu machen, leistete eine sehr gute Arbeit und seine Arbeitskraft war stets gefragt. Doch eines Tages wurde er von seinem Arbeitsplatz weggeholt und mußte von da an die Arbeiten eines Hilfsarbeiters verrichten. Man gab ihm zu verstehen, daß er sich durch seinen Antrag auf Übersiedlung sein Berufsleben verbaut hatte.

Und es gab etwas Neues in unserem Leben, das uns unheimlich war. Einmal wöchentlich erhielten wir mit der Post einen Briefumschlag ohne Absender, in dem ein weißes Blatt steckte. Das Papier war mit Schreibmaschine beschriftet, etwa in der Art: „Junge Familie bei Flucht über die deutsch-deutsche Grenze erschossen." – Oder: „Familie mit Kindern stellte Ausreiseantrag. Ehemann sitzt in Haft, Kinder sind im Heim." – Oder: „Sie werden es noch bereuen, jemals diesen Antrag gestellt zu haben."

Man wollte uns eindeutig Angst machen. Warum setzte man uns so unter Druck? Für uns stand fest, daß diese Briefe nur von der Stasi kommen konnten. Diese Spuk dauerte mehrere Wochen. Dann war er so schnell vorbei, wie er begonnen hatte. Nach dem Ausbleiben der Briefe fühlten wir uns ständig beobachtet. Lief ein harmloser Spaziergänger an unserem Haus vorbei, dachten wir gleich: „Der ist von der Stasi." Gegen Nachbarn, die sich höflich nach unserem Befinden erkundigten, wuchs plötzlich Abneigung, denn in jeder Person vermuteten wir nun einen Spitzel, der uns aushorchen wollte. Das Mißtrauen übertrugen wir auf den Kollegenkreis, sogar auf engere Freunde.

Doch man ließ uns plötzlich in Ruhe. Auch die unerfreulichen Gespräche im Betrieb mit den Genossen blieben aus, und so allmählich beruhigten sich unsere Gemüter.

Unser ursprüngliches Vorhaben ließ uns jedoch keine Ruhe. Immer wieder überlegten wir uns, daß wir vielleicht doch eine Chance verpaßten, wenn wir nicht einen neuen Antrag stellten. Bald bestimmte nichts anderes mehr unser Denken, und schließlich, im Januar 1989, stellten wir für uns und unsere Kinder unseren zweiten Antrag auf ständige Ausreise aus der Deutschen Demokratischen Republik. Diesen Antrag gaben wir persönlich bei der Stasi ab. Ich war mittlerweile im achten Monat schwanger und glaubte, durch eine Schwangerschaft gegen Anfeindungen geschützt zu sein.

Auf dem Nachhauseweg fuhren wir an einem Gemüsegeschäft vorbei, vor dem sich eine beachtliche Menschenmenge staute. Da sich der DDR-Bürger automatisch dort anstellte, wo sich eine Menschenschlange formatierte, weil es da etwas Besonderes gab, hielt Rainer das Auto an und ließ mich aussteigen. Er selbst fuhr in die Schule und holte die Zwillinge aus dem Hort ab. Der Laden hatte eine Bananenlieferung bekommen. Hinter mir wurde die Warteschlange schnell länger. Da jeder nur wegen der Bananen anstand, rückte ich relativ schnell vor und war noch an der Reihe, bevor Rainer mit den Kindern da war. Der Verkäufer wartete gar nicht, was ich verlangte. Er knallte vier Bananen auf die Waagschale und sagte mir den Preis.

„Ich möchte bitte fünf Bananen haben", sagte ich.

Der Verkäufer sah mich verdutzt an. „Das ist ein Kilo. Und mehr gibt es pro Person nicht", gab er unfreundlich zur Antwort.

„Aber wir sind fünf Personen. Was soll ich mit vier Bananen?"

„Das ist mir doch egal. Wollen Sie nun das eine Kilo oder nicht", schnauzte der Verkäufer genervt zurück.

„Ich möchte fünf Bananen", beharrte ich auf meinem Wunsch und hatte inzwischen meinen Personalausweis hervorgeholt und zeigte ihm, daß ich verheiratet war und die Eintragung der drei Kinder. „Wie Sie sehen, sind wir fünf Personen. Und ich bleibe so lange stehen, bis Sie mir fünf Bananen verkauft haben."

„Dann gib der doch noch eine Banane", rief jemand hinter mir.

„Es gibt pro Person ein Kilo", schrie der Verkäufer zurück.

„Mein Gott, nun hab dich nicht so. Gib der fünf Bananen und fertig", mischte sich nun ein anderer ein.

„Sie halten den ganzen Verkehr auf wegen dieser einen Banane", rief eine Frau, und ich war mir nicht sicher, ob sie den Verkäufer oder mich meinte. Nur widerwillig wog der Verkäufer noch eine Banane ab, und ich verließ mit fünf Bananen im Beutel den Laden und wartete davor auf Rainer und die Kinder.

Die Wochen gingen ins Land, ohne daß wir irgendein Zeichen erhielten, daß an unserer Angelegenheit gearbeitet wurde. Lediglich in Rainers Arbeitsabteilung wurden die Gespräche mit ihm wieder aufgenommen.

Drei Monate nach der Geburt unseres vierten Kindes David erhielten wir eines Tages eine Postkarte, auf der für eine Besprechung bei der Abteilung für Innere Angelegenheiten Tag und Uhrzeit vermerkt waren. Es war kein offizieller Sprechtag, und außer uns stand nur noch ein Ehepaar wartend im Treppenhaus. Wir standen uns wortkarg gegenüber. Mit einem Ruck wurde die Tür geöffnet, so daß wir alle zusammenschraken. Wir wurden gebeten mitzukommen. Als wir dann das Zimmer betraten, blieben wir wie angewurzelt im Türrahmen stehen, denn aus dem grauen Zimmer blickten uns vier Augenpaare entgegen: Die von Rainers Chef, des Personalleiters unseres Betriebes, meines Gewerkschaftsbosses und des uns schon bekannten Herrn Richters. Nun wurde unser zweiter Antrag Wort für Wort auseinander gepflückt. Rainer und ich hielten uns unter dem Tisch an den Händen und drückten uns Mut zu. Wir hatten uns gut vorbereitet und konnten zu den einzelnen Punkten so gut Paroli bieten, daß wir dann oft zu hören bekamen: „Lassen wir das. Sie sind in diesem Punkt nicht einsichtig, und da hat es keinen Zweck, sich weiter mit Ihnen zu unterhalten." Rainer stieß mich dann jedes Mal unter dem Tisch leicht an und nickte so, daß nur ich es bemerkte. Alle redeten gleichzeitig auf uns ein, so daß wir gar nicht verstanden, was jeder Einzelne uns an den Kopf warf. Das machten sie öfter so:

Einschüchterungstaktik. Dann war mit einem Schlage Ruhe.

„Dürfen wir jetzt gehen? Wir haben einen Säugling zu Hause, den ich stellen muß", schwindelte ich.

„Ja, ja selbstverständlich dürfen Sie zu Ihrem Säugling. Wir sind ja keine Unmenschen, wie Sie sich das vielleicht denken", schnauzte Herr Richter uns an.

Wir standen von den unbequemen Stühlen auf und verließen das Zimmer ohne Gruß.

Man hatte sich für die Folgezeit etwas ganz Raffiniertes ausgedacht, mit dem man uns erneut unter Druck setzen wollte. Mit einer Lügengeschichte versuchte man, unsere Ehe auseinander zu bringen. Immer mit dem Hintergedanken, daß wir unsere Anträge zurückziehen. Es war so raffiniert eingefädelt, daß wir uns wochenlang gegenseitig belauerten und die kleinste Abweichung den Angaben der Stasi Recht zu geben schien. Es waren für Rainer und mich Wochen des Schmerzes, des Hin- und Hergerissenseins, des Mißtrauens, bis ich es eines Tages nicht mehr aushielt und Rainer zur Rede stellte. Da kam alles ans Licht; daß alles von der Stasi nur ausgedacht war, um uns zum Rückzug zu bewegen. Wir umarmten uns ganz fest und beteuerten uns unsere Liebe.

Die Spitzel der Stasi merkten schnell, daß der Plan nicht aufgegangen war. Nun versuchte man, die Kinder in der Schule zu ängstigen und zu beeinflussen. Vielleicht konnten sie uns ja dazu bewegen, unsere Ausreiseanträge zurückzuziehen. Mit Bedacht hatten wir unseren Kindern von unseren Plänen noch nichts erzählt. Sie sollten nicht so wie wir ständig in Angst leben müssen. Doch wir hatten die Rechnung wieder einmal ohne die Stasi gemacht, denn die wußte die Lehrer unserer Kinder ganz gezielt einzusetzen. Unsere Kinder wurden förmlich bombardiert mit Lügen und Schauermärchen und sehr schnell – was für mich das Schlimmste am Ganzen war – von ihren Klassenkameraden quasi eliminiert. Plötzlich standen unsere Kinder ganz alleine da; es gab keine Freunde mehr, weder in der Schule noch im privaten Bereich. Jeder hielt sich fern, als hätten sie die Pest. Aber die Stasi kriegte uns nicht klein: Wir zogen auch jetzt unseren Antrag nicht zurück.

Immer wieder gab es Vorladungen zu Gesprächen, die manchmal so bedeutungslos waren, daß wir uns fragten, warum man uns herein bestellt hatte. Die wußten sehr wohl, daß wir immer mit Bauchschmerzen und zitternden Knien hinkamen. Und das kosteten sie aus! Bei einer unserer nächsten Vorladungen erhielten wir die Auflage, uns von unseren Familienangehörigen schriftlich bestätigen zu lassen, daß sie mit unserer Ausreise einverstanden waren und auf jegliche Hilfe vom Staat, z. B. im Falle einer krankheitsbedingten Pflege, verzichteten. Was heißt, daß unsere alten Eltern, wenn es die DDR noch gäbe, nicht einmal das Mittagessen gebracht bekommen würden, weil sie damals unterschrieben haben. Eine neue Schikane der Stasi; vielleicht konnten uns ja unsere Familienangehörigen umstimmen und wir zogen unseren Antrag zurück.

Für uns war es schwer, durch die Gegend zu fahren, liebe Menschen aufzusuchen, um ihnen zu erzählen, daß wir ausreisen wollten. Denn auch unserer engsten Familie hatten wir nichts von unseren Zukunftsplänen gesagt – zu ihrem Schutz. Ich denke ungern daran zurück, wie viel Kummer wir damals unseren Eltern gemacht haben. Denn es war ein ungeschriebenes, aber praktiziertes Gesetz, daß man zehn lange Jahre nicht in die DDR zurück durfte! Aber alle unsere Familienangehörigen gaben bereitwillig, wenn auch schweren Herzens, ihre Unterschrift. Nur eine weigerte sich unterschreiben: die Schwester meines Mannes, von Beruf Sekretärin beim Ministerium für Inneres in Berlin, quasi die Stasi-Zentrale. Sie war fassungslos, daß wir die Unverschämtheit besaßen, diesem herrlichen Staat den Rücken zu kehren und sagte sich kurz und bündig von Rainer los. Sie betrachtete ihn nicht mehr als ihren Bruder. Zum Abschied gab sie ihm nicht einmal die Hand. Wegen dieser fehlenden Unterschrift gab es dann bei der Stasi eine sinnlose Diskussion, da man uns weismachen wollte, daß wir wegen dieser einen fehlenden Unterschrift nicht ausreisen dürften. Man stelle sich diesen Unsinn vor! Aber damals waren wir so eingeschüchtert und verängstigt, daß wir das erst einmal glaubten.

Im Oktober 1989 kamen wir unserem Ziel wieder ein Stück näher: Wir erhielten unseren Laufzettel. Wir wußten von Bekannten, die schon vor uns ausreisen durften, daß es nach der Abgabe des Laufzettels nicht mehr lange dauern konnte. Wir hetzten von der Müllabfuhr zur Energieversorgung, meldeten uns auf der Post und der Sparkasse ab. Auf dem Wohnungsamt mußten wir unsere Wohnung als frei melden und nachweisen, daß wir die Miete immer pünktlich bezahlt hatten. Wir fuhren in den Betrieb zum Personalleiter, zum Bereichsleiter, zum Gewerkschaftsfunktionär, in die Lohnbuchhaltung. Jeder mußte unterschreiben und seinen Stempel aufdrücken. Im Eiltempo ging es weiter zu all unseren Ärzten, die uns in den letzten Jahren behandelt hatten. Auch sie mußten unterschreiben und den Laufzettel abstempeln. Wir mußten auf das Vermögensamt, obwohl wir keinerlei Vermögen zurückließen. Des Weiteren brauchten wir eine Unterschrift und das Dienstsiegel der Devisenabteilung. Die verschiedenen Versicherungspolicen mußten gekündigt werden, wobei wir mit der Schalterangestellten eine lange Diskussion führen mußten, weil die Versicherungslaufzeiten noch nicht abgelaufen waren. Wir merkten sofort, daß sie sich absichtlich quer stellte, denn wir waren ja nicht die Ersten, die ihr den Laufzettel zur Unterschrift hinlegten. Und überall stellten wir uns als Zuletztgekommene hinten an und mußten Stund' um Stund' warten, ein schreiendes Baby im Auto, wir selbst mit knurrendem Magen, weil die Zeit für ein gemütliches Essen nicht reichte. Und es war nicht so, daß jede Stelle auf uns wartete. Da war vormittags geschlossen oder die Kollegin gerade nicht im Hause. Man ließ es uns spüren, daß die am längeren Hebel saßen. Für die Abgabe dieses Laufzettels hatten wir ganze zwei Tage Zeit! Auch wenn man am zweiten Tag nicht alle Stempel und Unterschriften beisammen hatte, hatte man den Zettel abzugeben. Dann bekam man einen neuen leeren Zettel und durfte von vorn beginnen. Es gab Leute, die fünf- oder sechsmal mit ihrem Zettel loszogen, bis sie es in den zwei Tagen geschafft hatten, alle Stellen anzulaufen. Mogeln ging nicht, z. B. einfach einen Arzt weglassen. Man konnte davon ausgehen, daß die Stasi bestens informiert war und wußte, bei wie viel Ärzten die ganze Familie war. Aber wir hatten Glück. Am zweiten Tag fehlte uns keine Unterschrift und kein Stempel und wir waren fast stolz auf diese Leistung. Doch unserer Sachbearbeiterin bei der Stasi gefiel das überhaupt nicht, denn sie konnte nicht mit uns meckern und uns zusammenschreien, wie sie es sonst immer tat.

Ende Oktober 1989 hörte ich das erste Mal im Deutschlandfunk, daß sich täglich kilometerlange Autoschlangen vor dem Grenzübergang zu Tschechien stauten. Pfiffige Leute hatten herausbekommen, daß man fast unbehelligt über das tschechische Nachbarland nach Bayern fahren konnte. Zu diesem Zeitpunkt waren für uns DDR-Bürger die Grenzen zu Ungarn längst gesperrt, da dort täglich Zigtausend die „grüne Grenze" überrannten. Wenn man als DDR-Bürger nach Ungarn fahren oder fliegen wollte, brauchte man ein Visum, das bei der Polizei zu beantragen war. Die Bearbeitung dauerte Wochen und es kam der Tag, an dem kein Visum mehr ausgestellt wurde. Die Botschaften, zu denen man als DDR-Bürger gelangen konnte, waren besetzt: Die tschechische Botschaft beherbergte ca. zehntausend, die Botschaft in

Ungarn achtzehntausend und die Botschaft in Polen ca. viertausendachthundert geflüchtete DDR-Bürger. Nun setzte über Tschechien eine neue Fluchtwelle ein. Diese Möglichkeit, so schnell wie möglich in den Westen zu gelangen, schien uns mit den Kindern machbar. Unschlüssig überlegten wir hin und her und konnten uns tagelang zu keiner Entscheidung durchringen. Wir mußten ja immer an die Kinder denken. David war zum damaligen Zeitpunkt erst neun Monate alt. Aber am neunten November waren wir so weit. Ich packte mit Rainer das Auto. Da mußte jeder Zentimeter genutzt werden. Wir hatten den Beifahrersitz herausgenommen; dort sollte David in der Kinderwagenwanne reisen, ich sollte mit den drei Großen auf der Rückbank sitzen. Wir hatten das Kinderwagengestell und die sechs Koffer im Kofferraum verstaut und waren dabei, den Kofferraumdeckel zuzumachen und wollten uns für die Fahrt fertig machen, als unsere Nachbarn schon von weitem winkten und riefen: „Habt Ihr gehört? Die deutsch-deutsche Grenze ist auf." Natürlich hatten wir nichts gehört, denn wir waren den ganzen Tag mit unseren Fluchtgedanken beschäftigt gewesen. Das war so unglaublich, daß wir uns selbst davon überzeugen mußten, und zwar in den DDR-Nachrichten. Einige Zeit später hörten wir es mit eigenen Ohren: Die Grenze zum Westen war geöffnet. Wir ahnten damals noch nichts von den Montagsdemonstrationen und Friedensgebeten. Das haben wir erst viel später erfahren, als wir schon Monate im Westen waren!

Da dachten wir, naiv wie wir waren, für uns: Wenn die Grenze jetzt auf ist, brauchen wir mit den Kindern nicht auf ungeraden Wegen in den Westen zu gelangen. Dann gehen wir zur Stasi und holen uns unsere Ausbürgerungsurkunden ab und dann ab in den Westen. Denn die Stasi-Mitarbeiter hatten uns erklärt, daß man ohne Ausbürgerungsurkunde im Westen kein Dach über dem Kopf bekommt. Es war November, die Nächten waren schon empfindlich kalt und wir wollten nicht mit den Kindern im Park oder unter der Brücke schlafen müssen. Denn wir waren uns fast sicher, daß es so ist, wie man uns das erzählt hat; schließlich mußte doch die

Stasi das alles besser wissen als wir. Also packten wir unser Auto wieder aus!

Am nächsten Tag wurden wir bei der Stasi vorstellig und wollten unsere Ausbürgerungsurkunde abholen oder zumindest mal vorsichtig danach anfragen. Was uns allerdings dann erwartete, versetzte uns fast einen Schock. Vor dem Polizeigebäude, das sich schräg gegenüber der Stasi Nord befand, standen Tausende von Menschen. Jeder wollte raus. In das Gebäude der Stasi kamen wir erst gar nicht rein. Im Treppenhaus gab es Tumulte, ein einziges Menschenknäuel wand sich durch das mehrere Etagen große Treppenhaus bis zur Tür, an der wir und alle anderen Antragsteller nur wenige Tage zuvor noch artig und kleinlaut geklingelt hatten. Die Massen im Treppenhaus tobten, hämmerten gegen die Tür und klingelten Sturm. Wüste Beschimpfungen gegen die Stasi-Mitarbeiter hallten durch das Treppenhaus. Bei so viel Dreistigkeit blieb Rainer und mir erst einmal der Mund offen stehen. Es dauerte eine ganze Weile, bis wir begriffen, daß die Stasi eigentlich überhaupt nichts mehr zu sagen hat. Jetzt konnten sie niemanden mehr schikanieren oder mit irgendwelchen fingierten Begründungen die Ausreise hinauszögern.

Wegen unserer Kinder warteten wir brav auf unsere Ausbürgerungskunde, die wir nach einer Woche des Wartens endlich in den Händen halten konnten. An diesem Tage verließen wir das erste Mal erhobenen Hauptes dieses Gebäude, weil wir wußten, daß wir dorthin niemals wieder zurückkehren mußten.

Am siebzehnten November 1989 mußten wir bis 24.00 Uhr das Land verlassen haben. Es war gegen neun Uhr abends, als Rainer und ich den Kinderwagen mit David ins Zugabteil hoben. Während Rainer beim Wagen blieb, ging ich mit den drei großen Kindern auf Platzsuche im überfüllten Zug.

In dem Abteil, zu dem unsere zwei Platzkarten (für vier Personen!) gehörten, saßen ältere Leute, die freundlich grüßten. Ich faßte mir ein Herz und fragte, ob es wohl möglich wäre, daß sich die drei Kinder die zwei Plätze teilten. Selbstverständlich wollte man zusammenrücken. Für mich war es eine große Erleichterung zu wissen, daß wenigstens die Kinder einen festen Platz hatten. Das Nebenabteil war noch frei, so daß wir uns entschlossen, daß ich mit David im Arm dort sitzen sollte, bis die Platzkarteninhaber kamen. Rainer blieb beim Kinderwagen, in den wir den Großteil unseres Gepäcks verstaut hatten.

Bis zur Abfahrt des Zuges waren noch fünfzig Minuten Zeit. Auf dem Bahnsteig, von dem unser Zug abfuhr, nahmen viele Menschen voneinander Abschied. Es war laut von Betrunkenen, und David, der so sehr lärmempfindlich war, reagierte auf das Grölen nervös und weinte, ohne daß wir ihn beruhigen konnten.

Der Zug fuhr pünktlich 21.50 Uhr aus dem Dresdner Hauptbahnhof. Als der Zug sich in Bewegung setzte, war mir beklommen ums Herz. Ich verabschiedete mich mit einem letzten Blick durch das schmutzige Abteilfenster von unserer Stadt. Wann darf ich sie wiedersehen?

Unser Reisetag fiel auf das zweite Wochenende der geöffneten Grenzen. Bei Ausfahrt des Zuges waren alle Sitzplätze in den Abteilen besetzt. Nach dem ersten Haltepunkt konnte niemand mehr sein Abteil verlassen, da die Gänge vollgestopft waren mit stehenden und auf dem Boden sitzenden Reisenden. Sogar auf dem WC standen dicht gedrängt Leute. Jeder Platz war recht: Hauptsache war, daß man mitfuhr.

David hatte sich mittlerweile beruhigt und war in meinem Arm eingeschlafen. In unserem Abteil war es ruhig, und so kam ich ins Träumen. Böse Träume, meine Alpträume vieler Nächte, die jäh zu Ende waren, als jemand von außen wie ein Verrückter mit den Fäusten an unser Abteilfenster hämmerte. David schrak zusammen und fing zu schreien an. Auch die Mitreisenden im Abteil wurden plötzlich aus dem Schlaf gerissen und rieben sich erschrocken die Augen. Wir schauten aus dem Fenster und begriffen nur langsam: Der Bahnsteig, auf dem unser Zug mittlerweile hielt, war mit übermüdeten frierenden Menschen übersät. Viele trugen Kinder auf dem Arm. Es war nachts 2.15 Uhr! Alle wollten in den Westen, doch unser Zug war überfüllt. Es war eindeutig, daß niemand mehr zusteigen konnte, doch der Zug stand.

Plötzlich meldete sich die Stimme eines Bahnbediensteten im Lautsprecher: „Bitte räumen Sie die Gleisanlagen, damit der Zug seine Fahrt fortsetzen kann. Es hat keinen Sinn, wenn Sie auf den Gleisen sitzen bleiben."

Doch es tat sich nichts. Der Zug stand, und die Menschen auf dem Bahnsteig reckten ihre Fäuste gegen uns und beschimpften uns. Nach einer Weile knackte wieder der Lautsprecher: „Bitte räumen Sie die Gleisanlagen. Wir versprechen Ihnen, einen Sonderzug einzusetzen, sobald dieser Zug aus dem Bahnhof ausgefahren ist."

Die Menschen pfiffen, grölten und machten wegwerfende Gesten in Richtung Lautsprecher. Da offensichtlich die Gleisanlagen nicht freigegeben wurden – denn unser Zug stand weiter – meldete sich eine andere Stimme durch den Lautsprecher: „Sind Sie doch vernünftig. Je eher dieser Zug wegfährt, um so eher kann Ihr Sonderzug einfahren. Also räumen Sie bitte die Gleise, und geben Sie dem Zug freie Fahrt. Danke!"

Plötzlich hörte ich draußen jemanden aufgebracht rufen: „Schmeißt den Kinderwagen raus. Der braucht zu viel Platz. Los, raus mit dem Wagen!"

Vor der Wagentür entstand ein kleiner Tumult. Ich bekam einen unangenehmen Druck im Magen, mir wurde heiß, denn es war zweifellos unser Kinderwagen gemeint. Doch da wurden schon die Türen automatisch geschlossen, und der Zug setzte sich langsam in Bewegung. Ich schaute fassungslos auf die nicht enden wollende Menschenmenge.

Mit vierstündiger Verspätung und völlig übermüdet, aber glücklich, endlich im Westen zu sein, kamen wir auf dem Hauptbahnhof in Frankfurt am Main an. Von dort ging es für vier Tage nach Gießen ins Aufnahmelager und weiter in das uns unbekannte Saarland, wo wir erst einmal für vier Monate in einer Kaserne untergebracht waren. Nach sehr schwieriger Wohnungssuche und schlimmen Erlebnissen mit Übersiedlern bewohnten wir unsere erste Mietwohnung in einer Kleinstadt für drei Jahre. Rainer hatte schnell Arbeit gefunden. Wir waren da nicht wählerisch; es wurde jede Arbeit angenommen. Wir wollten Geld verdienen und uns so schnell wie möglich wieder ein normales Leben aufbauen. Die Kinder konnten schnell Fuß fassen, sowohl im neuen Schulsystem als auch mit neuen Freundschaften. Auch ich fand für halbtags Arbeit. Nach drei Jahren harter Arbeit und eiserner Disziplin erfüllten wir uns unseren Traum vom eigenen Haus, in das wir im Sommer 1993 einzogen. Nun konnte unser Leben im Westen Deutschlands, wie wir es uns so lange erträumt hatten, endlich so richtig losgehen. Nach dem tödlichen Arbeitsunfall meines lieben Mannes im Herbst 1994 lebe ich diesen Traum allein mit meinen vier wunderbaren Kindern.

Auszüge aus dem Buch „Ich werde nicht aufgeben!"

Monika Sonntag

das spalier

zwei küchenzeilen, parallel verlaufend, mit einem abstand von etwa einmeterfünfzig und dabei die längswände der schmalen, schlauchartigen küche vollständig einnehmend, das ist das spalier.
   links von der tür die lange reihe der weißen resopalschränke mit den hart einrastenden schlössern, so daß es für das kind unmöglich war, ein glas oder etwas süßes zu entnehmen, ohne daß die mutter es bemerkt hätte. selbst der brotkasten machte dieses geräusch. in der dunklen überhangnische, zwischen dem unterschrank und dem hängenden teil darüber, nisteten salz, zucker, mehl und sonstige kästchen, jedes für sich in einem rahmen, aus dem sie sich herausziehen und auch wieder, wie noch wenige jahre zuvor in den kaufmannsläden, hineinschieben ließen. darunter, und nie woanders, auf der fläche des unterschrankes, unterlegt von einer ovalen, mit stickerei versehenen decke, ein korb mit früchten. die schubladen dieser einbauküche waren leichtgängig. die rechte war die büroschublade der mutter. darüber war der platz für die briefe, die kochbücher, den hustensaft, die einkaufszettel und für all das, was in einem haushalt mit der zeit anstrandet. der eingebaute wandschrank schloss sich daran an. hier stand das mineralwasser, die zitronenlimonade und sogar manchmal auch eine flasche cocacola, was ein besonderes getränk zu sein schien und dem kind nur in kleinen portionen, mit wasser verdünnt, zu trinken erlaubt war. hier befanden sich auch die gewürz- oder senfgurken und die kleinen perlzwiebelchen, die zusammen mit den federartigen kräutern in ihrem glas wie in einem aquarium schwammen. es war immer ein wenig kühler in diesem schrank. in seinem unteren teil war eine blechdose voll mit rotem gewürm von gummibändern.

   die rechte seite des spaliers, nah bei der tür, wurde zunächst von einem kohleofen gebildet, der nur an wirklich kalten wintertagen geheizt wurde. aus seinem aschenkasten kam eines tages ein goldener ring zum vorschein, der versehentlich mit dem kartoffelschälpapier ins feuer geraten war. ein elekroherd hatte seinen platz gleich daneben. hier briet das kind, aus der schule kommend, sein erstes spiegelei. es hatte die anweisung der mutter genau im kopf, welcher knopf und wie lange. aber dann begann es zu knallen und zu krachen. nie hatte es zuvor diese geräusche beim kochen gehört. es war gegen zwei. das kind hatte hunger, und es war einer jener seltenen tage, an dem es den schulranzen nicht abstellen konnte in die warme mittagsluft hinein, die alle vier zimmer der wohnung, küche, bad und flur einschließend, ausfüllte, und sich hinsetzen konnte an den schon gedeckten tisch. das spiegelei gab schließlich ruhe. das kind aß eine tomate dazu und ein graubrot mit butter. die wohnung lag ohne jeden laut. „lieber gott, beschütze meine mutter und meinen vater, und laß, daß sie noch lange leben." neben dem elektroherd stand der kühlschrank und später kam die waschmaschine dazu. ganz am ende des rechten spaliers, dem wandschrank gegenüber, befand sich die nirostaspüle, die nach jedem abwasch sorgfältig trockengerieben werden mußte. das behältnis zum geschirrabtropfen wurde nach jedem spülen in einem bestimmten winkel aufgestellt, das spültuch zum trocknen darübergehängt. auch die flaschenbürste durfte nur an einer ganz bestimmten stelle baumeln. hatte der vater gespült, was nur an den seltenen tagen einer grippewelle vorkam, wurde der gesamteindruck des spaliers durch das veränderte bild der nirostaspüle nachhaltig beeinflußt.

 trat man in das spalier ein und durchquerte es, sah man direkt auf das küchenfenster. es war zu hoch für ein kind. um hinauszusehen, musste es sich auf den stuhl knien, der darunter stand mit seinem plastikgelben sitz. nie hätte es gewagt, sich mit seinen schuhen darauf zu stellen. die geschirrtücher hingen über seiner ebenso gelben lehne: eines für die gläser, ein anderes für die töpfe und bestecke, und ein drittes für den rest. viele male querte das kind das spalier von der spüle zum schrank, wo der nun trockene teller oder was es sonst in den händen hielt, seinen platz hatte: unter den kleinen untertassen die größeren kuchenteller und unter den suppentellern die flachen. das besteck gehörte in den kasten links, auch die seltsam flachen, graumetallenen messer, die, so schien es, von der last des zentnerschweren krieges, der vor lebzeiten des kindes geendet hatte, plattgedrückt worden waren. das salatbesteck hatte ein bestimmtes fach und auch die spitzen messer, in das sie aber erst gelegt wurden, wenn alle feuchtigkeit aus ihrem holzgriff gezogen war. es war beim abtrocknen nach dem abendessen, einen tag nach dem zwölften geburtstag des kindes, im november neunzehnhundertdreiundsechzig, als die schüsse von dallas das stehlampenlicht des feierabends durchfuhren. das kind rannte durch den flur zum wohnzimmer, wo das entsetzen aus der tiefen stimme des radiosprechers schon den äther durchquert und vater und mutter erfaßt hatte. schwarze fetzen, blumig, aus der spitze eines schleiers, wehten herab auf die grüne wohnzimmergarnitur. am nächsten morgen in der zeitung sah das kind den offenen wagen und jackies versteinertes gesicht. weggeschossen, die strahlenden gesichter mit dem lächeln aus weiträumigem wohlergehen.

inmitten des spaliers auf dem grünen linoleumläufer stand an manchen frühabenden das bügelbrett. der vater, noch im kleppermantel, küßte dort die mutter zur begrüßung, worauf das kind fröhlich in sein zimmer hüpfte. die oberkrainer musikanten spielten dazu aus dem kofferradio mit der schräggestellten antenne. und oft an diesen abenden war auch das feierabendlied zu hören, das die mutter begleitete mit ihrer glockenhellen stimme, ganz im ton ihrer heimat: „'s is Feierobnd, 's is Feierobnd, es Togwerk is vollbracht. 's gieht allis seiner Haamit zu; ganz sachta schleicht de nacht." das waren die abende, die das kind liebte, die es stärkten beim gang in die schule am nächsten morgen. die auch dem vater kraft gaben auf seinem fahrrad nummer 161, wenn er „das werk" durchfuhr und die im bau befindlichen anlagen, die bald polyäthylen für die ganze welt erzeugen würden.

furchtbar war das spalier an manchen sonntagnachmittagen. das geschirr war schon wieder im schrank, das küchenfenster stand auf kippe, die pfingstluft strömte ein und verdünnte allmählich den bratenduft. frauen in pastellfarbenen kostümen und männer in hellen, leichten anzügen zogen am sandkastenplatz vorbei, die straße hinunter zum verteilerkreis. mit kindern in wagen oder frei und springend in kniestrümpfen. hunde, die freudig die gruppe umliefen. die väter blieben stehen, riefen nach den weit hinten versprengten kindern und boten dann ihren frauen auf den hohen absätzen den rechten arm. fröhlich floss da draußen das leben auf ein stück erdbeertorte mit sahne zu und frischgemähtes gras, das sich unter die sohlen der kinder setzen würde. das kind sah hinaus. es hatte rouladen gegeben und schweigend hatten sich vater und mutter die kartoffel- und rotkohlschüssel gereicht. „hilf deiner mutter", hatte der vater gesagt, nachdem er sein besteck mit einem knappen dankeschön quer über seinem teller zusammengelegt hatte. die mutter schloß das gekippte fenster, ihre augen waren rot vom weinen. „es ist ein jammer," sagte sie und zog sich zurück in das kleine zimmer, wo sie den nachmittag lesend und nähend verbrachte. der vater verließ das haus für mehr als eine stunde, kam zurück mit unbewegtem gesicht, saß dann in der dämmerung und blickte stumm in das langsam vergehende licht. die abendglocken läuteten.

Gerhard Thun

Nicht gemeckert, sondern gearbeitet

Es war ein kalter Tag, dieser 21. Januar 1945, und in der Stadtmitte von Danzig hörten wir das dumpfe Grollen der schweren Geschütze. Der letzte Zug brachte uns, meine Mutter und vier Kinder – ich war gerade zwölf Jahre alt nach Berlin. Obwohl dort –Hunger, Bomben und Entbehrungen jeder Art waren, blieben wir guten Mutes, man sagte uns doch, daß wir in drei Wochen wieder zurück könnten. Als die Russen anrückten, waren wir erneut mit dem ganzen Elendstreck fünf Tage und Nächte unterwegs, um in Neumünster – Schleswig-Holstein, einzutreffen. Dieses war eine grauenvolle Zeit, da wir mit Tiefliegern, Bombern und Artillerie traktiert wurden, es gab Tote und Verwundete.

Wir wurden nach Bokelholm bei Rendsburg in einem Hühnerstall einquartiert. Der Krieg ging dem Ende zu, doch der Dauerstreß und die Angst machten uns apathisch, ich wurde auch von englischen Tiefliegern gejagt. Das Kriegsende erlebte ich in Nortorf, als die Panzer angerollt kamen und vorneweg ein Jeep, aus dem ein Engländer sprang und auf einen deutschen Soldaten zuging, welcher an Krücken lief, da ihm ein Bein fehlte. Er mußte dafür sorgen, daß eine Türe zum Rathaus geöffnet wurde. Ich lief so schnell ich konnte, mit meinem Rucksack und den zwei Maisbroten, die ich auf Kartoffelmarken ergattern konnte, nach Hause, also in die Notunterkunft.

Es gab täglich den Kampf um das Essen und Überleben in der Kälte. So mußte ich Stubben roden und schwere Baumstämme mit der Schubkarre transportieren. Wir stoppelten Kartoffeln auf Feldern, die vom Bauern schon zweimal abgeeggt waren. Unsere Mutter arbeitete hart für einen Teller Suppe und etwas Brot.

Jedes Kind durfte einmal täglich bei dem Bauern eine Suppe essen. Ich hatte ein Taschenmesser, was ein Vermögen war, um mir eine gelbe Rübe vom Feld zu ziehen und sie abzuschälen.

Krankheiten, wie Furunkel oder die Krätze, quälten uns, alles nur Folgeerscheinungen der ungenügenden Ernährung.

Wir wurden in den ersten Jahren im Westen oft beschimpft, wir sollten doch wieder dahin zurückgehen, wo wir Pollacken hergekommen seien, dieses alles nur, weil die Bauern und Hausbesitzer Vertriebene aufnehmen mußten, denn der Futterneid trieb seltsame Früchte. Aber später hat dann niemand mehr geschimpft, waren wir Vertriebenen und Flüchtlinge doch maßgeblich am Aufbau von Deutschland beteiligt.

Ich machte in Neumünster eine Lehre als Wollstoffmacher bis Frühjahr 1948, da an eine Weiterbildung, geschweige Studium, nicht zu denken war, Geld mußte ins Haus. Die Währungsreform am 20. Juni 1948 war der Stichtag, denn tags darauf waren alle Schaufenster voller köstlicher Dinge. Wir konnten nur das Notwendigste kaufen, da die Kopfprämie nicht gerade erbauend war. Doch mit dieser Stunde Null ging es langsam aufwärts. Wir hatten wieder ein Ziel und die Menschen wurden zuversichtlicher. Die Jagd nach Eßbarem und Brennmaterial für den starken Winter ging trotzdem weiter.

Unser Vater starb am 13. April 1950 in polnischer Gefangenschaft, denn alle Briefe, die wir ihm schickten, kamen plötzlich zurück. Erst dann erhielten wir die Gewißheit über seinen Tod. Das war ein Schlag für die ganze Familie, und meine Mutter hatte in dieser Zeit eine starke Krise. Sie widmete sich fortan nur noch uns, um der Familie einen Lebenssinn zu geben.

Um die kalten Jahreszeiten zu überleben, mußte ich Torf stechen.

Ein Leiterwagen voll gut brennbarem, trockenem Torf war der Lohn. Wir waren auf dem besten Wege, die Wirtschaft anzukurbeln.

Meine Schwester zog 1950 alleine nach Nordrhein-Westfalen, da sie in Viersen eine angemessene Anstellung bekam. Wir konnten dann, im Zuge der Familienzusammenführung, kurz darauf nachziehen, so daß wir in Dülken eine Bleibe in einem Behelfsheim für vier Familien fanden. Wir hatten zwar drei Räume, aber ein Bad gab es nicht. Die Wäsche wurde wie gewohnt von Hand gerubbelt und im Kessel gekocht. Aber das war schon Fortschritt, von der Stadt bekamen wir als Startzugabe etwas anzuziehen und einen Tisch mit Stühlen sowie Bettgestelle.

Ich hatte keine Arbeit und erhielt in der Woche 36 Mark Arbeitslosengeld. Als Zeitschriftenwerber für einen Lesezirkel verdiente ich manchmal 10 bis 15 Mark hinzu. Das war der Lohn für drei Tage „von Tür zu Tür abklopfen".

Nach drei Monaten bekam ich in einer Samt- und Plüschfabrik einen Posten als Weber, der dann ausbaufähig war, so daß ich als Hilfsmeister und später Meister einen Lohn von DM 1,12 in der Stunde hatte. Ich kaufte mir eine gebrauchte Vespa, da die Schicht täglich 12 Stunden dauerte, eine Woche Nacht- und die andere Woche Tagesschicht, immer von 18 Uhr bis sechs Uhr und umgekehrt. Das verdiente Geld gab ich zu Hause ab und erhielt ein Taschengeld, vorerst fünf Mark in der Woche.

Meine Mutter befaßte sich mit dem Bau eines eigenen Hauses, und wir trafen uns als Interessengemeinschaft wöchentlich in einem Lokal, um die Pläne zu besprechen. Wir waren zehn Familien, mit dem Ziel, ein Reihenhaus zu erstellen. Es war ein Bauführer unter uns, sowie ein Elektriker, ein Maurer, ein Beamter und viele jungen Kräfte.

Mit unseren Ideen und in starker Gemeinschaft machten wir 1950 den Aushub. Alle waren von der Planung bis zum Einzug dabei. Wir gruben, betonierten, setzten Wände, legten Leitungen, kurzum, wir hatten in Eigenarbeit, jedoch unter fachkundiger und erlaubter Leitung, vieles selber ausgeführt, um die Kosten niedrig zu halten.

Natürlich gab es auch Freude, nicht nur bei der Arbeit, wir waren in einem Alter, in dem man gerne in das Kino ging oder zum Tanzen. Es war so eine Art Nachholbedarf.

Der Lohn wurde jeweils nur um zwei Pfennige per Stunde erhöht, und man mußte immer danach fragen. Dieses war die Zeit unserer Stunde, um Deutschland zum Wohlstand zu verhelfen. Es wurde nicht gemeckert, sondern hart gearbeitet. Ich konnte dann zur Textilingenieurschule gehen, um den Abschluß zu erlangen, arbeitete jedoch immer zwischendurch.

1954 lernte ich dann meine jetzige Ehefrau kennen. Gemeinsam machten wir mit der Vespa Fahrten in die Eifel. War das doch ein befreiendes Gefühl! Wir brauchten nicht viel mitzunehmen für eine Woche, aber zu der Zeit hatten wir ein Postsparbuch mit wenig Erspartem. Die Stempeldaten zeigen mir heute noch unseren Weg.

Auch meine Frau hatte einen fast gleichen Leidensweg durchgemacht, da sie aus Königsberg ist. Sie war erst in Eckernförde, um dann ebenfalls im Zuge der Zusammenführung nach Viersen zu ziehen. Die vom Krieg bestimmten Schicksale haben bis sich bis in das Leben unserer Kinder eingemischt.

Dann kam die Zeit, da ich als Taschengeld DM 30,- in der Woche hatte, das mußte reichen für Kino und Benzin, aber wir waren ja nicht anspruchsvoll, wir hatten doch schon Ziele vor uns.

Nichts war selbstverständlich, wir arbeiteten für uns und alle.

Niemand wußte, wie es mit dem Aufbau und den Aufträgen für die Beschäftigung weitergehen würde. Wir dachten nicht an die Zeit, die eventuell auf uns zukommen könnte. Ein Wirtschaftswunder.

1956 hatte ich die Gelegenheit, in der Schweiz eine leitende Stellung anzunehmen, zumal ich etwas mehr verdiente und die Möglichkeit sah, beruflich vorwärts zu kommen. Es war ein schwerer Entschluß, mußte ich doch mit 24 Jahren unser erbautes Heim und die Freunde verlassen, doch in meiner Anstellung als Meister gab es keine Möglichkeit des Fortschrittes, man verbaute mir den Weg. Zu dieser Zeit waren wir Vertriebenen doch immer noch nicht von der einheimischen Bevölkerung voll anerkannt.

So verließ ich meine zweite Heimat, in jeder Hand einen Koffer, und ging eigentlich nochmals in die Ungewißheit, wie es so viele Menschen in der Zeit taten. In St. Gallen konnte ich eine Einzimmerwohnung mieten und kaufte die ersten Möbel auf Raten. Dann fuhr ich wieder zurück, um am 29. 12. 1956 in Viersen zu heiraten. Das war der Anfang unseres gemeinsamen Lebens. Meine Frau brachte drei Söhne zur Welt, nämlich 1959, 1962 und 1966.

Ich hatte die Möglichkeit, aufgrund diverser Entwicklungen der medizinischen Kompressionsstrümpfe, den Posten eines Betriebsleiters und Prokuristen auszuüben. In meinem mittleren Alter hatte ich doch noch mein gestecktes Ziel erreicht und wenn ich heute zurückdenke, so hatte ich ein sehr abwechslungsreiches Leben gehabt, gezeichnet von dem unglückseligen Krieg und den Folgen, aber unter Einwirkung meiner ganzen Kraft für den Aufbau und Neubeginn von Deutschland. Ohne die Vertriebenen wäre Deutschland nicht ein so rasanter Aufstieg beschert gewesen.

Dieses Bild zeigt das Haus der Familie Erich und Edith Thun-Erdmann, in Danzig Stadtgraben Nr. 16, gegenüber dem Hauptbahnhof, erbaut 1900. Gut zu erkennen an den Balkonen auf der linken Seite und oberhalb das Türmchen im weißen Bildteil. Hier lebten bis zur Vertreibung 1945 gesamt 11 Familien.

„Ich habe es erlebt und wir haben es überlebt."
Die erste Bleibe in einem „Hühnerstall". Hier mußten 5 Personen hausen. In der Hocke: Der Autor Gerhard Thun, seine Mutter füttert die sechs Hühner und hinter ihr steht seine Schwester.

Heinz Tiedemann

Erinnerungen und Gedanken eines Arztes und Naturwissenschaftlers
Hat Forschung an Embryonen einen Sinn?

Führer und Verführte

Aufgewachsen bin ich in Berlin. Zu meinen frühen Erinnerungen gehören Straßenschlachten zwischen der SA der Nazis und der kommunistischen Rotfront, vor denen meine Mutter mit mir in einen Hausflur flüchtete. Die wirtschaftliche Lage war katastrophal. Am 30. Januar 1933 kam Hitler legal an die Macht. Reichspräsident Paul von Hindenburg, Generalfeldmarschall im Ersten Weltkrieg, Sieger von Tannenberg, ernannte Hitler zum Reichskanzler. Hindenburg hat wegen seines hohen Alters, aber auch wegen seiner doch begrenzten intellektuellen Veranlagung, die Tragweite dieses Schrittes nicht erkannt. Der 21. März 1933 war der Tag von Potsdam, der Residenzstadt der preußischen Könige. Hitler, er erschien im Frack, schien in die bürgerlich-konservative Tradition eingebunden. Ich war in Potsdam. Es war ein schöner sonniger Frühlingstag. Um was es wirklich ging – ich war zehn Jahre alt – habe ich damals noch nicht begriffen. Es war eine grandiose Täuschung unter der Regie von „Reichspropagandaminister" Joseph Goebbels. Am 24. März 1933 wurde das Ermächtigungsgesetz beschlossen. Nur die SPD stimmte gegen das Gesetz (die Kommunisten waren verboten). 1934 schaltete Hitler die SA aus, ihr Stabschef Ernst Röhm war ihm zu mächtig geworden. Die deutschen Generäle waren froh, daß sie keinen ernstlichen Rivalen mehr hatten.
Es ist heute weitgehend vergessen, daß eine gewaltsame Übernahme der Macht durch kommunistische Kräfte damals eine reale Gefahr war. Vor allem Trotzki forderte die Weltrevolution. 1936

griffen Komintern (kommunistische Internationale) und Sowjetunion mit den „Internationalen Brigaden" in den spanischen Bürgerkrieg ein. Hitler entsandte die „Legion Condor". Die liberalen republikanischen Kräfte, die am Anfang auf der Seite der „Internationalen Brigaden" gegen General Franco kämpften[1], verloren jeden Einfluß. Der spanische Philosoph Ortega Y Gasset floh vor der Diktatur von rechts und von links und lebte 1936 bis 1945 im Exil. Als ich Ortega Y Gasset nach dem Kriege in Berlin begegnete, war ich von seiner klaren und mitreißenden Sprache beeindruckt. „Sie (die Deutschen) mögen tiefer denken, aber wir Spanier sehen klarer."[2] Bekannt geworden ist vor allem sein Essay „Der Aufstand der Massen" (1931). Ortega Y Gasset erkennt als ein wesentliches Problem seiner Zeit, das auch ein Problem unserer Zeit ist: „Europa glaubt an keine sittlichen Normen mehr."

„Man wird außer von kleineren Gruppen niemanden finden, der nicht glaube, jedes Recht und keine Pflicht mehr zu haben.[4]" Er wendet sich gegen das reine Spezialistentum, weil es dazu führt, daß auch Menschen mit spezieller Begabung und Qualifikation im Leben und in der Politik töricht handeln. In den ersten Jahren der Naziherrschaft gab es dafür viele Beispiele. Vorausschauend erkennt er: „Alle Nationalismen sind Sackgassen."[3]

Es gibt aber auch heute Idealismus – die „Ärzte für die Dritte Welt" oder die ehrenamtlichen Helfer des Deutschen Roten Kreuzes seien genannt – und in der jungen Generation gibt es viele, die sich ihrer Verantwortung bewußt sind. Sie sollten in der Gesellschaft einen größeren Einfluss gewinnen.

Ich besuchte das Schiller-Realgymnasium in Berlin-Charlottenburg. Unser Direktor und unsere Lehrer waren keine Nazis. Am 9. November 1938 – ich war 15 Jahre alt – erlebte ich auf dem Kurfürstendamm die Judenpogrome, die als „Reichskristallnacht" in die Geschichte eingegangen sind. Ich sah, wie mehrere Männer jüdische Geschäfte demolierten. Polizei nahm die Männer fest. Das Polizeiauto bog in eine nahe Seitenstraße ein, die „festgenommenen" Männer stiegen wieder aus. Von da an war mein Vertrauen in die Nazis zerstört. Unser Klassenlehrer verurteilte die Judenpogrome scharf, niemand widersprach. Wegen der heftigen Reaktion des Auslandes fanden keine öffentlichen Pogrome mehr statt. Die weiteren Aktionen gegen die Juden blieben geheim. Vom Holocaust und den Konzentrationslagern habe ich erst nach dem Kriege erfahren. Das klingt heute wenig glaubwürdig. Der Holocaust und das Geschehen am 11. September 2001 in New York sind aber Ereignisse, die außerhalb des menschlich-ethischen Denkens und Vorstellens liegen.

Unsere Schule wurde in Clausewitz-Oberschule umbenannt, es gab mehrere Schiller-Oberschulen in Berlin. Carl von Clausewitz wird heute oft als der Repräsentant des preußischen Militarismus angesehen, weil er ein Buch geschrieben hat, das den Titel „Vom Kriege" trägt. Es wurde posthum von seiner Frau Marie von Clausewitz und seinen Freunden herausgegeben. Es ist eine sachliche Betrachtung des Krieges als gesellschaftliche und politische Realität. Clausewitz vertritt das Primat der Politik. Er verlangt aber vom Staat, daß er den Soldaten keine unerfüllbaren Aufgaben stellt. Man muß Clausewitz als geschichtliche Person aus seiner Zeit heraus verstehen. Es war die Zeit der Freiheitskriege gegen die Herrschaft Napoleons. Clausewitz gehörte wie Scharnhorst, Gneisenau und der Freiherr von Stein zu den preußischen Reformern. Peter Paret, Emigrant aus Berlin, Professor für Neuere Geschichte am „Institute for Advanced Study" in Princeton, dem auch Albert Einstein angehörte, hat in seinem Buch „Clausewitz und der Staat"[5] dargestellt, wie schwer es für die Reformer war, sich gegen Restauration und Konservatismus durchzusetzen. Clausewitz ist sich der Unzulänglichkeit des Staates, dem er dient (Preußen), bewußt. In einer Zeit, in der Nationalstaaten erst entstehen, geht sein Denken über den Nationalstaat hinaus. „An die Stelle der Idealisierung des Nationalstaates tritt die Akzeptanz der politischen Realität."[5] Clausewitz wirkt über seine Zeit hinaus. Colin Powell, als Vorsitzender der Vereinten Stabschefs der US-Streitkräfte militärischer Oberbefehlshaber während des ersten Golfkrieges, später Secretary of State (Außenminister) der USA, begründet mit Clausewitz Gedanken, daß der Vietnam-Krieg keinen Sinn hatte.[6]

Ich hatte schon früh den Wunsch, Arzt zu werden und bewarb mich, was von meinem Vater sehr unterstützt wurde, für die Sanitätsoffizierslaufbahn. Nach einer längeren Eignungsprüfung, die wir zu absolvieren hatten, wurde ich mit 17 Jahren in Frankfurt an der Oder Soldat in einem Infanterieregiment, das später motorisiert wurde. Es gab in der Wehrmacht einige Nazis, aber auch Antinazis. Am 22. Juni 1941 begann der Rußlandkrieg. Von Hitler wurde er mit einem unmittelbar bevorstehenden Angriff der Sowjetunion auf Deutschland begründet. Was hat uns damals bewegt? Wir lebten in der Ära der Nationalstaaten, die viel langsamer zu Ende geht, als wir nach dem Kriege erhofft hatten und dachten unsere Pflicht gegenüber dem Vaterland erfüllen zu müssen, wie es Generationen vor uns getan hatten. Helmut Schmidt (1974 – 1982 Bundeskanzler, SPD), damals Oberleutnant in einer Panzerdivision, später Flakoffizier, hat es ähnlich gesehen.[7] Ich war als Melder eingesetzt. Ende August erhielt ich das EK II. Im Herbst kam ich zur Militärärztlichen Akademie, deren Kommandeur Generalarzt („Papa") Hamann war, und begann an der Berliner Universität das Medizinstudium. Wir hatten viel Freiheit. Man kann sich heute schwer vorstellen, daß es im Nazireich Inseln relativer Freiheit gab. Meine Schule, aber auch die Militärärztliche Akademie, waren solche Inseln, die Universität Freiburg war es nicht. Die Vorläuferin der Militärärztlichen Akademie wurde als Medizinisch-Chirurgische Pepinière (zu deutsch Pflanzschule) 1795 in Berlin gegründet.[8] Aus der Militärärztlichen Akademie sind namhafte Wissenschaftler hervorgegangen. Es seien Herrmann von Helmholtz, einer der bedeutendsten Physiker und Physiologen, Emil von Behring, der das Diphtherie-Serum entwickelte (Nobelpreis 1901) und Rudolf Virchow, der die Zellularpathologie begründete, genannt. Als einer der Gründer der Fortschrittspartei übte er großen Einfluß auf die Sozial- und Hygienegesetzgebung aus.

Im Sommersemester 1942 setzten wir das Medizinstudium in Freiburg i. Breisgau fort. Neben der Medizin interessierte mich auch die Chemie. Es war die Zeit, in der die Chemie sich komplexen biologischen Problemen zuwandte (A. Butenandt, Nobelpreis 1939; A. Kühn). Wegen einer Hepatitis-Erkrankung konnte ich das Physikum erst ein halbes Jahr später ablegen. Das gab mir die Chance, im Organischen Praktikum für Chemiker zu arbeiten. Mein Interesse an der Embryologie wurde durch Hans Spemanns (Nobelpreis 1935) Buch „Experimentelle Beiträge zu einer Theorie der Entwicklung", das 1936 erschien, und durch seine Autobiographie „Forschung und Leben" (1943) geweckt.[9, 10] Im Zoologischen Institut, dessen Direktor als Nachfolger und Wunschkandidat von Hans Spemann Otto Mangold war, besuchte ich die Abendseminare über experimentelle Embryologie in denen Doktorandinnen und Assistenten über ihre Arbeit berichteten.

Im Herbst 1944 kam ich als Feldunterarzt in ein Feldlazarett in der Slowakei, das zeitweise auch Hauptverbandsplatz war. Mir wurde die ganze Grausamkeit des Krieges bewußt. Durch unsere Arbeit brachten wir wenigstens etwas Menschlichkeit in das Grauen. Ich kann Ernst Jünger (er war kein Nazi) nicht verstehen, wenn er den Krieg zum Mythos macht.[11] Der Mensch kann sich auch in vielen friedlichen Herausforderungen bewähren. Antoine de Saint-Exupéry, der 1944 von einem Aufklärungsflug nicht zurückkehrte, bekennt sich zu einem außerhalb unseres Ich liegenden gemeinsamen Ziel. „Das wunderbare Erlebnis, mit Kameraden das Brot zu teilen, hat uns dazu geführt, eine soldatische Weltanschauung anzunehmen. Der Krieg ist dazu nicht nötig. Auch ohne ihn ... kann man dem gleichen Ziel zustreben ... Wenn die Gegensätze der Kulturen wertvoller sind, weil sie immer neue Mischungen erlauben, so ist es ungeheuerlich, daß sie einander vernichten.[12]"

Mich interessierte, wie Immanuel Kant über Krieg und Frieden dachte, und war erstaunt, wie aktuell sein Denken heute ist. Liest man seine Schrift „Zum ewigen Frieden", ist man zuerst etwas verwundert. Der Titel zitiert die Inschrift „auf dem Schilde eines holländischen Gastwirts, worüber ein Kirchhof gemalt ist."[13] Kant vertraut auf einen Entwicklungsprozeß, durch den der Friede langsam gewinnt. „Politische Maximen müssen von dem reinen Begriff der Rechtspflicht (vom Sollen, dessen Prinzip a priori durch reine Vernunft gegeben ist) ausgehen, die physische Folgen daraus mögen auch sein, welche sie wollen. Die Welt wird keineswegs dadurch untergehen, daß der bösen Menschen weniger wird. Das moralische Böse hat die von seiner Natur unabtrennliche Eigenschaft, daß es in seinen Absichten sich selbst zuwider und zerstörend ist und so dem Prinzip des Guten, wenngleich durch langsame Fortschritte, Platz macht." Das trifft für bestimmte Bereiche auch zu. Ein Krieg zwischen Deutschland und Frankreich, die früher als „Erbfeinde" angesehen wurden, ist für uns nicht mehr vorstellbar. Die heutige Dimension von Haß und Terror gehörte noch nicht zum Weltbild Kants.

Am 20. Juli 1944 scheitert das Attentat auf Hitler. Haupt der Verschwörung war Generaloberst Ludwig Beck, der 1938 als Chef des Generalstabes zurücktrat. Zentrale des Widerstandes war die „Abwehr" (militärische Spionageabwehr und Auslandsspionage), deren Chef Admiral Wilhelm Canaris war. Bei ihm, General Hans Oster und Hans von Dohnanyi (dem Schwager Dietrich Bonhoeffers, s. unten), Reichgerichtsrat im Justizministerium, seit 1939 bei der Abwehr, liefen alle Fäden zusammen. Eine der stärksten Persönlichkeiten im Kampf gegen die Nazis war Dietrich Bonhoeffer.[14] Er verbringt ein Studienjahr am Union Theological Seminary in New York und ist vom amerikanischen kirchlichen Pazifismus beeindruckt. Seit 1931 ist er Studentenpfarrer und Dozent an der Berliner Universität. 1936 wird ihm die Lehrbefugnis entzogen. Er ist maßgeblich am Aufbau der Bekennenden Kirche beteiligt. Die Deutschen Christen unter „Reichsbischof" Müller unterstützen die Nazis. 1935 übernimmt Dietrich Bonhoeffer die Leitung des Predigerseminars der Bekennenden Kirche in Finkenwalde bei Stettin und gründet nach dessen Schließung durch die Geheime Staatspolizei ein illegales Sammelvikariat im Forsthaus Klein-Krössin in

Hinterpommern (von der Familie von Kleist-Retzow zur Verfügung gestellt). Im Juni 1939 reist er auf Einladung seiner Freunde nach New York. Sie drängen ihn, in den USA zu bleiben und bieten ihm Amt, Aufenthalt und Professur an. Er kehrt mit dem letzten Schiff vor Kriegsbeginn zurück, weil er glaubt, daß sein Platz in Deutschland sei. Seit 1940 unternimmt er im Auftrag der Abwehr Reisen in das neutrale Ausland, um über den englischen Bischof Bell und andere Freunde Kontakte mit England zu knüpfen, das der deutschen Opposition skeptisch gegenüber stand. Er wäre bereit, Hitler zu töten. „Daß wir dahin geraten sind, daß wir gezwungen sind, eine so furchtbare Tat zu vollbringen – es ist ein Teil unserer Strafe."[15] Elf Tage vor der Befreiung durch die Amerikaner wurde er zusammen mit Canaris und Oster im Konzentrationslager Flossenbürg von der SS ermordet.[16] Hans Speidel[17], Mitverschwörer vom 20. Juli 1944, ist einer der wenigen, die der Ermordung durch die SS entgingen. Der Rektor des Klosters Hersberg, ein Pallottiner Pater hielt ihn versteckt. Nach dem Kriege war er Professor für Neuere Geschichte in Tübingen, von 1957 – 1963 Oberbefehlshaber der NATO-Landstreitkräfte in Mitteleuropa. Die Gruppe um die „Abwehr" war die aktivste Gruppe des Widerstandes. Die zögernde und unentschlossene Haltung vieler Generäle kann man aber nicht übersehen.

Den Verschwörern werden Fehler in der Geheimhaltung und bei der Organisation vorgeworfen. Man sollte aber die Schwierigkeiten in einer Diktatur, in der die Überwachung allgegenwärtig ist, die Regierung zu stürzen, nicht verkennen. Die Sowjetunion ist von innen her zusammengebrochen, als Michail Gorbatschow versuchte, einen menschlicheren Kommunismus einzuführen und den Frieden auf eine solidere Basis zu stellen, als es die atomare Abschreckung war.

Frühere Anschläge auf Hitler schlugen fehl oder konnten nicht durchgeführt werden. Im Münchener Abkommen zwischen Hitler und dem britischen Premierminister Chamberlain, dem französischen Ministerpräsidenten Daladier und Mussolini konnte Hitler fast alle Forderungen durchsetzen. Es war ein großer Erfolg für

Hitler. Ein geplantes Attentat konnte nicht durchgeführt werden. Chamberlain und Daladier haben die Gefahr, die von Hitler ausging, nicht erkannt. Hitler war ein Verbrecher, der seine wahren Absichten glänzend verbergen konnte.

Der Untergang des „Dritten Reiches" war für mich keine Katastrophe. Es war das Ende eines größenwahnsinnigen und völlig verantwortungslosen Regimes, dessen Herrschaft so viel Blut gekostet hatte. Unsere Gedanken waren auf den Neubeginn gerichtet. Der Österreicher Karl Raimund Popper, Professor für Logik und wissenschaftliche Methodik in London, hat sich scharf gegen totalitäre Ideologien gewandt.[18] Der Mensch muß der Geschichte den Sinn verleihen. „Wir, die menschlichen Individuen, können es tun, indem wir jene demokratischen Institutionen verteidigen und stärken, von denen die Freiheit und mit ihr der Fortschritt abhängt." Man muss wohl in einer Diktatur gelebt haben, um den Wert der Freiheit ganz zu begreifen.

Das geteilte Berlin

Im Herbst 1945 erreichte ich auf Umwegen Berlin (offizielle Verbindungen zum Westen Deutschlands gab es nicht) und war sehr froh, meine Eltern wiederzusehen. Wir wohnten im britischen Sektor. Ich setzte das Medizinstudium an der im Russischen Sektor liegenden Humboldt-Universität und das Chemiestudium an der im Westen Berlins liegenden Technischen Universität und nach deren Gründung an der Freien Universität fort. Nach dem Medizinischen Staatsexamen promovierte ich bei Professor Else Knake, einer Schülerin des Chirurgen Ferdinand Sauerbruch und des Pathologen Robert Rössle. Ich habe Else Knake sehr viel zu verdanken. Als Dekanin der Medizinischen Fakultät kam sie mit den von der sowjetischen Besatzungsmacht eingesetzten Ostberliner Behörden in Konflikt. Wir wollten ihr helfen. Dabei lernte ich Annedore Leber kennen, die Ehefrau des Reichstagsabgeordneten Julius Leber (SPD), der nach dem 20. Juli 1944 Innenminister der neuen

Regierung werden sollte und hingerichtet wurde. Annedore Leber riet zur Vorsicht. Mit der Hilfe von Else Knake wurde ich wissenschaftlicher Assistent bei Professor Otto Warburg, einem der bedeutendsten Biochemiker (Nobelpreis 1931), am Kaiser-Wilhelm-Institut (später Max-Planck-Institut) für Zellphysiologie in Berlin-Dahlem. 1951 legte ich das Diplom-Chemiker Examen ab, 1952 wurde ich von der Freien Universität zum Dr. rer. nat. promoviert.

1946 kehrte Ernst Reuter nach Berlin zurück. Er wurde von der Stadtverordnetenversammlung von Gesamt-Berlin zum Oberbürgermeister gewählt, konnte aber sein Amt nicht antreten, da der sowjetische Vertreter im Alliierten Kontrollrat Einspruch erhob. 1921 tritt Ernst Reuter – gegen Stalin eingestellt – von der KPD zur SPD über. 1933 in die Türkei emigriert, wird er in Ankara Professor für Kommunalwirtschaft. 1946 werden unter dem Druck der sowjetischen Administration KPD und SPD zur SED (Sozialistische Einheitspartei Deutschlands) vereinigt. Ernst Reuter nimmt den Kampf gegen die SED auf. Er und General Lucius Clay, Militärgouverneur der amerikanischen Besatzungszone, überzeugen die westlichen Alliierten, daß sie Westdeutschland verlören, wenn sie West-Berlin aufgäben. Es ist Ernst Reuter mit zu verdanken, daß die Westberliner nicht den Mut verlieren. Nach Übergriffen auf Westberliner Journalisten und Polizisten in der Stadtverordnetenversammlung wird in der Technischen Universität im britischen Sektor ein unabhängiges Parlament gegründet. In den Westsektoren wird die Westmark eingeführt. Die Sowjets antworten mit der Blockade Westberlins, das sie von allen Landverbindungen abschneiden. Die USA und England versorgen die Millionenstadt über die Luftbrücke, eine in der Geschichte einmalige Leistung. Pausenlos landen ihre Maschinen auf den Westberliner Flughäfen. 1949 geben die Sowjets die Blockade auf. Ernst Reuter wird der erste frei gewählte Oberbürgermeister (später Regierender Bürgermeister) von West-Berlin.

Im Dezember 1948 wird die Freie Universität gegründet. Ernst Reuter, Vorsitzender des Gründungsausschusses und des Kuratoriums, hält die Eröffnungsrede: „Die Universitäten sollen Stätten freien Wirkens, freien Schaffens sein ... Aber Voraussetzung für freies Schaffen, Voraussetzung für freies Denken und Wirken ist, daß die Welt, in der wir leben, daß diese Welt selber eine freie Welt ist. ... Alles was der Erforschung der Wahrheit dient, empfängt seinen Sinn von höchsten sittlichen Gütern und von den Überzeugungen ... der alten Kultur, die wir übernommen haben, von dem Erbe der christlichen Ideen." Margret Boveri (Tochter Theodor Boveris, s. unten) hält Ernst Reuter für den Deutschen, der nach 1945 die Geschichte unseres Landes am stärksten bestimmt hat.[20] Zu diesen Deutschen gehört heute auch Helmut Kohl. Er hat zusammen mit Wolfgang Schäuble (CDU) und Hans Dietrich Genscher (FDP) die Vereinigung von Ost- und Westdeutschland ganz wesentlich mitbestimmt.

Die Freie Universität Berlin hat, trotzdem sie eine junge Universität ist, eine wechselvolle Geschichte. 1968 beginnt die „Studentenrevolution", die keine Revolution war. Die Notgemeinschaft für eine Freie Universität wird gegründet. Die Universitätsreform bringt endlose Sitzungen. Sie kosten viel Zeit, die für Forschung und Lehre verloren gehen. Die Regierung hatte offenbar Schwierigkeiten zwischen Legislative und Exekutive zu unterscheiden. Schließlich gelingt es der Freien Universität wieder, ihre eigentliche Aufgabe zu erfüllen, der Wissenschaft in Frieden und Freiheit zu dienen, die sie heute gemeinsam mit der Humboldt-Universität und der Technischen Universität wahrnimmt.

Biochemie und Molekularbiologie begründen die moderne Embryologie. Stammzellforschung und Stammzelltherapie

1953 heiratete ich die Freiburgerin Hilde Waechter, die Zoologie und Chemie studiert und in Freiburg bei Professor Otto Mangold promoviert hatte. Es wurde eine sehr glückliche Ehe und der Beginn einer lebenslangen gemeinsamen Arbeit, ohne die wir die Probleme der embryonalen Induktion nicht gelöst hätten. Meine Frau hat ganz wesentlich zum Erfolg der 1954 an der Abteilung Mangold des Heiligenberg-Instituts begonnenen Arbeiten beigetragen. Wir haben alle Arbeiten gemeinsam geplant. Unsere ersten Mitarbeiter waren Jochen Born, der uns als Chemie-Ingenieur mit seinen ausgezeichneten Kenntnissen bis 1991 begleitet hat und Ursula Kocher-Becker, die in Köln promoviert hatte – Von Heiligenberg, in etwa 750 m Höhe auf einer Endmoräne gelegen, geht der Blick an klaren Tagen über den Bodensee auf die Schweizer Berge.

Nach der Habilitation war ich seit 1957 Dozent für Biochemie, später apl. Professor an der mathematisch-naturwissenschaftlichen Fakultät der Universität Freiburg. 1963 lud uns James Ebert, Direktor des Department of Embryology der Carnegie-Institution of Washington nach Baltimore ein. Es war für uns eine sehr glückliche Zeit. Schwung und Energie im amerikanischen Leben beeindruckten uns, es war die Zeit der Präsidentschaft John F. Kennedys. Aber auch bei späteren Besuchen waren die USA, trotz schwieriger politischer Situationen, ein Land voller Hoffnung und Zuversicht geblieben.

Unseren beiden Kindern gefiel es in der amerikanischen Schule. Die Klasse unseres Sohnes besuchte das Baltimore Museum of Art, bekannt durch seine Matisse-Sammlung. Sein Aufsatz über den Museumsbesuch endete mit dem Satz: „I am not really interested in art" (das hat sich inzwischen geändert). Seine Lehrerin fand, es wäre der einzige ganz ehrliche Aufsatz.

Wir waren überrascht und froh, wie wenig Ressentiments es gegen uns als Deutsche, auch bei Emigranten, die uns zu Vorträgen einluden, gab. Das gilt auch für Israel, vor allem auch für junge Israelis. Auf Kongreßreisen nach Moskau und Novosibirsk setzten wir die traditionelle Freundschaft zwischen russischen und deutschen Embryologen fort.

Im Frühjahr 1965 wurde ich Leiter einer selbständigen Abteilung und wissenschaftliches Mitglied des Max-Planck-Instituts für Meeresbiologie in Wilhelmshaven. 1967 wurde ich als Professor für physiologische Chemie (Biochemie) an die Medizinische Fakultät der Freien Universität Berlin berufen. Es fiel uns sehr schwer, die Max-Planck-Gesellschaft wieder zu verlassen, zumal sich Adolf

Butenandt als Präsident der Max-Planck-Gesellschaft persönlich für meine Berufung nach Wilhelmshaven eingesetzt hatte. Es war in Wilhelmshaven sehr schwierig, gute Mitarbeiter zu gewinnen, zumal unser Arbeitsgebiet in Deutschland noch wenig bekannt war. Wir haben den Sprung nach Berlin aber nicht bereut. Wir fühlten uns in Berlin nicht eingeschlossen. Zu Westberlin gehörten Wannsee und Havel als schönes Segelrevier, der Grunewald, der Tegeler- und Glienicker Forst.

Am Anfang des 20. Jahrhunderts macht die Embryologie große Fortschritte. Theodor Boveri in Würzburg erkennt die Bedeutung der Chromosomen im Zellkern als Träger der genetischen Information für Vererbung und Entwicklung und findet, daß die Differenzierung der verschiedenen Regionen eines Embryo durch Faktoren außerhalb des Zellkerns gesteuert wird. Hans Spemann (Nobelpreis 1935), ein Schüler Theodor Boveris und seine Doktorandin Hilde Mangold entdecken, daß nach Verpflanzung der oberen Urmundlippe[21] eines jungen Molchembryos in das Bauchektoderm (aus dem später Bauchhaut hervorgeht) eines anderen Molchembryos am Bauch des Wirtsembryos ein zweiter Embryo induziert wird („Organisator-Experiment"). Die Zellen des Bauchektoderms sind in dem sehr frühen Stadium in ihrer Entwicklungsrichtung noch nicht irreversibel festgelegt, sie sind noch pluripotent und entwickeln sich zu den Geweben und Organen des induzierten Embryos. Die stoffliche Natur des „Organisators" blieb lange Zeit ein Geheimnis.

Wir entdecken, daß die Induktionsfaktoren Proteine (Eiweißmoleküle) sind. Ein „vegetalisierender" Faktor induziert in Abhängigkeit von seiner Konzentration und unter Mitwirkung anderer Faktoren Rumpfmuskulatur und Chorda (den Vorläufer der Wirbelsäule), also Organe, die aus dem dorsalen Mesoderm[21] hervorgehen, und in geringerem Prozentsatz auch Urgeschlechtzellen, sowie Bauchorgane (Darm, Leber), also insgesamt Organe, die aus dem vegetativen Bereich des Embryo entstehen. Andere partiell gereinigte Eiweißmoleküle induzieren Vorderköpfe mit Gehirn und Augen. Sie werden neuralisierende Faktoren genannt. Ihre Existenz wurde lange bezweifelt. Durch Kombination der Faktoren können Hinterköpfe mit Hinterhirn und Gehörblasen induziert werden. Versuche, die zeigten, daß mesodermal induzierende Proteine an Heparin (ein hoch molekulares Kohlenhydrat) binden, führen zur Entdeckung der Induktionswirkung der Fibroblasten-Wachstumsfaktoren (= Heparin bindende Wachstumsfaktoren).[22] Die transformierenden Wachstumsfaktoren b (TGFb's), in ihrer Struktur dem vegetalisierenden Faktor ähnlich, induzieren ebenfalls Mesoderm (I. B. Dawid, National Institute of Health, Bethesda; H. u. H. Tiedemann). Der mit neuen chemischen Methoden nach etwa einmillionenfacher Anreicherung als einheitliches Protein gewonnene vegetalisierende Faktor induziert aber stärker. 1989 entdeckt Makoto Asachima (Yokohama, Tokyo), der mehrere Jahre als Stipendiat der Deutschen Forschungsgemeinschaft und des Deutschen Akademischen Austauschdienstes unserer Berliner Arbeitsgruppe angehörte, die starke mesodermale Induktionswirkung des erythroiden Differenzierungsfaktors, der mit dem Hormon Activin identisch ist. Gemeinsam finden wir, daß erythroider und vegetalisierender Faktor die gleichen biologischen Wirkungen haben. Gemeinsam mit Friedrich Lottspeich (Max-Planck-Institut für Biochemie, Martinsried, nahe München) wird der vegetalisierende Faktor durch partielle Sequenzierung (Bestimmung der Aminosäurenreihenfolge) als Homologes des Activin A identifiziert. Walter Knöchel (Berlin, Ulm) entdeckt in jungen Amphibien (Krallenfrosch-)Embryonen ventrales Mesoderm[21] induzierende Proteine. Sie entsprechen kurz zuvor entdeckten menschlichen Proteinen, welche die Morphogenese des Knochens stimulieren (bone morphogenetic proteins 2 und 4, BMP 2 und 4). Daß gleiche oder sehr ähnliche Proteine unterschiedliche Funktionen haben, ist nicht ungewöhnlich. Die Funktion hängt von dem Gennetzwerk ab, in das die Faktoren jeweils integriert sind. 1993 entdecken M. R. Kuehn (NIH, Bethesda) und seine Kollegen das erste Nodal-Gen.[23] Die Nodalfaktoren gehören zur Activin-Familie und lösen die Activine in einem etwas späteren Entwicklungsstadium zum Teil ab. Activine, Nodalfaktoren und BMP's gehören zur großen Familie der TGF-b Faktoren. Die Faktoren binden an Rezeptoren der äußeren Zellmembran und lösen in den Zellen einen komplexen Signal-Übertragungsmechanismus aus, durch den im Zellkern Gene aktiviert oder gehemmt werden. Die Differenzierung der verschiedenen Organe hängt von unterschiedlichen Genmustern ab. Horst Grunz (Berlin, Essen) entdeckt, daß neural (Gehirn- und Nervengewebe) induzierende Faktoren keine instruierende Funktion haben, sondern eine Hemmung aufheben. Doris Wedlich (Berlin, Ulm, Karlsruhe) entdeckt, daß die Synthese des Zelloberflächen-Moleküls Fibronectin, das über die extrazelluläre Matrix Zellkontakte vermittelt, durch b-Catenin kontrolliert wird[21], ein Protein, das an der Differenzierung von Mesoderm beteiligt ist (J. Heasman, B. M. Gumbiner, R. Kemler). Gemeinsam mit Walter Knöchel und Walter Birchmeier (Max-Delbrück-Zentrum, Berlin-Buch) findet Doris Wedlich, daß b-Catenin einen Faktor bindet, der die Aktivität eines Gens reguliert und identifiziert dessen regulatorische Sequenzen. In Versuchen, an denen Jutta Janeczek, die in Berlin promoviert hat, beteiligt ist, fanden wir, daß einer der neural (Nervengewebe) induzierenden Faktoren, ein kleines, einsträngiges Protein ist. 2001 entdeckt Edward De Robertis an der Universität von Kalifornien, Los Angeles, daß insulinähnliche Wachstumsfaktoren und ihr Bindungsprotein neural induzieren. Inzwischen ist weltweit eine große Zahl von Faktoren bekannt. Mehrere Faktoren und damit mehrere Ketten der Signalübertragung können bei der Aktivierung oder Hemmung eines Gens zusammenwirken.[23]

1991 erhielt ich den Theodor-Boveri-Preis der Physico-Medica in Würzburg. 1992 war das letzte Jahr, in dem wir noch experimentell arbeiten konnten. Ich war 1991 emeritiert worden. Meine Frau erkrankte schwer. Nach einer langen Krankheit, die sie so tapfer ertragen hat, stirbt sie im Januar 2001.

Die Züchtung pluripotenter Stammzellen von Säugetierembryonen (Maus) gelang 1981 (Martin und Evans, Kaufmann). Durch Hinzufügen von Induktionsfaktoren kann auch die Differenzierung dieser Zellen, ebenso wie die Differenzierung des Ektoderm sehr junger Amphibienembryonen (s. oben), in verschiedene Richtungen gelenkt werden. Es können unterschiedliche Zelltypen gezüchtet werden. So entwickeln sich auch die Säugerstammzellen nach Zugabe von Activin und BMP zu mesodermalen Geweben, einschließlich Blut bildenden Zellen (B. M. Johansson u. M. V. Wiles, 1995). Die grundlegenden biochemischen Mechanismen und die beteiligten Faktoren sind bei Amphibien, Hühnerembryonen und Säugetierembryonen einschließlich der menschlichen Embryonen, trotz der großen Unterschiede in der äußeren Gestalt, sehr ähnlich. Die Forschung an Stammzellen eröffnet neue Möglichkeiten der Therapie in der Transplantationsmedizin, bei der Regeneration erkrankter Organe (auch in der Neurologie), in der Therapie von Autoimmunerkrankungen, in der Krebstherapie und der Gentherapie. Bis zur klinischen Routineanwendung ist es meist noch ein langer Weg. Kontrollierte klinische Studien müssen mit der gleichen Sicherheit wie bei anderen Therapien durchgeführt werden. Die Bildung von Teratocarcinomen muss durch Langzeitversuche im Tierexperiment ausgeschlossen werden. Wenn man bedenkt, daß die Medizin auf manchen Gebieten noch weit von einer kausalen und effizienten Therapie entfernt ist, sollte man das Potenzial der Stammzelltherapie nicht zu gering einschätzen. Die Forschung zur Biochemie der embryonalen Differenzierung, lange Zeit ein Gebiet der reinen Grundlagenforschung, steht in enger Beziehung zur Stammzellforschung und Stammzelltherapie. Damit ist die Frage in der Überschrift dieses Artikels beantwortet.

Die Verwendung menschlicher Embryonen, die nur für die Stammzelltherapie gezüchtet werden, löst schwerwiegende ethische Bedenken aus. Es ist aber möglich, aus Urgeschlechtszellen 5 – 8 Wochen alter Embryonen nach therapeutischer Beendigung der Schwangerschaft Stammzellen zu züchten. Eine andere Möglichkeit ist die Verwendung von Stammzellen aus dem Knochenmark oder anderen somatischen Geweben, die aber in ihrer Entwicklungsrichtung oft schon weiter festgelegt sind als embryonale Stammzellen und die Transdifferenzierung, die Umprogrammierung von Zellen zu andersartigen Zellen, die schon in den 70er Jahren entdeckt wurde, deren Erforschung aber noch am Anfang steht.

Das therapeutische Klonen[23] ist umstritten, weil es auf ähnlichen Methoden wie das Klonen fast identischer Tiere beruht. Dabei wird der Kern einer befruchteten Eizelle entfernt und durch den Kern einer Organzelle des gleichen Organismus ersetzt (transplantiert). Das Problem der Gewebeverträglichkeit (der immunologischen Abwehr[24]) könnte so weitgehend gelöst werden. Der transplantierte Zellkern muß durch das den Kern umgebende Zellplasma der Eizelle umprogrammiert werden, ein Problem, das bisher nicht gelöst ist. Von etwa 200 Experimenten ist nur ein Experiment erfolgreich und die Lebenschancen der geklonten Individuen sind verringert. Das Klonen von Menschen erinnert an Aldous Huxley's Roman „Schöne Neue Welt", wie an einen bösen Traum. Es muß unbedingt verboten werden, aus ethischen Gründen und wegen der Missbildungen, die entstehen können. Anders verhält es sich beim therapeutischen Klonen, bei dem keine vollständigen Embryonen entstehen. Durch Induktionsfaktoren kann eine Programmierung zu Geweben, die für eine Therapie benötigt werden, erfolgen. Hierzu sollen überzählige Eizellen verwendet werden, die bei der gesetzlich erlaubten künstlichen Befruchtung anfallen, eingefroren und später zerstört werden. Wenn mit den zuvor genannten Methoden bestimmte therapeutische Ziele nicht erreicht werden und eine öffentliche Zustimmung erfolgt, könnte das therapeutische Klonen eine Alternative sein. Zunächst müßte aber das biochemische Problem der Umprogrammierung der Zellen in Tierversuchen gelöst werden. Diese Anschauung beginnt sich in der Europäischen Union langsam durchzusetzen.

Legitimation und Verantwortung der Forschung

In der Grundlagenforschung haben Wissenschaftler den Wunsch, den Geheimnissen des Universums und des Lebens näher zu kommen. Sie sind meist nicht so sehr am Erfolg – berühmt oder möglichst früh Professor zu werden – sondern an der erfolgreichen Lösung des Problems interessiert. Das Geheimnisvolle liegt auch der Kunst und der Religion zu Grunde.[25] Glauben und Naturwissenschaften haben den gleichen Ursprung, sie sind keine Gegensätze, eine Anschauung, die von Albert Einstein[26] und Max Planck[27] geteilt wird.

Auf der Suche nach dem Geheimnisvollen erkennt der Mensch die Gesetzmäßigkeit der Natur. Es gibt den Zufall. Es sei an die Unschärferelation Werner Heisenbergs erinnert. Die Gesetze Newtons, die Gesetze unserer Erfahrung, bleiben aber bestehen. Mutationen (Erbänderungen) erfolgen oft zufällig. Der Selektionsdruck Darwins[28] bringt aber eine Richtung in die Evolution des Lebendigen. Auch die beeindruckende Gesetzmäßigkeit der Natur begründet den Glauben. Ich kenne Pfarrer, die gegenüber den Naturwissenschaften sehr offen sind. Die Kirche hat aber ein Problem mit der naturwissenschaftlichen Erkenntnis. Auf dem Petersplatz in Rom stellte eine Kunsthistorikerin, gläubige Katholikin, die Frage, warum die Katholische Kirche seit 400 Jahren (seit Kopernikus und Galilei) die gleichen Fehler macht.[29] Wir hatten über Stammzellforschung und -therapie gesprochen, die von der Kirche abgelehnt werden. Die Menschenwürde ist unantastbar, aber dazu gehört auch die Hilfe in Not und Krankheit. „Von Gott kommt der Arzt, der höchste Grad der Arznei ist die Liebe" lautet ein Wort von Paracelsus, Arzt an der Schwelle vom Mittelalter zur Neuzeit.

Ziel der Grundlagenforschung ist die Erkenntnis der Wahrheit. Die Grundlagenforschung ist weder gut noch böse. Wie ihre Erkenntnisse umgesetzt werden, liegt in der Verantwortung der Menschen. Die Atomenergie kann friedlichen Zwecken dienen, sie kann aber auch zum Bau einer Atombombe mißbraucht werden. Je umfassender unsere Erkenntnisse werden, desto tiefgreifender können sie unser Leben verändern. Damit wächst unsere Verantwortung und um so dringender ist es, einen Mißbrauch zu verhindern. Dieser Verpflichtung müssen wir uns ständig bewußt sein.

Mein Dank gilt denen, die mir den Weg in die Wissenschaft gewiesen haben, vor allem aber meiner Frau, meinen Eltern, unseren Kindern und unseren Mitarbeitern.

Anmerkungen

1) Ernest Hemingway, For whom the bell tolls 1940; Wem die Stunde schlägt, Fischer, Frankfurt.

2) s. Ref. 17, S. 303

3) José Ortega Y Gasset, Der Aufstand der Massen, Deutsche Verlagsanstalt, Stuttgart 1952.

4) Die Nazizeit hat gezeigt, daß der Pflicht Grenzen gesetzt sind, wenn sie gegen die Gesetze der Ethik verstößt oder die schöpferische Freiheit eines Menschen einschränkt. Im Roman „Deutschstunde" (Siegfried Lenz) erhält der Maler Hansen (Emil Hansen, der sich nach seinem Geburtsort Emil Nolde nannte) Malverbot. Emil Nolde, einer der bedeutendsten expressionistischen Maler war für die Nazis ein Vertreter der „entarteten Kunst". Sein Atelierhaus in Seebüll (bei Neukirchen, Kreis Südtondern) ist heute Museum.

5) Peter Paret, Clausewitz and the State, The Man, His Theories and his Time. Clarendon Press, Oxford University Press 1976; Clausewitz und der Staat, F. Dümmler Verlag, Bonn 1995.

6) Colin Powell, Mein Weg, Piper, München und Zürich 1995.

7) Helmut Schmidt in S. Steinhoff, P. Pechel, D. Schowalter, Deutsche im Zweiten Weltkrieg, Zeitzeugen sprechen S.217. Schneekluth, München 1989.

8) Wolfgang Scheunert, Das militärische Bildungswesen in Deutschland, Wehrmed. Monatsschrift 39, 171, 1995.

9) Hans Spemann, Experimentelle Beiträge zu einer Theorie der Entwicklung, Springer, Berlin 1936.

10) Hans Spemann, Forschung und Leben. S. Engelhorns Nachf. A. Spemann, Stuttgart 1943.

11) Ernst Jünger, Der Kampf als inneres Erlebnis, Mittler, Berlin 1922.

12) Antoine de Saint-Exupéry, Terre des Hommes. Edition Gallimard, Paris 1939; Wind, Sand und Sterne, Karl Rauch Verlag, Düsseldorf 1999.

13) Immanuel Kant, Zum ewigen Frieden. 1795; Reclams Universalbibliothek, Nr. 1501. Stuttgart 1984.

14) Dietrich Bonhoeffer, Widerstand und Ergebung; Dietrich Bonhoeffer Werke Bd. 8; Kaiser Taschenbuch 100 (gekürzt), Chr. Kaiser, Gütersloh 2000.

15) Mary Glazener, The Cup of Wrath. Smyth a. Helwys Publ., Macon 1992; Der Kelch des Zornes, Dietrich Bonhoeffer S. 349. Brunnen Verlag, Gießen 1999. Die amerikanische Autorin hat viele Jahre Briefwechsel und Schriften der Beteiligten durchgesehen und mit den Überlebenden gesprochen. Der Titel bezieht sich auf Jesaja 51, 17: „Du [Jerusalem] hast den Kelch, den der Herr in seiner Hand hielt, leergetrunken. Er war gefüllt mit seinem Zorn."

16) Annedore Leber, Das Gewissen steht auf, Verlag Annedore Leber, Berlin, Frankfurt/M. 1963.

17) Hans Speidel, Aus unserer Zeit, Erinnerungen, Propyläen, Ullstein, Berlin, Frankfurt/M., Wien 1977.

18) Karl Reimund Popper, Die offene Gesellschaft und ihre Feinde, A. Francke Verlag, Bern 1958; UTB Francke Verlag, München 1995.

19) Gründungsfeier der Freien Universität Berlin im Dezember 1948, Erich Blaschker, Berlin 1949.

20) Margret Boveri, Der Verrat im 20. Jahrhunderts, Rowohlt, Hamburg 1957.

21) Die obere Urmundlippe bildet sich in einem sehr frühen Embryonalstadium (der frühen Gastrula), wenn das dorsale (von dorsum Rücken) mittlere Keimblatt, das dorsale Mesoderm (aus dem die Rumpfmuskulatur und der Vorläufer der Wirbelsäule hervorgehen) in das Innere des Embryo einwandert. Das eingewanderte Mesoderm induziert im darüber liegenden Ektoderm Gehirn und Neuralrohr (Vorläufer des Rückenmark).

Zu den ventral (von ventrum Bauch) mesodermalen Organen und Geweben gehören die Nieren, die Auskleidung des Bauchraumes und der Blutgefäße und das Mesenchym (embryonales Bindegewebe).

22) Wachstumsfaktoren sind Proteine, welche die Zellteilung und damit das Wachstum bestimmter Zellen beschleunigen.

23) Literatur in Heinz Tiedemann, Hildegard Tiedemann, Horst Grunz, Walter Knöchel, Molecular mechanism of tissue determination and pattern formation in amphibian embryos. Naturwissenschaften 82, 123 – 134, 1995. Heinz Tiedemann, Makoto Asachima, Horst Grunz, Walter Knöchel. Pluripotent cells (stem cells) and their determination and differentiation in early vertebrate embryogenesis. Development, Growth and Differentiation 43, 469 – 502, 2001.

1975 entdeckt Paul Berg in Kalifornien ein Verfahren zum Klonen von Desoxyribonukleinsäure (DNA), dem Träger der genetischen Information in den Chromosomen des Zellkerns, das für die Erforschung der Genaktivität in der Embryonalentwicklung von großer Bedeutung wird. Wir führten das Verfahren, das damals noch spezielle Sicherheitslabors erforderte, in

Berlin ein. Klonen bedeutet identisches Vervielfachen einer DNA, eines Bakteriums, einer Zelle oder eines Individuums.

24) Alle Zellen eines Individuums enthalten die gleiche Zahl von Genen (beim Menschen etwa 35.000 Gene), die für die Codierung der Proteine verantwortlich sind. Die immunologische Abwehr wird durch Unterschiede in den Proteinen verschiedener Individuen ausgelöst.

25) Den Religionen wird zu Recht vorgeworfen, daß sie lange und blutige Kriege ausgelöst haben. Religionen sind die Formen, die Menschen dem Glauben geben. Dabei können zeitweise die menschlichen Attribute der Machtgier, Herrschsucht und Intoleranz in Religionen einfließen. – Das Christentum ist ein Glaube der Friedfertigkeit, die vor allem in der Bergpredigt zum Ausdruck kommt.

26) Mein Glaubensbekenntnis, 1932 für die Liga für Menschenrechte von Albert Einstein auf eine Platte gesprochen, die später in Deutschland verboten wurde. M. Grüning, Ein Haus für Albert Einstein S. 412. Verlag der Nation Berlin 1990.

27) Max Planck, Religion und Naturwissenschaft. Johann Ambrosius Barth, Leipzig 1942. Max Planck, Sinn und Grenzen der exakten Wissenschaft. Johann Ambrosius Barth, Leipzig 1942.

28) Charles Darwin, Über Entstehung der Arten durch natürliche Zuchtwahl, 1859.

29) Die Kritik richtet sich nicht gegen Papst Johannes Paul II. (Kardinal Wojtyla), dessen frühere Schriften lebensnah und zugleich von einem tiefen persönlichen Glauben erfüllt sind.

Susanne Volk

Nicht nur Rhetorik: Deutschland – Ein geteiltes Land oder eingeteiltes Land?

Es gab Jahre, in denen wir für einen Besuch bei meinen Omas durch drei von vier Besatzungszonen im später zweigeteilten Nachkriegs-Deutschland fahren mußten!

Für mich als Kindergartenkind war es selbstverständlich, amerikanische Soldaten mit Militärjeeps und dröhnenden Militärfahrzeugen in den Straßen meiner Heimatstadt zu sehen. Besonders sensationell waren dabei nachmittags immer wieder die donnernden militärischen Übungskolonnen, denn überall bei uns in Stadt- und Kreisgebiet verteilt waren eingezäunte und durch US-Flagge offenkundig gemachte amerikanische Kasernenareale und Siedlungsgebiete mit Bildungszentren. Auffällig waren aber auch die geschminkten Amerikanerinnen mit ihren knallroten Lippen und Fingernägeln und blondierten Locken, heute kurz: Marilyn-Monroe-Stil genannt, dann auch die großen Limousinen mit amerikanischem Kennzeichen. Das alles war fraglos so. Wie oft habe ich damals gehört, daß ich doch Glück gehabt hätte, weil ich den Krieg nicht miterleben mußte! Und, weil bei uns die Amerikaner sind! Es war eine Zeit der Erleichterung und zuversichtlicher Freude, in der die Spuren eines Schreckgespensts namens „Krieg" im Kinderalltag möglichst verwischt wurden, sich aber doch nicht ganz verleugnen ließen! Wir begriffen natürlich nichts von dem was war, aber gesehen und gehört haben wir: So erinnere ich mich an einen Riß in einer Wand meines Elternhauses, aus dem der Putz bröckelte. Er sei bei einem Bombeneinschlag und der Zerstörung eines Nachbarhauses im Krieg entstanden. Außerdem waren da noch die schweren Eisentüren des Luftschutzkellers in unserem Keller, wo wir Kinder nicht alleine hingehen durften, ebenso bei uns in der Umgebung ein Bunker auch aus dem letzten Krieg, inzwischen stand er voll Regenwasser.

Es gab auch immer wieder Sirenen-Probealarm, denn wir sollten die verschiedenen Alarmsignale kennen. Für mich war die Sirene auf einem Nachbarhausdach besonders laut. Der Zeitpunkt vom Probealarm wurde immer genauestens bekannt gegeben. Es sollte niemand erschrecken oder in Panik verfallen, wenn plötzlich die Sirenen losheulten! Sirene und Krieg waren für viele noch viele Jahre ein gekoppelter Begriff. Daran zeigt sich, daß das Thema „Angst vor Krieg" zu unserem Alltag gehörte. Es war ein heißes, aktuelles Thema in der Zeit des sich mehr und mehr vertiefenden Kalten Krieges.

Obwohl meine Großeltern mütterlicherseits nicht sehr weit von uns entfernt wohnten, hatten meine Brüder und ich auf der Fahrt zu ihnen richtiggehend befremdliche Gefühle. Schon nach halber Strecke war alles ganz anders, nicht nur die Landschaft hatte sich geändert, sondern plötzlich waren ganz andere Autos mit anderen Kennzeichen zu sehen! Mit der Zeit wussten wir, daß wir bald in der Stadt waren, in der französische Soldaten waren, so wie bei uns zuhause amerikanische.

Später erzählte uns meine Mutter, daß sie hier nach dem Krieg beim Wechsel von einer „Besatzungszone" in die andere, den Soldaten einen Passierschein vorzeigen mußte. Es sei wie heute beim Grenzübergang in ein anderes Land gewesen. Auch der Schmuggel zwischen den Besatzungszonen habe geblüht!

Ganz andere Gefühle des Befremdetseins hatten wir auf der stundenlangen Fahrt nach Norden zu unserer andern Oma, zur Mutter meines Vaters, die nach ihrer Vertreibung und Flucht aus Schlesien im Nordosten Deutschlands in der britischen Besatzungszone lebte.

Irgendwann einmal unterwegs bot sich der schockierende Blick auf die sowjetische Besatzungszone über das „Minenfeld". Es war eine kilometerlange, schnurgerade Schneise durch Wald und Flur geschlagen, mit Stacheldrahtzaun und Selbstschußanlagen versehen, bewacht und gesichert von schußbereiten Soldaten, die in Wachtürmen seltsamster Architektur: einer Art grauer, gläserner, futuristischer Hochsitze, die in regelmäßigen Abständen positioniert waren. Es wurde von Fluchtversuchen und Todesschüssen gesprochen, so daß sich bei mir das Bild dieser Grenze als unüberwindlicher Todesstreifen, mit einem Gefühl ohnmächtiger Bedrükkung einprägte.

Deutschland war ein offensichtlich geteiltes Land. Man sprach auch vom Westen und der Ostzone. Wir „im Westen" hatten verschiedene Aktionen im Jahresverlauf, um immer wieder an „unsere Brüder und Schwestern im Osten" zu erinnern und gedenken, z.B.: an Weihnachten eine Kerze ins Fenster stellen. Oder wir hatten am 17. Juni schulfrei, dem „Tag der deutschen Einheit", ein bis zum 3.10.1990 irgendwie besonders schwer verständlicher Fest- und Feiertag, der in zugleich mahnendem wie erinnerungs- und hoffnungsvollem Gedenken in der BRD und DDR gefeiert wurde!

Ein ziemlich großes Problem für das geteilte Deutschland war: die Hauptstadtfrage, denn Berlin war geteilt und Ost-Berlin Hauptstadt der „DDR", der so genannten „DDR", wie berechtigt es von Bundeskanzler Adenauer war, den anderen Teil Deutschlands so kritisch zu bezeichnen, und auch beinahe die Anführungszeichen ironisch zu betonen, das zeigte sich, als das letzte Schlupfloch der oben geschilderten innerdeutschen Zonengrenze 1961 durch den Bau der Berliner Mauer vollends abgedichtet wurde. Welcher wirklich demokratische Staat hat es nötig, seine Bürger mit solchen Schieß- und Sperranlagen einzupferchen?! Das waren schockierende Bilder und Nachrichten. Vielen Familien wurde mit dieser Mauer ein Stück hoffnungsvolle Aussicht auf Rückkehr in die Heimat zugemauert.

Auch nicht problemlos, sondern spannungsreich war die Zeit des geteilten Deutschland sportgeschichtlich betrachtet. Im Vorfeld internationaler Wettkämpfe gab es oftmals ein mehr juristisches als sportliches Vorgeplänkel darüber, welcher Teil Deutschlands die „DDR" oder die BRD Gesamt-Deutschland und unter welchem Namen mit wie vielen Sportlern beim internationalen Wettkampf vertreten darf.

Damit verbunden war ein unausgesprochener „innerdeutscher Wettbewerb", der jedem Medaillenspiegel oder Finale mit diesem Zweikampf eine ganz besonders reizvolle Spannung verlieh! Wie ein schlafender Riese erwachte das Politikum „Geteiltes Deutschland" wieder und man bekam durch die Reportagen über Wettkämpfe Einblicke in die Unnatürlichkeit dieses geteilten Staates und spürte die Verschiedenartigkeit der Lebensbedingungen und Lebensstandards.

Diese innerdeutsche Grenze war in beiden Richtungen unüberwindlich. Die Unüberwindbarkeit des „Eisernen Vorhangs" und die Unerreichbarkeit der Heimat, das Reiseverbot in Gebiete jenseits der Grenze, sollte nach unserer Ankunft bei der Oma Hauptthema vieler Familientreffen werden. Es wurde später in der Schule ein Themenschwerpunkt im Unterricht: Erst als Schülerin wurde mir das politisch brisante und prekäre dieser innerdeutschen Grenze bewußt, daß nämlich hier die beiden damaligen Weltmächte mit ihren extrem verschiedenen politischen und volkswirtschaftlichen Systemen aneinander grenzten.

Die Entstehung Das Geteilte Deutschland und die Teilung Berlins waren für uns Kinder damals unerklärliche, abstrakte Erwachsenenprobleme. Nach einer langen Auofahrt endlich am Ziel, fühlten wir uns eigentlich auch gerade fern der Heimat und wollten am liebsten nur spielen und möglichst auf dem Schoß der Oma, an deren unvergeßliches Bild ich hier einfach erinnern möchte. Sie war eine ruhige, anscheinend immer gelassene, etwas mollige und in Arbeitsschürze gekleidete Frau, deren Lieblingssatz, den sie bei jeder sich bietenden Gelegenheit gleichmütig wiederholte: „Ja ja, Kinder, so ist das Leben." Ihr altersfaltiges Gesicht war dabei überzogen von einem Schmunzeln der schmalen Lippen und Glanz in den kleinen Augen hinter der runden Brille.

Natürlich waren wir damals auch viel zu klein, um die Geschichten der Erwachsenen beim Kaffeeklatsch zu verstehen, doch wir waren jedes Mal stumme Ohrenzeugen und hörten das Erwachsenengespräch mit, ohne zu wissen, wovon sie eigentlich redeten. Es ging immer um „drieben", „d'r heme" und um „die Zeit früher (also: die Zeit vor dem Krieg, die Zeit vor der Vertreibung) auf dem Hofe". Meist dauerte es nicht lange, bis die Emotionen hoch schlugen und sie die alten Geschichten aus der Heimat mit leuchtenden Augen in dem uns unverständlichen schlesischen Dialekt erzählten. Einmal versuchten wir, uns mit unserem Dialekt bemerkbar zu machen, was aber niemand außer uns lustig fand! Daß meine Oma und ihr Schwager, mein Patenonkel, alle Treffen und jede sich bietende Gelegenheit des Wiedersehens nützten, um mit ihren Schicksals- und Altersgenossen, ihren Kindern und Nichten und Neffen ungestört sprechen zu können, anstatt mit uns, der Enkelgeneration herumzuspielen, das kann ich heute nachempfinden. Einerseits wollten sie uns mit ihren Erlebnissen, die sie durch die Vertreibung hatten, nicht belasten, sicher brauchten sie einander auch nur Stichwörter zu geben und schon wußte jeder, was der andere meinte. Andererseits war dies auch ihre Art der Vergangenheitsbewältigung. Und ihr Versuch, mit dem Vertreibungsschicksal fertig zu werden, dem für immer von der Heimat getrennt leben zu müssen und nichts mehr zu haben, außer den Erinnerungen mit den Weggefährten.

Wer alleine ist mit seinen Erinnerungen, gerät leicht ins Moralisieren oder wird sentimental – zwischen der heilen Kinderwelt und der Welt der Kriegsgeneration lagen Welten, die man oft und vielleicht allzu gerne und allzu lange durch unverständliches und mißverstandenes Schweigen überbrückt hat, vielleicht?

Vielleicht?

Fehlte mir als Kind einfach das Verständnis,
Aber heute habe ich die Erkenntnis
Und sehe, daß meiner Familie Band so geteilt ist, wie das Land,
In diejenigen, die von ihrer Heimat getrennt,
Als Flüchtlinge und Vertriebene leben
Im Unterschied zu den anderen, die von hier sind!

Heute kann ich verstehen,
Wenn im Kopf die Gedanken sich drehen
Und in Richtung Heimat gehen,
Wenn der Erinnerung Bilder
Bilder der Zerstörung sind von Haus und Hof,
Der Zerstörung sind von Hab und Gut,
Und
Wenn dann noch das Herz
Voll Trauer und ohnmächtiger Wut,
Voll Leid und Schmerz,
Dann ist
Wohl kaum ein Mensch bereit,
Zu Kinderspiel
Und dann spricht mancher einfach nicht *viel*.
Sondern schweigt *leicht*er?

Autorenspiegel

Omar Aziz, geb. 1932 in Nainital, Indien. Professor für Physiologie i.R. Außerfachliche Veröffentlichungen: Im Utz-Verlag, München: „Gratwanderungen", Autobiogr., „Rapport aus der Anstalt", Roman. Kurzgeschichten in Anthologien, Gedichte in der Frankfurter Bibliothek der Jahrgänge ab 2000.

Ursula Bach-Puyplat, geb. 1943 in Reichenberg/Sudetenland, nennt sich auch UBX, früher Radtke. Die verheiratete Autorin ist staatlich geprüfte Übersetzerin (russisch), Dipl.-Verwaltungswirtin, Mutter eines Sohnes. 1961 floh sie in die damalige BRD. Veröffentlichungen: Reisebericht, Erzählungen, Schauspiel, Roman, Beiträge in Anthologien. Lesungen und Rundfunkauftritte.

Klaus Berger, geb. am 27.06.1943 in Berlin, 1954-1957 Grundschule Bad Lausick, 1957-1960 Lehre als Betriebsschlosser, 1961-1963 Studium an der Transportfliegerschule Dessau, 1965-1968 Studium an der Fachhochschule des Ministerium des Inneren, 1968-1980 Zugführer im Pionierdienst und Stabsoffizier im Pionierwesen, 1980-1989 Versorgung u. technischer Leiter zum Aufbau eines Truppenübungsplatzes, 1990-1991 Leiter der Abwicklung einer VP-Dienststelle , 1991-1994 Dezernent für Wirtschaft an einer Polizeischule, 1995 Reiseleiter in Süd Ost Asien, Geplante Veröffentlichungen: „Ritter Kunz Von Kauffungen" (Prinzenraub von Altenburg), „Flucht nach Bangkok".

Peter Bostelmann, geb. 1939 in Stettin, aufgewachsen in Ribnitz (Mecklenburg), 1958 Abitur, Studium an der DHfK 1960-1964, Lehrer in Erfurt (Grundschule, Gymnasium, DHfK), Promotion 1977, Fachschuldozent Lehrerbildung Weimar, Sozialarbeiter Stadtverwaltung Weimar; Veröffentlichungen: „Schmetterlingsträume im Schnee" (Gedichte 2004).

Wolf-Dieter Dehus, geb. 1928 in Reval (Estland), zwei Jahre Heimkind, dann Pflegeeltern, Abendoberschule mit Abitur abgeschlossen. Pädagogisches Staatsexamen, daneben Fernstudium Chemie an der TH/TU Dresden; Abschluß mit Diplom, Promotion auf ökologischem Gebiet. Veröffentlichungen: Kinderbuch „Umwelt - ist das ein Thema für Kinder?", 15 Erzählungen im Wortspiel, in den Heimatklängen und dem APL-Journal TU Berlin Rhombos-Verlag. Div. wissenschaftl. Artikel zum Thema: Abfallverwertung; Urkunde zum internationalen Jahr der Senioren 1999 von der Bundesministerin Ch. Bergmann für die Broschüre: „Das Alter; die Alten".

Yvonne Dollinger, geb. 1951. Das schriststellerische Schaffen der Autorin basiert vorwiegend auf Prosatexten, nebenbei hat sie aber auch lyrische Texte verfasst. Veröffentlichungen: verschiedene Anthologien und Periodika.

Günter Domaszke, geb. 26.06.1930 in Bremen. Pseudonym: Günni. Arbeitete als Schiffstischler, Matrose zur See, Schiffszimmermann und Kranführer auf einem Schwimmkran. Jugendherbergsvater auf Wangerooge, Außendienst-Mitarbeiter und Verkaufsleiter für Europa in einer dänischen Maschinenbaufirma. Freiberuflicher Schriftsteller mit Schwerpunkt plattdeutsche Literatur, sowie Dozent an der VHS Diepholz. Veröffentlichungen: 5 Bücher mit eigenen Texten und 9 Anthologien mit diversen Autoren (u.a.) NDR „Lege Tieden", 1996; „Wenn de Pappelböom singt", 1998; Schröderscher Buchverlag u.v.m.)

Hans-Joachim Ecker, geb. 16.12.1941 in Wolfen, Kreis Bitterfeld, Sachsen-Anhalt, ev., verheiratet, keine Kinder, Dr. med, Staatsexamen und Promotion 1971 an der Universität Freiburg/Brsg. Facharzt für Gynäkologie und Geburtshilfe, niedergelassener Frauenarzt von 1979 bis 2001 in Waldkirch/Brsg. Veröffentlichungen: Zusage für Veröffentlichung von drei Kurzgeschichten durch Lektorat des „Almanachs deutschsprachiger Schriftsteller-Ärzte", 27. Jahrgang 2005, Manstedt-Verlag, Marquartstein.

Frederike Friedrich

Peter R. Gerke, geb. 1928 in Oldenburg i.O. 1944/45 Luftwaffenhelfer in Oberschlesien mit Fronteinsatz, 1948-1952 Studium der Elektrotechnik, 1952-1991 Entwicklung von Informations- und Kommunikationstechnik in einer Weltfirma (ca. 90 Patente), Lehraufträge an der Universität, Autor mehrerer Fachbücher, in Vorbereitung ein Sachbuch über die Informationstechnik im Gehirn (Ergebnis: Naturwissenschaft und Technik finden ihre Grenzen!)

Carla-Maria Groß, geb. 1949 in Dresden/Sachsen. Die Autorin ist Dipl. Verwaltungswirtin (FH), Dresdnerin des Jahres 2000. Drei unveröffentlichte Werke. Mitglied im BDS.

Dagmar Hänisch-Gemballa, geb. 1951 in Alberstedt/Querfurt. Die Autorin ist gelernte Industriekauffrau, verheiratet und Mutter einer Tochter. An der Cornelia-Goethe-Akademie Frankfurt absolvierte sie ein Fernstudium für Autoren. Veröffentlichungen: Kinderbuch „Ferien auf dem Bauernhof und andere Geschichten" sowie Lyrik- und Prosabeiträge in „Nationalbibliothek des deutschsprachigen Gedichtes" III und V, „Frankfurter Edition", „Frankfurter Bibliothek", „Frankfurter literarischer Lustgarten", den TRIGA-Anthologien „Abenteuer Leben", „Zweitausendundeintag", „Auf der Silberwaage".

Eveline Heimsoeth, geb. am 20.10.1945 in Bonn bis 1951 im zerstörten Köln; 1952 - 1965 Schulzeit in Euskirchen, 1965 - 1972 Studium und Volksschullehrerin, 1969 Heirat, 1971 - 1980 Geburt der vier Kinder , seit 1984 wohnhaft im Chiemgau Veröffentlichungen: „Vom Dogma der Toleranz", „Für Dich", „Kinderaugen fragen", „Sternenkind", „Lebenstraum" (Gedichte), „Verschnaufpause" (Erzählung), „Fermate auf Usedom" (Roman).

Anni Hermann, geb. 1935 in Bad Wurzach. Sie ist zudem Autorin, Malerin und Mutter. Veröffentlichungen: Gedichte in der Frankfurter Bibliothek, Sagen und Legenden in Bozen/Italien, Geschichten und Novellen fürs Kulturforum Isny, Dichterhandschriften in Frankfurter Bibliothek.

Heide Marie Herstad (geb. Fritsche, Veröffentlichungen auch als: Heide Marie Dybwad, Marie Dybwad), geb. 24. August 1943 in Warta/Polen. Dr. phil., Lehre als Fotolaborantin in Bochum und Sekretärin in Essen. Studium der Germanistik und Theaterwissenschaft an der Freien Universität Berlin. Französisch und Pädagogik in Trondheim (Norwegen), Dramapädagogik in Jyväskylä (Finnland); Tanzpädagogik in Bodö (Norwegen) und Trondheim, norwegische Folkloristik in Trondheim. M.A. in Theaterwissenschaft und Germanistik, Promotion in Dramapädagogik. Studienrätin der deutschen und französischen Sprache, Hochschullektorin. Z. Z. nordischer Magistergrad in Tanzwissenschaft an den Universitäten in Trondheim, Kopenhagen und Stockholm. Verheiratet, drei Kinder, evangelisch. Veröffentlichungen: „Ideologiebildung und Todestrieb bei Heinrich von Kleist", Regensburg 1985; „Orpheus - Das Lied vom Tod", Gedichtzyklus, Siegen-Eiserfeld 1987; „Das Lachen - Struktur und Paradox in Dramavariationen", Diss. 2001, Jyväskylä. Unselbständige Beiträge: Wissenschaftliche Artikel: 'Utopie und Hoffnung bei Henrick Ibsen', in: „Ethik und Religion", Reader, Frankfurt am Main, 1985, S. 27-41; 'Ideal und Wirklichkeit, in: „Soziologie", Reader, Frankfurt am Main, 1986, S. 45-53. Lyrik: Gedichte, in: „Lebenszeichen 84", S. 30-31; Gedichte, in:

„Gegenwind", Neue Gedichte deutschsprachiger Autoren, Autoreninitiative 83, Köln 1984, S. 38; 'Nocturnes - Vom Verrat des Menschen am Menschen', Gedichtzyklus, in: „Deutsche Lyriker der Gegenwart", Band 2, Freiburg 1985, S. 31-51; Gedichte, in: „Ortsangaben", Autoreninitiative Köln 1987, S.45. Erzählungen: 'Im Westem immer noch nichts Neues', in: Die frühen 80er, Neue Gedichte und Prosa, Autoreninitiative 83, Köln 1983, S. 26-27.

Brigitte Hobi-Hertel, geb. 1947 in Berlin. Die Autorin absolvierte eine kaufmännische Ausbildung in Berlin und lebte danach in London, Genf und Zürich, wo sie als Sekretärin arbeitete. Heute wohnt sie in einem kleinen Schweizer Bergdorf. Bisher erschienen von ihr eine Reise- und eine Tiergeschichte.

Beatrix Jacob, geb. 26. März 1960 in Merseburg DDR. Im Mineralölwerk Beruf als Industriekaufmann, später Hochschulfernstudium als Diplom-Ingenieur-Ökonom (Betriebswirtschaft). Grundstudium an der Martin Luther Universität Halle, Fachstudium an der Technischen Hochschule Carl Schorlemmer, Merseburg. Publikationen: „Streifzug durch Zeit und Ewigkeit", Lyrik, Fouqué Verlag; „Spurensuche und Laternenglanz", Lyrik, Fouqué Verlag „Das kleine Schloßgespenst von Altenstein", Filmstoffidee Brentano Gesellschaft.

Karen Kaufmann, geb. 1941 in Riesa. Lehrerin, seit 1996 wohnhaft in Niedersachsen; 2004 Diplom für Literarisches Schreiben; Veröffentlichungen: Erzählungen, Novellen, Gedichte in vier Bänden; autobiographischer Roman „Brennnesseln am Weg", Wolfssaga „Der Berg der Wahrheit - Die Vision", „Berg der Wahrheit - Lupus", „Die zweite Identität".

Gerhard Kerfin, geb. 1935 in Nauen, Kreis Osthavelland; Betriebsschlosser, Abiturient, Zollinspektor, Alters-Rentner, lebt seit 1956 in Berlin-Kreuzberg. 1961 kennenlernen der Künstler-Szene. 1965 Beginn von Buchveröffentlichungen, bisher 17 Bände, 1 Losebl. Map.

Alfons Kifmann, geb. 1946, wuchs am Ammersee auf. Nach einem Volontariat bei „Radio Free Europe" wurde er Redakteur für die Magazine Stern und Sports in Hamburg. Als Chefredakteur arbeitete er für das Mercedes-Magazin und die ADAC Motorwelt. Mit seiner Frau Marianne lebt er als freier Journalist und Autor in München.

Margret König, geb. 1944 in Niedersachsen. Bisher keine Veröffentlichungen; Mitglied der Cornelia Goethe Akademie.

Nanni König, geb. 1940 in Frankfurt am Main. Gesangsstudium an der Musikhochschule Weimar. War bis 2002 Opernchorsängerin des Geraer Theaterensemble. Schreibt in der Freizeit Kurzgeschichten. Veröffentlichungen in „Deutschlands neue Dichter und Denker" im ehemaligen Freidhof Verlag, Frankfurt/Main 1992, 1993, 1994. Weitere Veröffentlichungen im Fouqué „Neue Literatur", Anthologie Herbst 2001 sowie im Cornelia Goethe Literatur Verlag, Anthologie Herbst 2003.

Mourad Kusserow, geb. 1939 in Berlin, Journalist 1960 bis 1965 in Marokko und Algerien, 1965 bis 1994 Deutsche Welle-Redakteur in Köln. Buchveröffentlichungen: „Marokko – Land zwischen Orient und Okzident" (1990), „Andalusien – Eine europäische Kulturlandschaft" (1991), Neuauflagen 2003, „Der weise Sultan – Im Märchenland Marokko" (1993), „Flaneur zwischen Orient und Okzident" (2002) und „Ärmer als eine Moschee-Maus: Arabische Sprichwörter. Arab./Dt." (2004). Co-Autor: „Die Farbe Henna" (2003) und „Le Maroc en Scripophilie – Vom Sultanat zum Königreich" (2004). Auszeichnung: Offizier des marokkanischen Thronordens „Ouissem Alaouite" (1993).

Thomas Peter Lanzinger, als Allgäuer ist der Autor dem süddeutschen Raum fest verbunden. Er lebt mit 3 Katzen, 3 Kindern und diversen weiteren Familienmitgliedern auf dem Land. Geboren 1959, ist ihm die alte BRD und ihr unsprüngliches Grundgesetz selbstverständliche, auch geistige Heimat. Er liebt es seit jeher zu erzählen, zu schreiben und beobachtet aufmerksam den Lauf der Welt, wobei er gern zugibt, daß sein Skorpion-Sternzeichen, an dessen Bedeutsamkeit er ebenso selbstverständlich nicht glaubt, seine Ansichten oft kritisch-giftig gefärbt aussehen läßt. Doch tief beeindruckt ihn und, wie er glaubt, seine Generation das Aufwachsen in friedfertiger, sozialmarktwirtschaftlicher Bonner Republik, um aufzuwachen in einer Berliner Republik, die zu Frühkapitalismus, Großmannssucht und kriegerischen Gesten neigt.

María Silvia Lorenzo, geb. 10.12.1967 in Rosario, Argentinien. Lehrerin für Deutsch als Fremdsprache und Übersetzerin für Deutsch und Spanisch. Teilnahme an verschiedenen literarischen Wettbewerben in Argentinien und Deutschland. Einige ihrer Texte wurden von der Cornelia Goethe Akademie ausgewählt und veröffentlicht.

Krikor Arakel Melikyan, noch während der Weimarer Republik in Deutschland geboren, erlebte er das „Tausendjährige Reich" als Jugendlicher, der Ende 1942 zum Wehrdienst befohlen wurde. Nach dem Krieg Studium der Pädagogik in Lüneburg. Wechsel zur Theaterschule Düsseldorf. Schauspieler und Regisseur. Preise in den Kategorien Lyrik und Prosa.

Rolf von Pander, geb. 1948 in Hameln/Weserbergland. Der Autor verbrachte seine Kindheit in Lauenstein am Ith, seit 1960 wohnhaft in Wiesbaden, Abitur in Idstein, Studium der Meteorlogie an der Johannes Gutenberg-Universität in Mainz, Diplom-Abschluß mit sehr guter Diplom-Arbeit, danach höhere Beamtenlaufbahn im Deutschen Wetterdienst. Entdeckung der Freude am Schreiben in den 90er Jahren. Veröffentlichungen: Essays, Dackelgeschichten, Gedichte und ein leicht verständliches Wetterbuch im Selbstverlag. Neuer Schwerpunkt: Erlebnisberichte über Marathonläufe.

Manfred Pitterna, geb. 1954 in Wien, begann 1969 zu schreiben. Nach Versicherungslehre Schauspielausbildung in Wien, Abschluss 1981 und Ausbildung zum praktischen Diakon in Königsfeld-Erdmannsweiler, Abschluss 1991; Fernkurs Literarisches Schreiben der Cornelia Goethe Akademie 2003/04. Premieren eigener Theaterstücke zwischen 1989 – 1994. Zurzeit freiberuflich tätig.

Walfried Posse, geb. 1935 in Lehnstedt. Nach Abitur in Weimar und Studium in Leipzig arbeitete er seit 1957 als Kunsterzieher, promovierte zum Dr. phil., habilitierte und wurde zum Professor für Kunstpädogik berufen - Universität Leipzig (1986-1993).
Diverse Publikationen zu Bildgestaltung und Kunstrezeption. Ausstellung künstlerischer Arbeiten im In- und Ausland.

Anna Raab, geb. 1964 Alfeld/Leine, verheiratet, drei Kinder; Leitende Angestellte; Diplompsychologin; Veröffentlichungen in der Frankfurter Bibliothek 2001, 2002, 2003 und 2004.

Stefan Reichardt, geb. 1962 in Hilden/Rhld. Der Autor ist kaufmännischer Angestellter. Veröffentlichung: „Scheidung der Sokken", Gedicht, Frankfurter Edition Gedicht und Gesellschaft der Goethe-Gesellschaft Frankfurt mbH, 2001.

Gerda Reichenbächer, geb. 2.1.1929 in Finsterwalde, Beruf: Sekretärin, jetzt Rentnerin, Buchautorin.

Raimund Reisenberger, geb. 26.02.64, machte eine Ausbildung in Metalltechnik im Garten-Landschaftsbau sowie im Detektiv- und Wachwesen. Nach 1999 schrieb der Autor zwei Romane und studierte an der Cornelia Goethe Akademie das Literarische Schreiben.

Dieter Rendschmidt, geb. 1938 in Berlin. Der Autor erlebte die Kriegs- und Nachkriegsjahre im Köpenicker Ortsteil Müggelheim und im ostpreußischen Schirwindt. Nach dem Abitur flüchtete er nach Westberlin, um an der Freien Universität BWL zu studieren. Dreißig Jahre leitete er als Vorstand und Geschäftsführer Berliner Wohnungsunternehmen. 2003 hat er seine frühen Berliner Erinnerungen „Zwischen Müggelheim und Wilmersdorf" veröffentlicht. Demnächst erscheint sein erstes Kinderbuch „Max und sein Boxer Lorbas".

Laila Schneidewind, geb. 1984 in Stralsund. Die Autorin studiert. Bisher keine Veröffentlichungen.

Karl-Heinz Schöning, geb. 1920 im heute polnischen Swinemünde. Der Autor machte bis 1939 eine Drogistenlehre, danach wurde er zum Militär einberufen. 1944 geriet er als Sanitätsunteroffizier bis 1947 in Kriegsgefangenschaft. Bis 1980 war er als kaufmännischer Mitarbeiter in verschiedenen Großunternehmen tätig. Danach widmete er sich verstärkt der Schriftstellerei. Bisher wurden sieben Bücher veröffentlicht. 2002 wurde ihm der Europapreis für Literatur dieses Jahres verliehen.

Hans Schweizer, geb. 1926. Wohnhaft in Mainz, war ein halbes Jahrhundert lang Journalist. Er arbeitete für in- und ausländische Zeitungen. Zuletzt war er langjähriger Direktor eines Fernsehstudios. Hans Schweizer trat neben seiner journalistischen Tätigkeit auch immer wieder als Buchautor hervor.

Elisabeth Sinn, geb. 22. März 1934 in Bütow/Pommern als viertes Kind eines Kaufmanns-Ehepaares. Die Autorin absolvierte das Freiherr v. Stein Gymnasium bis zur Mittleren Reife und arbeitete dann als Krankenschwester und als Sekretärin. Sie heiratete, gebar zwei Töchter, wurde geschieden und heiratete ein zweites Mal. Schrieb Kurzgeschichten, die sie veröffentlichen möchte, sowie eine Biographie für ihre Enkelinnen. Sie arbeitet gerade an einem Roman.

Angela Sommer, geb. 1957 in Dresden, Rechtsanwaltssekretärin. Veröffentlichungen: Anthologie „IGdA-Almanach" 1996, „Ich werde nicht aufgeben!", Fouqué-Literaturverlag. (1997 1. Auflage, 1998 2. Auflage, 1999 3. Auflage), „Damals war's – was Sie schon immer wissen wollten. Episoden aus dem DDR-Alltag", Fouqué-Literaturverlag, (1999 1. Auflage, 1999 2. Auflage), „Wie ein Silberstreif am Horizont", Fouqué-Literaturverlag 2002.

Monika Sonntag, geb. 1951 in Oberhausen, Rheinland. Die Autorin lebt und arbeitet als freie Schriftstellerin in Frankreich. Veröffentlichungen: Frankfurter Bibliothek (Herbst 2003), „Das Neue Gedicht", hrsg. von Klaus F. Schmidt-Mâcon.

Gerhard Thun, geb. 24. 10. 1932 in Danzig – Westpreußen. 1939 bis 1943 Volksschule, 1943 bis 1945 Gymnasium, Oberschule, Mittelschule. Wechsel durch Kriegsereignisse. 1.4.1948 bis 31.3.1951 Textillehre. 1954 bis 1956 Textilingenieurschule. Am 23. Juli 1956 Einreise in die Schweiz, Meister. Betriebsleiter, Prokurist, Personalchef für mehr als 200 Angestellte in der medizinischen Branche. Betreuung der Filialen in Frankreich und Brasilien. Hobby: Schreiben und Fortbildung, Kurzgeschichten mit Fotografien über das Fallschirmspringen, politische Themen in Tageszeitungen, Mitarbeit beim Erzählwettbewerb des Gerhart-Hauptmann-Hauses in Düsseldorf, und der WDR-Sendung „Alte und neue Heimat". Vorlesungen und diverse Ehrenämter. Titel: „Nicht gemeckert, sondern gearbeitet".

Heinz Tiedemann, geb. 1923 in Berlin. Der Autor ist Dr. med., Dr. rer. nat., Professor em. am Fachbereich Humanmedizin der Freien Universität Berlin, Institut für Biochemie und Molekularbiologie. 1991 erhielt er den Theodor-Boveri-Preis.

Susanne Volk, geb. 1956 in Stuttgart-Degerloch. Die Autorin arbeitete als Realschullehrerin (Deutsch und Geschichte) und ist derzeit als freie Schriftstellerin tätig. 2002 erhielt sie das Schriftstellerdiplom der Cornelia Goethe Akademie. Veröffentlichungen: Frankfurter Bibliothek, Jahrbuch für das neue Gedicht 2002, 2003 und 2004.

Inhalt

Omar Aziz
Frontstadtgeschichten 5

Ursula Bach-Puyplat
17. Juni 1953 9
Eva 13

Klaus Berger
Abwickeln !? 23

Peter Bostelmann
Zeitenwende, Wendezeit 39

Wolf-Dieter Dehus
Das „personengebundene" Klavier 49

Yvonne Dollinger
Berliner Gören in der DDR 55

Günter Domaszke
Reinen Tisch 61

Hans-Joachim Ecker
Das unausrottbare Virus namens Dummheit 71
Hexenjagd 1940/1990 73

Frederike Friedrich
Einfach so! 81

Peter R. Gerke
Mitteilung aus den 80er Jahren: Abschiedsveranstaltung ... 87

Carla-Maria Groß
Gehetzt im Kampf um die Wahrheit 97

Dagmar Hänisch-Gemballa
Mach es wie die Sonnenuhr 103

Eveline Heimsoeth
Von Babies, Bomben und Behaviour 109

Anni Hermann
Abschied von den Eltern 127
Kostbares Brot 131
Späte Zwillinge 135

Heide Marie Herstad
Die Schandmauer 137

Brigitte Hobi
Damals 147
Keine Angst vor dem Tod 163

Beatrix Jacob
Erinnerung an die Zeit des kalten Krieges 165

Karen Kaufmann
Ein Schultag 179
Wohnung auf Zeit 184

Gerhard Kerfin
weitjugend-festspiele in ostberlin (august 1951) 191

Alfons Kifmann
Der Aufschwung 201
Dörfler und Stoderer 204

Margret König
Ich habe es erlebt: Eine Fluchtgeschichte..........................211

Nanni König
Aus meinem Leben 221

Mourad Kusserow
Die Flucht 229

Thomas Peter Lanzinger
*Das Rechte Bereits Radikal Denken,
Doch Dann Reicht's*..233

María Silvia Lorenzo
Hommage an die deutsche Freundschaft..........................243

Krikor Arakel Melikyan
Damals und ein Koffer 249

Rolf von Pander
Das Abenteuer meines ersten Marathonlaufs....................255

Manfred Pitterna
Erinnerungen an Berlin..265

Walfried Posse
Unterwegs in Deutschland..269

Anna Raab
„Ich will hier raus ... ”..275

Stefan Reichardt
Gorbi et Orbi..281

Gerda Reichenbächer
Ich habe es erlebt! 285

Raimund Reisenberger
Von West nach West 291

Dieter Rendschmidt
Schirwindter Ruhe 295

Laila Schneidewind
Nur ein Hauch 303

Karl-Heinz Schöning
Erinnerungen an einen Studienrat 307
Ein Aufsatzheft aus meiner Schulzeit 310

Hans Schweizer
Ein Stück ungelebtes Leben 313

Elisabeth Sinn
Die Flucht 323

Angela Sommer
Die letzten Tage der DDR 329

Monika Sonntag
das spalier 345

Gerhard Thun
Nicht gemeckert, sondern gearbeitet 349

Heinz Tiedemann
Erinnerungen und Gedanken eines Arztes und Naturwissenschaftlers - Hat Forschung an Embryonen einen Sinn? 357

Susanne Volk
*Nicht nur Rhetorik: Deutschland –
Ein geteiltes Land oder eingeteiltes Land?* 379

Autorenspiegel 387

DIE DRUCKFEHLER

Die Druckfehler läßt der liebe Gott zu, der die Lauf- und Druckerbuben, die Setzer, die Buchdrucker, die Korrektoren, die Faktoren, die Schriftleiter und Verfasser, die Prosaiker und Poeten und in seiner Langmut sogar Bürokraten geschaffen hat. ¶ Der Druckfehler ist eine Naturerscheinung wie Hagelschlag, Pestilenz und teure Zeit; er wurzelt in der Unvollkommenheit der irdischen Dinge und der Schwachheit des menschlichen Fleisches. ¶ Wenn keine Druckfehler zu verzeichnen sind, so ist der Grund hierfür: 1. daß der Verfasser oder der Einsender das Richtige geschrieben hat; 2. dieses Richtige deutlich geschrieben hat; 3. daß der Setzer den richtigen und unverletzten Buchstaben greift; 4. ihn richtig einsetzt; 5. der Korrektor etwaige Fehler findet und richtig verbessert; 6. der angestrichene Fehler richtig ausgemerzt wurde; 7. der Revisor die Korrektur richtig nachprüft und dafür sorgt, daß 8. die letzten Fehler in der Revision ordentlich verbessert wurden und noch ein Dutzend Umstände sich ebenso glücklich abwickeln. ¶ Und da nun ein Oktavbogen in gewöhnlicher Schrift 50 000 bis 55 000 Buchstaben zählt, so müssen jene günstigen Umstände sich 50 000 bis 55 000 mal wiederholen, um einen einzigen fehlerfreien Bogen in die Hand zu liefern!

Also mögen Kritiker Nachsicht walten lassen!